JN288010

1945年の歴史認識
〈終戦〉をめぐる日中対話の試み

劉 傑／川島 真──［編］

東京大学出版会

Reinterpreting Early Postwar Sino-Japanese Relations:
A Dialogue in History
Jie LIU and Shin KAWASHIMA Editors
University of Tokyo Press, 2009
ISBN978-4-13-023056-8

はしがき

劉傑・川島真

　『国境を越える歴史認識』（東京大学出版会，中国社会科学文献出版社，2006年）が編集された2005年当時，東アジアでは歴史認識問題が外交問題化し，社会の大きな関心事となっていた．同書は，それに応じるかたちで企画され，学生や歴史教育者などを主たる読者に想定していた．その編集上の最大の眼目は，近代以降の日中関係史をめぐる両国の「争点」を整理し，それらの争点がどのような歴史的，政治的，社会・文化的背景のもとで形成され，歴史認識として固定化されていったのかということを明らかにすることにあった．また，この作業は日中両国の歴史学の過去と現在を反省する営みでもあった．

　本書は，この『国境を越える歴史認識』の続編であり，その問題意識を引き継いでいる．『国境を越える歴史認識』に込められた目的は上記の通りだが，その「はしがき」で劉傑は，「1945年の視点」と「1911年の視点」という二つの概念を用いて，日本と中国の間に横たわっている歴史認識のギャップを説明した．本書はその二つの概念のうち，「1945年の視点」を掘り下げるべく編集されている．その「1945年の視点」を取り上げる意義は次のように説明できよう．

　現代社会に対する理解と評価が歴史認識にも色濃く投影されていることは言うまでもない．多くの日本人は1945年という転換点の意味を重く受け止め，戦後の日本は戦前とまったく違う価値観に立脚していることを自覚している．そして，当然のことだが，現代日本を理解し，解釈する方法として，1945年以降の歴史事象から手掛かりを得ようとする．冷戦後の国際社会でより大きな役割を果たそうとする日本の思想的源泉も，平和国家への転換を象徴する年，すなわち1945年の泉から湧き出ていると考えられよう．

　一方，「自虐史観」からの脱却を主張する意見も，同様に1945年を重視している．その理解は次のようなものだと思われる．1995年に表明された過去の

歴史に対する政府見解は，まさに1945年に形成された歴史観に由来する．しかし，そのような歴史観は西洋の植民地支配に対抗してきた日本の近代史を全面的に否定し，国際社会における日本のイメージを損ない，日本人の自信と愛国心を喪失させた．日本の「元気」を取り戻すために，1945年以降の日本社会で支配的だった歴史解釈を見直し，戦前の日本は決して侵略国家ではなかったと主張しなければならない，というものである．

この二つの対照的な観点は，前者が日本近現代史の断絶性を強調し，後者はある意味で連続性を見出そうとするものである．だが，どちらにせよ，1945年に注目し，それを一つの転換点として捉えている点で共通しているように思われる．日本では，1945年は日本の近代史認識にとって極めて重要な意味を持っている．だとすれば，1945年を軸に歴史認識の問題を考えた場合，どのようなことが見えてくるのだろうか．

他方，中国では日本的な「1945年の視点」が共有されているわけではない．中国では，抗日戦争を挟み，その前後は一貫して近代的な統一国家の完成を目指したと看做される．近代国家をめざす転換点を辛亥革命に求めれば，中国の歴史認識は，差し詰め「1911年の視点」と言えよう．すなわち辛亥革命後の中華民国建国以来，中国は一貫して「統一」（統一国家の形成）と「建設」（近代国家の建設）という2大目標を掲げてきた．共産党による革命と建国以後の中国は，反右派闘争や文化大革命などの社会運動を経験したが，80年代に入ると，この統一と建設という2大目標が中国の国民によって再確認された．1945年の対日戦の勝利も，49年の建国も中国歴史の重要な節目であることは間違いないが，多くの中国人が注目したのは，やはり独立，統一，そして近代的な国民国家を目指してきた近代の人々の努力である．その努力の出発点は，アヘン戦争後列強に強要された一連の屈辱的な不平等条約や清末に相次いだ改革運動に遡ることも可能であるが——このような意味で，「1840年の視点」あるいは新政が始められた「1901年の視点」としても差し支えない——統一と建設を達成する可能性が現実味を帯びるようになったのは，帝政を倒した辛亥革命以降である．そして，新中国の建国によってこのような目標を追求するための十分条件が用意されたと言える．

このような日中双方の，現在と歴史を結びつける際の視点の相違こそ，日中

の歴史認識のギャップを生みだした一因だと考える．実のところ，1945年が日本人にとって「敗戦」という明白な事実以外に何を意味するのか，ということについて，中国人はほとんど真剣に考えたことがない．というより，中国人にとって1945年は「反ファシスト戦争の勝利」という理解に尽きてしまい，この年から始まった東アジアの歴史を複眼的に見る必要がなかったのかもしれない．同様に，政治，経済，社会の近代化という難題を抱え，台湾との統一という悲願を夢見る中国人にとって1911年以来の歴史の重みが何を意味するのか，ということについて，日本人はきわめて稀薄な関心しか持ち合わせていないと言わざるを得ない．

　歴史認識のギャップを埋めるために，相手の視点や立場から歴史を多角的に検証する作業は極めて重要である．本書はその第一歩で，現在と歴史を結びつける見方として多くの日本人が重みを置いている「1945年の視点」に注目した．中国人も日本人と同じように現在を理解する手がかりを1945年に求めてみたら，東アジアの現代史はどのように見えてくるのだろうか．言い換えれば，東アジアの歴史認識はこの「1945年の視点」からどのような影響を受けているのだろうか．そして，日本と中国が共通の視点を用いることで，共通の歴史認識に一歩でも近づくことができるのだろうか．本書に収められた11の論考は，このような問題意識に基づく実験にほかならない．

　1945年が，今日の日本人の歴史認識にとってきわめて重要な意味をもっていることは上述の通りである．しかし，1945年当時の時代認識がそのまま今日の歴史認識に化したかと問われれば答えは否であろう．もちろん，1945年の段階で，たとえば戦争ではアメリカに負けたが中国には負けてはいないといった，戦後日本の歴史観の原型が見られた．また，戦勝国となった中国にとって，1945年は侵略への抵抗や，国家建設の一つの結実として理解されるので，現代中国の歴史認識の原型を終戦直後に見出すこともできる．

　ただ，注意しなければならないことは，1945年当時，あるいは戦後初期には，地域によってさまざまな歴史認識や課題設定があった．そのような多様性は，現在の歴史認識の複雑化にもつながった．当然ながら，「8月15日」という分水嶺が終戦後の日本で直ちにできたわけでなく，次第に形成されたものである[1]．このような意味で，1945年の歴史認識は現在の歴史認識問題をそのまま映

し出す鏡ではなく，一種の「合わせ鏡」として問題の多様な姿を多方向から映し出すものとなっていると言える．

　本書では日中の問題を扱うが，東アジア全体を考えるとき，問題はより複雑である．東アジア世界にとって，1945年8月15日の終戦とともに，新しい時代が始まったというわけではないからである．日本という「帝国」が解体され，新たな東アジアが形成されるまでには最低でも10年前後の時間を要したのであり，その過程における，終戦，敗戦／戦勝，光復，解放などのあり方もまた多様であった．

　朝鮮半島や台湾では，中国と比較した場合，「1945年の視点」が日本とは異なる文脈で重視されることになろう．朝鮮半島では，1945年8月15日こそが植民地支配の終焉を意味した．その後，日本同様に米軍の占領下にはいった南朝鮮と，ソ連の占領下に置かれた北朝鮮のそれぞれで脱植民地化と建国がおこなわれ，それらが朝鮮戦争によって分断国家となると，南北対立とともに，民族統一という課題を抱えることになった．台湾でも，1945年（10月25日）に日本の植民地支配が終焉を迎える点で1945年は重要な分水嶺であるが，上記のような「1911年の視点」を強く有する中華民国が台湾に遷った結果，「1911年の視点」と台湾的な意味での「1945年の視点」が重なりあうことになったのである．

　このように，東アジアには多様な「1945年の視点」や中国の「1911年の視点」に比定される認識の軸がある．それらは東アジアにおいて進められた国境線と国民の再設定とも深くかかわっていた．

　戦後，東アジアにおける国民の歴史は再措定された．日本の場合，国民の歴史の空間は，日清戦争以前への原状復帰という原則があったが，それでも千島列島などは切り離され，沖縄・奄美・小笠原は米軍の統治下に置かれた．朝鮮半島は前述のように分断され，中国は日清戦争以前の国土への回復をめざしたが，モンゴルは独立し，台湾は大陸から分離された．台湾には中華民国政府が遷るだけでなく，台湾島と澎湖諸島，そして金門島，馬祖島などの沿岸の島嶼がひとつの行政地域となった．このほかに，香港，マカオなども中国大陸から分断されたままであった．

　ヒトで見た場合はどうなるのか．日本の場合でも，帝国臣民から日本国民へ

と切り替えられる中で，新な戸籍法や外国人登録法が施行され，かつての植民地臣民は国民，臣民から切り離された．沖縄県民なども同様であった．これに対して，「日本人」とされた者で海外にいた者や日本人兵士は，「引揚げや復員」を経て戦後日本の構成員となった．日本にいた植民地臣民らは，突然（日本にとっての）「非日本人」あるいは「外国人」となった．また，「大東亜共栄圏」からの留学生や商人らも，共栄圏の構成員から，単なる非日本人，あるいは外国人となった．その時，日本は，かつての日本人，かつての共栄圏構成員にいかなる配慮をしたのであろうか．帝国としての責任をいかに果たしたのであろうか．終戦とともに形成されたこのような責任意識はその後，どのように受け継がれていったのだろうか．そして，今日の歴史認識にどのような影を落としているのだろうか．

朝鮮半島では，日本や中国大陸から半島に戻った人々もいたものの，朝鮮戦争の激動の中で，故郷を離れた人も多かった．三十八度線をまたぐ離散家族の交流も始まったが，それには十年の歴史もない．中国大陸や台湾でも人口の移動が激しかった．大陸から台湾に百万以上の人が移動したことは周知の通りだが（外省人），日本や満洲，中国大陸，そして南洋に展開していた台湾人も台湾に引き揚げた．他方で，二・二八事件や白色テロなどの混乱の中で再び台湾から日本や中国に渡った台湾人も少なくない．

このような東アジアという「場」で，国土や国民が再措定され，新たな国家建設，地域建設がおこなわれたのである．そこでは，国民意識やアイデンティティ，それにともなう歴史認識が形成された．中国では，「1911年の視点」は継承されたが，その後中国共産党が唱える革命史観が新たな国家の歴史物語の主軸となった．しかし，改革開放後，特に近年「1911年の視点」への回帰が，歴史認識の新たな現象として注目されている．

以上のように，多様性や複雑さを内包しながらも，1945年が東アジアの国土・国民の再措定の契機になったという意味で，東アジアの国々の共同作業として「1945年の視点」から近代史を捉えなおすことによって，歴史認識問題を解決する潜在的契機を発見することができよう．

本書では，日中両国の研究者が「1945年の視点」にポイントを絞って，終戦で始まった日本人と「知日」中国人の行動を追った．この作業のなかで映し

出された現代の日本人と中国人の歴史に対する理解のすべてを総称して「1945年の歴史認識」と名づけることにした．中国の研究者が日本の研究者とともに，今まで必ずしも十分な関心を示してこなかったこの視点から日中関係の歴史や，日本人と中国人のおかれている現代社会の姿をとらえることで，日中の歴史認識問題に何か新しい展望を提示することができるのではないかと期待される．この共同研究の評価は読者にお任せするしかないが，近い将来，中国の研究者が馴染みやすい「1911年の視点」，つまり「統一」と「建設」の視点から，再度共同研究の場を設けることを心から期待する．

---

1) 佐藤卓己『八月十五日の神話―終戦記念日のメディア学』（ちくま新書，2005年），川島真・貴志俊彦編著『世界の八月十五日』（山川出版社，近刊）参照．また忘却された歴史については，川島真「戦後日本の台湾史研究－政治史・経済史を中心に」（亜東関係協会編『「日本之台湾研究」国際学術研討会論文集』中華民国外交部，2005年所収）を参照．

1945年の歴史認識　目次

はしがき　　　　　　　　　　　　　　　　　劉傑・川島真　　i

第1部　〈終戦〉という時代認識 …………………………………… 1

  1章　終戦と日本の責任認識問題
      ──蔣介石政府と汪兆銘政府をめぐって　　　　劉　　傑

    はじめに──終戦と責任 ………………………………………… 3
    1. 責任の前提──「中国に負けなかった」 ……………………… 7
    2. 責任の果たし方その1──蔣介石政府を強化せよ …………… 9
    3. 責任の果たし方その2──南京政府要人を救済せよ ………… 17
    おわりに ………………………………………………………… 26

  2章　過去の浄化と将来の選択
      ──中国人・台湾人留学生　　　　　　　　川島　　真

    はじめに──留学生を取り上げる意味 ………………………… 31
    1. 「勝利的棄児」としての留日学生 …………………………… 33
    2. 日本留学歴の「浄化」
      ──「中国人」になるための通過儀礼 ……………………… 35
    3. 留学生の組織化と学生運動──台湾人と中国人 …………… 38
    4. 中国人／台湾人留学生と日本 ………………………………… 43
    おわりに ………………………………………………………… 45

  3章　満洲体験の精神史
      ──引揚の記憶と歴史認識　　　　　　　　加藤聖文

    はじめに ………………………………………………………… 53

1.　個人のなかの満洲体験——高碕達之助と平島敏夫 ……………… 55
　　2.　「満洲」と「満洲国」をめぐる歴史認識
　　　　　——『満州開発四十年史』—— ………………………………… 59
　　3.　「敗者」と「勝者」の歴史認識——『満州国史』……………… 63
　　4.　悲劇と怨嗟の歴史認識——『満洲開拓史』……………………… 70
　　おわりに …………………………………………………………………… 73

第2部　〈終戦〉とねじれる歴史感覚 …………………………………… 81

4章　虹口集中区の日本人たち
　　　　——上海日本人居留民の送還と処置　　　　　　陳　祖恩
　　　　　　　　　　　　　　　　　　　　　　　　（袁雅瓊・川島真訳）

　　はじめに ………………………………………………………………… 83
　　1.　「以徳報怨」政策と虹口集中居住区 ………………………… 84
　　2.　「悲惨な生活」の現実 ………………………………………… 88
　　3.　教育と改造 ……………………………………………………… 97
　　4.　財産の没収と戦後賠償 ………………………………………… 101
　　おわりに ………………………………………………………………… 108

5章　中国に留まる日本人技術者
　　　　——政治と技術のあいだ　　　　　　　　　　楊　大慶
　　　　　　　　　　　　　　　　　　　　　　　　　（真保晶子訳）

　　はじめに ………………………………………………………………… 113
　　1.　国際政治のなかの技術者留用 ………………………………… 114
　　2.　仕事場での技術者たち ………………………………………… 122
　　3.　歴史的意義 ……………………………………………………… 130

第3部 〈終戦〉と遺された人々 …………………………………………………… 141

6章 「ヒト」の移動と国家の論理
　　　――後期集団引揚の本質と限界　　　　　　　　　大澤武司

　はじめに ……………………………………………………………………… 143
　1.「引揚」と「帰国」……………………………………………………… 145
　2.「引揚」の変質 …………………………………………………………… 152
　3.「帰国」の拡大とその限界 ……………………………………………… 156
　むすびにかえて ……………………………………………………………… 163

7章 中国残留日本人
　　　――自国本位の歴史認識を超えて　　　　　　　　呉　万虹

　はじめに ……………………………………………………………………… 171
　1. 中国残留日本人の帰国問題 …………………………………………… 176
　2. 中国残留日本人の中国定着問題 ……………………………………… 187
　3. 日本帰国と中国定着の間 ……………………………………………… 195
　おわりに ……………………………………………………………………… 199

8章 留日学生の選択
　　　――〈愛国〉と〈歴史〉　　　　　　　　　　　　　王　雪萍

　はじめに ……………………………………………………………………… 203
　1. 戦後日本の中国人社会と留日学生の帰国 …………………………… 206
　2. 帰国留日学生の受入政策から見る中国政府の戦後日本認識 ……… 219
　おわりに ……………………………………………………………………… 224

第4部 歴史認識問題の現在―日中米からの提案 ………………………… 233

9章 国境を越え、同時に歴史を研究するということ
　　　――『国境を越える歴史認識：日中対話の試み』を読んで
　　　　　　　　　　　　　　　　　　　　　　　ジョシュア・フォーゲル
　　　　　　　　　　　　　　　　　　　　　　　　　（真保晶子訳）

1. 国境に阻まれた東アジアの歴史研究 …………………………………… 235
  2. 対話を始めた中日の研究者たち ………………………………………… 237
  3. 研究者の立場と方法論 …………………………………………………… 239
  4. 西洋の中日関係研究 ……………………………………………………… 241
  5. 『国境を越える歴史認識』について …………………………………… 242
  6. 結び　学者が国籍にこだわらない日を夢みて ………………………… 244

10章　中日歴史認識問題の多元性
──中国学者の思考と模索　　　　　　　　　　　　　帰　泳濤

はじめに ……………………………………………………………………… 247
  1. 戦略的視角から歴史認識問題を考える ………………………………… 248
  2. 歴史認識上の相互理解を促進する ……………………………………… 250
  3. 戦略，歴史と感情 ………………………………………………………… 252
おわりに ……………………………………………………………………… 253

11章　歴史認識の現在：2008　　　　　　　　　　　　三谷　博
  1. 21世紀初頭の歴史対立 …………………………………………………… 255
  2. 日本問題への対応──国際共同と北米の動き ………………………… 259
  3. 教訓 ………………………………………………………………………… 264

あとがき　269

関連年表　271
「日中歴史認識問題」参考文献　277
索引　289
執筆者一覧　297

第1部 〈終戦〉という時代認識

第 1 部　1945 年の時代認識から歴史認識へ

劉　傑

　日本にとって，1945 年の終戦は明治憲法体制の終焉と，平和の理念と不可分の関係にある民主主義の開幕を意味する出来事であった．しかし，それまでの複雑な近代史を総括するのは一朝一夕にできることではなかった．日本人はとりあえずこの敗戦の事実を受け入れ，新時代への方向転換を図らなければならなかった．終戦に続く占領，そして冷戦という歴史の慌ただしさのなか，日本人は独自の思考に基づく歴史総括の機会を失った．そのため，終戦までの歴史記憶は，1945 年の時点で一旦冷凍されたが，その後，占領の終結に伴って徐々に解凍されていった．この解凍のプロセスこそ戦後の日本人が歴史認識を形作る過程であった．

　したがって，戦後日本人の歴史認識といえば，1945 年時点の時代感覚を抜きにしては語ることができない．終戦当時，何の目的で中国との全面戦争に突入したのか，中国大陸で日本軍や一般の日本人はどのように行動したのか，日本による満洲国経営や傀儡政権運営は中国に何をもたらしたのか，一連の問題を総括する機会に日本人は，恵まれなかった．空襲や原爆投下に続く引揚げ，といった悲惨な日々のなか，被害者意識が自然に拡大していき，アジアの国々に対する加害意識を持ちえた人は，むしろ少数であった．それよりも，共産主義勢力の台頭に対する恐怖から，蔣介石の国民政府をサポートしなければならないという責任感や，大東亜共栄圏という空疎な夢が幻滅するなか，汪兆銘政権との約束を果たせなかった後ろめたさが，多くの人々の心を支配していた．このような責任感覚は 1945 年の時点に形成され，その後の日中関係史や日華関係史に影響を与え続けた．劉論文はこのような 1945 年の責任感覚に特徴づけられた歴史認識の原型を検討した．

　被害者意識についていえば，中国大陸で終戦を迎えた人々も同様であった．引揚者は 1945 年当時の認識に基づいて各自の体験を記憶していった．その象徴的なものは加藤聖文論文で取り上げられた著作群である．当事者を含め，多くの日本人にとって，満洲引揚は悲劇性の強い歴史的事象であったが，個々人の体験のレベルでは実に多様性と複雑性に満ちていた．満洲事変前から満鉄付属地や関東州に在住した居留民，満洲国建国後大陸に渡った満洲国の官吏や国策会社の社員，職業軍人たち，そして，満洲国建国後，日本政府の方針で大陸に送り込まれた開拓民たち……．加藤論文は彼らの違う立場と違う体験を分析しながら，引揚者の体験とともに歴史認識に化していったプロセスを追跡した．

　他方，1945 年の終戦当時，留学生たちが直面した難題は，如何に戦勝国民として認められるか，ということであった．彼らは自らの留学歴を浄化しなければ，純粋な「中国人」になりえなかった．注目すべき現象は，大陸から大量の国民党関係者が台湾へ流れていくなかで，台湾からの留学生が逆に大陸側に傾斜していくという時代の雰囲気である．川島論文から，日本で終戦を迎えた中国人留学生が，日本人とともに 1945 年の時代認識から歴史認識を作り上げていった過程を確認することができよう．

1章 終戦と日本の責任認識問題
——蔣介石政府と汪兆銘政府をめぐって

劉　傑

はじめに——終戦と責任

　1945年7月17日から8月2日にかけて，ベルリン郊外のポツダムで開催された米英ソ3国首脳会議の主たる目的は，ドイツ占領の基本方針などヨーロッパの戦後処理問題を討議することであったが，明治国家成立以来日本が歩んできた道が，重大な曲がり角に差し掛かっていたことを日本の指導層に意識させるのに十分であった．

　会議中の7月26日に発表されたポツダム宣言は，日本の戦争遂行能力が完全に破壊されるまで連合国が日本の領域内を占領すること（第7条），カイロ宣言に基づいて台湾，満洲及び朝鮮を含む日本の植民地の主権を回復させ，日本の領土を本州，北海道，九州，四国及び連合国が決定する諸小島に限定すること（第8条），日本の軍隊を完全に武装解除すること（第9条）などを日本政府に求めたほか，「吾等ノ捕虜ヲ虐待セル者ヲ含ム一切ノ戦争犯罪人ニ対シテハ厳重ナル処罰ヲ加ヘラルヘシ」[1]と戦争犯罪の責任追及についても触れた．ポツダム宣言の発表は，満洲事変で始まったアジア太平洋地域での戦争もいよいよ最終段階を迎えたことを意味し，会議参加国が，戦争の終結にあたって，戦争犯罪人に対する責任追及の意思を日本側に宣明したのである．

しかし，宣言受諾までの紆余曲折が示しているように，軍部は「無条件降伏」に頑なに抵抗した．日本政府が最終的に受諾を決断したのは広島と長崎に原爆が投下され，ソ連軍が満ソ国境を越えて全面攻撃を開始した（8月9日）後のことであったが，この時点に至っても河辺虎四郎参謀次長は，「今ニ及ンデ和平ハ顧眄スル限リニモアラズ，カウシタ戦勢戦運モ半面予期シタル所ナリ，何ノ事ハナシ，唯ダ大和民族ノ矜恃ニ於テ戦ヲ継続スルアルノミ」[2]と大言壮語している．

確かに，中国大陸に展開されていた支那派遣軍は，アメリカ軍の上陸に備えた戦争準備を進めた最中であり，降伏は想定外のことであった．8月9日支那派遣軍総司令部は外国ラジオを傍受して，日本のポツダム宣言受諾の情報を知ったが，本国からの情報と指示が錯綜するなか，支那派遣軍総司令官岡村寧次大将は8月12日，次の訓示を派遣軍将兵に下した．

　　蘇ノ参戦ハ既ニ予期セシ所ニシテ皇軍数百万ノ精鋭ハ皇土及大陸ニ健在シアリ．正ニ肇国以来伝統ノ一大勇猛心ヲ発揮シテ国体ノ護持皇土保衛ノ為断乎雌雄ヲ決スルアルノミ．本職ハ連戦連勝ニ輝ク皇軍最強ノ麾下精鋭ヲ率ヰ全軍玉砕ヲ賭シテ驕敵ヲ撃滅シ以テ狂瀾ヲ既倒ニ廻サンコトヲ固ク決意セリ．
　　全軍将兵宜シク敵ノ和平宣伝攻撃等ニ惑ハサルルコトナク（中略）烈々タル闘魂ヲ再現シ万難ヲ超克シ一意驕敵撃滅ニ驀進スベシ[3]

ところで，8月9日の最高戦争指導会議構成員会議において梅津美治郎参謀総長も「究極的に勝つと言ふ確算は立ち得ない，併しまだ一戦は交へられる」[4]と戦争継続の意思を表明した．梅津は阿南惟幾陸軍大臣，豊田副武軍令部総長とともに，かりに停戦に応じても，「皇室の安泰」「国体擁護」を最低限の停戦条件とし，そのうえで，できれば日本の本土は占領されないこと，もし占領する場合には，東京などを除外し，地点と兵数を制限すべきこと，武装解除は日本の手によって行われること，戦争犯罪人は日本側で処分すること，などの必要性を主張した．一方，ポツダム宣言の内容を受けて，終戦の可否と終戦条件をめぐって論争が繰り広げられるなか，政府内や戦争指導会議が強く意

識した問題の1つに，終戦にともなう「責任問題」があった．

終戦の翌年「軍人達は自己に最も関係ある，戦争犯罪人処罰と武装解除に付て，反対したのは，拙い事であつた」[5]と痛烈に批判した昭和天皇は，45年8月9日の御前会議で戦争責任のことについて次のように発言したと伝えられている．

  之以上国民を塗炭の苦しみに陥れることや文化を破壊し，世界人類の不幸を招くことは私の欲しない処である．此の際忍び難きを忍ぶべきである．忠良なる軍隊を武装解除したり，又昨日まで私に忠勤を捧げてくれた者を戦争犯罪人とすることは情に於て忍び得ない処である．然し乏も国家の為には已むを得ない．今日は明治大帝の三国干渉の心を心とすべきであると思う[6]．

東京裁判で処罰の対象とされた「平和に対する罪」と「人道に対する罪」は，1945年8月8日の国際軍事裁判所憲章以前には存在しなかった国際法上の犯罪である[7]．だとすれば，ポツダム宣言のなかで提起された「戦争犯罪人」は，捕虜の虐待を主たる内容とする，いわゆる「通例の戦争犯罪」を犯した人々のことに違いない．

しかし，考えなければならない問題は，ポツダム宣言で提起された「戦争犯罪」について日本はどのように理解していたのか，ということである．国際法の現状を踏まえて，単純に「通例の戦争犯罪」，すなわち捕虜の虐待というレベルで理解したのだろうか．それとも日本を戦争に導いた開戦責任や，戦争を拡大させた指導責任も意識したのだろうか．つまり，後に東京裁判で指摘された「共同謀議」の問題は，この時点でまったく意識しなかったのか．天皇の言葉にある「昨日まで私に忠勤を捧げてくれた者を戦争犯罪人とすることは情に於て忍び得ない」という一節から単純に推論できないが，日本側は「通例の戦争犯罪」のみが連合国側追及の対象と楽観的に観察しなかった模様である．敗者となった日本はもはや自らの主張を貫く術を失い，連合国側の審判を待つ自由しか許されなくなったと人々は理解していたのである．

東京裁判に出廷したインドのパール判事は，東京裁判を「勝者の敗者に対す

る報復的行為」と批判したことは有名な事実である[8]. しかし，たとえ報復行為と分かっていても，敗戦した日本はこの報復を甘受するほかはなかった. 日本の指導者は早くも無条件降伏，日本占領，戦争犯罪人への処罰などの厳しい事態を予想していた. 近代史上，たとえばドイツのような敗戦国が受けた「報復」や，かつて清国を大敗させた戦勝国として日本が獲得した「戦利品」の数々に思いを巡らした時，初めて敗戦国となった日本は事態の深刻さを理解していた. 降伏を受け入れることは，日本兵の戦場での行為のみならず，国家全体の戦争行為に対する責任も覚悟しなければならなかった. ただ，ポツダム宣言を受諾した時点において，近い将来，侵略戦争を開始させた日本の指導者の個人責任が問われる裁判が実施されることは想定されていなかったし，また欧米諸国に対する戦争責任が意識されることもなかった.

日暮吉延は「我等が東條一味に不満であるのは，勝つべき戦争を，敗北に導いたからである」という徳富蘇峰の言葉を引用しながら，「『敗北の最高責任者』というのは敗戦後の日本人がA級戦犯に向けた視線そのものだし，当のA級戦犯たちが自覚したのも『敗戦責任』であった」[9]と述べている. すなわち，日本人が自発的に感じた「責任」はいわゆる「敗戦」責任であり，連合国が追及した，戦争を開始し，戦争を遂行した責任ではない. 戦争を行った責任を連合国側に追及されることは，日本人にとって「屈辱」そのものであった. 前出の「今日は明治大帝の三国干渉の心を心とすべきである」という天皇の言葉がそのあたりのことを端的に示している. このことは，満洲事変，日中戦争，太平洋戦争という一連の戦争の性格に対する日本人の，終戦当時の認識を鮮明に映し出している. 戦争責任問題についての研究はすでに大量の蓄積があり，ここではさらに議論を付け加えることを避けたい. 本章では，終戦当時の日本人は，「敗戦責任」以外に，戦争被害国の中国に対し，内発的な「責任」感覚を持っていたのか. 持っていたとすればどのようなものだったのか. この責任をどのように取ろうとしたのか. そして終戦当時の責任感覚は，その後の日本と近隣の国々に何を残したのか，といった事柄を検討の対象にしたい.

1. 責任の前提――「中国に負けなかった」

　終戦当時から現在まで，多くの日本人にとって「敗戦」や「降伏」の対象は，まず何よりも英米を中心とする国々であり，中国やロシアを念頭に置くことは極めて稀である．

　蔣介石の重慶政府軍に連勝し続けてきたという戦勝気分に浸っていた支那派遣軍は，中国軍に降伏することを耐えがたい屈辱として受け止めた．中国には負けていない，というのが現地日本軍の共通した理解であった．支那派遣軍参謀の小笠原清は，「これは支那派遣軍全体の気持ちなのだが，われわれは負けているのではない，全部戦いは勝っている．本店が商売に失敗してノレンをおろすから仕方ない，黒字の支店も閉店する．実力上は万全の体制にあるんだ」[10]と回想し，太平洋戦争の主戦場という本店の閉店にあわせて，支店たる中国戦場もやむをえず，暖簾をたたまざるを得なかったという無念さを滲ませている．

　現地軍は，「私どもの兵力はざっと105万人，それに負けたときは台湾，北越（北ベトナム）を加えて125万人おった．だからわれわれは黒字の支店長のつもりだったんです．中国では綿花，食糧などすべて自活していて，必要物資は内地へ送ってやっているくらいでした．つまり日本をわれわれの力でささえてやるぞという意気込みだったんです．大豆と綿さえあれば日本人の最低生活は確保できるんですから，シュンとはなっていたものの派遣軍としての統制はきちんと保っていました」[11]という自負さえ持っていたのである．

　一方，広島と長崎への原爆投下の影響もあり，多くの日本人はアメリカに負けたという実感を率直に持った．「戦争犯罪」への責任追及を，戦勝国が戦敗国に科した処罰として理解したのだから，「戦勝国」とは思えなかった中国に対する責任の感じ方は，英米への責任の感じ方とは自ずと違っていた．

　もっとも，中国を「戦勝国」とは思わなかったものの，中国からの報復行為を全く心配しなかったわけではない．ポツダム宣言の受諾が決定的となった8月13，14日頃，軍中央には「支那に於ける降伏はわが軍民に対し最も惨虐なる報復を招くべし」という考えが広がっていた．実際にはソ連軍参戦後，満洲地方で生計を営んでいた多くの民間人の境遇は悲惨そのものであった．満洲以

外の地域でも「幾十年を費して築き上げた財産を無条件に失い，裸一貫になって慣れない内地に帰るという境遇に陥った者も少なくなかったのである」[12]．しかし，報復の恐怖は中国大陸にいた日本人に共有するものではなかった．岡村寧次支那派遣軍総司令官は終戦直後の日本人の様子を次のように書き残している．

　　上海南京の一流料理店に，今なお日本人の出入りする者相当数あり，酔余俗歌などを謳うものあり，これに対し日本人の不真面目を批難する中国人もある．
　　最近上海の街頭で一米兵が，余りに傲然たる一日本人の態度を見て，大いに憤り，その日本人を裸にし，その着用していた衣服を見物中の中国人に頒与したという事件があった．
　　上海財界の元老で親日家である周善培が，親しい某邦人に洩すところによれば，終戦となるや日本の中小会社の社長連が陸続として来訪し，その会社の名義を予の名義に書き換えて，営業を継続し，その利益を折半しようなどと申し入れてきたが，予は悉くこれを拒絶した．予は多年親日を標榜してきたが，今日ほど日本人を見下げたことは少ないと．
　　北京方面では，日本人で，重慶政府側先遣の参謀や小役人に運動して残留の職を求めたり，日本軍の行為を殊更に批難して中国側の歓心を買わんとする者があったという．
　　某航空会社南京出張所員は，終戦と共に大型機を以てその家族と家具を内地に運ぶことに専念し，またその引揚げ最後の夜は，痛飲放歌の有様だったので，痛く居留民を憤慨せしめた[13]．

民間人だけではない．軍人たちも，敗戦した日本軍が依然として従来の威厳を保っていると感じていた．派遣軍参謀副長の今井武夫は次のような感想を述べている．

　　当時中国側は日本軍に対して相当不安感を抱き，たとえ日本は敗戦し日本政府自体は連合国に投降しても，在華百万の日本軍は，大陸に於ける限

り，未だ不敗の戦歴を誇る精鋭である．其の動向は遽かに逆賭しがたく，況んや一部不満分子や越軌分子や越軌部隊が，本国政府や上級司令部の命令に違反して，如何なる行動に出るか料り難いものと，疑っていた[14]．

中国に負けなかったという終戦直後の内外の日本人の感覚は，日本人の「責任」感覚に大きな影響を与えたことはいうまでもない．とりわけ軍は，敗戦相手の英米に感じた「責任」と同様のものを中国に感じることなく，中国に対する「責任」感覚は違う方向に向かって深められていったのである．

2. 責任の果たし方その1——蔣介石政府を強化せよ

中国への責任感覚は，終戦直後蔣介石がいち早く表明した対日方針と深く関係していた．蔣介石の対日方針を象徴するものはいわゆる「以徳報怨」の演説である．1945年8月15日蔣介石がラジオを通じて自ら読み上げた「抗戦勝利告全国軍民及全世界人士書」と題するこの演説のなかの次の一節が日本人に最もインパクトを与えた．

> わが中国の同胞は「旧悪を念わず」と「人に善を為す」がわが民族伝統の高く貴い徳性であることを知らなければなりません．われわれは一貫して，日本人民を敵とせず，ただ日本の横暴非道な武力をもちいる軍閥のみを敵と考えると言明してきました．
> 今日，敵軍はわれわれ同盟国が共同してうち倒しました．彼らが投降の条項をすべて忠実に実行するよう，われわれが厳格に監督することはいうまでもありません．ただし，われわれは報復してはならず，まして敵国の無辜の人民に汚辱を加えてはなりません．彼らが自ら誤りと罪悪から脱出できるように，彼らがそのナチス的軍閥によって愚弄され，駆りたてられたことに，われわれは慈愛をもって接するのみであります．もし暴行をもってかつて敵が行った暴行に応え，奴隷的屈辱をもってこれまでの彼らの優越感に応えるのなら，仇討ちは仇討ちを呼び，永遠に終ることはありません．これはわれわれ仁義の師の目的では，けっしてありません．これは

われわれの軍民同胞ひとりひとりが，今日にあってとくに留意すべきことであります[15]．

　もっとも，蔣介石は終戦前にすでにその対日方針を構想していた．太平洋戦争の終戦前に蔣介石が感じ取った，世界における中国の地位の変化と，当時の国際情勢に対する基本認識が彼の対日方針を支えていた．中国を除外したテヘラン会談において，事実上ソ連の満洲出兵が約束されたことは，共産党勢力の拡大とソ連による中国介入に強い警戒心を抱いていた蔣介石にとって，許しがたいことであった．やがて，蔣介石は戦後構想のなかで，アジアで最も信頼すべき同盟国は日本であると想定するようになる[16]．その後，蔣介石が日本に対する戦争賠償請求権を放棄したのも，「もし日本が貧しくなれば，共産主義がはびこり，社会主義革命が起き，ソ連が日本に侵略する可能性が極めて高くなる．そうなれば地崩れ現象が起き，アジアは社会主義に塗り替えられる」[17]という危機意識があったからとみられる．

　蔣介石の指示に従って，日本軍との停戦交渉を担当した何応欽司令は「対日軍之処置」[18]と題する命令書を公布し，投降する日本軍に接する中国軍の行動をきめ細かく規定した．命令書の第8条には，日本軍人が所持する武器以外の衣服，腕時計などの日用品と一定金額の現金を没収してはならない，という決まりがあり，第11条では「武装解除にあたり，日本軍に対する故意の侮辱があってはならない」と違法行為を厳禁した．これらの項目以外に，投降日本軍の食糧を保障すること，日本軍が師団，連隊などの編成を維持することなども許可された．

　何応欽の命令は中国軍によって確実に実行された．岡村寧次は，降伏する日本軍に対する中国軍の対応について，次のように記録している．

　　一　捕虜と云わず徒手官兵と称した．
　　二　軍の組織を解体することなく引揚まで指揮形態については総司令官たる私に対しては，日本官兵善後総連絡部長官，各方面軍司令官に対しては某々地区戦後連絡部長と職名改称を命令してきた[19]．

そして，終戦後「比較的多量の物品を携行して，二百万軍民が一年ならずして内地に引揚げることができたのは」，「蔣委員長の方針に基づく中国官民の好意ある態度に因るところ至大であると思わざるを得ない」[20]と認めている．

　終戦交渉の場においても，中国側は日本側に丁重な姿勢を見せた．8月20日から23日，投降の予備交渉のため，今井武夫参謀副長は湖南省芷江に派遣された．中国側は交渉委員として日本留学組を派遣し，また，日本側委員の立場を考え，中国側委員の階級を下げて交渉に臨んだ．今井は「芷江では何応欽およびその許可を受けた参謀長以下並に米軍参謀長と会談したが，日本側に対する取扱振は比較的丁重にして好意的であった」[21]と報告している．

　もっとも，今井は日本軍に対する中国側の丁重な姿勢の原因について，蔣介石をはじめとする中国側の方針というより，日本軍の整然たる軍紀と考え，次のように記述している．

　　日本軍の命令の徹底振りや，斉々たる撤退振りを称賛する声を再三耳にしたが，中国軍が日本軍に対し敗戦の敵にかかわらず，戦時に引続き戦後も長く畏敬の念を持続する原因となり，中国側は大いに日本軍の公正なる態度を徳とした[22]．

　さて，ポツダム宣言受諾の情報を入手した直後に，継戦の上奏をした岡村寧次総司令官は，8月15日を境に発想を全面的に転換する．この日の正午，岡村は総司令部の全員を集合させ，放送詔書を聞いたあと，全軍の将兵に対し次の訓示を下した．

　　今や聖戦半にして肇国以来未曾有の最悪事態を迎うるに至る．真に悲痛極まりなきも，事既に此に到る．本職は承詔必謹以て宸襟を安んじ奉らんことを期す．
　　派遣軍将兵宜しく戦魂を消磨すること無く，愈々厳粛なる軍紀の下，鉄石の団結を堅持し，一途の方針に基づき，夫々新任務の完遂に邁進すべし[23]．

岡村はこのころ，中華民国の蔣介石政府を支え，中国と日本，そしてアジアの振興を目指す新しい中国政策を構想し始めた．この発想の転換について岡村は次のように説明している．

　　私は，少壮士官学校在学時代から，同期の盟友と共に中国研究に志し，東亜振興のため，日華両国合作を理想とし，軍歴の大部を中国関係の業務で過してきた．不幸にして事志と違い，両国間に干戈を交え，遂に今日の敗戦を見るに至る．感無量である．
　　八月十五日はぼんやりと黙想で過したが，翌十六日は，今後日華関係はどうすればよいかと考えた．漠然ながら東亜振興のためには差し当たり中国の強化繁栄を期待して，日本は為し得る限りこれに協力しなければならない．没落した日本はこの際協力し得る道は，ただ技術と経験のみであろう．接収に際してもこの趣旨により誠実に引渡すべきである，などと考え浮かんだ[24]．

小笠原清参謀も次のように終戦直後の岡村の行動を回想している．

　　敗戦直後，岡村は軍の「敗戦処理要綱」をしばらく構想していた．その結果，「いさぎよく負けよう．そして負けた以上は全力をあげて中国に協力しよう．よりよい中国をつくるのにお手伝いさせてもらおう．それによってわが日本も復興できる」という結論に至った模様だ[25]．

　小笠原の話にある「敗戦処理要綱」は，岡村が自らの考えをまとめたものである．岡村は自らの構想を上海陸軍部長の川本芳太郎と南京国民政府最高経済顧問の小倉正恒にも伝え，その支持を取り付けた．計画や命令などを自ら執筆した経験のない岡村であったが，この構想だけは自ら執筆したうえで，参謀らの修正意見を取り入れて成文化させた．

　長文の「対支処理要綱」[26]は「根本方針」から始まっている．それによると，「支那は東亜に残存する唯一の大国として今後列強の圧迫下に，至難なる興国

の大業に進まざるべからざる情勢に鑑み，此際帝国は愈々宿志に徹し，日支間の行懸りを一掃し極力支那を支援強化し，以て将来における帝国の飛躍と東亜の復興に資す」とある．連合軍による日本占領が現実的な問題となれば，東亜ただ1つの独立大国たる中国を助け，これを強化させることによって，日本再生の道を探るという構想である．

　蔣介石政府を強化させる第一歩として，まず日中間の信頼関係を構築することの重要性が強調された．日本としては，従来の対中国政策を変更し，寛大な姿勢で日中関係に臨まなければならない．すなわち，「停戦および撤兵の全期間を通じ，皇軍および在留邦人は，難局に屈せざる毅然たる気迫と闘志を堅持するとともに，衷心より支那の繁栄に協力する大乗的態度を以て，年来の対支道義を実践して，帝国の真意を透徹せしめ，これを以て日支結合，東亜復興のための鞏固なる基礎を確立」しなければならない．

　中国の民心を把握することは，日中の信頼関係を回復させる鍵である．撤兵する日本軍に対し岡村は「停戦および撤兵は，森厳なる軍紀，鞏固なる団結の下，支那側をして，秋霜の如き畏怖と衷心より愛敬を感ぜしむる如く，整然且(ママ)正々堂々とこれを実行す．而して此間治安を確保して保衛安民の実を挙ぐると共に民衆に対していは愛護を旨とし，寸毫も犯すこと無からしむ」ことを求めた．

　また，重慶政権を軍事面で強化させる具体策も構想された．「要綱」は，「重慶中央政権の統一を容易ならしめ，中国の復興建設に協力する」と明記し，それを実現するための当面の課題として，「支那に交付すべき兵器，弾薬，軍需品等は統帥命令に基き指示する時期および場所において，完全円滑に支那側に交付し，以て進んで中央政権の武力充実に寄与す」ることを在中国の日本軍に求めた．

　「要綱」では物資の面で中国の復興を全面的に支援する具体策も示されている．「在支軍用及び国有諸施設資材などは一切破壊毀損を厳禁し完全に支那側に譲渡して，その復興に資する」という内容は，数日前まで敵国として戦っていた相手に対する方針としては，逆に中国側にとって解しがたい内容と言わなければならない．

　「要綱」で注目されるもう一つの重要なポイントは，戦後のもっとも早い時

期に初めて対中「賠償」に言及したことである．すなわち，「帝国の投資による施設は為し得る限り，対支賠償の一部に充当す」．もちろん，この時期，日中間ではまだ戦争賠償についての具体的な交渉を始めていない．岡村は来るべき賠償交渉を想定してこのような方針を示したと思われる．いわゆる戦争責任の問題と関連付けて考えれば，岡村は敗戦国としての賠償責任以外に，中国に対する加害国としての責任も意識していたと推測される．その責任をとる具体策の一環として，前述の物資面の対中協力以外に，人的支援も打ち出された．この人的支援について「要綱」が数項目にわたって具体的に議論していることは極めて興味深い．その内容を列挙すると次のとおりである．

　　在支那居留民（新に支那側に編合せられたる地を含む）は支那側の諒解支援の下に，努めて支那大陸において活動するを原則とし，特に民間工場，事業場および個人商工業者等は，支那側との無用の競合を修正し，その技術を発揮して，支那経済に貢献せしむ．
　　交通，通信，重要事業場，工場および公共事業等における日支合弁国策会社の日系社員を一斉に撤去するときは，一時その機能を停止し社会的，経済的に至大なる影響を及ぼすべきを以て日支間に新に約定して漸次的に日系社員を退去せしむ．
　　新に日本の技術専門家，就中日本に於ける禁止工業部門および鉱業農業の技術を支那に広範囲に進出せしめ，支那の発展に資す．

終戦後の対中人的支援構想は，近年いわゆる日本人の「留用」問題として注目されている．本書中の楊大慶論文はこの問題を詳しく検証したもので，詳細は同論文に譲るが，「要綱」が対中支援の原則も定めている点は注目に値する．すなわち，「在支諸企業，経済部門等の残置，定着，又は新たなる進出等に当りては，特に旧来の権益思想を一擲して誠意を以て支那の復興建設に協力し日支の提携を促進するを主眼とす」という項目は，従来の日本の対中政策への反省に立って立案されたものであり，日中の対等な関係の重要性を強調したものである．
　いずれにせよ，終戦直後の混乱のなか，在中国の日本軍最高司令官がいち早

く新しい時代の開幕を予想して，斬新な対中政策を打ち出したことは特記すべきことである．蔣介石を首班とする中国政府を最大限サポートする方針が打ち出された背景について，これまでに述べた蔣介石の寛大な対日政策と，岡村総司令官の中国に対する個人的な思い入れのほかに，次の2点を指摘しておきたい．1つは共産主義勢力拡大への警戒と，もう1つは蔣介石政権（重慶政府）に対する政策の延長である．

まず，共産党勢力への警戒について触れておこう．ソビエト勢力の南下と中国における共産党勢力の拡大を最大の危機としてとらえてきた日本軍にとって，「共同防共」は中国に対する年来の要望であった．この点においては，共産党を警戒し続けてきた蔣介石も同様である．いよいよ蔣介石は名実ともに全中国を支配する統治者に返り咲くが，日本にとって蔣介石との信頼関係を構築する近道はこの「防共」の理念を前面に打ち出すことであった．そこで派遣軍は，「日本軍の相手とすべきものは，中国正規の正規軍であって，妄りに中央軍以外の地方軍と交渉すべき筋合いでない」[27]という方針を決め，戦争の終結を機会に武器弾薬の獲得と勢力の拡大を目指す共産党側を厳重に警戒した．降伏に応じた日本軍が直面した難題の1つに，活発化する共産党勢力への対応であった．今井武夫は「中共側の暗躍は，……後には中共軍を背景に武力まで行使し，執拗な強要となってきたので，終戦後兵器を擲った各地の日本軍は，国民党と共産党両軍の板挟みとなって，悩まされ，多数の犠牲者まで強いられた」[28]と証言している．岡村も「中支と南支では，終戦後殆んど一発の銃声も聴かなかったのに，北支方面，江蘇省北部に在ったわが日本軍に在っては共産軍の攻撃に対する自衛戦闘のために，実に合計約7000人の死傷者を生じたのであった．中共軍の無法の要求，無法の攻撃の如何に多くあったかを推知し得る」[29]と記録している．派遣軍は「特に何応欽の許可を受けた者以外との交渉並に武器軍需品諸施設一切の破壊消却を厳禁して，完全な状態で国民政府軍に交付するよう準備を命令した」[30]と言われる．

つい最近までの交戦相手だった蔣介石政府に対する以上のような日本軍の姿勢に，不思議に思う中国人も多くいた模様である．日本軍の「豹変」について，文化的側面から解釈することも可能だが，反共と防共を一貫した国是としてきた日本にとっては当たり前の方針であったともいえる．そのあたりのことにつ

いて今井は次のように述べている．

　　芷江会談以来，国民政府軍が，受降業務遂行中，日本軍は依然建軍以来の統制を堅持し，些少な紛糾もおこさず，又国民政府軍以外の中国人軍隊から執拗な威迫を加え，果ては中共軍から攻撃を受けたに拘らず，兵器や施設の譲渡を峻拒して，一切を挙げて中央軍に引渡したことは，われわれ日本軍としては極めて当然のことながら，一般中国人には寧ろ意外の感を与えた[31]．

　次に，蔣介石政権（重慶政府）に対する政策の延長について考えてみたい．日中戦争勃発後の 1938 年 1 月 16 日，国民政府の首都南京を陥落させた勢いに乗じて，近衛（文麿）内閣はかの悪名高い「蔣介石政府を対手とせず」声明を発表し，日中戦争解決の道を自ら狭めた．しかし，まもなく政策の失敗に気付いた近衛首相は内閣改造を実施し，蔣介石政権（内陸の重慶に移したので，「重慶政府」という）を交渉相手とする可能性を否定しない宇垣一成を外務大臣に起用し，政策の転換を図った．その後，蔣介石と対立した汪兆銘を重慶政府から引き出し，南京にもう 1 つの国民政府（南京政府）を樹立して占領地政策を推進したが，中国全域に対する蔣介石と重慶政府の影響力は無視できず，重慶政府との和平を実現しなければ，中国大陸での戦争を終結に導くことはできないと判断するにいたった．特に 1943 年に入ってから，アジア・太平洋地域において日本は戦略的守勢に転じ，参謀本部は初期の戦争計画の再検討を余儀なくされた．3 月，戦争指導課は終戦の方策についての研究を完成し，中国大陸での戦争を終結に導く手段として，重慶との和平工作の緊要性を指摘した．それによると，「全般情勢ヲ勘案ノ上，機ヲ失セス対重慶和平工作ヲ行フヲ要ス」[32]とある．具体的な方針は，「和平条件ハ徹底的ニ寛容ナラシメ，日支基本条約ヲ破棄シ，汪蔣合流下ニ新タニ日支基本条約ヲ締結スルモノトス」という趣旨のものであった．参謀本部は，日本の影響下にある汪兆銘政権を活用することの重要性を認識しながらも，最終的な和平は重慶との交渉のなかではじめて実現できると確認した．

　重慶重視の現実路線はその後も継承され，1944 年 9 月 5 日の最高戦争指導

会議では,「対重慶政治工作実施ニ関スル件」[33]の決定をみた. この文書では, 日本と重慶政府との間で「先ツ彼我ノ間ニ直接会談ノ機ヲ作ルヲ以テ第一目標」とした. そのうえで,「和平条件の腹案」という項目のなかで汪蔣関係について,「蔣介石ノ南京帰還, 統一政府ノ樹立ヲ認ム」と提案した. さらに同文書は,「日華条約の取扱いについて」という項目を設け,「日華同盟条約ヲ破棄シ, 新ニ全面和平後日支永遠ノ平和ヲ律スヘキ友好条約ヲ締結ス」と定め, つづいて,「此際支那内政問題ニハ一切干渉セサルモノトス」と規定した.

　重慶政府に対する日本政府の方針は,「対手とせず」声明への反省に立ちながら, 戦局の進展への対応の側面が強い. しかも, 幾度も繰り返された対重慶和平工作[34]はことごとく失敗に終っている. だが, 失敗が繰り返されるなかで, 重慶政権との和平は停戦につながる唯一の道であり, 重慶政権だけが中国を整合できる唯一の政権という認識はますます深まっていく. この認識は終戦後にも自然に継承され, 重慶政府への強化策の形で打ち出された. もちろん蔣介石政府の対日政策に「感化」された部分も否定できないが, 終戦直後の中国政策は日本の戦争責任の取り方の1つの形として理解されよう.

3. 責任の果たし方その2──南京政府要人を救済せよ

　終戦とともに, 日本の「大東亜共栄圏」建設に協力した満洲国皇帝溥儀, ビルマの国家代表バー・モウ (Ba Maw), 自由インド仮政府主席チャンドラ・ボース (Subhas Chandra Bose), フィリピンの大統領ラウレル (Laurel, Jose Paciano), 中国の南京政府代理主席陳公博[35]等の処遇問題は, 日本政府や関係者が感じたもう1つの「責任」であった. 日本の大東亜共栄圏構想は, 欧米の植民地支配を否定し, アジア太平洋地域に共存共栄の勢力圏の実現を目指したが, 戦後, この構想は所詮植民地支配の域を出ず, 欧米による植民地支配となんら変わりはなかった, との判断が下された[36]. 戦後の評価はどうであれ, 終戦当時の日本は, 身を投げ出して日本の共栄圏構想に協力したアジアの人々に重い責任を感じたのである.

　天皇の統制大権の確認のみを条件として, ポツダム宣言の受諾を決定した日本政府は連合国側の返答を待っていた8月11日, 東郷茂徳外務大臣名で, 在

満洲，中国，及びタイの各大使あてに次の電文を送った．

　　往電合第六五三号ニ関シ
　　貴任国ニ対スル信義上右往電内容ヲ即時貴任国政府ニ内報スルト共ニ大東亜解放ノ為帝国ト相提携シテ共同戦争ノ完遂ニ邁進セラレタル真摯ナル協力ニ対シ帝国政府ノ深甚ナル謝意ヲ伝達セラレ度尚今後帝国政府ノ執ルベキ措置ニ関シテハ必要ニ応ジ追電スベキモ貴任国政府首脳部ノ希望等御聴取置相成度[37]

　この電文が発信される前に，外務省は「合第六五三号」電文として，先に発せられたポツダム宣言受諾通告の内容をすでに各大使に内報していた．その内報を前提に，各国の首脳に何か特別な要望があれば，日本政府に通知せよ，というのがこの電文の主旨である．続いて8月14日東郷外務大臣はこの件についての第2電を発し，「貴任国要人及家族ニ関スル措置ニ付我方トシテハ本人ノ希望アラハ一定範囲ノモノノ内地等ヘノ移行ニ対シ事情ノ許ス限リ便宜ヲ取計フヘク又今後ノ生活保障トシテ要スレハ資金又ハ物資ノ提供等ヲナスヘキニ付軍側トモ協議ノ上可然措置セラレ度」[38]と求めた．つまり，関係諸国の首脳に対し，日本への亡命希望があれば協力するという意思を伝えた．
　実は，前節で検討した岡村寧次の「対支処理要綱」にも，「国民政府（南京），華北政務委員会および蒙疆自治政府関係の要人ならびに帝国に協力せし支那人等の身分に関しては，支那側とも協議の上，万全の措置を講じ，帝国の信義を確保するものとす」という1項目が加えられていた．
　また，降伏の具体的な手続きについて日本軍を代表して中国側代表と芷江で会談に臨んだ今井武夫もその席上，「従来日本軍に協力した南京和平政府其の他機関の要人は，占領地民衆幸福のため貢献したる事を述べ，感情を越えて寛大な取扱を要請した」[39]．
　このように，大東亜共栄圏の協力者に対する「責任」を，日本国内の政府関係者も，中国大陸にいた最高司令官も強く意識していたといえる．しかし，廃墟と化し，やがては連合国の占領下に入る日本には，対日協力者を受け入れて適切な対応をする条件があるのだろうか．大東亜省次官だった田尻愛義はこの

点について，次のように素直に認めている．

> わが国がポツダム宣言を受諾する時点で，いわゆる大東亜諸国の要人がわが国への亡命を希望されることは十分ありうると判断していました．スイスや北欧の中立国への亡命も考えられないわけではないが，交通事情が許さない．とすれば，ともかくわが国へ亡命し，これを足がかりにして中立国へ潜行する方法だってある．
> しかし，敗戦という事実がわが国へどのような形でのしかかってくるのか，われわれ自身まったく見当がつかない．
> 当時日本の都市のほとんどがB29の餌食になって見渡す限りの焼け野原だ．肝心の食糧も手に入らない．
> 正直なところ，来てもらいたくない，来てもらっては困るというのがわれわれの偽らざる気持ちだった[40]．

外務省も同様な雰囲気に包まれていた．政務局長だった安東義良は外務省内の様子について次のように述べている．

> 大東亜に新しい国々を独立させたという功罪は一応おくとして，日本があのかたがたになんらかの迷惑をかけたのは事実なんだから，たとえ日本が滅びるにしてもそれ相応の返済の義務がある．それが国家の信義というもんじゃないだろうか．これはスジ論です．
> しかし，実際問題として，空襲で外務省まで焼かれ，荒廃の極にある日本にこれらの人が亡命してきて満足のいくお世話が出来るか．かりに出来たとしても，上陸してくる占領軍との間に不測のトラブルが起こったら日本の好意がアダになってしまうし，亡命者の身にどんな災難が降りかかるかわからない．
> だから来てもらいたくないという気持ちがわれわれを強く支配していたのも本当です．そんな複雑な外務省の空気だったが，『よろしければおいでなさい』という電報が残っているんだから，スジ論が勝ったんですね[41]．

このように，責任をとるべきという「スジ論」と，責任をとる十分な能力を有しないという「現実論」の間で日本は揺れ動いた．とまれ，日本政府の方針を受けて，すでに3月に日本に亡命しているフィリピン共和国のラウレル大統領以外の，共栄圏関係諸国の首脳たちは一斉に本国からの脱出を試みる．しかし，全員が無事亡命先に辿り着いたわけではない．首都新京を離れた満洲国皇帝溥儀は，8月20日，関東軍の飛行機で日本に向かおうとしたところ，空から進駐してきたソ連軍に逮捕された．また，8月18日，ソ連への亡命を企てた自由インド仮政府のチャンドラ・ボース主席は経由地の台北飛行場で飛行機事故により非命に倒れた．そのようななか，ビルマのバー・モウ国家代表だけが8月24日，日本に辿り着くことができた．では，南京国民政府の陳公博代理主席はどのように行動したのだろうか．

政府の指示を受けて谷正之大使は8月12日に陳公博代理主席と会談し，「帝国ハ飽迄国府トノ同甘共苦ノ関係ヲ重ンシ信義ニ基キ政府要人ヲ充分保護スルニ努メ例ヘハ渡日ノ希望アレハ其ノ便宜ヲ計ル等総ユル手段ヲ講スル積リナリ之ニ関連シ何等希望アラハ腹蔵無ク申出ラレ度シ」[42]と述べた．

これに対し，陳公博は，「部内各個人ノ去就ニ付テハ未タ問訊シ居ラサル為不明ナルカ自分ニ関スル限リ汪主席ヨリ後事ヲ託セラレタル関係モアリ急キ当地ヲ離ルル気持無シ出来得レハ日本側ノ援助ヲ得テ和平軍ヲ一ヶ所ニ集結シ其ノ内部ニ居住シテ最後迄踏留マリ重慶側トノ所要ノ交渉ニ任シ国府幹部ノ安全ヲ見届ケタル上去就ヲ決スル積リナリ」と返答したうえで，戦後の南京政府の身の処し方について次のように述べた．

　　　和平協定調印ノ場合ハ自ラ宣言ヲ発シテ之ヲ解消シ其ノ後ハ委員会ヲ組織シテ地方ノ自治等ニ関スル必要ノ事務ヲ継続シ重慶側ノ接収ヲ待ツ

また，南京政府の軍について，「結集シテ自ラ指揮ニ当リ共産軍ノ寝返リ其ノ他叛乱等勃発ヲ防クコト治安ノ維持ヨリスルモ亦対重慶関係ヨリスルモ最モ機宜ノ措置」と述べた陳公博は，すでに重慶政権との合流を考えていた模様である．しかも彼は「幸ヒ重慶側トノ対立観念薄キニ付重慶側トノ交渉ハ進メ易カルヘシ」と，明るい展望をもっていたのである．時局に対するこのような判

断もあり，陳公博は日本への亡命を拒否した．

ところが，8月17日，南京政府税警団の一部が突如南京の繁華街に位置する中央儲備銀行総部の建物を占拠して，南京政府軍の武装解除と政府要員の逮捕を開始したのである．税警団は南京政府内の財政を牛耳っていた周仏海が自派勢力の拡大を目的につくった軍事組織で，この日の行動を指揮したのは周仏海の子分といわれる周鎬であった．周鎬は，南京市長周学昌，前上海市長代理呉鴻祥，南京政府宣伝部長趙尊獄，司法行政部長呉頌皋といった南京政府の要人を次々と「漢奸」として逮捕した．陳公博主席代理の公館も税警団の監視下に置かれた．

この事態は，南京政府内で陳公博陣営と周仏海陣営が激しく対立したことを浮き彫りにした．その後，今井武夫参謀次長の命令で，軍事顧問の岡田酉次や参謀小笠原清中佐などの説得工作の結果，事態は沈静化に向かった．

事件の背景には「漢奸」と言われた対日協力者に対する国民の憎しみがあった．漢奸として追及されることが免れそうもない南京政権の人々は，「立功贖罪」（功績を立てることによって，罪の埋め合わせをする）の心理にかき立てられ，正義の代弁者を演出しようとの一心で，周鎬事件を起こした．

周鎬事件のあと，陳公博の考え方に微妙な変化が生じた．8月20日，陳公博は谷大使を訪れ，重慶政府に政権を引き継ぐまでの治安維持などのことについて協議した．会談の最後で，陳は「一身上ノコトヲ述ヘ度シ」として，次のような心情を吐露した．

　　蔣介石ハ公人トシテノ関係上自分ヲ信用シ居ルモノト信スルカ私人的ニハ深キ関係ナキヲ以テ自分ヲ用フル気持ハナカルヘシ従来対重慶工作ニ付テモ自分ハ未タ嘗テ蔣介石ト秘カニ連絡セルコトナク総テ日本側ノ希望ニ基キ周作民等ヲ通シ日本ノ真意ヲ伝ヘ考慮ヲ促カスニ止マリ今日ニ於テモ自分ノ態度ハ変ラス即チ別段手柄ヲ立テテ蔣ノ気ニ入ル様立回ル積リナク又民衆ヲ犠牲ニシテ自分一人蔣ノ歓心ヲ買ハントスル考ヘモナシ只偏ニ治安ヲ維持シ中共ノ侵入ヲ防キ国家ノ分裂ヲ避ケ中国ヲ復興シテ他日中日友好関係樹立ノ基礎ヲ築カンコトヲ期待スルノミ此ノ心情ハ去ル十七日周作民ニ託シ蔣介石ニモ通シ置ケルカ重慶復帰後自分ヲ裁判ニ付スルカ如キコ

トアレハ夫レ迄ノコト然ラサル場合ニ於テモ之以上政治ニ携ハルコトハ御免ナリ[43]

　終戦直後の陳公博の断固たる姿勢はもはや見られない．陳公博の「沈痛ナル面持」を目の当たりにして谷大使は，「岡村司令官ト打合ノ上重慶側ノ意向ヲ質シ其ノ上ニテ善処スルコト然ルヘシ一身上ノコトニ付テハ日本側ハ飽迄信義ヲ守リ如何様ニテモ援助スヘシ」と述べ，日本としては陳公博の安全を保障することを約束した．
　8月24日，停戦協定準備会談を終えた今井武夫は陳公博を訪ね，芷江会談の内容を話し，特に重慶政府側から南京政府要人に対する寛大な処置の確約を得られなかったことを詫び，「日本軍敗戦の結果，心ならずも南京政府の人々に累を及ぼした不幸な事態を，衷心遺憾とする」[44]と表明した．
　これに対し陳公博は「私は或る人の忠告で，私がこのまま南京に残っていては，重慶国民政府の接収業務に支障となるそうだから，暫く日本に旅行したい」と申し出た．
　「周鎬事件」を通して陳公博は自分自身が置かれている立場をようやく理解できた．すでに8月13日に周仏海は重慶国民党軍事委員会に「上海行動総隊総指揮」に任命された．周仏海一派との対立のなかで，陳公博グループは重慶側に冷遇されたのである．内争に敗けた陳公博は当初の決定を覆したのである．
　陳公博の希望を聞いた今井は「芷江における前日迄の会談の空気に鑑み，この際陳主席を渡日させることは，多分戦勝軍の激怒を買うだろうと考えたが，彼の最後の希望である以上，困難を冒しても必ず実現しようと心に決め，独断ながら即座に快諾した」[45]のである．
　陳公博ら亡命組を乗せた飛行機が南京の故宮飛行場を飛び立ったのは8月25日未明のことである．同行者は陳夫人李励荘，秘書長周隆庠，実業部長陳君慧，宣伝部長林柏生，経理総監何炳賢及び秘書の莫国康であった．陳公博はみずからの渡日について「決して自分一身の危険を免れんがために亡命して，逃避したものではない．何応欽の受降業務が円滑に遂行出来るようにし度いと思った結果にすぎない」[46]と弁明している．そして，「蔣介石宛の書簡を，何応欽に手交するよう手配済みであるから，近く南京から召還状が着く筈である」

とも言って,蔣介石の命令なら服従するとの意志を明らかにしている.
　さて,蔣介石宛に書かれた陳公博の書簡の内容は次のとおりである.

　　　南京政府解散後,度々先生に手紙を送ったが,未だに返事を受け取っていない.六年来の公博の心境は先生に察していただくところである.このたび,日本が和平を受け入れたことで,数年来の願いが一夜にして実現され,誠に喜ばしいことである.公博個人の問題については,時になれば自ら決するつもりである.先生は過去数年間,公博が罪を犯したとお思いになれば,公博は処罰に服して,国の法律を守るつもりである.もしも先生が過去数年間の出来事を不問に付し,過去を追及するおつもりが無くても,公博が将来統一の障害になるのではないかとの憂慮がおありになれば,公博は先生の処罰に従うつもりである.公博が和平運動に参加したのは,汪先生が一部浅薄の人間に惑わされて,過ちを犯しているのではないかと心配したからであり,汪先生のために思い,また,国家のために思ったからである.汪先生のために犠牲となった私は,国家将来のためにも犠牲となる覚悟である.ただし,巷では,公博が依然として南京で自由自在に暮らしているとの噂があるため,先生は小生の処置に困惑されているのではないかと拝察する.このたび,一時南京を去り,御命令を待つことにした.もしも先生が処罰すべきだとのお考えであれば,公博は即座に自首し,裁判を待つことにしたい……[47]).

　陳公博が南京を脱出してからまもなく,8月30日の『朝日新聞』は同盟電として,「光華日報が同紙の特電として伝えるところによれば,前南京政府主席代理陳公博氏は28日自殺を図り重態に陥ったが,治療及ばず29日死亡したといわれる」と報じた.
　しかし,9月9日,何応欽中国陸空軍総司令は岡村総司令官に「陳公博一行は日本に潜入していることが判明した.直ちに逮捕して中国に送還するように」要求した.続いて9月20日も同じ趣旨の要望が中国側から出されたので,外務省はパニックに陥った.陳公博の亡命工作に関わった管理局の大野勝巳管理第二部長は「陳公博さんがウンといってくれればいいけど,もし,いやだと

いった場合，日本政府としては，もうこうなった以上隠しておくわけにはいかない」[48]と述べ，亡命工作はいよいよ限界に来ていることを示唆した．

難しい立場に追い込まれた外務省は，陳公博をはじめとする亡命組への対応策として，「一，何応欽メモランダムを含め，従来の重慶側との折衝経緯を詳細説明し，二，特に日本政府が信義をおろそかにするものではないことを力説する．三，結論的には日本政府の公式的な意見は，これを述べることなく，逆に陳主席の意向を引き出し，その次第によって改めて処置を考える」[49]と，一応決定した．

これに対し，亡命工作で具体的な立案と行動を指導した南京政府軍事顧問兼経済顧問補佐の小川哲雄は，「要約すれば，日本側から，中国に帰って下さいとは，とうてい言えないが，帰ってもらえば日本も助かる．何とか主席の面子を傷つけることなく，帰国の雰囲気に話をもってゆきたいということである．誠に虫のよい話．もはや正面きった信義論などどこかに吹き飛んで，厳しい現実論に立った妥協が全面に出てきた」[50]と日本政府の対応を批判する．

在中国の谷大使も，「(1)結局引渡ニ応スルトスルモ当分従来ノ主張ニ依リ出来得ル限リ引渡ヲ延期シ暫ク状況ヲ見ルコトトスル」ことと，「(2)アッサリト中国ニ引返サシムル」の2案しかありえないという状況の中で，次のように分析する．

> (1)案ハ何側モ亡命客ヲ庇護セントスル帝国政府ノ信義ヲ堅持スルモノト言ヒ得ヘキモ之ニ依リ陳公博ノ立場ハ巷間伝フル大赦ノ時期トノ関係モアリ果シテ有利トナルヘキヤ又延イテ日支将来ノ関係ニ如何ナル影響ヲ及ホスヘキヤヲモ併セテ考慮セサルヘカラス(2)案ハ元来陳公博自身南京ニ踏留マル決心ナリシヲ蔣介石ヨリノ勧告アリタル為急ニ渡日ヲ思ヒ立チタル次第ナルニ付今回重慶側ヨリ帰還ヲ希望スル以上アッサリ之ニ応シテ引渡ス建前ヲ取ルコト決シテ不自然ニハ非ス且又却テ陳公博ノ立場ヲ有利ナラシムル……[51]．

谷大使は中国側の要請に応じ，陳公博を中国側に引き渡したほうが，陳公博自身にとっても，また将来の日中関係にとっても利点が多いと判断するに至っ

た.

　日本政府の方針が伝わると，陳公博本人も帰国の意思を固めていった．実際問題として，帰国する以外，彼には道は残されていなかった．9月25日，陳公博は何応欽と蔣介石に宛て，次のような電文を起草した．

　　南京何応欽総司令閣下のご高覧を願い，蔣介石主席閣下へのお取り次ぎを乞う．八月二十五日，私が南京を離れるにあたり書面一通を託し，すでにご高覧を賜わったと存ずる．数年来，鬱積していた胸中のわだかまりをおろすことができて，まことに欣快に存ずる．私はもともと南京にとどまって，処分を待つ所存であったが，当時は私に早急に南京を離れるように勧める人もおり，私が南京にいては蔣介石先生が処置しにくくなると言ってくれた人もいた．そこで私は責任上処すべきことを片付けた上で，そこそこに南京を去った．しかし，決して罪を逃れようとの逃避行ではなく，ご命令があり次第自首する旨したためたのであった．聞くところによれば今月の九日，総司令部が私のことについて岡村寧次に覚書を送り，同二十日更に鈕処長がご命令の趣旨を伝えてきたとのこと，廻り廻ってやっと私のところに届いたが，帰国のうえ自首することがもともと私の念願であったので，ご命令を待つまでもなく早急に帰りたいと存ずる．ただ，空路も海路も開通されていないため，何卒，中国機のご派遣をお取り計らい，早く帰国して罪をつぐなえるようご配慮を賜わりたく存ずる．区々たるこの胸中を何卒ご明察のほど，お願い申し上げる次第である．陳公博．有．
　　敬之総司令閣下

　　八月二十五日，南京を発つにあたり蔣介石先生にあてた親書一通を，貴兄及び東兄からご覧にいれるように託してきたので，内容はすでにご承知のことと存ずる．私が南京を離れたのは，決して罪を逃れようとしたのではない．その頃，私が南京又は上海にとどまっていては蔣介石先生が処置しにくくなるといわれたから，やむを得ずそこそこに南京を出て命令を待つことにした．今，承るところによれば，貴総司令部は私の帰国について岡村に覚書を送り，さらに鈕処長にご指示を伝えさせたとのこと，私は蔣

介石先生にあてた書面の趣旨の通りに早急に帰国し，自首する所存ではあるが，一つだけ貴兄から蔣介石先生に言上して頂きたい．即ち，このたび日本に渡ったのは別に私が希望したからではなく，国内のどこに私がいてもそこには南京政府の軍隊があって，いらざるデマを散布される恐れがあったからである．今，蔣介石先生のご意志が判った以上，私としては早急に帰りたく思っている．できれば中国の航空機を日本に派遣して頂き，早く帰れるよう取り計らって頂きたい．このようなお願いは分に過ぎているかもしれないが，区々たるこの胸中を貴兄なら深く察して頂けると存ずる．尚，今月の二十五日，私の自首について貴兄宛に電報を打ち，貴兄から蔣介石先生にしかるべき言上をお願い申し上げたが，電報の伝達に支障があるかも知れないと考え，この書簡をしたためた．何卒お取り次ぎを賜わりたく．ご機嫌よう．陳公博．九月二十五日[52]

　やがて，日本が責任を取る形で始まった陳公博亡命工作もこのような形で幕を閉じた．
　10月3日，陳公博の夫人李励荘を除く亡命組6人は憲兵と兵士に護送され，C47型貨物機で米子空港を離陸し，蔣介石政府の支配下に入った南京へ向かった．その後漢奸裁判が始まると，1946年4月12日，陳公博は蘇州の高等法院での裁判で死刑を宣告され，6月3日刑死した．

終わりに

　東京裁判にはさまざまな問題が含まれ，日本近代史の争点の一つであったし，将来にわたっても争点でありつづけよう．しかし，東京裁判は日本人に近代の戦争についての「責任」を総合的に検証する機会を提供したことは間違いない．戦争責任といえば，「敗戦の責任」と理解していた日本人にとって，裁判は加害者としての責任を自覚する機会にもなった．そして裁判のなかで，戦争や加害の責任者としてA級とB，C級戦犯たちが断罪され，多くの日本人は，加害者としての責任はこれで一応清算されたという理解をもつに至った．しかし，押し付けられた「責任」は認められない，勝者による報復としての東京裁判そ

のものは無効であるとする意見はその後も日本に根強く残され，今日の論争の一翼を担っている．

ところが，終戦とともに日本人が自発的に感じた「責任」について，日本人は心の中できちんと整理できたとは言い難い．その責任も多様であるが，中国に関して言えば，本章で取り上げてきた蔣介石政府に対する責任と汪兆銘政府に対する責任という2点に象徴される．

蔣介石政府に対する責任を取る，という意味で始まった同政府への強化策は，国共内戦と連合国軍による日本占領の開始の影響で十分に果たすことができなかった．やがてこの責任の意識は，台湾に逃れた国民政府との講和及び72年までの国交維持につながった．もちろん，冷戦という国際情勢の影響もあったことはいうまでもない．しかし，日本は台湾の独立を支持しているのではないかという中国側の疑念もこのことと深く関係している．

一方の汪兆銘政府に対する責任は，陳公博代理主席を庇護する形で形式的にも果たそうとしたが，占領下の日本ではそのようなことも実現できなかった．そして中国へ送還された陳公博はその他の対日協力者とともに漢奸として裁かれ，刑死した．現在も日本に汪兆銘をはじめとする親日政権の面々に同情する人が多いのは，終戦後同政権に対する「責任」を感じながら，何一つ果たせなかったことによるところが大きい．このように，終戦直後に現れた戦争責任をめぐる認識の原型が，今日の歴史認識に深い影を落としていることを改めて確認することができよう．

---

1) 外務省編『日本外交年表並主要文書1840-1945』下，1955年，626頁．
2) 「河辺参謀次長日誌」（江藤淳監修，栗原健，波多野澄雄編『終戦工作の記録』下，講談社文庫），364頁．
3) 稲葉正夫編『岡村寧次大将資料』原書房，1970年，4頁．
4) 「東郷茂徳陳述録」前掲『終戦工作の記録』下，372頁．
5) 寺崎英成，マリコ・テラサキ・ミラー編『昭和天皇独白録』文春文庫，1995年，146頁．
6) 池田純久「8月9日御前会議に就いて」前掲『終戦工作の記録』下，400頁．
7) 日暮吉延『東京裁判』講談社現代新書，2008年，22頁．
8) 「パール判決書」の解釈については，中島岳志『パール判事――東京裁判批判と絶対平和主義』（白水社，2007年）及び中島岳志・西部邁『パール判決を問い直す 日本無罪論の真相』（講談社現代新書，2008年）は参考になる．

9）前掲日暮吉延『東京裁判』18 頁．
10）読売新聞社編『昭和史の天皇』第 14 巻，読売新聞社，1971 年，123 頁．
11）同前．
12）前掲『岡村寧次大将資料』19 頁．
13）同前，19-21 頁．
14）今井武夫『支那事変の回想』みすず書房，1964 年，238 頁．
15）『日中国交基本文献集』蒼蒼社，1993 年，126-130 頁．
16）家近亮子『日中関係の基本構造 二つの問題点九つの決定事項』晃洋書房，2003 年，134 頁．
17）同前．
18）中国陸軍総司令部編『中国戦区中国陸軍総司令部 処理日本投降文件彙編』上巻，1945 年（沈雲龍主編『近代中国史料叢刊第八二輯』文海出版社）9-12 頁．
19）前掲『岡村寧次大将資料』13 頁．
20）同前．
21）前掲『岡村寧次大将資料』23 頁．
22）前掲『支那事変の回想』239 頁．
23）前掲『岡村寧次大将資料』7-8 頁．
24）同前，21 頁．
25）前掲『昭和史の天皇』第 14 巻，124 頁．
26）前掲『岡村寧次大将資料』21-23 頁．
27）前掲『支那事変の回想』225 頁．
28）同前，225-226 頁．
29）前掲『岡村寧次大将資料』14 頁．
30）同前，23 頁．
31）前掲『支那事変の回想』238-239 頁．
32）参謀本部戦争指導課「帝国ヲ中心トスル世界戦争終末方策（案）」(1943 年 3 月 25 日)，前掲『終戦工作の記録』上，132 頁．
33）同前，356-359 頁．
34）対重慶工作については戸部良一『ピース・フィーラー——支那事変和平工作の群像』（論創社，1991 年）が詳しい．また，最近の研究として同氏の「桐工作をめぐって」(『政治経済史学』第 500 号，2008 年 4・5・6 月) などがある．
35）1944 年 11 月，南京国民政府主席汪兆銘が名古屋で病死した後，陳公博は代理主席に就任した．陳が正式の主席ではなく，代理主席にこだわった理由は，汪兆銘時代に一応のけじめをつけ，重慶政府との統一の可能性を探る目的もあった．この点について，劉傑『漢奸裁判 対日協力者を襲った運命』（中公新書，2000 年）を参考．
36）日本の大東亜共栄圏構想を積極的に評価する意見も存在し続けてきた．代表的なものとして，深田祐介『黎明の世紀——大東亜会議とその主役たち』（文藝春秋，1991 年）を挙げておこう．
37）8 月 11 日午後 2 時大臣発在満，支，泰各大使宛電報，合第六五九号（暗号，緊急，館長符号扱），「ポツダム宣言受諾内報方ノ件」，外務省記録「大東亜各国要人措置関係・陳公博一行渡日関係」所収．
38）東郷大臣発在満，支，「タイ」緬各大使宛電報，暗合第七一七号，緊急，「三国宣言ノ

条件受諾ニ伴フ大東亜諸国要人ニ関スル措置ノ件」前掲外務省記録所収.
39) 前掲『支那事変の回想』234頁.
40) 前掲『昭和史の天皇』第14巻, 89頁.
41) 同前, 98頁.
42) 谷大使発東郷外務大臣宛電文第三六号（緊急，館長符号扱），「陳公博等大東亜諸国要人保護ニ関スル件」前掲外務省記録「大東亜各国要人措置関係・陳公博一行渡日関係」所収.
43) 重光外務大臣宛谷大使電文,「陳公博谷大使会談ノ件」同前外務省記録所収.
44) 前掲『支那事変の回想』244頁.
45) 同前, 245頁.
46) 同前, 246頁.
47) 中華民国重要史料初編編輯委員会編『中華民国重要史料初編』・対日抗戦時期・第六編・傀儡組織，四，1555頁.
48) 前掲『昭和史の天皇』第14巻, 381頁.
49) 小川哲雄『日中終戦史話』原書房, 1985年, 179頁.
50) 同前.
51) 重光外務大臣宛土田公使発電文,「何応欽上将要請ノ取扱ニ関スル件」前掲外務省記録所収.
52) 陳公博著，松本重治監修，岡田酉次訳『中国国民党秘史――苦笑録・八年来の回顧』講談社, 1980年, 359-360頁.

1章　終戦と日本の責任認識問題　29

2章 過去の浄化と将来の選択
――中国人・台湾人留学生

川島　真

はじめに――留学生を取り上げる意味

　戦時下の日本本土では，台湾や朝鮮などの植民地，満洲国や汪精衛政権下，そして南洋の日本勢力下にある地域など，大東亜共栄圏とされた地域から来た留学生が数多く学んでいた．日本が，「日本精神」を重視した皇民化運動を推進していたこともあり，彼らには完全に日本人化することはできないにしても，日本人「的」になることが求められた．もちろん，植民地臣民は「国語」としての日本語を学校で学び，神社参拝など，日常生活の中に多くの日本人的行動が半ば強制的にとりいれられていたのだが，植民地から本土に来た留学生は植民地にいる臣民よりも一層「日本」に近い存在となることが期待される面があった．他方，満洲国や中国などは，あくまでも「外国」と位置づけられていたので，国語としての日本語ではなく，外国語としての日本語を学び，共栄圏の指導国家である日本の精神を学び取ることが留学生の目標とされた[1]．
　中国人留学生数を見ると，満洲事変後に激減したものの，その後比較的回復し[2]，日本が汪政権などを樹立し，華北などを含めた「統治」領域から日本への留学する制度を整備するにともなって数千人規模まで膨らみ，満洲事変以前よりも多くなった[3]．他方，台湾人留学生の数は，1938年の記録ですでに

3891名となっている⁴⁾．『満洲国留日学生会館会報』にみられるように，留学生たちもまた疎開などの戦時学生生活を日本で体験した⁵⁾．日本への空襲が始まってから，多くの留学生が帰国したり，日本を離れたりしたが，少なくとも千数百人は日本にとどまり，日本で終戦を迎えた．留学生にとっては戦勝でもあり，また光復，解放でもあったろう．だが，傀儡政権や植民地から派遣され「日本人」に近づくことが期待された彼らにとって，事態はそれほど楽観的なものではなかった．

　中国人留学生は，傀儡政権から派遣され，日本という「敵国」の中にいたという負い目を背負いながら（あるいは負わずに），戦後どのような行動をとるのであろうか．また，彼らの日本での生活はどのようになるのであろうか．そしてそこに日本の戦後処理政策がいかに係わるのであろうか．少なくとも言えることは，戦後日本において形成された被害者としての戦争イメージにおいてでさえ，朝鮮半島などから強制連行された労働者が広島や長崎などで被爆したという話はあっても，留学生たちが日本人と同じように空襲などの戦時生活を体験したという絵はないということだ．戦争の悲惨さを描く像には戦後の日本人だけが描かれることがほとんどではないだろうか．留学生たちが自らの日本での生活をそのまま語る場は，日本で与えられなかっただけでなく，彼らの故郷においてでさえ十分に与えられるものではなかったものと考えられる⁶⁾．

　他方，台湾からの留学生はどうであろうか．彼らは，「日本国の臣民」として，いわば帝国内留学という位置づけで日本で勉学に励んでいた．その数は中国人留学生を上回っていた．だが，戦争の終結によって，中国戦区を接収した中華民国は台湾が中国の領土の一部分になったと見做し，その住民も中国人になったと宣言した．「台湾出身者」である点は変わらずとも，「日本国臣民」から「中国人」へと位置づけは変化した．しかし，たとえば言語問題において日本語と閩南語はできても，中国語は不得意な彼らが「中国人」になることはそれほど容易なことではない．中国人と台湾人はともに留学生組織を形成しながらも，両者の間に横たわる境界線は依然残されていた．また，二・二八事件などの台湾における状況も，その境界線を意識させた．そして，台湾人は同時に「台湾」を取り戻す必要もあった．「日本語」でものを考え，発言することに慣れていたので，それを中国語だけでなく，母語である閩南語で表現すること，

それも求められたのであった．

　そして，日本はどうであったろう．大東亜共栄圏の論理で，または植民地における皇民化運動のため，中国や台湾から学生を多く集めておきながら，1945年9月2日をもって，彼らを「日本」から切り離していくのである．戸籍法など，戦後「日本」の構成員を形作る諸制度は，逆にいえば，植民地出身者などを切り離していくものでもあった．戦後処理は，単に賠償問題などだけにあるのではなく，日本本土の台湾人ら植民地臣民や留学生に対する姿勢から始まった．そこに歴史認識とも深く関わる日本の脱帝国化のプロセスの始まりがあるのではないかと考えている．

　以上のように，1945年の留日学生をとりまく状況には多くの問題が絡んでいる．無論，華僑など日本在住の中国人や台湾人全体を扱うべきであろうが，史料の問題，そして特に戦前の日本政府が奨励して集めてきた知識人層に注目するという観点から，華僑の状況にも言及しつつ，本章では特に留学生を題材にしてみたいと思う．本課題の考察を通じて，日本の戦後処理や歴史認識問題について議論することにつながるのであろう．史料としては，政府側の文書だけでなく，留学生組織の機関紙も用いる[7]．なお，第8章の王論文が中国共産党の動向に注目していることに鑑み，本章では中華民国政府および台湾人の動向に重点を置いて記述していくこととしたい．

1. 「勝利的棄児」としての留日学生

　1945年9月2日に日本が降伏すると，留学生たちが得ていたさまざまな優待，また台湾人らが植民地臣民として得ていた待遇はなくなることになった．中国人（満洲国から来た者を含む）は戦勝国国民となり，治外法権下に置かれて配給でも優遇されたが，台湾籍の学生は日本側の解釈では日本国民でなくなっただけで，中華民国籍になったとは看做されなかったため，配給などの面で，戦前よりも待遇が悪化した面があった．

　戦争のさなかで最大1万5000人に到達したと思われる日本への留学生たちも，空襲などのさなかに多く帰国した．だが，戦争末期になると日本本土から外地や中国への船も出なくなり，逆に帰国しにくくなっていった．

終戦直後のデータはないものの，1946年5月に日本に残っていた留学生は1221名とされる．内訳は中国籍（満洲，蒙疆を含む）が456名，台湾籍が765名であった[8]．1945年9月2日に日本が降伏してからの半年間に日本から中国や台湾に帰国した学生も少なくなかったと想定される．台湾では，台湾省海外僑胞救援会代表の林献堂らが日本本土にいた台湾人の帰還を外交部などに求めていた[9]．5月8日，10日，12日に599名が呉港から台湾に帰郷した[10]．他方，中国の華北に帰国する者は佐世保港，華中は舞鶴港，華南は呉港から帰国していった．このほか，日本本土や沖縄から中国，台湾の各地への帰国船（佐世保から出た台南号など[11]），中国各地から台湾への帰国船で続々と人々が帰郷していった．この間にどの程度の留学生が帰郷したかは定かではないが，留学生たちの機関紙を見ると，帰郷を促すような記載がしばしば見られる．なお，中華民国内部では，財政難に直面する中で，この帰還事業の経費をどの部局が負担するのかということが次第に問題化していく．

　しかし，戦後直後の時期，留学生たちにとっての直近の課題は生活苦であった．それは日本本土の経済の問題だけでなく，彼らを支えていた傀儡政権が無くなってしまったり，中国や台湾などからの送金が不能になっていることも原因であった[12]．王芸生は厳しい状態に置かれた留学生たちを「勝利の棄児（勝利的棄児）」と呼んだ[13]．この留学生の困窮状態については，中華民国政府も問題視しており，何応欽総司令からの電報などもあって，外交部と教育部の間で救済案が検討された[14]．中華民国政府としては，学生が継続して日本で勉学を続けることを模索しなかったわけではない．日本円で2000万円を留学生の学業修了のために充当するよう日本政府に要請する試みがなされたり，あるいは義和団賠償金の日本部分を留学生に充当することも検討されたのだが[15]，SCAPとしての方針も留学生を帰国させるということであり，中華民国政府の要請は通らず，結局，困窮学生への臨時救済と帰国・帰郷希望者への補助という方向へと転換し，帰国のための経費の概算を算出するなどした[16]．しかし，中華民国の駐日代表団の予算は限定的であり[17]，具体案として1949年6月になって駐日代表団から提案された内容は，日本から接収したアヘンやマリファナの売却益（20万米ドル強）を充当し，特に救済の必要な200名に対して毎月20米ドルを（有資格の申請者に）支給できるというものであった[18]．教育

部は救済案そのものには賛成したが，経費について管轄外とした．教育経費を麻薬売却金から支出するという点に恐らく倫理上の議論があったのであろう．この経費が"R"口座に入っていたことから，"Rアカウント問題"と呼ばれることになるが，7月9日になって外交部がこの経費支出方法に賛成し[19]，結果的に行政院がそれに応じたのは9月のことであった[20]．駐日代表団は，11月に「留日学生補助金管理及支付辦法」を制定し，11月には218名，12月には299名，1950年1月には341名を補助対象とした[21]．この時点では，すでに中華人民共和国が北京に成立し，中華民国政府は台北に移っている．

日本と中華民国はこののち1952年4月28日に日華条約を締結するが，ここには留学生関連の条文は含まれない．すでに1950年代前半に中華民国から日本への私費留学は再開していたが，日華間で国費留学生派遣（台湾から日本へ）が再開されるのは，1956年のことである．戦後10年を経て，留学生をめぐる制度的な状況はほぼ「正常化」したのであった．

2. 日本留学歴の「浄化」——「中国人」になるための通過儀礼

日本にいた中国人留学生，あるいは台湾人留学生は，傀儡政権との関係が深く，また帝国である日本に最も近づいた存在と看做されることもあった．前述のように，中華民国は戦後も彼らを継続して学ばせることも考慮したが，それが叶わなかったので，帰国させることも視野に入れた対応を行った．それに際して，傀儡政権や帝国と深くかかわった彼らを自由に帰国させたわけでなかった．中華民国教育部は，1946年夏に「抗戦期間留日学生甄審辦法草案」，「留日学生召回辦法草案」を策定し[22]，1947年1月に公布された．この制度は，留学生を基本的に帰国させることを前提としており，「留日学生召回辦法」では学業を終えた者，留学を継続する力量の無い者，その他の特殊事情のある者が帰国対象者とされ，帰国経費も補助することとされていた（1947年予算での帰国旅費は5万2千米ドル強）．帰国申請に際しては，経歴，留学中の状況などを記す「留日学生調査表」を提出した．戦中および戦後帰国した留日学生は，1947年7月1日から9月30日の間に南京教育部に対して登録するようにと通告し，申請書，学歴，自伝などのほか，日本の専門学校以上を卒業した学

生たちは,『国父遺教』(『三民主義』『建国方略』『建国大綱』を含む)および『中国之命運』で研鑽を積み,それらを読みながら「圏点」を打ち,読み終えてから読書報告を作成して委員会に提出するようにとされた[23].

　この規則に則って申請した留学生を審査する委員会として留日学生資格甄審委員会が組織されることになり,5月にはその組織規程が定められ[24],6月12日に南京で第1回委員会が開催されている[25].この審査委員会で合格してはじめて日本留学や傀儡政権との関わりという過去を制度的には浄化して,中国で活動することが認められたのであった.

　他方,台湾から日本に留学した学生の取扱いは異なっていた.1946年2月,台湾行政長官公署は「台湾省留日学生処理辦法」,「台湾省留日返省学生処理辦法」を制定した[26].その前者の第1条では,専門学校以上の学校の台湾籍学生について,理学部,工学部,農学部,医学部の学生および日本での学習を継続したいと志願する者を除き,全員台湾に帰らせるという原則が定められていた.後者は,帰国した文系の学生たちに対して,審査の後,台湾大学はじめ各大学が受け入れることを定めていた.審査委員は,台湾大学の教授,中学以上の校長,教育部職員などによって構成されていた[27].だが,台湾人学生に対して,中国人学生同様の「読書」などが課された形跡はない.類推の域を出ないが,審査というのは学力・素行に関するものだった.台湾の場合,その全体が50年に亘って淪陥区だったと看做され,台湾島民全体に「中国人化」プロセスが必要と考えられていたために,特に留学生だけに限定された審査がなされなかったものとも考えられる.

　だが,このような中国人・台湾省籍の帰国留学生に対する審査も中華民国政府が潰走する中で,順調には進まなかったようである.第1群の審査が終了したのは,中華民国政府が台湾に遷った後であった.1950年2月14日,商討抗戦期間留日学生資格第一次会議が開始された.教育部は,1947年1月の「抗戦期間留日学生甄審辦法」の内容に調整を加えて,第5条で日本の軍関連学校,警察学校,講習所,養成所卒業の学生は対象外と明文化し,また第6条では台湾省籍の留日学生は審査を免除するとした.従来,中国大陸出身者と台湾省籍の学生について,別々に制度をつくり,遷台後にそれらを一元化したのだが,そこでも中国人と台湾人は区別されたのであった[28].また,9月28日に開催

表2-1　抗戦期間留日学生甄審委員会・収復区専科以上学校畢業生甄審委員会聯席会議における合格者名簿（林清芬前掲書，149-157頁，但し籍貫は199頁別表に依る）

	姓名	籍貫	学校	期間	自伝成績	読書報告成績	服務成績	審査情形	議定辦法
1	郭宗賢	北平市	明治大学政治経済学部卒業	1936.4-1939.3	優	優		学歴属実	及格
2	高知言	瀋陽市	明治大学専門部政経科卒業	1936.4-1939.3	可	内容只有国父遺教一部分，文筆尚可		学歴属実	及格
3	徐定之	江蘇省	明治大学法学部	1941.4-1943.9	可		優良	四年級学歴属実	及格
4	張鴻学	瀋陽市	明治大学専門部法科卒業	1937.3-1940.3	可			留日学生冊無名査詢学歴	及格
5	陳耀鋙	福建省	北海道帝国大学農学部畜産科卒業，東京高等獣医学校卒業	1941.4-1943.9	文筆思維稍可結語費解		甲等奨状	北海道三年生有名，東京高等獣医卒業属実	及格
6	王毓驤	福建省	日本専修大学専門部政治科卒業	1942.4-1944.9	可		優良	学歴属実	及格

された第3次会議では，当時日本に留学していた学生について駐日代表団の張鳳挙委員が審査を東京で行ってしまい，留学生の帰国（あるいは台湾への移住）に際してはあらためてこの規則に即したかたちでの資格審査を行わないことなどが定められた[29]．

1951年12月29日，抗戦期間留日学生甄審委員会・収復区専科以上学校畢業生甄審委員会聯席会議が行われた．収復区というのは，満洲国や汪政権の統治下にあった地域で，戦後中華民国に回復された地域を指す．中華民国政府は，そういった地域の大学の卒業資格なども「審査」していたのである．そこで鍾健専門委員は，5月から8月にかけて行われた登録の結果，留日学生が42名，収復区が124名であったと報告した．だが，このうち「合格」とされた留日学生は6名，収復区の学生が69名であった[30]．そのほかの留日学生36名は審査要件に欠けていたり，書類が不備な者であった．中には，台湾省籍であるのに申請してしまった者もいた．結果的に，成績がよかったものの書類が不備であ

2章　過去の浄化と将来の選択　37

った2名を加えて留日学生では合計8名が合格となった[31]（表2-1参照）．

このようにして，傀儡政権などから主に国費留学生として敵国であった日本に留学した人々はその経歴を（制度的には）「浄化」することができた．これは漢奸とされた人々との弁別という意味もあったと思われる．日本に留学していたから直ちに漢奸とされたわけではないのである．この点，中国共産党側との留学生争奪戦の関係もあり，あまり厳格に対応できなかったことも想像できる．他方，台湾省籍の人々はこのような手続きを「免除」されていた．これは，「浄化」の手立てが外省人にのみ与えられていると見ることもできるし，台湾人の場合，島全体が淪陥区であり，島民もみな日本の教育を受けていたのだから，留学生に対する審査自体が無意味という実質的な問題もあったものと思われる．いずれにしても，移動に際して，このような「浄化」のプロセスが留学生に課され（あるいは，オプションとして与えられ），孫文や蒋介石のテキストを期待通りに解釈し，そして自らの日本とのかかわりを（批判的に）検討するために自伝を記すという，自己批判を行って初めて経歴が「浄化」されたということが重要であろう[32]．そして，このプロセスの中で，彼らが過去を（少なくとも公式の場で）いかに語るのかということも，一定程度かたちづくられたものと想像できる．つまり，留学経験者が留学時のことを語る「物語」は，期待された内容に即し，あるいは語ってはならないことは語らないということになると考えられるのである．また，台湾省出身者と中国出身者の「浄化」のプロセス相違がそれぞれの過去への語りに影響することも考えられる．この点は，今後の課題である．

3．留学生の組織化と学生運動——台湾人と中国人

第1節と第2節では，政府側の史料を用いて，政府の留学生に対する生活補助，そして経歴の「浄化」のプロセスについて検討した．本節および次節では，主に留学生組織の機関紙を用いながら，留学生の目線から戦後初期の留日学生社会における問題を検討したい．まず，上で検討したような激動の中で，留学生はじめ日本在住の華僑社会全体が，中国大陸出身者，台湾出身者を問わずに組織化されていく過程を検討したい．

戦後初期の日本には，およそ3万人の華人がいたと考えられる．1947年の記録では，総数が2万9200人とされ，その6割に当たる1万8000人が台湾省籍で，その台湾省籍の半分が日本による強制徴発で連れてこられていた者であったとの認識もあった[33]．

　組織化に最初に動いたのは台湾人社会であったようである．1945年9月，日本在住の台湾人たちは明治学院大学で台湾同郷会成立大会を開催したものの[34]，内部に分裂があり統一性のある同郷会はできなかった[35]．10月には，台湾の留学生たちが台湾学生聯盟の準備会議を開催し，同月28日に東京女子大学講堂において創立大会が行われ2000名が参加したとされる．11月には高砂寮（清華寮）にて人事に関する会議を開き，陳春長を代表とし，林鴻徳，張順安，林瑞聰，林鐵錚を幹事として選出した[36]．

　中国側では日華学会などの戦前の留学生組織が機能を停止したり，解散させられていたので，1945年11月26日に中華民国留日学生東京同学会が組織され，翌46年の1月にはその組織編成が決められ，台湾学生聯盟から副代表を選出することとなった（代表が博定，副代表は羅預龍）．留学生組織の中国，台湾の合併は進み，1946年の12月23日に両者の合併が実現した．だが，中国出身学生と台湾出身学生の関係はそれほど単純ではなかった．第一に，特別配給問題があった．後述するように，中国人はたとえ満洲国などから派遣された学生であっても，みな戦勝国国民として日本で事実上の治外法権を得て，配給などの面でも優遇された．それに対し，台湾出身者は特例配給の対象者に無条件でなったわけではない．第二に，それまでの歴史的な経緯もあり，台湾出身者には，直ちに中国として統一されることへの戸惑いもあった．第三に，より両者を隔てるものとして言語問題があった．台湾人は日本語と閩南語等が堪能だが，中国語はよくできず，また中国人は中国語は当然できたが，日本語はあまりできなかった．そして，台湾も中国の一部となるに及び，中国語の優位性が高まり，台湾人学生たちも中国語の学習を始めた[37]．だが，その言語の溝はなかなか埋まらないものであったようである．

　次に，留学生同学総会の機関紙『留日学生旬報』[38]の内容を手掛かりにして，当時の留学生社会にとって何が問題であり，それがそれまでの歴史的経緯やその後の歴史といかにかかわっていくのかについて考察してみたい．だが，紙幅

2章　過去の浄化と将来の選択　39

の関係であらゆる問題を取り上げることには無理があるので，本節では傀儡政権などから派遣された留学生たちが漢奸ではなく「中国人」としていかに振舞おうとしたか，また日本の植民地臣民として終戦を迎えつつ，戦後には「中国人」となることを求められた台湾の人々の状況，さらにはその中国人と台湾人の関係について考察してみたい．次節では，中国人・台湾人と日本の関係について考えることとする．

　この時期の両者の関係を検討する上で，1947年の二・二八事件は看過できない．この事件は，台湾内部の状況が検討されることが多いが，海外の中国人／台湾人社会でも，中国と台湾の分断線を浮かび上がらせ，台湾の将来にも不安を感じさせるものであった．『留日学生旬報』は，3月30日号で白崇禧国防部長の，この事件が「ごく少数の共産党員と暴徒によって惹起されたもの」とする談話（「中国は台湾を切り離せない」）とともに，謝南光の「暴動ではなく政治ストだ」とする談話も掲載した．謝の談話は，3月16日の「中国の地方自治について」という講演に際して言及されたものとされ，台湾の民衆が陳儀にさまざまな要求を突きつけたことから，政治的なストライキとして認識すべきとしたのだった．だが，呉修竹は，この事件が台湾独立運動ではないとした上で，中華民国政府の台湾統治を批判し，「日本統治下五拾一年の間に幾万人の人命を犠牲にしつつ血を以つて血を流して来た人民がせいぜい大陸に通用する体の政治哲学になじめるはづはない」と喝破し，「台湾の地位に深い反省を加へられ，憲法政治の精神を体得せら」れるよう望んでいる．それに対して，蔡錦聰は，「われわれ台湾省民は同時に中国人である．中国あっての台湾である．台湾は中国から離れては生存し得ないものである」と述べ，台湾と中国の一体化を主張した．このほかにも記事はあるが，きわめて多様な意見が掲載されながらも，中国と台湾の間の分断線が意識されている点では共通していた[39]．

　このような両者の分断線は言語問題によっても浮上した．李振華「台湾青年の言語問題」は，「日本語教育のみを受けた現在の青年層は完全に母国語を解せず，まして祖国文化を知り得る筈がなく，台湾語による思想文化などを語り得る能力に缺けるに立至ったことは祖国光復後に起こった最初の悲劇である」とする[40]．無論，個人差はあるが，台湾人が「中国人」になる場合に直面した「悲劇」の1つが言語問題であった．これは単に国語ができないということだ

けでなく，台湾語の問題でもあった．李は，そのような台湾人を「反対的存在」と呼び，「自主的に母国語を取り戻して四十余年の空白を補填」することを提唱した．留意すべきは，李の主張が「国語普及，台湾語復活運動」の2点にあることである．「中国」の一部となると同時に，台湾を取り戻さんとする心情がうかがえるであろう．だが，この台湾を取り戻すことと「台湾独立運動」との間には（留学生組織としては）一線が引かれていた[41]．

また，分断とは対照的に，中国出身者と台湾出身者を結びつける活動も少なくなかった．五四運動，七七記念日，双十節などの行事をめぐる学生運動，あるいは中国での反米運動に連動した運動などは，両者共通の活動であった．ここにおいては，台湾出身者に「中国近代史」が共有されていく契機となった可能性もある．

他方，国共内戦が進展する中で，中国人と台湾人という境界に，国民党よりか共産党よりかという境界も加わることになった．留学生組織は，基本的に中台一体＋共産党支持へと移行していく．傀儡政権から日本に派遣された中国人留学生や，また日本教育を受けていた台湾人学生は，国民党からも共産党からも警戒される存在ではあったが，実際には両党が海外の人材を奪い合い，多くの勢力を取り込もうとしていたためか，論理的には漢奸となる可能性はあっても，国民党・共産党から拒否される存在ではなかったのである．

そうした中で留学生組織は，少なくとも1948年には台湾人留学生を含めて一層左傾化を深めていく．左傾化した台湾人たちは，中華民国政府の台湾統治を強く批判するようになる．たとえば楊春松は，「遂開一陣死狗，又走進了一群野豚」，すなわち後になって人口に膾炙する「犬が去って豚が来た」という言葉を用いながら，「台湾は『光復』ではなく，『暗覆』なのであって，嘆息が生じるのである」などと述べている[42]．これは台湾独立派の言説と一見似ているが，楊は国民党革命委員会主席である李済深の言葉を引きながら，「民主」的な社会の建設を訴える点で，独立派と異なっていた．また，南京で発生した「四一惨案」[43]が台湾に波及する中で，台湾師範学院学生が政府側に拘束され，台湾大学，師範学院宿舎が警察などに包囲されて移動が禁じられた「四六学生弾圧事件」についても，学生報が「台湾の国民党復興の本拠地」とせんとする国民党の台湾政策だとして厳しく批判している[44]．

2章 過去の浄化と将来の選択 41

1949年半ばには，学生報の紙面のほとんどに「新中国」，「人民」の字が躍り，劉少奇の文章や，また鹿地亘の全国政治協商会議の形成を称賛する記事が掲載されるようになっていた[45]。1950年はじめには，中国留日学生同学総会から毛沢東に対して，忠誠を誓う書簡が送られていた[46]。中華人民共和国からも，1951年に政務院辦理留学生回国事務委員会の黄新民秘書の名義で「歓迎回国信（帰国を歓迎する書簡）」が王大文ら留日学生たちに送付されていた[47]。中華民国の駐日代表団も，1950年5月の報告で既に華僑総会や留学生総会が共産党にコントロールされているとしている[48]。

　しかし，明確に共産党支持にまわっている学生は別にして，学生の中から共産党に接近している者を特定するのは，中華民国の出先である駐日代表団には，難しかったようである[49]。また，総じて共産党支持にまわった留学生組織と中華民国の出先機関である駐日代表団の関係も，相応に維持された。留学生たちには，共産党の支持者が多かったが，それでも中華民国の代表団からの生活補助の支弁を期待していたのである。一方，中華民国政府はそうした学生を切り離したり弾圧したりすることよりも，（少なくとも名目上は）共産党との縁を切るべく「勧導」することを目指した[50]。しかし，その成果は芳しいものではなかった。中国から来た留日学生が遷台後の中華民国になびかない原因を代表団は次のように分析した。第1に，すでに卒業した卒業生で台湾に行くことを申請した者への処理手続きが遅れていること。第2に，留学生自身が台湾に来ると，大陸に残された家族も共産党から迫害を受けること。第3に，留学生自身も中国共産党の宣伝勧誘活動を受けていること，であった。駐日代表団は，留日学生の受け入れを台北の中華民国政府が促進するように求めたのであった[51]。また，代表団は日本国内での共産主義活動に目を光らせるようになった。横浜中華学校の学生団体の機関誌である『路標』や自然科学協会が共産党の活動拠点として注目された。また，中国共産党は留日学生総会を通じて1万米ドルを学生の生活支援に準備していたとされていた[52]。

　しかし，それでも台湾出身者を含めた留学生の中国大陸行きは止まらなかった。1953年2月には十数名の少なからぬ台湾人学生を含む船が中国に向かったのであった[53]。前述のように，中国からの留学生で台湾に渡る者もいたが，戦前の台湾からの留学生で中国大陸に渡って行く者も少なからずいたのであり，

彼らは民主諸党派の一つである台湾民主自治連盟や台湾研究会などの組織に吸収され，中には対日業務に加わる者もいた．中華民国政府は，次第に「日本に留学している学生を何とか争取して（台湾に）帰国させる業務」を推進するようになった[54]．日本と関わった経歴や，留学生の多くが左傾化したこと，そして台湾島内で白色テロが吹き荒れていても，中国大陸に台湾人を含む留学生が流れていくことのほうが問題だとされたのであろう．

4. 中国人／台湾人留学生と日本

　留学生たちは，さまざまな意味で戦後日本に向き合わねばならなかった．中国人留学生にとっては，かつて傀儡政権から敵国であった日本に留学していたという経歴をいかに払しょくするかという問題があり，また台湾人にとっては日本統治下にあったということをいかに克服するかということがあった．他方，戦後日本は戦前の「帝国」日本とは異なる姿を見せようとしていた．

　日本は，かつての植民地臣民であった台湾人をいったん非日本国民として切り離した．中国人は戦勝国国民として日本における治外法権を得たが，台湾人は非日本国民でありながら，日本の法権の下に置かれた．日本は，外国人登録令（1947年4月28日，法律125号），戸籍法（1947年12月22日，法律224号）などによって，かつて日本人とされた植民地臣民（中華民国政府の登録書を有している台湾出身者は除く）を非国民化し，日本国民となる場合には再び「帰化」することを求めた．台湾人と中国人が弁別され，また台湾人と日本人もあらためて弁別されたのである．これは経済面でも言えることで，1947年8月15日に民間貿易が解禁された後も，「外国人の財産取得に関する政令（昭和24年政令第51号）」などで経済活動が制限された．それに対して留学生社会，華僑社会は強く反発した[55]．そこでも，日本が「『帝国』再現の美夢から未だ目がさめ」ていないという言辞が用いられた．

　1947年の時点で華僑は約3万人とされるが，すでに「1946年末には華僑経済力の進出に対する恐怖感が多くの日本人をとらえた」とされる程．日本側から見れば，「連合国人の特権を利用し，日本警察力の範囲外において色々の営業や行為をして巨利を収めた」と見られる面もあった．そして華人たちと日本

社会との間に摩擦も発生していた．特に食品や飲食業は華人は無税であったため，華人がこの業界に進出し，日本社会との問題が目立った．1947年に，8月15日から対中貿易が再開されるなど，日本経済の自立化が占領軍の政策となると，華僑の活動範囲は次第に狭められていった．ある調査記録は，連合国人としての特権を利用する華僑の活動を，次のように説明する．

　戦争が終わって最も戦勝意識を抱いたのは，旧華僑や俘虜労働者であり，その下に位置づけられたのが，「従来の商人達，更に幾分漢奸的な存在であると云う疑惑を持たざるをえなかった官公吏，及び偽政府よりの派遣留学生たちであった」．当時，日本社会側も占領軍との間に様々な摩擦があったが，戦勝国意識の強い華僑たちは連合国民としての分け前を要求し，漢奸的存在になり得る華僑らも，「戦勝国民としての特権を享受せねば，漢奸的存在に陥るとの観念にとらわれた」．この調査記録は，「一部のインテリ階級」の中には，冷静に状況を見て，特権の乱用に歯止めをかけようとしたが，結局，「親日分子の戦争協力者，漢奸という汚名を恐れて」引っ込まざるを得なかったとする[56]．

　こうした状況の中で，華僑社会と日本社会の矛盾は顕在化していく．1946年7月に発生した渋谷事件[57]や赤坂での取締事件などは広く知られているが，次第に「共産主義取締」の論理で中国人留学生も取り締まりの対象となり，1948年10月に日本官憲による中華民国国旗冒瀆事件が発生し，1950年代になると中華学友会や留学生寮などが相次いで捜索された．そして，1952年5月1日には「五一騒乱」（毛沢東の画像などを持った急進分子50人が皇居広場前で警察と衝突した事件）などが発生し，警察側の警戒が一層増したと言われている．

　左傾化した留学生たちは，日本の学生らと連帯しながら，日中友好運動を行うとともに，日本政府批判を強めた．『中華留日学生報』も，外国人登録令の公布直後，それを批判する記事を掲載した．「帝国主義の夢から醒め切らない日本政府が旧植民地人に対する支配感を尚持ちつづけてゐることは何といふ無自覚，無反省な態度ではないか」，「中国が聯合国の一員である事実を故意に目を被うとしてゐる」などと日本の過去への認識，責任を問うていた．また，中国人と登録した台湾人（制度上同様の待遇とされたが，日本政府は臨時措置としていた）を切り離すことも批判していた[58]．

他方で，日中友好論も唱えられ始めていた．戦後初期から蒋介石の「以徳報怨」はすでに対日政策の基調となっていたが[59]，留学生たちの言論は共産党の言論に近い日中の人民の友好論が優勢となっていった．歴史や戦争責任論もまた一つの争点であり，日本人の歴史観や中国史観を糾さんとする言論も多々見られた．たとえば，津田左右吉のシナ論への批判が展開されていた[60]．それと反対に，波多野乾一が「支那」の使用の停止を唱えているのを称賛した[61]．また，岡村寧次を酷刑に処することなく日本に送還されたことについて，中華民国政府を批判する言論も見られた[62]．戦後初期には既にその後の日中間における歴史認識問題をめぐる争点が出始めているのではないだろうか．鹿地亘も，「一般に日本人，ことに保守的な一部の日本人は，真珠湾といえば，その後果としてのB29の味と共に，生々しい記憶をもっていると思うが，盧溝橋といったのでは，今日もはやそれほどぴんと来ないのではあるまいか？」などとして，七七（日中戦争開始日）の重要性と日本の歴史観を問うた[63]．歴史認識をあらため反省することが，日中友好の条件として語られる素地は，戦後初期に見られていたのである．

　日中友好論や日中共同の学生運動の機運は見られながらも，留学生の日本に対する認識は厳しかったようである．表2-2を見ると，当時の留学生の日本観がおよそ把握できる．日本政府を反動的と捉え，アメリカの援助を否定し，天皇制・天皇廃止を唱え，そして日本人一般についてもその態度を虚偽であるとしていた．

おわりに

　1952年に日華条約が締結されて後，台湾の中華民国から日本への自費留学が再開される．日本と中華民国の関係は，1950年の日台通商協定，1952年の日華条約に続き，日華通商協定，そして国費留学生派遣などとして，制度的に再構築されていく．日本側の国費留学生受け入れは，国費外国人留学生制度実施要項（1954年3月31日文部大臣裁定）に基づくものであった．派遣される留学生もまた中華民国により審査対象となっており，日本にいる左傾化した留学生とは異なる立場であったと想像される．この新たに派遣される留学生が，

表2-2　1948年末綜合調査統計(『中國留日學生報』第26号, 1949年2月1日)
(留日同学総会が1948年10月に実施した調査。「1948年中国留日学生綜合調査表」を会員に配布し, 会員数の5分の1に当たる233票を回収した。回収した233票の分布は以下のとおり。東京129, 京都66, 金沢6, 長野7, 千葉6, 山口4, 九州3, 群馬3, 福岡3, 奈良3, 神奈川2, 鳥取1, 阪神0, 北海道0.

> (乙) 輿論調査
> 一, 国内事情
> (1) どの政党を支持するか
> 　　国民党12, 共産党27, <u>民主同盟37</u>, 中立87
> (2) 内戦に対して
> 　　賛成12, 反対187
> (3) 内戦はどう終結するか
> 　　国民党勝利4, 共産党勝利30, 国共妥協95, 中国長期両分24
> (4) 最も適当な現存指導者は誰か
> 　　<u>毛沢東42</u>, <u>蒋介石37</u>, 胡適11, 郭沫若2, 孫科2, 張学良等1
> (5) 最も尊敬する人物は誰か
> 　　孫文77, 魯迅22, 孔子12, 胡適6, 林語堂4, 大禹2, 関羽2, 其他1
> (6) 中国の外交はどうすべきか
> 　　親米5, 親蘇7, <u>独立自主</u>199
> (7) 現在駐日代表団の留学生に対する態度は如何
> 　　親切5, 関心26, <u>無関心129</u>, <u>軽視55</u>
> 二, 日本問題
> (1) マ元帥の施策に対し
> 　　全面賛成3, 還好11, 不一定賛成93, 絶対反対63
> (2) 日本のどの政党を支持するか
> 　　民主党5, 民自党3, <u>社会党58</u>, 共産党38, 国協党2
> (3) 天皇と天皇制に対する意見
> 　　<u>天皇は退位すべき155</u>, 在位17 ／<u>天皇制は廃止すべき155</u>, 存続18
> (4) 現在日本政府の性格
> 　　軍国主義的26, <u>反動的158</u>, 民主的6
> (5) 大多数の日本人の中国に対する態度
> 　　善意7, 懇意39, <u>虚偽122</u>, 無関心43
> 三, 国際問題
> (1) 第三次世界大戦は？　　　　　　　　　可避的59, 不可避的85
> (2) アメリカの対日援助に対して　　　　　賛成20, <u>反対159</u>
> (3) アメリカの現在対華援助は　　　　　　有益37, <u>有害126</u>
> (4) アメリカのどの政党に期待するか　　　民主党8, 共和党30, <u>進歩党88</u>

戦後初期から日本にいる左傾化した留学生たちとどのような関係をもったのかという点は今後の課題であるが, 1950年代以降の日本には戦前の中国や台湾からの留学生と, 戦後の中華民国から派遣された留学生, さらに華僑の子弟など多様な"中国人"留学生が存在していたことになる。

これまで検討してきたように，留学生たちは中国人／台湾人という弁別だけでなく，中華民国か中華人民共和国かという弁別も加わる中で，自らのアイデンティティを見定め，その上で日本にも向き合わねばならなかった．そして，日本に残るのか，それとも台湾か中国かという移動先の選択肢にも迫られた．台湾人でありながら日本で左派思想の影響を受けて中国に行った者，また中国から留学しながら台湾に向かった者もいた．日本との関係も，日中友好論から政府批判まで多様に存在していたが，そこにおける諸関係や議論されている内容は戦後の日中関係をめぐる諸問題の基本要素が多く含まれていた．戦後処理や歴史認識問題や日本自身の脱帝国化，台湾の脱植民地化にかかわる諸問題もその一例である．本章では，前半部で政府レベルでの動向を，後半部で留学生組織の動向を検討したが，その双方においてそのような要素が数多く見られた．戦後初期の留学生の動向，あるいはその移動を考察することによって，いわゆる歴史認識問題などの淵源を把握することができると同時に，それらが多様な言論の中の一部であったことも確認できたものと筆者は考えている．

---

1) 駒込武『植民地帝国日本の文化統合』（岩波書店，1996 年），石剛『日本の植民地言語政策研究』（明石書房，2005 年），拙稿「戦時下の『共栄圏』における日本語・日本研究の位相―華北を例として」（黄自進主編『近現代日本社会的蛻変』中央研究院人文社会科学研究中心亜太区域研究専題中心，2006 年）．
2) 昭和 10 年 4 月 30 日，廣田大臣ヨリ在英米大使宛，「本邦留学支那人増加ニ関スル件」（在本邦中国留学生関係雑件，日本外務省保存記録，アジア歴史資料センター［以下省略］，B04011358400）．
3) 三好章「維新政府と汪兆銘政権の留学生政策制度面を中心に」（『人文学研究所報』神奈川大学，39 号，2006 年），拙稿「日本占領期華北における留学生をめぐる動向」，『中国研究月報』61-8，2007 年）など参照．
4) 昭和 13 年 5 月 28 日外務省接受（同年 4 月台湾総督府警務局長発），「台湾人留学生調査報告ノ件（昭和 13 年 4 月）」，日本外務省保存記録，B05016180300）．戦前の台湾から日本への留学生については，佐藤由美・渡部宗助「戦前の台湾・朝鮮からの留学生年表（稿）」（『植民地教育史研究年報』8 号，2005 年）などがある．なお，台湾に戻った留学生たちは留日学生の組織をつくっていた．「留日工業同学会」（会員ほぼ 600 名）民国 34 年〔1945 年〕9 月 6 日国民政府宛，留日工業同学会「為我国因工業落後半世紀来備受け日本侵略幸頼鈞座領導抗戦卒降暴敵謹陳鄙見数項乞賜採択」（「収復台湾意見案」，国民政府檔案，001010020 A 001）．
5) この会報は，外務省外交史料館に康徳 7 年（1940 年）までの部分が残されている．「満

州国留日学生会館会報 自康徳三年 至康徳七年」（日本外務省保存記録，B05015950800）．

6) たとえば，鐘少華編著・泉敬史・謝志宇訳『あのころの日本——若き日の留学を語る』（日本僑報社，2003年）などの回想録が出版されるようになっているが，そこにおける「語り」は，彼らの戦後の厳しい足跡との整合性を考慮したものとなっている面があろう．

7) 留学生組織の機関紙は，メリーランド大学のGordon W. Prange Magazine Collectionに採録されている．このコレクションは，連合国の対日占領軍の検閲のために集められた日本の出版物であるが，日本の中国人・台湾人コミュニティの刊行物については十分に検討されているわけではない．この史料を使用して，戦後初期の華僑社会が中国系・台湾系の連合の下に形成されていたこと，また華僑社会と留学生社会も親和的であったことを指摘した先駆的研究に，渋谷玲奈「戦後における「華僑社会」の形成——留学生との統合に関連して」（『成蹊大学法学政治学研究』32号，2006年3月）がある．なお，この文庫には，学生報の他にも，『華新報』（八幡），『中華日報』（東京），『中華新情報』（小倉），『中国民衆公論』（名古屋）などがあるが，留学生の動向に関する記事は多くない．

8) 民国35年5月，張鳳挙「留日学生概況」（教育部档案，国史館，197／006-1）．なお，1949年6月には，総数が1156名で，中国籍が328名，台湾籍が724名とされている．1946年からの数年間で帰国した学生が決して多くなかったことがここからわかるであろう．民国38年6月9日教育部収，駐日代表団張鳳挙函行政院副院長朱家驊検呈救済留日学生辦法請行政院及教育部核准経費（特にその附件「留日学生救済辦法」），林清芬『台湾戦後初期留学教育史料彙編』（留学日本事務（一）），国史館，2001年，274-275頁）なお，張鳳挙は一貫して中華民国駐日代表団において留学生事務を行っていたものと思われる．張は商震および朱世明団長時代には代表団のナンバー3に相当する顧問室顧問であった．だが，何世礼団長時代には代表団の構成員から外れていたようである．1952年の記録には，中目黒に居住しながら肺病を患って，料理店を開いている妻の収入に頼っているという記録がある．他方，留学生業務は，駐日代表団第2組の管轄で，その組長は呉文藻，副組長が謝南光という体制であったが，何団長時代には張伯謹が組長となった．留学生への経費補助などは，第2組の黄乾生が担当したとされている．民国41年8月2日，「我駐日軍事代表団之内部概況」（「駐日代表団案」，国軍檔案，国防部史政局，00002994）．

9) 民国34年11月7日，外交部駐台湾特派員公署ヨリ外交部宛，「外交部駐台湾特派員公署呈外交部，関於台湾省海外僑胞救援会代表林献堂等呈転洽駐日聯軍統帥准予匯寄捐款並核撥運送台僑返台事」（謝培屏編『戦後遣送旅外華僑回国史料彙編』（一，徳国・土耳其・義大利・日本篇，国史館，2007年，590-591頁）．

10) 帰郷したのは無職の者，および雇用者が特に保証を与えなかった者とされている．民国35年5月14日外交部収，駐日代表団電「旅日台僑於五月返台事」（同上書，613頁）

11) 台南号は6000トン規模の船であったが，台湾から上海に砂糖を運び，上海から佐世保に日本人を輸送し，そして佐世保から台湾に台湾人を乗せていくという航海を行った．民国35年10月22日外交部収，駐日代表団電，「関於台南号輪載運旅日台僑返台事」（謝培屏編前掲書，644頁）．

12) 民国34年12月14日外交部収，「美駐華大使館代辦附送旅日台湾人民協会請求駐東京美国政治顧問請願書」（同上書，593-594頁）．

13) 王芸生「華僑與留学生」（【日本半月（八）】，『大公報（上海）』，1947年4月5日）．

14) 民国 34 年 12 月 26 日教育部収,「外交部電教育部何応欽総司令代電為留日学生生活困難請求救済請査証辦理」(教育部檔案, 林清芬『台湾戦後初期留学教育史料彙編』(留学日本事務 (一)), 国史館, 2001 年, 266 頁).
15) 日本政府も, 留学生に対する救済費として毎月 150 円を支給していたようであるが, その支給も 1946 年 6 月から 7 月にかけて打ち切られたようである. 駐日代表団の謝南光は台湾人留学生への支給が 6 月に打ち切られたとし, 王芸生は 7 月としている.
16) 民国 35 年 12 月 10 日教育部収, 外交部函教育部據駐日代表団来電関於留日公費学生款事請擬訂解決辦法 (教育部檔案, 林清芬前掲書, 269 頁)
17) 『中国留日学生報』によれば, 台湾のバイヤーが日本の物品を購入する際には, 契約金の 4%を留学生救済に充当するということになっており, 1949 年 8 月段階でそれが 12 万ドルも貯まっていたが, その支出を代表団は渋っていたという. 代表団の代表が張鳳挙顧問を訪ね, そうしたファンドの存在を確認したが, 代表団側は学生たちが反代表団的言論をとることなどを理由にして, 経費を留学生組織に委ねることを拒絶していた. この経費について檔案史料では確認できないが, 事実だとすれば, 1949 年 7 月の救済経費の策定は, 単なる救済ではなく, 留学生たちの政治活動を抑制することとパッケージで策定された新たな制度だということになろう.「留学生救済基金 12 万ドルの行方は?」(『中国留日学生報』第 34 号, 1949 年 8 月 15 日).
18) 民国 38 年 6 月 9 日教育部収,「留日学生救済辦法」(林清芬前掲書, 278-279 頁).
19) 民国 38 年 7 月 9 日教育部収,「外交部王炳文函教育部長抗立武関於救済留日学生案外部已電政院賠委会辦理結果尚難逆料請力争」(林清芬前掲書, 286-287 頁).
20) 民国 38 年 9 月 7 日教育部収,「行政院令教育部據駐日代表団呈擬救済留日学生辦法一案令仰知照」(林清芬前掲書, 297-298 頁). この R アカウント問題は, 実際に支出する段になって, 現金化などをめぐってトラブルが発生する.
21) 民国 39 年 3 月 17 日教育部収,「外交部電教育部検附駐日代表団電報辦理留日学生救済経過情形原附各件電請査照核辦」(林清芬前掲書, 304-305 頁). 補助を受けた学生の名簿も, この史料集に掲載されている. 1949 年 11 月からの補助経費の具体的な金額などは,「駐日代表団経営留日学生補助金」(国史館所蔵外交部檔案, 020000007316A) 参照.
22) 民国 35 年 8 月 26 日教育部呈行政院,「検呈抗戦期間留日学生甄審辦法及留日学生召回辦法草案等件請鑒核示由」(林清芬前掲書, 63-64 頁).
23) 林清芬前掲書 (66-67 頁). また 1950 年 3 月にも 1 ヵ月間申請する期間があった.
24) 民国 36 年 5 月 16 日教育部発,「留日学生資格甄審委員会組織規程」(林清芬前掲書, 76-77 頁).
25) 委員は, 趙蘭坪 [経済学者], 呉有訓 [物理学者, 中央大学学長], 章益 [教育学者, 教育部司長か], 李壽雍 [國立曁南大學校長], 蔣復璁 [後に故宮博物院長], 趙士卿 [医学者], 梁希 [農学, 戦後南京大学初代学長], 王培仁, 陳裕光 [金陵大学学長], 周鴻経 [1948 年から中央大学学長], 劉英士 [文学者], 湯吉禾 [前斉魯大学学長], 程其保 [教育学者] らであった. 当時の中国を代表する学者集団だったともいえるが, 南京地区の人材が目立つ. また, このほかにも自伝や読書報告の評閲委員が郭廷以など 28 名いた. 多くは, 中央大学, 金陵大学などの教員であった.「留日学生資格甄審委員会自伝及読書報告表閲委員名単」(林清芬前掲書, 85-87 頁).
26) 林清芬前掲書 (463-466 頁).
27) 民国 35 年 2 月,「台湾省留日返台学生審査委員会組織規定」(林清芬前掲書, 466-467

2 章 過去の浄化と将来の選択 49

頁）．
28）民国39年3月，「教育部抗戦期間留日学生資格審査辦法」（林清芬前掲書，474-475頁）．
29）民国39年9月28日，「教育部挙行留日学生資格甄審委員会第三次会議紀録」（林清芬前掲書，111-115頁）．台湾人学生の場合，読書感想文や思想調査はなかったのだが，中には汪精衛政権と関わったことなどから，漢奸の嫌疑をかけられ，厳重な調査対象となった者もいた．
30）民国40年12月29日，「抗戦期間留日学生甄審委員会・収復区専科以上学校畢業生甄審委員会聯席会議紀録」（林清芬前掲書，143-148頁）．
31）追加合格となったのは，王鳳鸞（中央大学法学部卒業，1943年4月—1945年9月，自伝の評価が留保されていた），陳宗海（早稲田大学経済学部卒業，1940年4月—1942年9月，日本大学専門部商科，1936年3月—1940年4月，自伝の評価が留保されていた）の2名であった．民国41年3月11日，「教育部通告公布抗戦期間留日補行甄審及格学生名単」（林清芬前掲書，196-197頁）．
32）申請者の自伝や読書報告の内容については，教育部檔案で一部確認したが，全体的に検討を加えたわけではない．今後の課題としたい．
33）「留日華僑之特別教育」（『留日学生旬報』第3号，1947年3月10日）．
34）楊国光『ある台湾人の軌跡—楊春松とその時代』（露満堂，1999年5月，127-129頁）．
35）戦後における在外台湾同郷会の形成については，湯熙勇「烽火後的同郷情：戦後東亞臺灣同郷會的成立，轉變與角色（1945-48）」（『人文社會科學集刊』19巻1期，中央央科学研究院人文社会科学研究中心，2005年6月）を参照．筆者も広東省檔案館にて，台湾同郷会が釈放された台湾人の戦犯等の遣送業務を行っていたことを確認した．この点に関する検討も今後の課題としたい．
36）日本華僑華人研究会（陳焜旺主編）『日本華僑・留学生運動史』（日本僑報社，2004年，56頁）．
37）「成果を期待——工大で国語講習会」（『留日学生旬報』，第7号，1947年7月1日）．
38）この新聞はプランゲ文庫所蔵．発行量は明確ではないが，1948年には3000部との検閲者側の書き込みがある．発行所は当初東京都神田区西神田2の2，留日同学会で，編集者は李子聡であった．李はのちに同学会の副会長になる人物である．
39）『留日学生旬報』第4号，1947年3月30日．
40）『中華留日学生報』第8号，1947年7月15日．
41）「台湾独立　地下結社の真相を衝く」（『中国留日学生報』第22号，1948年9月1日）．
42）楊春松「光復以後的台湾」（『中国留日学生報国語版』第23号，1948年10月1日）．
43）1949年4月1日に，生活改善などを訴える南京の学生デモ隊に対して政府の特務らが殴打を加え，負傷者が200名前後に及んだとされる事件．「夜明け前　青年の血は叫ぶ　南京四・一惨案の真相」（『中国留日学生報』第28号，1949年4月15日）．なお，このような学生に対する暴力・殺害事件は中国各地で発生している．
44）「白き嵐台湾を吹く」（『中国留日学生報』第29・30合併号，1949年5月15日）．
45）劉少奇「人間の階級性」（『中国留日学生報』第27号，1949年4月1日），鹿地亘「七・七紀年日を迎え」（『中国留日学生報』第33号，1949年7月1日）．
46）1950年3月25日，「中國留學日本同學會會總致毛澤東主席函」（中華人民共和國外交部檔案，105-00012-01）．
47）民国40年12月12日，「外交部電駐日代表団副本抄送教育部関於日警捜査東京中華学

友会事請査照」(林清芬『台湾戦後初期留学教育史料彙編』(留学日本事務(二)),国史館,2003年,535-537頁).
48)「抄東京密函」(同上書,524-525頁).
49)「表向きは政府の代表のようでありながら,裏にまわると中共の工作をしている者がいる」とされていた(同上史料).表2-2にあるように,政党支持についても,民主諸党派が圧倒的多数を占めるという状況も,このようなカモフラージュと関係がある可能性もある.
50)他方,日本側も留学生たちの左派活動に注目し,中華学友会館,清華寮などはしばしば日本の警察の立ち入り捜査を受けていた.
51)民国41年2月21日,「駐日代表団電教育部請示留日学生申請返香港応如何処理」(前掲林清芬『台湾戦後初期留学教育史料彙編』(留学日本事務(二)),539-540頁).
52)「中共分子在日活動近況之情報」(同上書,559-560頁).
53)「有関我国留日学生集体前赴大陸情報」(同上書,573-578頁).
54)「対中共遣還日俘之対策(草案)」(同上書,583-584頁).この史料自体は,中国大陸から帰国する日本人捕虜たちの社会への影響に対抗するための措置に関して記されたものである.ここでは,ラジオ放送「自由中国の声」の増強なども挙げられている.
55)呉修竹「『外人財産政令』の意味するもの」,「3万人に青酸カリ 全僑胞注視せよ」(『中国留日学生報』第27号,1949年4月1日).だが,久末亮一『評伝 王増祥』(勉誠出版,2008年)などによれば,華僑の貿易参与はそれほど難度が高いものではなかったようである.
56)内田直作・増田米治・米沢秀夫・酒井忠夫『在日華僑経済実態調査報告書』(経済安定本部総裁官房企画部調査課,1947年9月,1頁,59-61頁).
57)「渋谷事件案」(国史館所蔵外交部檔案,020000001443 A)参照.
58)「外国人登録令を衝く」(『中華留日学生報』第6号,1947年5月15日).
59)黄廷富談「中日提携の近道 暴に報いるに徳を」(『中華留日学生報』1947年8月15日).
60)「津田左右吉史観を批判す」(『中華留日学生報』1947年8月15日).
61)「関於日本人対中国的態度—読波多野乾一先生的時評—」(『中華留日学生報』第15号,1947年12月15日〜30日合併号).
62)「中国人民の敵岡村寧次を裁け」(『中華留日学生報』第27号,1947年4月1日).
63)鹿地亘「七・七紀念日を迎え」(『中国留日学生報』第33号,1949年7月1日).

3章 満洲体験の精神史
——引揚の記憶と歴史認識

加藤聖文

はじめに

　日本の近代は，日本の歴史が始まって以来の大規模な人口移動の時代でもあった．日本人は台湾・朝鮮・満洲といった植民地や中国各地の居留地へと行動範囲を拡大し続け，満洲国建国後は大量の農業移民までも海を越えていった．国際化といわれる現在よりもはるかに多く，かつ現地との結びつきの強い日本人社会が60余年前には海外に存在していたのである．

　それが，1945年の敗戦によって急激に収縮し，「外地」の日本人は「引揚者」として「内地」へ「帰郷」した．一方，戦後の日本社会は日本列島に限定された地域概念に縛られ，敗戦まで東アジアと日本との人的交流を基盤とした強い結びつきがあったことを忘却していった．その過程において引揚者の存在自体も社会の片隅に押しやられていったが，それと反比例するように，引揚者は自らの存在証明として引揚体験を含めた外地での記憶を記録として残そうという意志が強く働いていった．これが，戦後膨大な数に上った引揚者による体験手記の公刊や引揚者団体による歴史編纂事業の思想的背景である．そして，こうした体験の記憶の記録化のなかで植民地支配の総括が行われ，日本社会のなかに一定の影響力をおよぼす歴史認識の形成へと繋がっていった．

引揚問題は，単に外地にいた日本人が内地に引揚げてきた過程だけを見ればすむ問題ではなく，むしろ，引揚後の引揚者と日本社会との関わりや引揚者自らが自らの外地体験をどのように「総括」していったのかを見ていかなければならない．また，そのなかで日本にとっての植民地支配とは何であったのかを考える切っ掛けともなりうる．

　しかし，「引揚者」として一括される人々は，それぞれが異なる背景や環境のなかで外地へ渡ってそこで生活をしていた．当然，彼らの意識は多様であり，また本来の体験や記憶も歴史認識も異なっていたはずであったが，戦後日本社会のなかで，外地体験は画一化された記憶となっていったという問題をはらんでいた．

　かつて大日本帝国の版図に含まれていた植民地や傀儡国家があった地域に居住していた日本人は330万人を数えた．彼らは，敗戦後に国内へ引揚げることとなったが，その過程で多くの犠牲者を生み出した．そのなかでも最大の犠牲者を出したのが満洲引揚であり，一般的には満洲引揚者は一括されて，悲劇性が強調されたイメージでとらえられがちである．ただし，100万人を超す満洲引揚者の職業も居住地も異なり，また満洲との歴史的・地理的・社会的な関わり方も実にさまざまであったのである[1]．

　満洲引揚者は，居留民・非定住者・開拓団の3つのグループに分けることができる．居留民とは，おもに旧満鉄附属地や関東州において中小規模の商工業を営んでいた人々を指す．彼らの多くは，満洲事変以前から住み着いて生活基盤が満洲にあり，敗戦時には第二・第三世代になっていた人々などもいた．したがって，満洲となんらかの歴史的・意識的な形而上の繋がりが強く，地域ともっとも強く結びつく土地や家屋という物質的な形而下の繋がりもある．ただし，ほとんどが関東州および満鉄沿線の附属地内に限られていたという特徴を持っていた．

　非定住者というのは，おもに満洲国建国後に渡ってきた満洲国の官吏や国策会社の社員，関東軍の職業軍人を指す．彼らは本来の生活基盤は日本国内にあって，所属する組織の都合などで満洲へ渡ってきた人々であり，大部分は都市住民（地方赴任者を含む）である．なお，満鉄社員はこのグループに入るものもいるが，なかには満洲に生活基盤を置いて第1グループに属する人々もいる．

また，厳密にいえば関東軍関係者と満洲国および国策会社関係者とは性格を異にするが，満洲となんらかの歴史的・意識的繋がりがあるものの，官舎や社宅住まいのため土地や家屋という物質的な繋がりがないという共通項があった．

　開拓団というのは，満洲国建国後に日本政府の移民政策によって送り込まれてきた人々である．彼らは，満洲とは本来まったく繋がりが無く，第1・第2グループとは違って都市ではなく農村部に定住し，農業を営んでいた．満洲との歴史的・意識的な繋がりはまったく無いにもかかわらず，土地や家屋という物質的な繋がりが特に強いという特徴を持つ．

　さらに，以上の3つのグループはそれぞれが歴史的・意識的・物質的背景ばかりでなく，生活面においても大きく異なっていた．とくに，開拓団員とそれ以外の日本人グループとは，経済的・社会的要素に大きな隔絶が見られ，日常での接点もほとんど無いことに注目する必要があろう．そして，敗戦後の混乱と被害は開拓団員に集中していたことが重要である．

　一般的に満洲引揚は前述したような悲劇の物語として流布されるか，あるいは満洲国官僚などに代表される満洲体験者を「満洲人脈」などと呼んで，戦後政治の裏面史的に扱われがちである[2]．しかしこのような見方はあまりにも満洲引揚をステレオタイプ化したものであって，異なる背景を持つ満洲引揚者の差違を前提として考えなければ，満洲引揚が持つ歴史的意味は明らかとはならないであろう．

　本章では，異なる満洲体験をしてきた彼らが戦後にどのような意識を拠り所としながら，自らの歴史を総括しようとしたのかを考察することで，戦後日中関係における精神史の一端を明らかにしていきたい．

1. 個人のなかの満洲体験——高碕達之助と平島敏夫

　満洲引揚は，引揚者の数が100万人を超し，また犠牲者も25万人近くにのぼった[3]．当然，満洲引揚をめぐる体験と記憶は悲劇性の強いものとなり，戦後において夥しい数の体験記が出版され，またマスメディアにおいてもドキュメンタリーや映画・テレビドラマなどで繰り返し流された．そのため，満洲引揚が戦後日本社会に与えた心理的な影響は大きく，戦後の日本人が抱いた戦前

の満洲のイメージは，満洲引揚という悲劇性の強い歴史的事象が基となって形成されていき，さらには，こうした満洲イメージが戦後の日中関係にも心理的に大きな影響を及ぼしていった．

しかしながら，総体としては悲劇性のみで語られがちな満洲引揚も個々人の体験のレベルでは多様性や複雑性に満ちており，彼らが個別に抱く満洲観や歴史観，さらには戦後中国との関わり方は実にさまざまである．

本節では，幾人かの個人的事例を通して，満洲引揚者の意識と戦後中国との関わり方がどのようなものであったのかを検証してみよう．

今日において日中国交回復の地均しとして歴史的に位置づけられるのは，ＬＴ貿易に代表される経済交流を通じた日中間のパイプ作りであったが，こうした活動の中心として活躍したのが高碕達之助であり，岡崎嘉平太であった．そして，この両者に共通するのが戦前中国を活躍の場とし，敗戦後に引揚げてきたという点にあった．高碕は満洲重工業開発株式会社総裁として満洲に，岡崎は大東亜省参事官として上海にいた．ただし，両者は中国からの引揚といえるものの，高碕は国際政治に翻弄されつつ救済総会会長として敗戦後の満洲で日本人の救済に奔走し，故国へ帰還することも容易ではなかったが，岡崎の場合は，大きな混乱もなく国民政府支配下の上海から引揚げてきたという点において，引揚体験はまったく異なる．

数多くの悲劇を生んだ満洲引揚体験の強烈さは，多くの日本人に計り知れない精神的影響を与えたが，在満日本人の代表として活躍した高碕についても同様であった．しかし，こうした体験が戦後の日中関係にどういった関わりとして顕れたかについては，決して同じようなものではなかった．むしろ，高碕のような経済問題という現実的なかたちで日中関係に関わった人物の方が少なく，歴史認識という観念的なかたちで関わった人物が多かったといえる．

日本人救済総会の会長であった高碕達之助と副会長の平島敏夫は，満洲重工業開発株式会社（満業）総裁と南満洲鉄道株式会社（満鉄）副総裁という満洲国経済の中枢を担っていた国策会社の責任者であったが，2人の満洲観や引揚後の中国との関わりは大きく異なっている．

大阪で東洋製罐という缶詰加工会社を経営していた高碕は，鮎川義介にその経営手腕を見込まれて満業へ招かれたことから分かるように根っからの経済人

であった.そして,1947年11月に引揚げた後,公職追放を受けていた高碕は,追放解除後の1952年9月に電源開発総裁となった.そして,1954年12月の第一次鳩山一郎内閣に経済審議庁長官として入閣,翌年2月の総選挙で衆議院議員に当選し,以後,戦前からの事業を続けるかたわら政治家としての活動を開始した.

　一方,平島はもともとは内務官僚であり,同期には満洲国最後の総務長官となった武部六蔵がいた.内務省から満鉄地方課長,台湾総督秘書官を経て衆議院議員となり,1935年9月に満洲国協和会中央事務局次長として再び満洲へ戻り,敗戦直前に満鉄副総裁となった.戦後は一緒に引揚げた高碕と同じく公職追放となり,高碕が電源開発総裁になると同じく理事となった.そして,1956年7月に参議院議員となり高碕とほぼ同時期に政界へ進出する.

　このように,高碕と平島は敗戦後からほぼ同じ軌跡を辿り,表面的に2人は表裏一体の関係にあったといえるが,価値観や満洲観において根本的な相違があった.

　もともと,缶詰の原材料であるブリキ鋼材の供給不足に悩まされ,その解消を目論んだのが満洲との関わりの端緒であって,むしろそれまでは「魅力のあるところではなかった」高碕にとって,経済観念が乏しい軍人が跋扈し経営効率の悪い満洲国は,決して理想国家といえるものではなかった[4].

　満洲国に関わった官僚や軍人が戦後になって満洲国を理想国家とし,「五族協和」や「王道楽土」といった抽象的な用語を乱発したのに対して,高碕は著作のなかでそのような抽象論は一切記さなかったという点で,経済人としての高碕の合理性と満洲体験者のなかでの特異性を垣間見ることができる[5].そして,戦後に高碕が対共産圏貿易に活躍できたのは,満洲での経験というよりも経済人としての実績からであって,政治的評価に踏み込まずに経済的合理主義に徹した姿勢が対中関係の橋渡し役として適任であったといえる.満洲体験者のなかでは特異な存在であった高碕の活動を通じて見ると,戦後の日中関係においては,満洲体験というものはそれほど重要でなく,むしろ政治性を強く帯びがちとなる満洲体験は,戦後日中関係の本流から外れる要因にすらなったとも考えられよう.

　一方,平島は同じ官僚とはいえ,満洲国建国後に渡ってきた星野直樹(大蔵

官僚）や岸信介（商工官僚），古海忠之（大蔵官僚）らとは異なり，満洲事変以前から満洲体験を経ていたことが特徴であった．1922 年 11 月に内務次官から満鉄社長へ転任した川村竹治の秘書役として満鉄へ入り，台湾総督となった川村の秘書官となって満洲を去るまでの「六年余の間に考え，また実行したことが結局，私の前半生を運命づけ」たとする平島にとって，「満洲に民族協和の新国家を建設」することが夢であったとされる[6]．この平島の満洲体験は，東北軍閥との緊張関係のなかから育まれ，やがて満洲建国を推進した満洲青年聯盟関係者との接点を通じて再度，満洲国協和会中央事務局次長として渡満する背景となる．実は，平島は星野や岸らと異なり，石原莞爾の思想的影響を受けた山口重次ら旧満洲国協和党関係者と関係が深かった点で特異な存在でもあった[7]．

前述したように，戦後において表面的には高碕と同じ軌跡を辿った平島であったが，満洲引揚者との関わりにおいて高碕と大きく異なっていた．とくに平島は満蒙同胞援護会の会長を務めたことで彼の活動の中心は満洲引揚者の生活保障から在外財産補償問題，さらには後述する同会による歴史編纂事業の推進による満洲と近代日本との歴史的総括という関心へ傾注する一方，政治家として現実の日中関係に積極的に関わることはなかった[8]．

このことは，歴史問題から距離を置いて現実の日中関係推進という外（未来）へ指向していった高碕とは逆に，現実の日中関係よりも歴史問題という内（過去）へと向かっていったことを意味する．そして，高碕と平島それぞれが指向した方向は，戦後日本人が中国に対して取ってきた 2 つの相反する態度を象徴するものであった．

戦後になって中国と新たに向き合うことになる日本人の一方は，高碕のような現実主義的な態度を取り，もう一方は平島のような歴史との関わりのなかから中国と接しようとした．前者は，とくに経済関係者を中心として今日に至っている．日中国交回復も実際は過去のしがらみのない現実主義的な人々によって実現されていったのである[9]．

その一方で後者は，過去への拘りをもって中国と接してきた．平島ら満蒙同胞援護会関係者とは対極の歴史観ではあるが，関東軍参謀であった遠藤三郎もその 1 人である．遠藤は，平島と同じように歴史に拘りつつも高碕と同じよう

に現実の日中関係に積極的に関わっていった.遠藤は他の関東軍関係者とは異なり,贖罪意識と独自の国際観から日中関係の進展を図った点において特異な存在であったが,実際の日中関係へ与えた影響力はほとんど無いといってもよい[10].また,撫順戦犯管理所や太原戦犯管理所に収監されて帰国後に「認罪」運動を中心として日中友好を積極的に訴えた中国帰還者連絡会（中帰連）を結成（1957年9月）した人々も遠藤と同じ範疇に入る.

また,平島や遠藤とは違って,望んでも中国と関わることのできなかった人々もいる.それが留用というかたちで中華人民共和国の建国に関わった人々であるが,技術者などの特殊技能者を除けば帰国後は報われない戦後を送ったものが多かった.帰国が遅れたため,社会復帰が遅れたうえに,共産圏からの引揚者ということで社会の偏見に晒されることになったのである.そして,日本政府も貴重な人脈を持つ彼らを日中関係のなかで活用する考えも術も持たなかったため,帰国後の彼らと中国との関わりは個人的関係以上のものにはならなかった[11].

遠藤らの贖罪意識や反戦思想に基づく歴史観ははっきりした輪郭を持っており,日中関係に対する考えを理解することは容易である.しかし,平島らの歴史観ははっきりした輪郭を持っているようで実際は曖昧であり,個々人によって微妙な相違が見られる.このような平島らの歴史認識はどのような背景で形成されていたのであろうか,また彼らの微妙な相違とはいかなるものであるのか,次節以降において平島らが中心となって進めた歴史編纂事業を通して戦後日本において満洲体験はいかなる歴史認識となってあらわれていったのかを検証してみよう.

2.「満洲」と「満洲国」をめぐる歴史認識――『満州開発四十年史』

戦後の日本において過去の満洲支配は,歴史研究者による評価とは別に関係者による総括が早い段階から進められていた.そのなかで重要な役割を果たしたのが満蒙同胞援護会である.

敗戦直後,日本国内では駐日満洲国大使館および駐日満洲国主要会社の代表者が集まり,満洲からの引揚者を対象とした援護機関結成が決定された.すで

に満洲国自体は消滅していたが，満洲国駐日大使館は「外交関係時局行政職権特例」に基づき，満洲中央銀行東京支店に対して満洲重工業開発株式会社（満業）へ3億円の無担保貸付を命じ，その資金を満業が援護機関設立基金として寄附するかたちを取って，1945年8月30日に満洲国関係帰国者援護会が外務省認可の財団法人として設立された[12]．

しかし，この計画は，11月19日にＧＨＱによって基金が凍結されたため，援護会の活動が中断し，結局，翌年3月15日に基金は凍結されたまま援護業務のみを行う財団法人満蒙同胞援護会として再出発となった[13]．

紆余曲折をへて誕生した満蒙同胞援護会では，設立当初は満洲引揚者への援護活動が中心であったが，引揚者問題が敗戦直後の生活援護から講和条約後の在外財産補償請求運動へ質的転換を遂げていくなかで，新たな目標を掲げるようになった．

保革2大政治勢力を軸とした55年体制が始まって数年後の1959年1月，満蒙同胞援護会は満洲引揚史の編纂事業を開始した．この頃から，満蒙同胞援護会では「満洲引揚史」・「満洲開発史」・「満洲建国史」の3部作構想の具体化を進めていくことになるが，まずその第1弾として「満洲引揚史」の編纂が開始され，1962年1月に『満蒙終戦史』が刊行された．次いで，「満洲開発史」となるが，すでに満鉄関係者を中心とした満史会が満鉄中心の開発史編纂に着手していたことから，編纂は満史会へ委ねて資金援助を行うことに止めることになった．

満史会による歴史編纂の活動は，満蒙同胞援護会よりも古く，1950年半ば頃に元満鉄理事であった大蔵公望によって満洲開発史編纂が提唱され，大蔵が周旋していた「一金会」メンバーの政財界長老有志の賛同を得て，講和条約調印をまもなく控えた翌51年春に満鉄関係者を中心に国鉄など満鉄関係の諸会社を後援会員とした満史会が任意団体として結成された[14]．そして，講和条約調印と同じ年の9月には歴史編纂に向けた第1回目の座談会が開かれていた[15]．占領体制が終わろうとするこの時期に関係者による歴史編纂が始まったことは，連合国が東京裁判によって下した「政治的審判」とは異なった敗者による「歴史的評価」がどのような背景の下で試みられたかが窺える点で重要な意味を持っている．

満史会設立の目的は，第1回座談会において会長の大蔵公望が「終戦後日本国内に満洲における日本の業績に関して非常に誤解がありまして，何だか日本は長年満洲に侵略しに行ったと云う考えを日本国民に植えつける傾向が多いのでまことに長く満洲におった者としては遺憾に耐えないのであります」と語っているように，満洲への進出は侵略であってそこで行った産業開発は植民地支配にほかならないとする戦後日本で広まった評価への反発が基底にあるといえよう[16]．この編纂開始からまもなくして起きた「昭和史」論争に見られるように，当時の日本社会にあった歴史観をめぐる軋轢は，単純に反発や反動，またはイデオロギー対立として片付けられないところに問題の根深さがあった[17]．

満史会の反発は，満洲進出を侵略と位置づけた戦後歴史学界やマスメディアだけに向けられたものではなく，日本政府に対しても同様であった．大蔵は同じ座談会で朝鮮や台湾や樺太は日本の領土であったという建前からこれらの統治の実態について政府で歴史編纂の動きがあると聞くが，「満洲は日本の領土でないという建前で満洲は除外されている」と満洲との歴史的関係を直視しない政府の姿勢を批判し，「政府がやってくれないのならばわれ〳〵民間の手で立派にこれをし上げよう」と政府に依存せず独自に歴史編纂を始めたことの意義を強調している．

満史会にしても満蒙同胞援護会にしても多くは保守政党支持者によって構成されていたが，歴史の具体的な評価をめぐって生ずる保守政権との微妙な「距離」は深刻な問題であって，戦後日本において「保守的」であるとか場合によっては「反動」とまで呼ばれた歴史観が必ずしも保守政権（自民党政権）の政策と密接に結びついたものではなく，むしろ55年体制下の保守政権は歴史問題に対して冷淡であったことは注意しなければなるまい．

さらに満史会の歴史編纂に対する姿勢の大きな特徴は，「昭和六年以来の仕事が日本の満洲に対する仕事の全部じゃないので，その前の仕事が日本の気持を最もよく現している」として「昭和六年以前」，すなわち満洲事変以前の歴史を重視する姿勢を打ち出していたことが挙げられる．

会長であった大蔵自身が，満鉄理事として満洲に関わっていた時期は，大正後半から満洲事変直前まで，すなわち，中国ナショナリズムを背景にした東北軍閥政権による国権回復と権益を維持しようとする日本との利害衝突という日

3章　満洲体験の精神史　61

中関係が最も緊張し，しかも日本側が政治的にも経済的にも不利な状況に追い込まれていた時期にあたっていた．したがって，大蔵にとっての満洲体験は，一向に先の見えない中国側との交渉や満鉄の経営悪化などに忙殺されたものであり，決して日本が満洲を思いのままに支配していたという実感を持つものではなかったのである[18]．

実は，大蔵と同じく満史会のメンバーの多くは満鉄関係者や在満商工業者であって，満洲事変以前から満洲と関わった者たちであった．これは，満蒙同胞援護会が満洲国関係者中心で構成されていたことと対照的であった．さらに，満史会の活動開始時期が比較的早く，日露戦争直後から満洲事変直前までの時期に満洲に関わっていたものが多く存命していたために，必然的に彼らの体験や記憶や評価に基づいた満洲事変以前中心の歴史編纂となった反面，満洲事変以後，とくに満洲国をめぐる評価については正面から触れられなかったことに繋がっていった．ここに注目すべき点は，満洲支配の歴史的評価にしても満洲事変以前と以後について，人的構成が大きく変わっており，同じ正当化の論理のなかでも微妙に性格が異なっていることであった．

引揚者に見る在満日本人の複雑な構成と同じように，満洲事変を境にして満洲との関わり方も認識も大きく異なっていたのが現実である．こうした違いは，「満洲」に関わったか，「満洲国」に関わったかの違いともいえるが，のちに述べるように後者においては前者にはあまり見られなかったイデオロギー的要素が前面に出てくることになる[19]．

また，この満史会による歴史編纂の特徴は，実際に編纂の中心となった者が元満鉄調査部員であったという点にある．当初の編纂委員は，枝吉勇・山口辰六郎・門馬驍の3名，のちに上野愿・佐藤武夫・吉植悟が加わった．最終的な各項の責任者は，山口辰六郎（序説および総論）・上野愿（満鉄社史）・西畑正倫（交通建設）・佐藤武夫（農業）・坂本峻雄（鉱業）・浜地常勝（撫順炭礦）・吉植悟（工業）・佐藤正典（中央試験所）・門馬驍（商業）・中村芳法（その他連絡担当）という顔ぶれとなり，刊行最終段階の編纂整理は枝吉勇が行っていた[20]．

この編纂事業の中核となった元満鉄調査部員の多くは，満洲事変以前に満鉄に入社し，経済調査会を経て満鉄調査部所属となった者たちであった．満鉄調

査部事件に連座して検挙され戦後になって満鉄調査部員の代名詞のようにメディアで採り上げられてきた伊藤武雄や石堂清倫・野村清一らとは異なるグループであって，元満鉄調査部員の戦後は大きく分けると2派に分かれていたことが理解できよう．

『満州開発四十年史』の編纂は，1955年末までにはほぼ原稿が完成したものの，出版の目途が立たなくなったため中断，結局，満蒙同胞援護会の協力を得るかたちで1962年に編纂が再開され，枝吉が編纂を一手に引き受けることになった．そして，1964年9月にようやく『満州開発四十年史』が刊行された．全3巻の本書は，内容的な統一性が図られ，また後述する『満洲国史』とは違ってイデオロギー的要素が希薄であるという特徴を持つ．これは，執筆・編纂を得意とする元満鉄調査部員中心に進められていたことが大きな要因であったが，満洲事変以前から満洲に関わってきたグループの満洲観・歴史観が投影されているものといえよう．

こうして3部作の内，2作は完成しいよいよ最後の「満洲建国史」の編纂が着手されることになるが，前2作は在満日本人の引揚史，満鉄中心の産業開発史といったものであったのに対し，今回は満洲国関係者を中核とする満蒙同胞援護会によって満洲支配の象徴であり実態そのものであった満洲国を歴史的に総括するという政治的重要性を持つ事業となった．

3. 「敗者」と「勝者」の歴史認識——『満洲国史』

満蒙同胞援護会による満洲国史編纂は，1966年6月9日に編纂計画についての意見交換会が開催され，翌7月から編纂刊行会が設置されて具体的な作業が始まった[21]．満洲国史編纂刊行会の要綱では「刊行会は満洲建国の精神とその世界史的意義を闡明し，史実に基き満洲国の建国過程を叙述し，これを刊行することを目的」として掲げ，編纂方針を以下のように規定していた[22]．

　一．編纂方針
　（イ）満洲国建国の精神とその世界史的意義を闡明す（世界の真の恒久平
　　　　和を実現するための典型，国家の建国を目指したことを明らかにす

る）．
　（ロ）東方の道義と西方の科学技術とが渾然融合一体化せる近代国家満洲
　　　国の建国過程を歴史的に叙述す．
　（ハ）満洲国の民族協和を原則とせる政治，経済，軍事，産業，社会，交
　　　通，文教等，各部門別の建設，整備の実情を叙述す．
　（ニ）満洲国に対する回顧と批判
　　　関東軍首脳部の交迭と支那事変の影響による満洲国の変貌を回顧・
　　　批判す．

　のちに1970年から71年にかけて刊行されることになる『満洲国史』の基本線はここに明らかとなっている．すなわち，満洲建国理念の崇高性を前面に出して世界史的意義を強調することで，当時歴史学界を中心として根強かった支配・被支配，侵略・抵抗という2元対立的概念を軸とする批判的歴史観を克服しようとしていたのである．
　こういった基本方針は，満洲国史編輯主任となった半田敏治（元大同学院教授）が満洲国関係者を集めて開いた第1回建国座談会（1966年9月26日開催）での発言から読み取れよう．
　半田は，「アジアにおける日本の勃興を抑圧して東亜の番犬以上にのびさせまいというアングロ・サクソンの政策がただちに支那に反映し，……東北政権が満洲において日本の勢力を一掃してしまおうというようなことにまで発展して，日本および日本人の権益擁護と，国防の安全ということでそれが満洲事変になった」と述べ，満洲事変はあくまでも日本の権益を守る自衛措置の発動であって，その結果生まれた満洲国は五族協和を理念とした世界的にも類を見ない理想国家であると位置づけている[23]．半田のなかにはアジアの植民地化をもくろむ「アングロ・サクソン」，すなわち英米帝国主義国とそれに使嗾された国民政府・東北政権に対抗する日本，というやがて「大東亜戦争」で唱えられる東亜の解放と連携というイデオロギーに通底する歴史観が見られる．
　実は，満史会の編纂した『満州開発四十年史』は，東京裁判への反発という側面がありつつも，実際の編纂は「政治過程には最小限にふれるに止めて，満州の経済，社会が，日本の進出と施策によって如何に変貌していったか，その

経済，社会の発展に寄与した面と，それに伴うマイナス面を，事実のままに記述すること」として政治的評価は意図的に避けていた[24]．

満史会のような近代的発展を肯定的に捉えて経済・社会的影響を「客観的」に評価しようとする姿勢は，敗戦後はやくから政府内部において広まっていた．そうした考え方の代表的なものは，大蔵省管理局において作成された『日本人の海外活動に関する歴史的調査』である．この調査報告書は戦前の日本の植民地支配を政府側が総括したものであるが，その基調は近代的発展論に基づく経済・社会面における日本の貢献を強調するものとなっていた．日本政府にとってこの時期もっとも重要な課題は賠償問題であり，なかでも最大の戦争被害国であって賠償金も相当額になると予想されていたのは中国（この当時は台湾の国民党政権），そして植民地支配の補償が問題とされた場合には，韓国へも多額の賠償金が必要となるおそれがあった．戦後復興の妨げになりかねない賠償問題に対して，極力賠償額の低減を図る必要があった政府は，植民地・占領地支配の経済的・社会的貢献を強調し，現地に残した社会インフラをもって賠償の代償としようと考えていたのである[25]．

このような現実の外交問題と絡んで『歴史的調査』に代表されるような社会経済貢献論が広まり，それが満史会の歴史編纂にも影響を与えていた．

これに対して，『満洲国史』は政治的評価を真っ正面から扱ったものとなった．敗戦・占領という屈辱から高度経済成長による国家威信の回復と，それと同時に60年代以降活発化する学生運動に見られるような旧社会秩序の崩壊と混乱のなかで，林房雄の『大東亜戦争肯定論』に代表されるような欧米列強の植民地化に抗した東亜の解放を軸とした歴史観が長年の封印を解かれて全国的に広がり始めたことが大きな社会的背景となっている[26]．また，政治的背景としては，日華条約・日韓条約締結による賠償放棄が確定し，政治的にはこれまでの社会経済貢献論をことさら前面に出す必要がなくなったことが挙げられよう．

こうして，これまでの満史会の論理のうえに政治的イデオロギーが被さる形で『満洲国史』は生まれていったのであるが，むしろ，帝国主義的植民地支配の否定と満洲国の理想国家化という一面を強調する結果に陥り，満洲事変や満洲国の本質をかえって見失う結果をもたらしてしまった．

皮肉なことに，石原莞爾の片腕として満洲事変から満洲建国にかけて重要な役割を果たした片倉衷（関東軍参謀）は，第2回座談会のなかで「やはり満洲事変の問題で初めから終わりまでを通じて考えておかなければならないのは対ソ関係だと思います」と満洲事変の本質を的確に語り，とかく世界史的意義に結びつけたがる半田の考えとの相違が見られた[27]．

　事変を引き起こした当事者でもある片倉からすれば，満洲事変は対ソ戦を想定して引き起こされたものであって，その結果生まれた満洲国もソ連を強く意識したものであったという現実認識は当然のことであった．すなわち，植民地支配をめぐる善悪論でも五族協和をめぐる理想論でもなく，対ソ政策と日本にとっての国家利益といった現実論から満洲国が語られることで，満洲国の諸矛盾があきらかとなり，単なる贖罪論や肯定論とは違った歴史総括が可能となるはずであった．

　しかし，結果的には，石原の強い思想的影響を受けていた片倉にとっても建国理念の正当性まで否定するものではなかったため，『満洲国史』は半田が主張した理想論の強い影響を受けて編纂されるにいたった．この現実論に基づく突きつめた議論が欠落したことが，『満洲国史』の弱点となったが，『満洲国史』の編纂に関わった人々も満洲との関わり方は多岐多様であり，満洲国に対する見方や考え方も異なっていたことは見落としてはなるまい．

　満洲国に対する認識は，「五族協和」「王道楽土」といった建国理念の強い影響を受けた在地グループと総動員体制を軸とした日満一体論の強い影響を受けた官僚グループ，さらには両グループとも関係がありつつ独自の立場を取る関東軍幕僚グループに分けられる．

　在地グループとは，山口重次や小沢開作など満洲事変以前から満洲に住み，満洲青年聯盟などの活動を通じて満洲事変に積極的に関わり，満洲建国後は石原莞爾の思想的影響を受け協和会を主な活動の舞台とし，一部は東亜聯盟運動に参加した人々が典型である．

　これに対して官僚グループは，星野直樹や岸信介など満洲国建国後に日本国内から渡ってきて満洲国の国家建設の中枢を担った実務官僚（多くは革新官僚と呼ばれる）である．

　一方，関東軍幕僚グループは，最終的な決定権を握って満洲国を実質的に支

配していた者たちであり，片倉衷や竹下義晴・和知鷹二・花谷正・沼田多稼蔵・池田純久・岩畔豪雄・辻正信などが挙げられる．彼らは片倉のように石原莞爾に近い者もいれば，石原の政敵でもあった東条に近い池田などもおり，各自の陸軍内部における立場によって在地グループや官僚グループとの関係の遠近粗密があらわれている．しかしながら，全体として戦後になってから満蒙同胞援護会など引揚者団体と深く関係していたのは，片倉ぐらいであった．実は，満洲国の実態にもっとも深く関わっていた関東軍幕僚グループが決して一枚岩ではなく，しかも戦後に満蒙同胞援護会などに参加して表立った活動も満洲時代についての積極的な発言もしなかったことが満洲国の歴史評価に少なからず影響を与えていたことは注意すべきであろう[28]．

以上の3グループいずれも戦後において「五族協和」や「王道楽土」を前面に出して満洲国の歴史的意義を正当化していったのは同じであるが，根幹において大きな認識の相違が見られる．在地グループはある意味において満洲国を生み出したという自負があり，その原動力を多民族共存の理想国家建設にあったとする．一方，官僚グループは戦時総動員体制下における日満一体論であって，日本にとっての満洲国という視点によって貫かれている．すなわち，両者のあいだの決定的な相違は，「日本（厳密にいえば国家）」という要素をどう捉えているかにあった．前者の論理は，満洲事変のそもそもの要因は石原莞爾による対ソ戦略構想と中国ナショナリズムの台頭による在満日本人社会の閉塞感が絡み合って起きたものであり，それが建国後に多民族共存の理想国家建設へと変容したものにすぎなかったが，その過程で「日本」という要素が相対化されていった特徴をもつ．

これに対して後者は，官僚主導国家モデルの建設というきわめて現実主義的要求を基盤としている．満洲事変に関与せず石原莞爾の思想的影響もほとんど受けていない彼らにとって，「五族協和」や「王道楽土」は政策遂行のためのスローガンにすぎなかった[29]．

満洲国の歴史過程においては，満洲国が後者による官僚主導国家となる過程で石原イズムは実質的に排除され，前者の満洲国への関わり方は協和会などの限定された範囲に押し込められていった．すなわち，前者と後者は本質的に対立する関係にあったのである[30]．

3章 満洲体験の精神史 67

一方，後者においても複雑な事情を抱えており，旧満洲国官僚の満洲国への評価や接し方について大きく２つに分けることが可能である．岸信介や椎名悦三郎（商工官僚：戦後岸内閣で官房長官）など戦後になっても政治の世界へ進んだものと，星野直樹や古海忠之のような政治の世界へ入り込めなかったものとのあいだには大きな認識の差違が見られるが，それには，敗戦後の戦犯問題が絡んでいた．

　満洲国を官僚主導国家として育成していったグループのなかでも，満洲国では俗に「二キ三スケ」の１人に数えられていた星野直樹は，敗戦後にＡ級戦犯として終身刑となり，釈放後は政界進出を断念して経済界でその生涯を終えた．いわば岸以上に満洲国育成に大きな影響を発揮した星野にとっての戦後は「過去の人」としての余生であったといえる．

　これとは対照的に同じ「二キ三スケ」の１人であった岸信介は星野と同じく戦犯に指名されながらも政界へ進出し総理大臣にまで駆け上がった．

　星野と岸の対照的な戦後は２人の個人的な要素も大きかったが，こうした２人の環境の相違は満洲国時代の微妙に異なる回想としてあらわれている．

　星野は満洲で実績を作り，東条内閣に入閣，敗戦後に戦犯として巣鴨に拘留されるまで岸と同じ軌跡を辿るが，巣鴨釈放後，政界への転身を図るもかなわず，五島慶太との関係から東急グループの一企業の社長として一生を終える．結果的には彼の戦後は満洲で発揮した実力以上のものを出せないまま終わってしまったといえよう．

　こうした星野の不遇は，かえって満洲時代への過度の思い入れとなってあらわれることになる．戦後になって星野は満洲時代をよく語り，書物にもしたが，満洲で行った具体的な活動のバックボーンを観念論で説明するところに特徴があらわれている．

　一方，岸が戦後に満洲時代について語ることは，『あゝ満洲』に寄せた序文で民族協和的な理想国家像を語っている他は，満洲国で行っていた自らの仕事以上のことは語っていない．それは，結局のところ岸が戦後に語った満洲国の歴史的意義は，壮年期の彼が成した仕事の正当化でしかなく，それ以上のものでもそれ以下でもなかったことを意味する．岸は今なお活動を続ける現役の政治家として満洲国の体験と評価を語ったのであって，星野のようなすでに過去

の人となった人の思い出話とは語られる背景も意識も決定的な違いがあった[31]．

　星野と同じく，総務庁次長という実質的な満洲国の最高責任者であった古海忠之や総務長官の武部六蔵も戦犯としてソ連・中国に長い間，抑留されていたため，帰国後の社会活動は地味なものにとどまった．帰国後ほどなくして死去した武部はともかく，古海の場合は本人が政界進出に意欲を見せたものの，票田として後押しすべき引揚者団体が分裂したため落選し，以後は満洲国の「生き字引」として満洲国の歴史を伝えることに専念する．星野や古海は彼らの存在証明ともなった満洲国時代をより強く意識した戦後を送ったのである．

　このように，満洲国関係者のなかもさまざまであって，戦後における満洲国の歴史的評価への向き合い方も異なっている．ただ，総体としては現地社会の主体性が看過されたまま観念論が先行し，日本人の活躍中心で現地民は受動的な存在としてしかあらわれてこないことは同じであった．そして，決定的な問題は，片倉など一部を除いて関東軍関係者の多くが満洲国に対してほとんど語らなかったために，満洲国のマイナス面のほとんどが関東軍が原因とされ，他のグループの免罪符になってしまったことにあった．

　なお，関東軍による満洲国支配を考える場合，関東軍幕僚がソ連に抑留されて，連合国による東京裁判ではなく，ソ連単独で開廷したハバロフスク裁判において裁かれたこと，またソ連は彼らの一部しか中国へ引き渡さなかったために，中国側も関東軍の満洲国支配を中途半端なかたちでしか裁けなかったことなど，関東軍の責任をめぐる問題に，当時の国際関係が大きな影響を与えていたことも看過してはならない．

　結局，満洲国支配の中心にあった関東軍の問題が明らかにならないまま，満洲国関係者を中心とした満洲国史が出来上がっていった．しかも，星野や古海が語った満洲体験には，現実政治から離れた者に見られる「体験の浄化」が無意識のうちに起きていた．すなわち，満洲国時代のさまざまな政治対立や政策の失敗といった体験は時とともに浄化され，純粋で肯定的な側面に彩られた記憶が形成されていったのである．満洲国史編纂に関わったメンバーのなかは山口と古海のように満洲国時代には政治的・人脈的に対立関係にあったものが同居していたが，彼らが1つの事業に纏まり得たのも「敗者の歴史」を共有していたからである．それが，戦後も保守政治家として「勝者の歴史」を歩んだ岸

や椎名との決定的な相違であった．

　戦後の満洲国を歴史的に総括したとされる『満洲国史』は，「刊行のことば」（総論）において平島が理想国家としての満洲国を強調し，侵略性を強調する歴史観に真っ向から反論しているのに対して，「あとがき」（各論）において古海が「五族協和」が抽象論の域を出ず他民族への独善性も少なくなかったと自己反省を述べるという，相異なる満洲国観が混在しているのは，それぞれ異なる満洲体験者の個人的背景が複雑に絡み合って生まれたからであって，満洲国の歴史評価の難しさを象徴しているといえよう．

4.　悲劇と怨嗟の歴史認識——『満洲開拓史』

　満史会や満蒙同胞援護会は，満鉄社員や満洲国官僚などほとんどが都市在住者で構成されており，また満洲国時代において政治指導層に近い人びとが多数を占めていた．戦後において政治的な不遇を託つ者もいたが，多くは一定の社会的地位を得，経済的に窮迫していたわけではなかった．そういった意味において彼らは戦後における歴史評価や自らの社会的環境に対して忸怩たるものがあったにせよ，根本的には「恵まれていた」のである．

　ただし，満洲引揚者はこのような人々だけではなく，もっとも悲惨な引揚体験をし，戦後においても高度経済成長に取り残されて経済的に窮迫していった人々がいた．それが，満洲へ移民として渡った開拓団員たちであった．

　『満洲国史』の編纂事業が始まった一方で，1966年に『満洲開拓史』が刊行された．編纂の主体は社団法人開拓自興会である．この編纂事業は本来，戦前にあった満洲移住協会が敗戦後の1945年12月に改組されてできた財団法人開拓民援護会によって1948年に計画され，浅川其一（元拓務技師）と長谷川誠一（元満洲拓殖公社社員）が中心となって関係資料の収集と実態調査によって執筆が始まっていたものを開拓自興会が継承したものであった．この開拓自興会は，1948年に財団法人開拓民援護会が解散の上，全国開拓民自興会に財産譲渡して12月に誕生したものであるが，前身である全国開拓民自興会は戦後の1946年9月に元大東亜省満洲事務局開拓課長の和栗博らが中心となって結成されたものであったことからもわかるように，満洲移民政策に深く関わって

きた拓務省・大東亜省との関係が色濃く残る団体であった[32]．

　他の満洲引揚者団体による歴史編纂のなかではもっとも早くから編纂事業が始まっていたものの，20 年近く経ってようやく刊行されたことになる．拓務省・大東亜省の影響が強く残る団体によって編纂された『満洲開拓史』は，刊行会会長の平川守（農林官僚：満洲国産業部拓政司第一指導科長・開拓総局総務処総務科長などを歴任，戦後は農林事務次官となる）や「満洲開拓の父」と呼ばれた加藤完治が寄せた序文を見れば編纂に通底する歴史観がどのようなものであるか明らかである．

　そこでは，「満洲の開拓は民族協和の理想実現と日本民族の発展とを目指した歴史的な大事業」であって，開拓政策の高邁さと開拓団員の刻苦勉励によって未開地開発の成果が挙げられたものの，ソ連侵攻によって挫折，そして多くの開拓団員が悲劇に巻き込まれ，無念の死を遂げたという基調で貫かれている[33]．

　満洲引揚者のなかでも開拓団員はその悲劇性において圧倒的なものがあったが，さらに，引揚後の彼らの生活環境は恵まれたものではなく，多くが高度経済成長に乗り遅れた者たちであった．こうした社会的・歴史的怨嗟にとらわれた彼らは，その悲劇性の強調によってのみ戦後日本社会に対して告発する権利を持ち得たのである．

　『満州開発四十年史』や『満洲国史』に関わった満鉄社員や在満商工業者，満洲国官僚や関東軍幕僚とはまったく異なる層の人々が開拓団員であった．満洲国官僚や関東軍幕僚や在満日本人が持つ加害か共存いずれかの意識も現地人との関係のみにあったが，開拓団員に対する加害者は，ソ連軍や現地人のみならず満洲国官僚や関東軍，さらには日本政府，そして当時の日本社会まで含まれていく．このような前提に立つと，戦後日本における満洲の歴史的位置づけを考える際，開拓団の問題が絡み合ってより複雑さを増していることを忘れてはならない．

　しかし，その悲劇と怨嗟の象徴ともなるべき『満洲開拓史』には，戦前における満洲移民大量送出を実行し，その悲劇の責任をもっとも負うべきであるはずの加藤寛治をはじめとして満洲移民政策の遂行に直接関わってきた官僚が多数編纂に参画し，満洲開拓政策そのものの批判的検証が試みられることはなか

った．すなわち，入植計画の杜撰さや半強制的な移民割当，省益優先の場当たり的な対策など満洲開拓政策が抱えていた本質的な問題は，敗戦後の悲劇によってすっかり覆い隠されてしまったといえよう．そして，この書の刊行以後，各県や各団，各義勇隊ごとに編纂された開拓史もほぼこうした歴史観に沿ったものとなっていった．こうして，開拓団員の怒りの矛先が巧みにかわされていったまま，悲劇性のみが強調されていったのである．

　また，『満洲開拓史』の編纂は，殉難碑建立と対になっていた．開拓自興会では，1957年12月に殉難碑建立計画を明らかにし，殉難碑建設実行委員会（委員長は元拓務省拓務局長で当時は東京都知事安井誠一郎，安井死後は実弟の参議院議員安井謙）が設置されて用地買収と殉難碑設計が行われ，1963年8月10日に聖蹟桜ヶ丘にて「拓魂碑」の落成式が挙行された[34]．

　計画当初から，死者を慰める「慰霊碑」ではなく，国家やある社会集団のために身を犠牲にした者の顕彰的意味合いも持つ「殉難碑」であったこと，実際に建立された「拓魂碑」が戦前の「忠魂碑」の系列にあること，碑の題字が加藤完治の筆によることを考えれば，開拓団員にとっての満洲引揚が，他の満洲引揚者とはまったく異質の歴史観で覆われていることが明らかであろう．そして，この事業と対になる編纂事業も歴史的検証よりも顕彰的かつ慰霊的要素の強いものであることを物語っている．

　満洲をめぐる歴史編纂は，こうした開拓団に関わるものが圧倒的に多く，また引揚者個人の手記も圧倒的に開拓団員が占める．戦後になって夥しく世に出たこうした引揚体験記によって，満洲引揚の悲劇性はより強烈かつ広範囲に社会へ広まっていった．

　さらに，『満洲開拓史』をはじめとして，歴史編纂と同時に殉難碑・拓魂碑・開拓碑・慰霊碑などと称される記念碑が続々と建立されていったことが，開拓団員をめぐる大きな特徴でもあった[35]．

　満洲引揚に関わる慰霊碑は，満鉄会が建立した「満鉄留魂碑」や満洲国軍関係者による「五族の墓」など一部の企業・組織によるものはあるが，満史会や満蒙同胞援護会という満洲関係者全体としてのものは構想はあったものの実現には至らなかった．地方では，「満ソ殉難碑」（熊本県護国神社境内）や満洲にかかわらず全地域の引揚者を対象とした「引揚物故者慰霊塔」（群馬県護国神

社境内）なども存在するが[36]，全国各地で圧倒的に多く見られるのは，開拓団にまつわるものである．

　慰霊碑は文字通り非業の死を遂げた犠牲者への供養，殉難碑は供養から一歩進めて国家などに殉じた犠牲者の顕彰を目的とする．ここでの犠牲者は，ソ連参戦以後の満洲での混乱の最中に命を落とした人々であって，そこには当然のことながら被害者意識しか存在しない．そして，記念碑に悲劇として起きた出来事と犠牲者の名前が刻まれることで，被害者意識は永遠のものとなる．

　「満ソ殉難碑」は，元満洲国軍軍医であった山本昇による「毎年広島，長崎の原爆犠牲者は叮重な供養を受けているのに満ソの殉難者には誰一人顧みる人もない．まるで犬猫の死んだのと同様である．こんなことで良かろうか」という一言から建立計画が始まった[37]．山本の言は確かに満洲引揚者，とりわけ犠牲者の大半を占めながら戦後も決して報われることのなかった開拓団員の無念さを代弁しているといえよう．

　しかし，こうした無念に支えられて建立された慰霊碑や編纂された開拓団史は，本来その責任を負うべき方向へ批判の刃を向けなかった．そこに戦後において有耶無耶にされた責任の所在とは逆に強調される悲劇性という開拓団員の引揚をめぐる問題の根深さと満洲開拓の歴史評価の困難さがあらわれているといえよう．

おわりに

　近代日本の歴史なかで満洲が持つ歴史的重要性はきわめて重い．日露戦争によって満洲へ進出した日本は，本格的な帝国へと発展したといえる．それは，多民族国家の始まりであり，また他民族との日常的な接触による異文化や生活習慣の日本社会のなかへの流入を意味していた．満洲にいた日本人はそうした社会構造の変化の媒体となるはずであったが，1945年の敗戦によって突然，他民族との回路は切断され，日本社会がより多様性を含んだ社会へと移行することなく戦後を迎えてしまった．

　敗戦までの40年のうち1931年の満洲事変までは，在満日本人社会は関東州と満鉄附属地にほぼ限定されていた．それが満洲国建国を機に満洲全域へと広

がるが，その期間は15年にも満たない．満洲に居住する日本人と他民族との相互影響関係は中途半端なかたちで突然終わったのである．それが，理想の挫折と引揚の悲劇というかたちに収斂されてしまい，満洲国の歴史評価に大きな影響を与えていった．

一方，戦後日本においては歴史学界を中心として満洲支配の批判的検証が盛んとなり，在満日本人は日本帝国主義そのものとして，または支配の先兵として扱われ，彼らの抱える矛盾を汲み取ることはなかった．

このような戦後の一時期まで歴史学界において主流であった捉え方には，確かに大きな問題があった．しかし，それに反発してあらわれた貢献論や肯定論も大きな欠陥を抱えていた．当時の歴史学界に存在したイデオロギー色の強い歴史観への対抗として，資料に基づいた実証性を軸として歴史を編纂しようとする姿勢は，それなりの正当性を持ち得たが，第三者ではなく体験者自らが自身の体験を歴史化するという矛盾を抱えていた．彼らは自身の体験，それも「浄化された体験」を後世へ伝えようとしたにすぎなかった．結局，両者に共通するのは，観念論や抽象論を極力排除して現実を批判的に検証するという醒めた視線の欠如であった．

人間や社会の精神的衰弱は言葉によってあらわれる．昭和の戦中期はまさにそれが当てはまるといえよう．現実を直視しつつ突きつめて考察するという思考過程を経ずに安易に生み出した空疎な政治スローガンを以てアジアや歴史を位置づけ，日本の行動を正当化するという日本社会で起きた思想の衰退現象は，満洲事変後に顕著となった．事変以前からあった「満蒙生命線」論は政治的・経済的利害という具体性をかろうじて含んでいたが，事変後に生み出された「五族協和」や「王道楽土」からはそうした具体性が欠落していった．以後，日中戦争から日米戦争を経て破局へ向かうまでに「東亜共同体」や「大東亜共栄圏」，「八紘一宇」などの空疎なスローガンが日本社会のいたるところに跋扈するようになる．日中戦争期に唱えられた「東亜共同体」論を小林秀雄は「自ら考え出した力というものを認めない」として鋭く批判したが，共同体のパートナーであるはずの中国人への視線も理解も完全に欠如していることも見逃さなかった[38]．

こうした戦前に日本社会を覆っていた精神的悪弊は敗戦によっても治癒する

ことはなかった．むしろ，戦後になって戦争責任論が絡み合ったことで，克服されるどころかより根深いものとなったといえる．しかも，植民地喪失によって他民族との日常的な接触の機会が激減し，日本社会の単一民族性が強調されるようになったため，戦前よりも他民族支配の感覚的理解力が極度に低下していった．

　こうして戦後日本社会では，依然として観念論や抽象論が幅をきかせたまま植民地や戦争が歴史として議論されるようになり，まったく正反対の歴史評価が相次いで生まれていった．満洲や満洲国の歴史的評価は，まさにこうした戦後日本社会の歴史認識をめぐる混迷を象徴するものであったといえよう．

---

1) 満洲引揚の過程については，拙稿「戦後東アジアの冷戦と満洲引揚―国共内戦下の『在満』日本人社会―」（『東アジア近代史』第 9 号，2006 年 3 月）参照．
2) マスコミにおいて「満洲組」とか「満洲人脈」とか呼ばれ，あたかも戦後政治の裏面史のように扱った代表的なものは，岩川隆『日本の地下人脈―政・財界を動かす「陰の力」』（光文社，1986 年・祥伝社文庫新版 2007 年）が挙げられる．当時生存していた関係者からのインタビューを中心にしているものとして興味深い内容も含まれるが，マスコミ的な単純化・類型化は避けられないといえる．また，歴史研究でもこうしたマスコミで流された単純化・類型化をそのまま受け入れている事例もある．例えば，小林英夫『満洲と自民党』（新潮新書，2005 年）においては，「満洲人脈」がキーワードとなっているが，実際には「岸信介人脈」にすぎず，岸＝満洲という一般的イメージをそのまま受け入れてしまっている．なお，満洲引揚者を含めた戦後に公刊された体験手記をジェンダーの視点から分析したものとしては，成田龍一「『引揚げ』に関する序章」（『思想』第 955 号，2003 年 11 月）参照．
3) 敗戦当時の満洲国および関東州の在留日本人は約 155 万人と推定される．その内，開拓団関係者は約 27 万人（内，壮年男子約 4 万 7000 人が日ソ開戦により召集）であった．日ソ開戦から引揚までの死亡者は，約 24 万 5000 人（日ソ戦による死者約 6 万人を含む）であり，その内，開拓団関係者の死亡者は約 7 万 2000 人，未帰国者は約 1 万 1000 人（内，死亡推定数は 6500 人）を数えた．以上は『引揚げと援護三十年のあゆみ』（厚生省援護局編，ぎょうせい発行，1978 年，89-197 頁）による推計であるが，1946 年 9 月に行われた東北日僑善後連絡総処の推計によると，1945 年 8 月時点の在留邦人 149 万 2659 人（満洲国 121 万 8398 人・関東州 22 万 926 人・旅行者 1 万 5000 人・軍家族 3 万人），日ソ開戦後の応召者 16 万人（敗戦後に帰宅者 5 万 3300 人）・死亡および行方不明者 20 万人・敗戦後の出生者 5520 人，1946 年 5 月時点の在留日本人は 119 万 1474 人とされている（東北日僑善後連絡総処代表「終戦以後ニ於ケル在満邦人事情報告書」拓殖大学図書館「国際善隣文庫」所蔵）．なお，これ以外に満洲から朝鮮北部への疎開者は約 6 万人，その内，約 2 万人が敗戦後に満洲へ戻ったとされる（厚生省の推計による．ちな

4) 高碕の満洲行きについては，高碕達之助集刊行委員会編『高碕達之助集　上』（東洋製罐株式会社，1965 年，132－149 頁）参照．
5) 高碕が戦後初めて旧満洲を訪ねた時の様子を記した「十三年ぶりの満州」を見ると彼の満洲観や関心のありかがよく分かる．そこでは，他の満洲国関係者らのような満洲国が中国東北の発展の基礎を築いたというような表現を一切使わず，きわめて冷静に東北の現状を観察している．その一方で，満洲体験に関わることで唯一気にかけていたことは日本人死亡者の墓参りであったことは，満洲引揚者が持ち続けた素朴な満洲観と引揚体験を象徴している（前掲『高碕達之助集　上』178－187 頁）．
6) 平島敏夫『楽土から奈落へ―満洲国の終焉と百万同胞引揚げ実録』（講談社，1972 年，8－9 頁）．
7) 満洲青年聯盟は，東北軍閥との緊張が高まるなか，満洲の権益擁護を旗印として在満商工業者や満鉄社員が中心となって 1928 年 11 月に結成された．そして，聯盟に参加した満鉄社員の山口重次や金井章次らは満洲事変後に満洲協和会の母体となる満洲国協和党結成の中心メンバーとなった．なお，平島の協和会中央事務局次長就任の背景については，古海忠之『忘れ得ぬ満洲国』（経済往来社，1978 年，142 頁）参照．また，平島は山口重次が書いた『満洲建国―満洲事変正史―』（行政通信社，1975 年）に序文を寄せ，満洲建国を帝国主義侵略と決めつける歴史評価に反駁し，満洲国建国は「張政権に対する不平不満が満人の上下に根強くひろがり，新政府樹立に対する要望がきわめて大きかった」からできたのであり，「遠大な理想＝民族協和による新国家の建設」は「日本歴史はじまって以来の壮挙」と満洲国建国の意義を全面的に肯定している．
8) 引揚後の高碕と満洲引揚者とのあいだは，彼が電源開発総裁を引き受けた理由の一つとして満洲引揚者の就業解決があったように，平島のような政治的関係とは違って経済的関係によって繋がっていた（前掲『高碕達之助集　下』178 頁）．
9) 日中国交回復の地均しをした高碕や岡崎は，前述したように満洲や中国本土での体験と戦後の活躍とは直接結びつかない．むしろ，現実主義的感覚を持つ経済人として日中関係に関わったと見るべきであろう．また，政治家として国交回復を実現した田中角栄や大平正芳は，中国とは何の接点も持たなかった．一方，満洲体験者で戦後自民党に属していた岸信介や腹心であった椎名悦三郎は，中国というよりも台湾との関係が強かったが，彼らと台湾との関係は戦後冷戦構造のなかで築かれたものであって，満洲体験は何の関係もない．ちなみに，日中国交回復の際には，田中内閣によって椎名は特使として台湾へ行き，日華断交の後始末をさせられている．なお，戦後形成された親台湾派の思想的背景とその論理については，拙稿「台湾引揚と戦後日本人の台湾観」（台湾史研究部会編『台湾の近代と日本』中京大学社会科学研究所，2003 年）参照．
10) 独特な非武装中立論や世界連邦構想を展開し，日中友好を推進しようとした遠藤に対する旧軍関係者の反発は強く，政府も遠藤訪中には冷淡だった．しかも，中国側からも遠藤の主張はなかなか理解されなかった（宮武剛『将軍の遺言―遠藤三郎日記』毎日新聞社，1986 年，219－226 頁，および遠藤三郎『日中十五年戦争と私―国賊・赤の将軍と人はいう』日中書林，1974 年，412 頁）．なお，遠藤は関東軍時代は主に作戦担当であったため，内面指導については深く関わっていない．そのためか，満洲時代については，治安粛正計画や熱河作戦，対ソ作戦計画など軍事作戦についての淡々とした回想に止まっている．

11) たとえば，中国空軍創設に協力した林弥一郎少佐を中心とした関東軍第二航空軍団所属第四錬成飛行隊員の帰国後の人生が挙げられる（NHK「留用された日本人」取材班『「留用」された日本人―私たちは中国建国を支えた』，日本放送出版協会，2003 年，142-216 頁）．

12)「財団法人満蒙同胞援護会概要」（国立国会図書館憲政資料室所蔵「片倉衷関係文書」R 63）．また，こうした一連の計画は，援護会の理事長となった満洲国駐日公使桂定治郎の発案とされる（坂東勇太郎編著『社団法人国際善隣協会五十年のあゆみ』国際善隣協会，1992 年，30-31，42 頁）．なお，満蒙同胞援護会と国際善隣協会の設立経緯については，拙稿「海外引揚問題と日本人援護団体―戦後日本における帝国意識の断絶―」（小林英夫他編『戦後アジアにおける日本人団体―引揚げから企業進出まで―』ゆまに書房，2008 年）においても触れている．

13) 同上文書．ちなみに，この時凍結された資金をめぐっては，サンフランシスコ講和条約による日本独立後の 1954 年になって，満蒙同胞援護会が資金を管理していた三井銀行・三菱銀行などを相手取って返還訴訟を起こし最高裁まで争われたが，1968 年 3 月に援護会側の敗訴が確定した．なお，戦時中から社団法人満洲会（1942 年 5 月 25 日に社団法人満洲交友会を改組して設立）という満洲国関係者の親睦団体があったが，戦後になって人員と資金不足のため活動ができないまま，1946 年 3 月 19 日に社団法人昭徳倶楽部となり，11 月 29 日には対外関係への考慮と満洲関係団体として限定された性格からの脱皮を目指して社団法人国際善隣倶楽部と改称，後に国際善隣協会となった．国際善隣協会は，満蒙同胞援護会とは人事・財政面などで表裏一体の関係にあり，1972 年 6 月 30 日に満蒙同胞援護会が解散した後は，業務を継承し現在にいたっている．

14)「満史会顚末」（満史会編『満州開発四十年史 補巻』満州開発四十年史刊行会，1965 年，334 頁）．満史会設立当初の役員構成は次の通りであった．会長：大蔵公望，理事：高碕達之助・入江正太郎（常任）・野田俊作・村上義一・山崎元幹・富永能雄・田村羊三，監事：伊藤真一，主幹：中村芳法，顧問：国沢新兵衛・田中清次郎・松本烝治・八田嘉明．

15)「座談会速記録 第一号 満鉄草創時代」（滋賀大学経済経営研究所所蔵「満洲引揚資料」）．第 1 回座談会は，1951 年 9 月 21 日に交通協会において行われた．出席者は大蔵公望・入江正太郎・国沢新兵衛・伊藤真一・田村羊三・田辺敏行・村田懋麿・榊谷仙次郎・瓜生長藏・中村芳法であった．ちなみに，座談会は 1953 年 9 月 16 日の第 14 回まで行われた．内容は「満鉄草創時代」「商事関係」「外事関係」「関東州関係」「考古調査関係」「撫順炭礦関係」「日露戦争前後」「鞍山鉄礦関係」「中央試験所関係」「鉄道建設関係」「料亭関係」「都督府関係」「言論関係」「建築関係」であった（「満洲開発史目次」）．なお，「満洲引揚資料」閲覧については，滋賀大学経済学部阿部安成教授および江竜美子助手のお世話になった．ここに記してお礼申し上げる．

16) 同上．なお，満史会の設立趣意書には，「文化の裏庭と度外視されていた朔北の辺境に居ついて，この地をとも角も世界の文化圏の水準にまで漕ぎつけうるに至った実歴が，単に『帝国主義』『侵略主義』として抹消されようとすることに対して，『実録を伝うると共に……正しい史料を，後世子孫に残そうとするものである』」と述べている．

17) 満史会の編纂事業が始まって間もなく，遠山茂樹・今井清一・藤原彰による『昭和史』（岩波新書，1955 年）が出版され，これに対して亀井勝一郎が『文藝春秋』1956 年 3 月号において「現代歴史家への疑問」を発表し，いわゆる「昭和史」論争が起きた（亀

井の一連の主張は 1957 年に中央公論社から発行された『現代史の課題』にまとめられている). 歴史に人間が描けていないとして現代史研究者へ投げかけた亀井の強烈な疑義は，唯物史観の強い影響が見られる当時の歴史観への一般の人々が抱いていた割り切れなさを代弁したものであったといえる. 亀井ほどの論理性は無いが感覚的な疑義は満史会のメンバーも共有しており, また後述する満洲国史編纂メンバーも同様である.
18) 大蔵公望は，元々は鉄道官僚である. 神戸鉄道管理局運輸課長を最後に 1919 年 7 月に満鉄へ入社, 運輸部次長を経て 1921 年 12 月から理事, 1927 年 9 月に退職後, 1929 年 10 月に再び理事となり, 満洲事変直前の 1931 年 7 月まで務めた. 大蔵の第 1 次理事時代は, 前半期は満鉄の業績が順調に伸びたものの, 後半期は張作霖相手の鉄道敷設交渉が停滞, 第 2 次理事時代は満鉄包囲線計画などを進める張学良との緊張関係が高まっていった時期にあたっていた.
19) ちなみに, 満史会が編纂した『満洲開発四十年史』は戦後になって当用漢字とされた「満洲」を使用しているが, 『満洲国史』や後述する『満洲開拓史』は戦前と同じ「満洲」を使用している. このような用語の使い方からも両者の認識の違いが読み取れよう.
20) 前掲「満史会顛末」334-336 頁.
21)「国際善隣倶楽部および満蒙同胞援護会の『満洲国史』編纂関係書類」(前掲「片倉衷関係文書」R 57). なお, 意見交換会への出席案内者は, 井上実・飯沢重一・稲垣征夫・内田仙次・片倉衷・向野元生・坂田修一・武岡嘉一・高倉正・半田敏晴・平島敏夫・古海忠之・双川喜文・松本益雄・武藤富男の 15 名であった. この他, 編纂刊行会会長・副会長・顧問・委員から構成され, 常任委員会と編纂委員会が置かれ, 編纂委員会には複数の小委員会が設置された. また, 設立当初は顧問 8 名・委員 98 名を数えたが, 実質的な運営に当たる常任委員を委嘱されたのは, 井上実・飯沢重一・稲垣征夫・内田仙次・片倉衷・源田松三・坂田修一・武内昌次・武岡嘉一・半田敏晴・平川守・武藤富男・山本紀綱の 13 名, 小委員会は軍事外交委員会（委員長片倉衷・副委員長森島守人）・行政委員会（委員長源田松三・副委員長飯沢重一）・財政経済委員会（委員長松田令輔・副委員長伊藤博）・交通建設委員会（委員長田倉八郎・副委員長本間徳雄）・産業開拓委員会（委員長稲垣征夫・副委員長井上実）・文教社会委員会（委員長田中義男・副委員長木田清）・司法委員会（委員長前野茂・副委員長柴碩文）・協和会合作社委員会（委員長坂田修一）という構成であった. なお, 満洲国を理想国家として捉えていた人びとの歴史観を『満洲国史』から探ったものとしては, 樋口秀実「満洲国史の争点―同時代と後世の視角」(劉傑・三谷博・楊大慶編『国境を越える歴史認識―日中対話の試み』東京大学出版会, 2006 年) が挙げられる.
22) 同上書類.
23) 国際善隣協会編『満洲現代史資料 1―第一回・第二回・第三回建国座談会―』(大湊書房, 1981 年, 6-7 頁).
24) 前掲「満史会顛末」335 頁.
25)『日本人の海外活動に関する歴史的調査』は, 「日本及び日本人の在外財産は, 日本及び日本人の海外に於ける正常な経済活動の成果である」との考えを基礎として編纂され, 1947 年末に脱稿, 1948 年から 50 年 7 月にかけて内部資料として印刷製本された（大蔵省管理局編『日本人の海外活動に関する歴史的調査　第二十三巻　総目録』ゆまに書房復刻版, 2000 年, 11-16 頁). なお, この編纂事業は大蔵省と外務省によって設置され, 元京城帝国大学教授であった鈴木武雄が中心的存在であった「在外財産調査会」によっ

て行われたものであった．満洲に関しては，満洲部会の会長として総括を担当したのが星野直樹の部下として満洲国へ渡った元大蔵官僚の松田令輔であった（松田令輔回想録刊行会編・発行『回想・松田令輔』1986 年，211 頁）．
26) 林房雄『大東亜戦争肯定論』は，『中央公論』1963 年 9 月号から 1965 年 6 月号にかけて連載された．欧米との「東亜百年戦争」の帰結として「大東亜戦争」を位置づけた林の主張に対して，ほとんどの歴史学者は反論か黙殺で応じた．学問的にはほとんど顧みられなかったが，保守系の政財界人などには大きな反響を与えた．
27) 前掲『満洲現代史資料 1』（89 頁）．
28) たとえば，池田純久は戦後になって，石原莞爾の満洲国への情熱は認めるものの，「五族協和」は名ばかりであって，侵略であることは変わりないと批判しているが，その反面，自身の関東軍時代についてはほとんど語っていない（池田純久『日本の曲がり角――軍閥の悲劇と最後の御前会議』千城出版，1968 年，78-79 頁）．
29) たとえば，岸信介は石原莞爾を「単純な軍人的な考え方を脱した大アジア主義者であり，軍部のなかでの地歩はともかく，考え方はすごいものだった」と評価しつつも「それほど親しい関係にはなかった」ため，より踏み込んだ具体的な評価は避けている．なお，岸にとって満洲国時代に東条の信頼を得て関係が緊密となったことが，「東條英機さんと対立的な立場だった」石原との距離にも影響を及ぼしていたと推測できる（岸信介・矢次一夫・伊藤隆『岸信介の回想』文藝春秋，1981 年，24 頁）．また，岸と石原が満洲で同じであった時期は，満洲事変の立役者としての石原の影響力はすでに無く関東軍参謀副長として「左遷」されていた時期であるが，建国初期のわずかの間，絶頂期の石原と接触する機会があった星野直樹は戦後の回想（星野直樹『見果てぬ夢』ダイヤモンド社，1963 年など）で板垣征四郎ら関東軍首脳について詳しく触れているものの，石原についてはまったく触れておらず，その一方，岸と同じく星野も東条を高く評価している（星野直樹『時代と自分』ダイヤモンド社，1968 年，255-264 頁）．さらに，古海忠之の場合は，石原の参謀副長時代に協和会のあり方をめぐって対立までしていた（前掲『忘れ得ぬ満洲国』154-159 頁）．協和会をめぐる対立過程を見ると，石原ら満洲事変を引き起こしたグループと古海ら官僚グループの考える「五族協和」を中心とした建国理念がいかに異なるものかが明らかである．
30) 山口重次によれば，満洲国は事変前から 1932 年 8 月までを建国期，同年 9 月以降を建設期ととらえ，前者の本庄繁関東軍司令官時代は「大アジア主義にもとづいた満洲国の独立育成」が図られたが，後者の武藤信義司令官時代は，小磯国昭参謀長による「資本主義に立脚した満洲国を日本の属国化し，植民地化することにあった」と位置づけ，建国初期の理想主義が歪められていったと批判している（前掲『満洲建国――満洲事変正史――』326-327 頁）．なお，陸軍内部の派閥争いも絡んだ満洲国協和会内部の石原系旧協和党関係者と新会員の思想的対立などについては，前掲『忘れ得ぬ満洲国』（136-159 頁）参照．また，満洲国建国に参画した在満日本人官吏と建国後に渡満してきた日系官僚との対立については，前掲『見果てぬ夢』（30-31 頁）など参照．
31) 『あゝ満洲――国つくり産業開発者の手記』（満洲回顧集刊行会編・発行，1965 年）は，満洲国実業部・興農部関係者が中心となって 1961 年 4 月に編纂が計画されたものであるが，『満洲国史』と相互補完関係になるといえる．刊行会の会長は岸信介，副会長は椎名悦三郎と稲垣征夫，世話人代表は星野直樹と鮎川義介，事務局長は井上実であった．しかし，岸と椎名はなかなか承諾しなかったとされる（満洲回顧集刊行会

編・発行『あゝ満洲刊行余録』1966 年,23-24 頁).こうした経緯からも現役政治家であった岸や椎名にとって満洲国関係者とのつかず離れずの微妙な関係が窺えよう.なお,岸と同じく椎名も満洲時代をそれほど多くは語っていない.また,商工省で岸の上司であり,岸に大きな影響を与えた吉野信次などは,自身も満洲重工業開発副総裁や満洲国経済顧問などを務めて満洲との関わりが深かったが,戦後に参議院議員となったものの満蒙同胞援護会とは関係を持っておらず,同じ商工官僚であった美濃部洋次も援護会には関わっていない.

32) 満洲開拓史刊行会編・発行『満洲開拓史』(1966 年・1980 年増補改訂,822-841 頁).
33) 平川守「序文」および加藤完治「満洲開拓史序」(同上『満洲開拓史』).
34) 同上『満洲開拓史』840 頁.
35) 満洲開拓団員の慰霊碑についての研究は,長野県下伊那地方を事例として扱った,森武麿「満州移民の戦後史」(『満州移民―飯田下伊那からのメッセージ』現代史料出版,2007 年)が挙げられる.森論文では,下伊那地方では開拓団記念碑は 1972 年の日中国交回復をきっかけとして盛んに建立されるようになったが,70 年代は顕彰的要素が強く,80 年代になると慰霊的要素へと変化し,90 年代になると戦争責任の明確化と和解の要素が出てくると指摘している.ただし,こうした類型化が全国的に当てはまるかは今後の課題であろう.なお,開拓団も含めた引揚に関わる記念碑建立の歴史的意味については,拙稿「慰霊と帝国―表象された引揚の記憶―」(檜山幸夫編『近代日本における戦争と慰霊―「もの」が語る戦争の記録―』吉川弘文館,近刊予定)参照.
36) 「満ソ殉難碑」建立と同時に『満ソ殉難記』(満ソ殉難者慰霊顕彰会編・発行,1980 年)という手記を基にした引揚史を刊行している.これも『満洲開拓史』と同様に慰霊と歴史編纂が対になったものといえる.また,「引揚物故者慰霊塔」は,群馬県引揚者連合会が 1960 年 12 月に建立したものであるが,慰霊の対象の大半は満洲引揚で犠牲となった開拓団員である.
37) 同上『満ソ殉難記』(689 頁).
38) 小林秀雄「学者と官僚」および「処世家の理論」(『小林秀雄全集』第 6・7 巻所収,新潮社,2001 年).小林は,「学者と官僚」のなかで「たとえばお金持ちに貧乏人の心がわからない様なものです」という汪兆銘の発言を引用しつつ,日本人の無自覚性を批判している.

第2部 〈終戦〉とねじれる歴史感覚

第2部　〈終戦〉とねじれる歴史感覚

川島　真

　日本では，1945年8月15日が戦前と戦後，誤解を恐れずに述べるならば，過去と現在の分水嶺として意識されがちである．だが，佐藤卓己『八月十五日の神話？　終戦記念日のメディア学』（ちくま新書，2005年）が明らかにしたように，この時代区分は言わば「創造された時代区分」であった．だからこそ，ここには戦後日本におけるさまざまな歴史認識が凝縮されている，あるいはまとわりついているのではないか，と考えることもできるだろう．

　また，この日本社会における時代区分が，周辺諸国で共有されているわけではなく，中国各地，朝鮮半島，台湾など東アジア各地で様々な意味での「創造された時代区分」が生まれては，変容してきたということも，すでに明らかにされたところである．しかし，これまでの研究成果は，終戦（戦勝／敗戦，解放）直後における時代認識や，過去が清算，整理されていく様については十分に論じていない．

　第1部では終戦直後には多様な歴史認識が見られたことと同時に，後世の歴史認識の淵源とも言える認識が見られたことを示した．この第2部では，戦勝／敗戦という図式とは逆行するような，ねじれた状況を提示したい．すなわち，日本人が敗戦国民になり，中国人が戦勝国民になっても，それが実感されないような状況が中国にあったこと．また，それへの不満がありながらも，寛容政策のために気持ちの清算がなされなかったことを示したい．無論，最終的には日本人は敗戦国民であり，それを当事者たちも実感する面もあるが，それでも戦勝／敗戦という二分法はそれほど明確ではなかった．このような日本人と中国社会の関係は，その後の日本における中国に対する敗戦者としての意識の問題や，中国社会の対日フラストレーションとも関わるものと考えられる．

　第4章の陳祖恩論文「虹口集中区の日本人たち：上海日本居留民の送還と処置」は，日本へと送還させるために虹口集中区に集められた日本人たちをめぐる上海での中国語メディアの報道などを通じて，その囲われた空間で依然として豊かな暮らしをする日本人社会を見た中国人が，勝利と敗北の間の倒錯を感じることを指摘する．また，第5章の楊大慶論文「中国に留まる日本人技術者：政治と技術のあいだ」は，敗戦国民であった日本人のうち，「技術者」はその技術ゆえに重用され，政治的な勝利／敗北であるとか，引き揚げに伴う「悲惨さ」とは異なる文脈の下に身を置いていたことを明らかにする．これらの論考を通じて，後世の語りとは異なる多様な戦後初期の歴史を浮かび上がらせることにより，8月15日を軸とする歴史観の形成過程への関心がいっそう高まることになろう．

4章 | 虹口集中区の日本人たち
　　　――上海日本人居留民の送還と処置

陳祖恩
（袁雅瓊・川島真訳）

はじめに

　1945年8月に日本が敗戦してから，中国政府の政策に基づき，あらゆる日本人居留民たちは戦争捕虜と同様に本国に送還されることになった．9月13日，10万人と言われた上海の日本人居留民たちは虹口集中区に移住し始めた[1]．実際の送還が始められたのは12月4日で，送還作業は翌1946年5月まで続けられた．日本人居留民たちは，最低でも3ヶ月，最も長い者で8ヶ月間，この虹口集中区で生活したことになる．敗戦国の国民としての生活は，彼らにとって一生忘れがたい経験になったことであろう．
　国際的な大都市であった上海は，最も多くの日本人居留民が居住する，在華経済活動の中心であった．彼らの虹口での生活は，中国政府の送還政策とともに，上海の中国人民衆たちの日本への態度と関連付けられていた．また，戦後の日本居留民たちの自己認識や時代観，置かれていた客観的な境遇を示すものでもあった．それだけに，虹口集中区での日本人居留民の生活は，中国全土および世界の注目するところとなった．だが，その生活実態をいかに捉えるのかという点については，戦争被害国民と加害国民の異なる目線や心理状態が交錯した．そこには，中国戦区の日本人居留民送還事業全体における上海的な特色

も現れることになるのである．

1. 「以徳報怨」政策と虹口集中居住区

　1945年8月15日の午前10時，中国国民政府主席蔣介石は重慶でラジオ講話をおこない，中国政府としての対日方針を示すべく，次のように述べた．「我が中国の同胞たちは，『旧悪を念わず，人に善を為す（不念旧悪，與人為善）』という言葉を知っているに違いない．これは，我が民族の伝統における至高至貴の徳性である．我々は，軍事力にかまけた日本の軍閥のみを敵と看做し，日本の人民は敵とは考えないと一貫して主張してきた．今日，敵軍はすでに我が連合国によって打倒されたのだから，我々は日本が無条件降伏に付随する約束事を忠実に履行させることについて重大な責任を当然負っている．しかし，我々は報復を企図してはならないし，敵国の無辜の人民を侮辱するようなことがあってはもっといけない．我々はただ，彼らがファシスト軍閥によって愚弄され，圧迫されたことに対して憐憫の情を示し，彼らが自らの過ちと罪悪を反省するように促せばいいのだ．もし敵のこれまでの暴行に対して暴行を以て応じれば，また彼らのこれまでの誤った優越感に侮辱を以て応じれば，報復の連鎖は永遠に終わらないでしょう．このような状態になることは，決して仁義の師たる我々の目的ではあり得ません．これこそ，わが軍民同胞がいま注意すべきことなのです．」[2]

　中国政府の以徳報怨政策は，米英中三国の名義で発表したポツダム宣言の精神，すなわち日本の降伏を促す方向性と合致していた．ポツダム宣言の基本精神は，日本の武装を解除し，日本の罪行を懲罰すると同時に，日本が最終的に世界貿易の往来に組み込むことを目的にしていたのであり，日本を奴役につかせることや，その存在を滅ぼすことを目的にしていたのではなかったのである．

　たとえば，ポツダム宣言の第九条には，「日本国軍隊ハ完全ニ武装ヲ解除セラレタル後各自ノ家庭ニ復帰シ平和的且生産的ノ生活ヲ営ムノ機会ヲ得シメラルベシ」とあり，十条にも「吾等ハ日本人ヲ民族トシテ奴隷化セントシ又ハ国民トシテ滅亡セシメントスルノ意図ヲ有スルモノニ非ザルモ吾等ノ俘虜ヲ虐待セル者ヲ含ム一切戦争犯罪人ニ対シテハ厳重ナル処罰加ヘラルベシ日本国政府ハ日本国国民ノ間ニ於ケル民主主義的傾向ノ復活強化ニ対スル一切ノ障礙ヲ

除去スベシ言論，宗教及思想ノ自由並ニ基本的人権ノ尊重ハ確立セラルベシ」とある．さらに十一条では，「日本国ハ其ノ経済ヲ支持シ且公正ナル実物賠償ノ取立ヲ可能ナラシムルガ如キ産業ヲ維持スルコトヲ許サルベシ但シ日本国ヲシテ戦争ノ為再軍備ヲ為スコトヲ得シムルガ如キ産業ハ此ノ限ニ在ラズ右目的ノ為原料ノ入手（其ノ支配トハ之ヲ区別ス）ヲ許サルベシ日本国ハ将来世界貿易関係ヘノ参加ヲ許サルベシ」とされているのだ[3]．国民党の機関紙である『中央日報』は，1945年10月22日に「処置日本与安定遠東（日本に対する処置と極東の安定）」という社説を掲載し，「今後は，戦時中に敵国を横暴に侵略した国を，決して滅ぼしたりせず，講和や賠償をおこなうとともに，合理的で適切な処置をおこなうことで侵略の火種を根絶し，永久の和平を保障させることになった．これこそ，今次の大戦に勝利する中で，連合国が生み出した侵略国に対する処置に関する新モデルなのである．この新モデルに基づいて，欧州ではナチスの処理をし，極東では日本に処置を加える．具体的な方法は異なるであろうが，精神と原則は一致しているのである」[4]．

　実際，ポツダム宣言に署名がなされる二年前に，中国国民政府内部では，「日本に対する勝利はほぼ決まったといえるが，日本が復興できない程度まで追い込むような勝ち方はしてはいけない．日本は必ず我が国の経済復興を協助してくれる国家である」という意見を蒋介石に提出した者もいた[5]．この意見は，「今後はソ連との対抗のために，日本をアジアの最も親密な国家にしなければならない」というアメリカの政策と共通点がある[6]．アメリカは戦後のソ連との連戦が不可欠と予想し，地球規模での戦略的な見地から，日本を支えアメリカの新しい戦略的なパートナーにすべきだと考えたのである．他方，中国国民政府は日中関係の新たな枠組みを構築するという観点から，極力敗戦国である日本に好意を示し，新生日本の国民政府への支持と中国の経済への協力を得ようと考えたのである．

　中国政府の「以徳報怨」政策には，敗戦後に戦々恐々としていた日本の民衆の心を安定させる効果があった．当時，日本人の中には日本が分割されて植民地になるという声が少なくなく，たとえ日本が国家として残ったとしても，膨大な賠償金を課せられれば民衆の生活は非常に苦しくなると考えられていた．それだけに，上海で敗戦後の事務処理をおこなっていた日本大使館参事官の岡

崎嘉平太は，新聞紙上に『以徳報怨』という言葉を見たときは，「本当に有り難いな」と思ったという[7]。

　8月21日，国民政府の知名な「親日派」で，第三方面軍司令官である湯恩伯が上海の接収業務を担うことになった．湯は，戦後の対日政策に関する中国政府の新戦略に基づいて，湯は接収業務を始めてから，以下のように所信を述べた．「上海方面の接収の成否は，列国，皆，之を注視してゐる．余は，凡ゆる障碍を排除し，最も迅速，且つ最公正に，之を完遂し，中国の全陸軍に模範を示す決意である」[8]。

　9月30日，中国陸軍総司令部は「中国境内日本僑民集中営管理辦法」を制定した．そこでは，「日本の捕虜および居留民を集中（集住）させ管理することは，日本の降伏後もっとも重要な措置であり，もし処理をあやまると，影響が極めて大きい」と記されている．その主な内容は以下のとおりである．「東三省を除く中国の領土内に分散している日本人を，それぞれの地域における中国陸軍の日本降伏関連業務担当部局が指定した一定地域へと集中させ，それを当該地域の省・市政府が管理する．日本人を集中させることについては，各地区の中国陸軍の日本降伏関連業務主管が当該地区の日本官兵善後連絡部に命じて名簿を作成させ，それぞれに通知させながら集中させていくことにする．命により集中することになる日本人たちは，衣類や履物，寝具，食器類，洗面用具，手元にある食糧などの生活必需品については携行してよい．また，時計や筆記具，書籍（戦争行為と無関係のもの）といった私物も携行を許可される．また，各人に許されている金銭の携行は，中国の法幣五千元とする（偽政府の発行した紙幣の場合には，中国政府の定めた換算表に従って計算する）．携行が認められない，あるいは携行することができない物品については，すべて省・一政府が暫時封をして預かることとする．携行が許されない金銭については（中国，日本および第三国の各種金銭，および金銀，貴金属，宝飾品を含む）及び価値の高い品物については一律中国銀行に預け入れ，将来賠償金の一部に充当する．但し，記念品としての装飾品などは除外する．各々の日本人集中居住区に「日僑集中管理所」を設け，もし一つの地域に複数の集中居住区がある場合には，番号を付けて区分けをおこなう．各々の「日僑集中管理所」に所長一人を置き，居住区の人数の多寡，事務量に応じて，事務員若干名を置く．

これらの人員は省・市政府から派遣することを原則とする．集中居住区の労役，雑役については，管理所長が分配し，また日本人たちを指揮してこれを担当する．日本人たちの対外通信については検閲制とし，その行動もまた監視を受けるものとする．ただ，管理上の便利もあるので，日本人たちの家族が一緒に住むこと，日本人たちが一種の自治組織を作ることについては認めるものとする．日本人集中管理所は日本人たちに対して民主政治を以て臨み，彼らの受けてきた帝国主義教育を除いていくものとする[9]．

　中国政府が各地に日本人の集中居住地を設けたのは，彼らを罪人のように監獄に閉じ込めておくためではなくて，彼らを組織し地域を指定してそこに集住させるものの，十分に外出できる自由時間を確保するものである．集中居住地を設ける主な目的は，まず日本人居留民の生命の安全を確保し，彼らの日常生活を維持するということにあるが，他方で集中居住区における管理方法を通じて厳格な思想教育と思想改造をおこない，それによって日本が侵略戦争をおこしたことによる危害を認識させ，軍国主義思想と決別させるということにある．

　上海に日本人の集中居住区をいかに設立するかについて，一部の人々が強く主張したのは，「懲罰論」と「追放論」であった．「懲罰論」というのは，日本人捕虜を崇明島北部，長江河口の荒地に移し，また日本人居留民は崇明島に移住させ，日本国内から引揚船が来るまで，彼らに自力更生的に生活させるという意見である．追放論は，日本人捕虜を崇明島あるいは浦東に移住させ，日本人居留民は楊樹浦郊外に移住させて，収容所を造ってそこに雨風をしのぐ程度のあつらえをして収容するなどして，上海市内には一人も残れないようにするというものであった[10]．

　しかし，第三方面軍司令官の湯恩伯はこのような「懲罰論」や「追放論」を退け，「呉淞を日本陸軍の，また浦東を日本海軍陸戦隊の集住地点とし，日本の居留民は虹口に集住させる」という原則を堅持したのであった[11]．9月19日，虹口集住区の範囲が決まった．それは上海神社の東側土塁の南端から北四川路橋の東南端よりも東側の虹口地区である．中国語での名称は，「集中営」ではなく一律に「集中区」とされたが，ここに中国政府と民衆の友好かつ寛大な政策が体現されていた．これに対して，戦勝国の国民である上海の国民たちはとても不満であった．「上海の10万の日本人居留民が集められ，みな集中居

住区に入った．しかし，読者よ，誤解しないでほしい．『集中区』というのは『集中営』のことであり，両者の間には極端な差異はないのだ．日本人居留民たちは集中区に集められ，以前のように自由で，自由に往来でき，散歩もできる．だから，虹口は現在もなお日本の天下だといえるだろう．まさに，我々は彼らに対して過度に仁義を尽くし，寛容であり過ぎているのではないだろうか」[12]．

2．「悲惨な生活」の現実

言うまでもなく，敗戦国の民衆の運命は悲惨なものである．岡崎嘉平太は，「貯金が無く，そのほかの収入も無い日本人は，闇市で身の回りの物を売ったり，道端に露天を開いて物を売る者も出た．敗戦国の民衆の悲惨な状況を自ら体験した」[13]．

日本の投降後，日本人居留民は上海において従前のような専横的な振る舞いはできなくなり，一部の人々は職を失い生活じたいが困窮し，露店を出して日々をしのぐことになった．『民国日報』の記者は次のように報じている．「北四川路と乍浦路という二つのメインストレートの店といえば，大半は日本人商人の出したものだった．だが，すでにそれらの店は当局によって封鎖されたので，この地域は比較的さびれてしまった．ところが，海寧路と呉淞路一帯は「日本人居留民の集住区」とされたため，以前よりも遥かに賑わいを見せることになったのである．「道路の両側の歩道には，日本人の『露店』で満ち満ちていて，日本式の布の「のぼり」がたち並び，「天麩羅」などといった文字が書かれている．このほかの古本屋の露店も少なくない．彼らの古本屋の露店は，その名の通り，古本を直接地面の上に置いて売っている．普通の書籍は値段も手ごろで，偽幣五千円か一万円も出せば相当厚い本が一冊買える．だが，専門書ともなると，偽幣百万円以上するものもある[14]」．

戦後の日本人居留民の生活については，『申報』も報じている．「乍浦路，百老滙路といった，かつて賑やかだった場所がいまや消失してしまった．日本の商店，洋行，妓楼などはみな閉鎖され，日本人はそれぞれ一切れの白い布を腕につけていたが，その布には「日僑」と地区名，保証人の名などが記されていた．彼らは下駄を履き，和服を着た日本人の少女は依然として多いが，中には

化粧をした上流と思われる人々もいた．昆山路口には，ふたつの雨露をしのぐ程度のあつらえをした飲食の屋台があった．ひとつは，湯麺を売る店で，ちょうどのぼりを上げ，営業の準備しているところだ．いま一つは焼饅頭を売る店で，景気よく商売をおこなっており，日本人女性や子どもたちがあつあつの焼饅頭ができあがるのを待っていた．その日本人の焼饅頭売りは簡単な洋・浜中国語を話せた〔訳注1〕．この焼饅頭というのは，小麦粉と鶏卵を混ぜてから練り上げ，中に小豆餡を入れながら丸め，油の入った鍋で揚げたものである．その値段は，いまや一つ偽幣三千元にまで跳ね上がっており，この店も一日で偽幣二三百万元を稼ぐ．その焼饅頭売りに帰国のことを聞くと，大きな声で一言，帰りたくない，と言った．彼は中国で焼饅頭を売っていたいとしても，今や上からの命令を聞くしかなく，帰国せよと言われたら，その時にこの地を去らねばならないのだ．

私の同僚が，私に通訳をつけてくれ，ある日本人の中年女性と相談して，彼女の家の見学に行くことにした．その日本人女性はとても遠慮がちに「狭いですし，汚いところですから」といったので，こちらも洋・浜語で「ご心配なく」と答えた．彼女の家は，そこから十数歩のところにあった．間取りは小さな一つの部屋だけで，窮屈な感じはするが，とても綺麗にしてあり，靴は玄関で脱いだ．彼女たちは以前良いところに住んでいたが，いまは六人の子供たちと一つの部屋に住み，食事も寝る時も地べたの上でしていた．夫は，現在，古布を売って生計をたてている．

私たちは比較的高級に感じる路地の中に入っていき，ひとりの保甲長を訪ねた．彼はとても若く，すこし洋・浜英語が話せた．彼は，あるところではひとつの部屋に30人以上，20家族が住んでいると言っていた．彼らはこれまで家賃とそのほかの一切の費用を払ってきているが，手許に入るお金はないという．日本人の多くは以前の貯蓄で暮らしているが，その貯蓄が尽きると手持ちのものを売り，また屋台を出した．飲食店以外に，薬品やそのほかの雑貨の屋台もあった」[15]．

屋台を出しているのは，日本人男性のほか女性もいた．また，学校の教師や学生までいた．「海寧路と呉淞路の間には，日本の飲食物の屋台が立ち並んでいたが，料理をしているのは多くが日本人女性であった」[16]．「焼鳥屋を開く学

校の先生もいたし，声を上げて飴を売る学生の姿も沿道にあった」．だから，彼らは「帰国しても飢餓地獄，ここに残っても飢餓地獄だ」とため息をついた[17]．

　ある日本の中学生は家計のために家のものを売りに出したとき，日中の文化的な違い，といわけ上海人の明晰さに気づかされることになった．これは学校では学ぶことができないものだった．「男の子なら街路で物を売るのにそれほど大きな危険はなかったので，僕が責任を持って残り少ない家財を売り出すことになった．僕は，路上で古物を売り歩きながら『洋瓶買い〜（買洋瓶／マイ　ヤンビーン！），洋瓶ありませんか〜（有否洋瓶／ヤンビン　ユーア？）』と大声を張り上げていた中国人の古物商たちと知り合いになり，古着や父の蔵書などを彼らに売って，それを母に渡して帰国のための準備金にしてもらった．彼ら洋瓶屋の中には，とても愛すべき人がいた．ある日，彼の家に行き商売の話をしていると，彼がおもむろにズボンを半分おろして部屋の隅にあるお丸の上に座り，そのまま悠然と僕と価格交渉を続けた．これには僕も驚きました．このような日中両国の生活習慣の違いや感覚のズレを僕は強く感じました．この人は，日本の火鉢を米びつと看做して，お店の米をみなその中に入れてしまっていました．また日本の和ダンスを漢方薬棚に，そして日本の和服を米軍に記念品として売っていた．たとえ靴が片方しかなくても，それは障害者に売れると考える彼にとって，価値のない物などなかったのです．だから，彼はなんでも買い取ってくれたのです．ガラクタとも思える物に対する想像力と知恵，そして商売をする上での知恵とたくましさから，僕は多くを学びました．」[18]

　日本人から日本の物資が多く流出したこともあって，虹江路の中古品市場は特に賑わいを見せるようになった．「日本の物資が特に多いのは，日本人が投降した後，日本人からの出物を専門に扱う業者がいて，その出物をばら売りするのではなくて，まとめ売りしていたのだという．だから，虹江路に出ているのは，そのまとめ売りからあぶれたものであり，いいものはとおくに市場以外の場で売りさばかれていたのであった」[19]．

　中国人の中には，日本人からの中古品で生計を維持するものもいた．「虹口には，日本人の遺物を『チャリティ』のようにして安く売りさばいて生計をたてている者もいたが，その人数は数千人にものぼったという」[20]．虹江路は後

に上海でもっとも有名な古物市場になるが，その起源は当時日本人から多くに中古品が流出したことにあるのではなかろうか．

　虹口集中居住区の日本人たちが，多くの出店を出したことは，上海の当局の注意を引くことになった．当初は，日本人たちの生活の面倒をみるという観点から，特に厳しい規制はなかったのだが，しかし日本人の『露店』が増加し，上海市の社会秩序にとって好ましからざる効果をもつと考えられるようになると，上海警察局はやむを得ず「上海市日僑集中区日僑臨時攤販取締辦法」を頒布した．そこには，「日本人で露店を出そうする者は，生活に困窮し，露店を出さなければ生活が維持できない者に限る」と記されていた．そして，販売が許可されたのは以下のような物であった．甲：食品（燃料，高新良，野菜などを含む）．乙：日用品（石鹸，たばこ，茶，コーヒー，洗面用具〔タオル・歯ブラシ・歯磨粉など〕．丙：理髪業．そして，露店を開くことのできる地域もきわめて閑散としたところに限定された．たとえば，宝安路71-76号の空き地，施高塔路大陸新村（一街）を中心とした南北200メートル以内の路上，狄思威路野菜市場の前後の空き地（ただし，莚で周囲を蔽い，背を路面に向けさせて，見苦しくないようにさせる），狄思威路のうち野菜市場に面した行き止まりの袋小路五本（俗称「死胡同」と呼ばれる．また，野菜市場の両側の路は含まない）などであった[21]．

　経済的な資源を失った一部の日本人が露店に頼って生活することこそ，日本人居留民たちの「悲惨な生活」の象徴であった．しかし，かなり多くの豊かな日本人たちは，虹口集中居住区の中で，依然として以前と同様の豪華な生活を送っていたのである．それもまた，中国人記者たちが目の当たりにした真実であった．下に引用するのは，『民国日報』の記者が，1946年2月におこなった報道である．日本が投降してからすでに半年近くたったこの段階にあっても，日本人の中には依然として上海の生活を楽しみ，相変わらず居丈高であった．だからこそ，抗戦勝利の後でも貧困生活を続けている上海の民衆が，日本居留民たちは本当に敗戦国民なのかと疑うのも故なきことではなかったのである．

　1946年の春節，記者は長春路の公寓に住む日本人居留民の家庭を訪ねた．「その日本人は本当に白かぶのような頭をしていて，髪の毛のまったくないつるっぱげだった．そして，金ぶちのアメリカ式の流線形の眼鏡をかけ，しっか

りした繻子の和服を身にまとい，白足袋と草履を両脚に穿き，口にはタバコをくわえていた．彼はわれわれが門の内側に入るのを見ると，中国式の流儀にしたがって，拳を握ってわらいながら「恭喜！恭喜！」と挨拶をしたのだった．奥さんと子どもたちも出てきて，遠慮がちに新年の挨拶を述べ，わたしたちを座らせたのだった．私たちが座ったのは，絹のビロードのソファーであったが，それはとても柔らかく，職場の硬い椅子よりもきわめて快適だった．奥さんは私たちそれぞれへのお茶と，またたくさんの御菓子を盛った大皿を出してくれた．その御菓子はなんとチョコレートで，アルミ箔で包んであった．このような御菓子は，少なくとも一粒二三十元はするのではないかと思う．」「客間を見回してみると，調度品がとても凝っていることに気づいた．壁には，赤い額縁の油絵が飾られ，紅木の食器棚には切子の瓶とお皿が２組も置かれ，キラキラ光っていて目を引いた．スチームはなかったが，火鉢があり，紅々とした炭火が見えた．そして，丈の低い紅木の茶卓があり，その上には骨董の花瓶が置かれていた．」「炊事場はガスコンロを使用しており，とても清潔だった．浴室は日本式のタイルの湯船があり，たくさんの化粧品が浴室のガラス板の上に置かれていた．10分後，わたしと友人は失礼してそのお宅を後にした．私は友人に『日本人たちの家は，あなたの家よりも何十倍も豪華だし，快適だね』と述べた．」

狄思威路の「路地の弄堂には日本人の子どもたちがいたが，みなきれいなウールのセーターとズボンを身につけ，また真新しい革靴を履いていた．彼らは，あかるい太陽の下でボールで遊び，走り，はしゃいでいた．まさに平和と幸福そのものであった．」

「嘉興路橋を過ぎ，一軒の大きなレストランで食事を済まそうとした．ドアを押して入ったのだが，雰囲気的にそこにいてはならないようだった．そこは日本人居留民たちで満ち満ちており，食事をしながら談笑し，とても賑やかな場であった．私は空いた席に座りこんだのだが，周囲の日本人の目線がいっせいに『支那人』である私に注がれた．私は落ちつかなかったのだが，とりあえず卵チャーハンを食べようと注文した．しかし，日本人たちの食べている洋食に比べたら，みすぼらしいことこの上なかった[22]．」

勝利劇場の前には，「ただ押し合うように黒々と人の姿が見えるだけだった

のだが，その腕には皆日本人居留民を示す白い布が巻かれていた．それを見て，ここにいるのは皆日本人ではないかと気づいたのだった．これこそ格好の風刺画ではないか．我々は確かに勝利した．だから劇場の名も勝利劇場となったのだ．だというのに，そこの客はみな無条件降伏をした日本人たちではないか．それに，チケットを買うときに一緒に買わねばならない説明書に至っては，日本語で書かれているではないか．上映時間前にすでに館内は満員であったが，東にはベルベットのコートを着た日本人の男性が，西にはウールのセーターを着た日本人の子どもがいる．そして前には花に舞う蝶のように美しい和服を着た日本人女性がいて，後ろには若者風のモダンな洋服を着た日本人の女性がいた．私は，日本人に包囲されてしまったのであった．」

麗都というコーヒーの飲める喫茶店は，「また日本人の男女で一杯で，とても綺麗なウェイトレスたちが『日本鬼』たちにとても丁寧にサービスしている．ラジオからは日本の歌がゆったりと流れ，日本人の女性たちはとても楽しそうにしている．そこには，一人二人の中国人もいた．彼らは日本人ととてもうまくやっていて，日本人の口からは『金様』とか『張様』とかいう言葉が聞こえてくる．その『金様』や『張様』は，日本人の言葉に唯唯諾諾と従い，にこにこしながら，日本人にこびへつらっている．それは見るに堪えないものであった」．

『民国日報』の記者が日本人居住区を一巡したあとの感想は次のようなものだった．「自分の得た印象は，我々の敵はとても幸福だということだ．彼らは無条件降伏した．これは本来なら亡国に等しいものだ．ところが，彼らは上海で食べる物も飲む物もあり，着る物も住むところもある．それどころか，良いものを食べて，良いところに住み，良い物を着ている．さらに，彼らは依然として帝国主義的な雰囲気をまとっていたし，享楽をむさぼっていた．本当に気分のいいことだろう．そして思い通りというところであろう．敗戦国である日本人たちよ，君たちの上海での生活は明らかに我々中国人に勝利しているのだ！」[23]．

上海の日本人居留民社会には「土着派」と「会社派」があり，そこには社会的地位と貧富の差があったとされている．しかし，虹口集中居住区の日本人たちは，依然として戦前同様に豊かな生活をみな享受していた．この点は，否定

4章　虹口集中区の日本人たち　93

できない事実であった.

　これほどの生活を日本人が送っていたにもかかわらず，上海日本人居留民管理処は，ほとんどの生活必需品を,「日本人商人たちが原価で配給し，貧困者には特別価格で提供するという方法」を実施したのであった[24].そのため，困窮した日本人居留民たちは，生活のために「露店」を開いていたものの，こうした特別配給によって生活を維持でき，生活に困窮して死にいたる者もなく，また病になっても医者にかかることができなかったために死にいたるということもなかったのだった.

　困窮している日本人居留民については，日本人（日僑）居留民自治会の下にある日本人居留民（日僑）生活相談所が多くの救助活動をおこなった．その1946年1月の業務内容を例として紹介しよう.

　　人事相談班：生活困窮10件，浮浪5件，家庭争議2件，国際結婚4件，
　　　　　　　盗み癖3件，疾病1件，雇用関係1件，国籍関係3件，人事
　　　　　　　訴訟2件.
　　職業斡旋：男子求人広告3人，求職84人，紹介53人，就職38人.
　　　　　　　女子求職4人，紹介7人，就職2人.
　　厚　生　班：施療患者12人（入院7人，施療通院5人），死亡者葬儀2人.
　　給　与　班：炊き出し3133食，実費給食（定期）199食，そのほか864食.
　　被　服　班：寄贈714点，給与992点，寝具の貸与50点.
　　宿　泊　班：無料宿泊（中国内地からの帰国者13人，上海在住者11人，
　　　　　　　復員者32人）[25].

　衛生医療方面について，上海日本人居留民（日僑）管理処は,「今回，同盟国が戦争をおこなった目的は暴力による侵略に抵抗し，世界の和平の基礎を築くことにあり，一時の私憤を晴らすことにあるのではない」との宗旨を受け継ぎ[26]，虹口集住区にいくつもの直属病院を設けたのだった．日本人居留民（日僑自治会）は『巡回医療班』数班を自ら組織した．その発起人には，紅林康（前中央医学院教授），小林忠義（前日本居留民団診療所内科主任），伊藤祐一（前華中鉄道委員外科主任）などの名が見えた[27].

虹口集中居住区の日本人居留民の文化生活もまた華やかなものであった．1945年12月13日，日本の芸能人が組織した協同劇団は，日本居留民共済金を集めるために，公平路の練武館跡地で初めての公演をおこなった．「その演劇の名は『盗賊と詩人』（田島亨脚本，積田義雄監督）と『戸部の仮死』（有島武郎脚本，辻久一監督）〔訳注2〕など，一幕ものの喜劇ものであったが，このほかにも日本舞踊の『博多夜船』，西洋舞踊の『山の上の滑稽者』，そして名曲『アイルランドの娘』の独唱など音楽，舞踊，歌などがあった」．12月15日，「虹口の日進劇場で第二回公演がおこなわれた．その演目は西村不二が脚本した三幕喜劇『租賃房屋』．これを花房旅人が演出を務め，名女優二葉秋子と東京宝塚少女歌劇団が共演していた」[28]．

　学校教育の面では，日本居留民管理処は「日本人の学童にふたたび教育の機会を与えるために，また民主政治の意識を涵養するという観点から，日本人居留民が学校設立を求めてきたのに対して，それを特に認めたのであった．教材などについては，管理処が合格としたものに限定した．このほか，中国語を必修科目するように命じ，日本の学童に普遍的に学習できるようにする．また，管理処は日本人の成人にも再教育をおこなうことが必要だとの見地から，各集中区に宣導拠点と閲覧室を設けることを決定した．閲覧室の書籍は，日本居留民自治会が自ら収集するとともに，管理処からも民主政治思想に関する新聞雑誌を若干提供することができるようにした[29]．その結果，虹口集中区には150もの寺子屋式の学校が設けられ，それぞれ30〜50名の学童が割り当てられ，教職員は280名前後いた．中国語は必修科目で，中国の国民性，風俗などといったことも学習内容に含まれていた．そのほかの学習科目としては，理数，家政，国語，書き方，図画，芸能などがあった．夜になると，寺子屋では一般の日本人居留民向けの中国語講座が開設された[30]．「管理処は，規定に定められた定期的な座談会と各種の指導のほか，各級学校を96ヶ所設け，専門的に5447名の学生を指導した．ここには各種の講座は含まれていない．日本人居留民の保全は命令に従って29もの博物館を設け，そこに日本人居留民たちが私有していた骨董書画など1568点を展示した．また，日本人居留民たちは53もの図書館を設けたが，その蔵書5446冊は日常的な閲覧に供された．あらゆる教材や図書が日本人居留民による自己点検と管理処の検査を経ていた[31]．」

1946年4月8日，日本人居留民である国光長三郎が所蔵する仏像を多数和平博物館に寄贈した．「大小の仏像が20数体もあり，中には唐宋時代の彫塑もあった．材質には，大理石，檀木などがあり，高さが一丈余りにもなるものが10体以上あった[32]．」当時，上海市政府と第三方面軍がそれぞれ25万元出して，西本願寺の上海別院のあったところに「和平博物館」と「和平図書館」が設けられていた．

　とはいえ，日本人居留民たちは結局のところ遣返されるのを待つ敗戦国の国民であり，また集中居住区もまた中国政府の管轄する土地であるので，その規範を破るわけにはいかなかった．日本人居留民管理処は，早朝6時から夜8時以外の時間は集中居住区にいるように定めていただけなく，日本人居留民が中国服を着ることや人力車に乗ることを禁じていた．なぜなら，「日本人は中国服を着て，中国人か朝鮮人の振りをして市の中心や公共の場所に出入りしており，治安を維持するために，日本居留民管理処としては日本人が中国服を着ることを禁止し，また中国人女性と結婚した日本人であっても必ず集中居住区に住まねばならないこととした」[33]．「日本人居留地への日本人居留民の出入りについては，老人や病人を除き，一律に人力車に乗ることを認めない[34]．」

　中国の法律や集中居住区の規則を守らない日本人居留民に対しては，上海の日本人居留民管理処として措置をとり，逮捕拘留することにしたのである．「当時，監獄には41名の囚人がおり，その中にはアヘン吸飲者が21名いた（女性8名を含む）．また，常軌を逸した行動をとる者10名，窃盗5名，夜間の門限違反1名，泥酔者1名，保安隊詐称者1名，中国憲兵隊詐称者1名であった」[35]．1945年12月28日の夜11時，日本人居留民である畦倉平八郎は「友人の坂井宅から帰宅するに際して，日本人居留民としての門限を過ぎてしまっていたために，寧国路を通ったときに，警察官に尋問を受けた．畦倉は，袖から銅の腕時計を出した．警察官に贈賄して，その場を切り抜けようとしたのである．だが，中国の警察官は動じることなく，畦倉を連行して拘留し，検察官が審理の上起訴することとなった．そして現在，この案件は上海地方法院の刑事法廷での推事鐘顕達による審理が終了し，公務員に対して贈賄して職務違反行為をおこなわせようとした罪で，畦倉は三ヶ月の懲役となり，腕時計は没収された」[36]．

当時，上海の民衆は国民政府の日本人居留民に対する行き過ぎた寛大政策に不満をもっていたが，日中関係の大局的な見地から，虹口集中居住区の日本人居留民たちにはみな和平的に接し，敵対的な衝突事件などは起きなかった．しかし，国民党の軍人やならず者の中には日本人居留民の住宅に堂々と押し入って強盗を働き，日本人たちを恐怖に慄かせた．「より恐ろしかったのは，国民党の官兵による公開略奪だった．白日の下，ジープに乗って押し寄せてきて，靴を履いたまま家に上がり，自転車，蓄音器，時計，家具など金目のものを丸ごと奪い去る．本当に恐ろしいことだった」[37]．そのため，第三方面軍は，角朱の強盗行為を厳しく取り締まることにした．軍事で強盗をはたらいたものは戦時強盗罪で，民間人で強盗を働いた者は戒厳法の懲治盗匪条例により厳罰に処することとした．「上海地区日本官兵善後連絡部および日本人居留民自治会の報告にある，中国軍民が不断に日本人俘虜や日本人居留民の財産を略奪し，家宅侵入して身体に傷害を加えた事例をみると，日本の降伏以来，日本人俘虜・日本人居留民の集中居住区に一定の規則があり，それに責任を負う機関もあるというのに，それでも少数の軍民による日本人俘虜・日本人居留民に対する強奪や侮辱する事件が起きていることがわかる．

　厚誼と和平を知り，怨みに報いるに徳を以てするということこそ，我々の堂々たる大国として備えるべき風格であり，不法に日本人俘虜や居留民を凌辱するという行為はあきらかにならず者が機に乗じておこなう強盗行為であり，法規に違反し，国家の品格を損なうものであって，このような事態が存在することは痛恨に堪えない．今後，もし軍人が日本人俘虜や居留民を強盗するようなことがあれば，調査して逮捕し，戦時軍律に基づいて強盗罪でその罪を問う．また，その直接の上司は部下の監督不行き届きで罪に問う．もし民間人で違反した者がいた場合は，まず憲兵警察が逮捕し，軍法機関に送致し，戒厳法懲治盗匪条例によって厳しく処置する[38]．」

3．教育と改造

　日本人居留民に対して民主政治を施し，帝国主義教育を除去することは，中国政府の日本人居留民送還政策の重要な要素であった．「中国境内日本僑民集中営管理辦法」では，「各地の名流学者を招へいし，各種委員会を組織して，

それぞれ宣伝工作に従事するように指示した．こうして，日本人の侵略思想や軍国主義観念を除去し，民主政治と三民主義の真髄をはっきりと理解させることを理解させるようにするのである[39]．

　上海日本人居留民管理処の日本人に対する世論工作は『改造日報』を通じておこなわれた．この新聞は 1945 年 10 月 5 日に創刊され，当初は乍浦路 455 号にあり，後にハルビン路 1 号の旧『大陸新報』社に移った．発行者は中国陸軍第三方面軍で，湯恩伯がその紙名を書いた．社長は陸久之，総経理が金学成であったのだが，彼ら二人が共産党の地下党員だとは湯も想像すらしなかったであろう．『改造日報』は，名義上は国民党第三方面軍の下にありながら，実際には中国共産党のコントロール下におかれていた．「新聞社の編集部の人事について，われわれは日本人の進歩人士を招へいした．そこには，5，6 名もの日本共産党員が含まれていた．たとえば，中野勝男，菊地三郎，赤津益造，島田正雄，斎藤玄彦らであった．中国側には多士済々の人員が含まれていた．みな日本語に通じていたし，学問的な専門も有していた．新聞の発行量は毎日 10 万部あまりで，日本人居留民および日本人俘虜集中居住区に対して，アメリカ軍の新聞処の飛行機によって散布された．改造日報社は日刊新聞のほか，日本語の『改造週刊』，『児童三日刊』，月刊の『改造評論』，そして中国語の『改造論壇』，『改造画報』などを刊行していた」．「何千何万もの，帰国を待つ日本人居留民や日本人俘虜たちは，中国語を聞き取れないし，読むこともできない．ただ，関漠間の中で帰国を待つだけであり，精神的に苦悶し，思想的にも混乱する傾向にあった．『改造日報』が刊行されると彼らの耳目は一新され，とても歓迎された．われわれは，地下党組織の指示により，ファシスト軍国主義の罪業を暴露し，日本人居留民および俘虜たちの帰国後の生活状況などを報道することによって，いかにして自らの幸福な将来を創造するかを述べて，和平民主進歩的な新思想を宣伝したのだった」[40]．

　『改造日報』の設けた「自由論壇」は，日本人居留民たちが自らを教育していくための言論の場であった．この論壇で発表された論説には，星野芳樹「正しい中国人観」，徳田恆「日本の教育革命について」，青田良「10 万日本人の役割」，斎田喬「生きる権利，労働の権利」，橘善守「日本憲政改正の方向」，山本十一「自由思想家連盟の提唱」，高梨政一「憲法改正の課題」，上村寿男

「自己反省の根本的課題」，内山完造「優越感について」，大津五郎「戦争犯罪の追及と責務」，青田良「帰国者への公開書簡」などである．中国人の論者もこの「自由論壇」に文章を発表していた．たとえば，10月6日に「志行」の名で掲載された「日本大衆への公開書簡」，9日に「史青」という署名のある「日本管理を論じる」などがある．史青の論説は，「日本の政治体制に厳密な分析を加え，「国体護持」の言論は決して日本国民の民主的な要求ではなく，軍閥，財閥，官閥およびファシストの政客が自己利益を守るための美辞麗句にすぎない」と述べていた[41]．

虹口集中居住区の日本人居留民たちは，「みな我が国の保甲条例に基づいて組織される．各戸は戸長を設け，家政を管理させる．十戸を甲，十甲を保とし，保の上に区を置く．区保甲長は，原則として推薦で選出する．自治会は会長一名，副会長二名，書記長一名を設け，その下に五組を編成する．その組織と業務系統は，上海日本人居留民管理処に対応するものとする[42]」．上海日本人居留民管理処は，訓話，座談会，ラジオ放送などさまざまな手段を通じて日本人居留民に対して教化教育をおこなった．以下にその状況を説明しよう．

教育改造活動と訓話：1945年12月4日の午前8時，日本人居留民の最初の帰国がおこなわれる前に，第三方面軍司令官の湯恩伯が日本人居留民自治会の責任者たちを召集して訓話をおこなった．参加したのは，自治会正副会長である土田豊，岡本乙一，および船津辰一郎以下の保長30人余りであった．湯恩伯はそこで次のように述べた．「敗戦国の日本国民は，自ら深く反省し，時に自ら検討を加えるべきである．さもないと，日本の前途は想像に堪えないものとなるだろう．自分は，全上海の日本人居留民たちが正義と信誼を発揮することを望む．そうしてこそ，後に民主各国が携手協力し，ともに世界の永久和平をともに維持することができるであろう[43]．」

学生教育座談会：1946年2月23日，日本人居留民管理処は「学生教育座談会」を開催した．60余名が参加したが，その中には日本人居留民の大学生や中学生30余名が含まれていた（女子学生10名を含む）．そこで，中央大学の李季谷（日本文理科大学出身）は「日本の近視眼的政策と日本哲学の貧困」という講演をおこなった．また日中の学生は，それぞれの立場で，天皇制批判，社会科学教育の必要性，日中留学生交流の希望などといった問題について座談

会をおこなった[44]．」

　宗教座談会：1945年12月9日の午後二時，日本人居留民管理処は「宗教家はいかにして戦後日本人の信仰を改革すべきか」という主題で日本人居留民宗教座談会を開催し，日中の宗教界の人士30余名が参加した．「さまざまな宗教の宗教家たちは，みな今回の戦争が宗教家の失敗であるとし，今後はそれぞれの宗教の真理を以て人類の友愛を説き，軍国主義の思想を除去し，自由民主の道へと歩むべきだとした．その意気込みはきわめて強いものであった[45]．」

　日本人の婦女もまた戦争の被害者であった．1945年12月22日午前10時，上海日本人居留民管理処は，日本婦女座談会を開催した．中国側の参加者には，国民党上海市党部委員，三民主義青年団代表，地方法院の検察官，教育局の視学，各通訊社および新聞社の女性記者など20名あまりで，日本人居留民の側は，山岸多嘉子，税田美，内藤孝ら10余名であった．そこで討論されたのは以下の諸問題である．1．全世界の婦女において，なぜ日本人の婦女の地位がもっとも低いのか．2．日本人女性の従順な個性が，男性の横暴や好戦的な心理を育む土壌となった．日本の敗戦について，女性たちも責任を負うべきなのではないか．こうした問題について日本人居留民の婦人たちは，「日本の女性運動が発展しなかったのは，やはり天性の従順さのためであった．そのほとんどは，封建思想，軍閥や財閥の圧迫の下に形成されたものである．現在，日本は敗戦したのだから，民主国家を育成するのと同時に，婦女もまた充実した自己修養を怠らず，男女平等の地位と参政権を得ることを希望する[46]．」午後，呉淞江に赴き，日本女性軍属集中居住区花園部隊を参観し，また各班代表による座談会を開いた．双方は胸襟を開いて議論し，ともに反省を深めた．女性軍属たちはみな過去の過ちを悔い，ふかく懺悔の心を抱き，中国の温情と期待を帰国後に日本の婦人界に伝えることを願った．日本人居留民管理処の処長である王光漢は，婦女座談会で次のように述べた．「本日提案した，『日本人女性の自覚的運動』については，運動それじたいが重要であるとともに，自覚もまた重要である．自らで自覚するだけでなく，他人に自覚させるのだ．婦人解放運動は民主化運動でもあるのだから，婦人運動を進めることは民主化運動を推進することでもあるのだ[47]．」

　1946年1月30日から，日本人居留民管理処は漢口路の軍政広播電台（放送

局）を借りて日本人居留民に対して放送教育を実施し始めた．毎週水曜日と土曜日の午後2時半から3時10分まで，上海の著名な文化人を招いて放送をおこなうほかに，音楽講座や生活講座，そしてニュース速報などの番組もあった．ラジオ番組表には，(1) 音楽番組（10分間），(2) 生活講座（20分間），(3) ニュース速報（10分間）などがあり，生活講座は中国人の著名な学者と日本人居留民がメイン・パーソナリティを務めた．毎週の講演者のリストは以下のとおりである．

　　第一週：1月30日：顧仲彝（中国，以下同），内山完造（日本人居留民，以下同）．
　　　　　　2月2日：謝東平，広瀬康太郎．
　　第二週：2月6日：鄭振鐸，塚本助太郎．
　　　　　　2月9日：趙景深，星野芳樹．
　　第三週：2月13日：李健吾，末包敏夫．
　　　　　　2月16日：俞慶棠，山岸多嘉子．
　　第四週：2月20日：熊佛西，戸塚廉．
　　　　　　2月23日：曽鉄鋒，小宮磯孝．
　　第五週：2月27日：銭痩鉄，西野護．
　　　　　　3月2日：周梅萍，三浦桂祐[48]．

　関連するニュース映画もまた日本人居留民に対する教育手段であった．1945年12月12日から，連続で三日間，虹口国際劇場が日本人居留民のために無償で招待映画上映会を開催した．放映されたのは，中央電影華業接収委員会提供のニュース記録映画であった．毎日午前10時から12時まで放映され，入場券は自治会か保甲長からもらうことができた[49]．

4．財産の没収と戦後賠償

　日本大蔵省の調査によれば，1945年の日本投降当時，日本は上海に87936866（百万）元という巨額の資産を有していたという．これは，18億3千万米ドルに相当し，日本の在華中，華東，華中の総資産の9割にもあたった．

そのうち，金融方面では，金融業504667（百万元，以下同），中支那振興株式会社：29767525である．運輸通信業は3802967．貿易及び商業関係では，貿易取引業16914465，物品販売業787854で総計17702319である．工業関係では，紡織業18949279，金属工業2920104，造船業1546050，機械器具工業1859425，化学工業3461348，繊維工業1450091，製粉業295054，食品工業889018，その他の工業2111169となっている．倉庫土木建築関係は，倉庫業158543，土木建築業425633である．このほか，雑業関係267733，非営利事業関係903088，医療関係514863，文化事業文化施設関係407990となっていた[50]．

抗日戦争に勝利し，日本の在華財産を没収することは，中国政府にとって政治上，経済上，重要な意義を有していた．「対日抗戦は，我が国にとって空前の偉業である．敵産の処理もまた戦後の復員の主要業務の一部であり，初めておこなわれる前例のないものでもあった．経済建設の推進，社会の活力の回復，国家財政の補助の上で，敵産の償還，清算することはきわめて大きな意義を有した．」「政策上，敵国や偽政権の財産に処置を加えることは国庫収入を増加させ，財政補助のための措置となる．また，敵国および偽政権の産業を運用することで，国営民営の事業を充実させ，経済建設の基礎を築くことができる．8年来の日本による我が国人民に対する侵略と搾取を除き去るため，強引に奪われた財産を取り戻し，国民経済を蘇生させ，戦時の損失を補うのである[51]．」

「敵産」としての日本の在華資本や日本人居留民の個人財産を没収することは，長年にわたって日本人の侵略や蹂躙を受けてきた中国にとっては理屈からしても当然の勝利の権利であった．羅家倫が『中央日報』で述べたように，「侵略勢力の力をかりて，威を以て強引に利を誘い，強引に奪い取るという，さまざまな非正当的な手段によって得た土地や権益などは，当然もとの持ち主に返されるべきであった[52]．」「親日派」とまで言われた第三方面軍も，この問題についてはこれと同様の姿勢を示していた．「日本人が上海に来たときにはひとつの革製の手提げ鞄しか持っていなかった．現在の財富はみな軍閥の威力を背景とし，中国人の血と汗を搾取して得たものである．彼らが遣送されて帰国することになったのもその命運を示すものだが，彼らの財富は当然中国に属するものであり，中国に残すべきである．彼らが帰国するときもまた，革の手提げ鞄ひとつであるのが理の当然ということであろう[53]」というのがその認識

だった.

　没収された日本の在華資産について，中国政府には明確な規定があった．すなわち，「甲：戦前，戦中にかかわらず，企業の運営していた資産．乙：戦中に強引に占有した資産．丙：中国の法律が禁じた資産」である[54]．他方，一般の日本人居留民の私有財産について，中国政府は次のような規定を有していた．「携帯を認められていない金銭や金目のもの（中国，日本およびその他の国家の各種紙幣通貨および金銀，宝飾品，宝石など）と有価商品は一律に中国政府の銀行に移管し，将来の賠償の一部とする」という条文があり，明確に没収した日本人居留民の私有財産を将来の対日賠償の一部分とすることが定められていた．

　1945年10月，湯恩伯は日本人居留民の代表を召見し，日本の在華物資を戦争賠償に充てるという見解を正式に提示し，日本人居留民への伝達を求めた．1. 中国にいる日本人の民間人の有している物資を戦争賠償に充てるべく，中国の正統政府である国民政府に渡すことを希望する．2. もし，この要求を受け入れれば，今後日本に対してそのほかの賠償を要求しないと決定した[55]．

　同年12月5日，第一回の日本人居留民の帰国が開始されるとき，上海日本人居留民管理処は「日本人居留民に告げる書」を頒布し，日本人居留民に明確に次のことを示した．「あなたたちが今回中国の領土を離れる前に，誠実に中国の法令上の規定を受け入れねばならない．1. あなたがたは生活必需品以外，携帯を許されていない物品は自ら提出して引き渡すこと．それらの物品は暫時，中国が封存し，将来の日本に対する賠償に充当させる．こうすることであなた方の国の負担を軽減させることができるので，直接あなた方の国家に貢献することになる．2. 今回，中国があなたがたの帰国前におこなう検査は，戦後の法令に基づく．配布した「受検注意事項」を順守し，それに基づいて実行するようにしなければならない[56]．」

　当時，帰国する日本人居留民が携帯できた具体的な物品については，次のような規定があった．

　　所持金額：1000円（日本円）（日本軍官500円，兵士200円）．
　　荷物重量：一人当たりに30キロ．日本の医療関係者はこれらの荷物のほ

かに，40キロまでの医学書籍を携帯できる．
　携帯が許可される物品：洗面道具1セット，毛布（或いは綿入り布団）1セット，布団1枚，冬用の衣類1セット，夏用の衣類1セット，コート，革靴三足，半ズボン3着，シャツ3着，手提げ袋1つ，鞄1個．その他身の回りの日用品（規定の数量に見合う携帯可能な物品に限る）．
　携帯が許可されない物品：1.爆薬，武器弾薬，指揮刀（軍刀），大きな刃物．2.カメラ，双眼鏡，野戦望遠鏡および光学機器．3.金・銀ののべ棒，金塊・銀塊，象嵌などしていない宝石・芸術品．4.株券．5.一人あたり（成人）万年筆一本，鉛筆1本，時計1個まで．6.宝石および贅沢品で身分不相応者が所有している場合．7.通常の使用量を超えたタバコ，葉巻など．8.必要以上の食糧．9.第2項にある数量以上の衣類．10.歴史書籍および報告書，統計数字およびその他関連資料[57]．

　中国政府の提案した，日本人たちの在華財産を戦争賠償に充当するという要求を，日本人居留民の上層部は十分に寛大だと感じたようだった．「'918事変'以来，15年物長きにわたる時間，日本軍は中国国内のいたるところで横暴覇道をつくし，殺害した中国人は一千万人にもなる．人々はいったいどれほどの巨額の賠償を払わねばならないのか不安に思っていた[58]．」
　しかし，あらゆる日本人居留民が中国政府の法令を遵守したわけではない．中には，「日本国内に戻ってからの生活が心配で，方法を考えて金目の物を持ち帰ろうと考えている人もいた．また，ある女性は金塊を細かく砕いて髪の毛の中に隠した．そして，貴重品を新聞紙で包んで付近のゴミ箱に隠した人もいた．しかし，こういった人々は結局見つかってしまったのだった．聞いたところでは，規則違反が見つかった場合，その帰国グループ帰国時間が延期されたという[59]．」また，財産を隠ぺいしたり，移したり，「貴重な金属と貴重な物品を親しい中国の友人の家にとりあえず置き，国交が復交してから取りに来ようとする者もいた．真面目に中国政府に渡すなんて，ばかばかしい」というわけだ[60]．そのため，第三方面軍は視察組と物資組を設け，物資の調査業務を専門

的に担わせ，あわせて「奨励密報敵偽財産条例」を頒布して，民衆からの摘発を歓迎した．査輯組は 1945 年 11 月に成立し，1946 年 6 月 30 日にその活動を終えたが，「受理した密告は全部で 2496 件，それによって得られた物資は最低でも 176 億元に達した」[61]．

　上海に永住することを決意していた土着派の日本人の民間人からすれば，彼らが何代にも亘って苦労して築いてきた『日本人街』を失い，また彼らの上海におけるすべての私有財産までをも失うとなれば，それは「一種のどうにもならない怒りと，強く深い挫折感を抱かずにはいられなかった．」たとえば，内山書店の店主の夢は，自らの店を中国大陸で一流の書店にすることであり，だからこそ中国の新文化運動を支援してきた．日本の敗戦後，書店の家具や書籍は 349 万 7780 元と見積もられ[62]，すべて敵産として没収され，店主もはじめ亜東研究会にて留用されたが，間もなく強制的に帰国させられることになった．しかし，大多数の日本人と同様，彼も最終的には納得していた．これは日本の起こした侵略戦争であり，土着派の日本人の民間人の夢もまた，「軍国主義と侵略主義の犠牲となった」ということを[63]．

5. 帰化と徴用

　1945 年 9 月 9 日，羅家倫は『中央日報』に「日本人は全中国から退去せよ——これこそ我々の堅持する条件である」を発表し，戦後日本人居留民を中国に留め置かないという中国政府の態度を明確に示したのであった．「日本が降伏してから，中国各地の日本移民については一定期間内に一律に日本の実家に強制的に帰らせなければならない．主要戦勝国五カ国の外相会議において日本に対する処置を討議した際に，我が国としてはこの項目にある処置については堅持しなければならず，中国としては決して変更しない条件とした．日本人移民だけでなく，不幸にも日本によって悪の道に感化され，日本の道具とされた朝鮮移民もまた，一律に独立朝鮮の領内に帰らねばならなかった[64]．

　しかし，上海に特に深い気持ちを持つ日本人居留民には上海で引き続き仕事をしたいと望み，資産の保全を期待する人もいた．また，「日本の現在の生活は困難で，食糧も欠乏しているから帰国したくない」と心配する人もいた．そして，甚だしい場合には，「台湾籍を取得し，自ら鄭という姓を名乗る者もい

た．なぜなら，台湾には鄭姓が多いからだといい，またあるいは鄭成功が民族英雄なので，進んでその後裔になりすまして身を隠そうとしたのであった[65]．」1945年11月11日の統計では，中国政府に帰化申請をおこなった日本人居留民は7300余名であった．「日本籍の技術人員で帰化を申請した者はこのうちに含まれていない[66]．」

中国政府は，日本人居留民が中国大陸に残ると政局に不安定な要素をもたらすと心配し，1945年12月に「徴用を許可されていない技術人員でなければ，みな一律に中国に留まることを禁じる」と命じた[67]．当時，中国政府はアメリカとの関係を考慮して，留用する日本人居留民の申請上の理由である「留華」を，対内的には一律に「徴用」と称していた．

徴用基準：1. 事業が中断できず，引き継ぎの技術者がいないもの．2. その技術が現在の我が国において欠けているもの．3. 徴用しなければ業務上の整理がつかないもの．4. 特殊な事情で徴用の必要があるもの[68]．

1946年に重用された2518人を見ると[69]，その大部分は日本の医療関係者であった．例えば，福民医院の頓宮寛（外科医），松井勝冬（内科医），小原直躬（小児科医），庄野英夫（耳耳鼻喉科医），高山章三（産婦人科医），高橋淳三（X線医）などの13人．また，同仁医院の樋渡雋二郎（内科医），永田義淵（産婦人科医），信岡徳（外科医），吉坂泰次郎（X線医）など7人．民団診療所阪本亨吉（外科医），小林安明（内科医），尾河正夫（産婦人科医），大久保博舜（眼科耳鼻喉科医），藤山亀之（歯科医）など14人．1947年，日本人居留民の帰国事業が基本的に終結するにつれて，日本の医療関係者も大部分が帰国したのである．

中国に残るように留用された日本人居留民の「徴用」者は，技術人員を主体としていた．その徴用機関は次のとおりである．中国紡織建設公司，中国蚕糸公司，行政院，資源委員会，交通部，鉄路医院，上海電信局，上海国際ラジオ局，上海公用局，税関，中央信託局，光瀘医院，亜東問題研究会，中華水産公司，農林部，中国国民党中華船員特別党部，海軍武器工場，海軍電工場，聯勤総司令部上海被服総工場，第五兵站上海醸造工場，海軍上海ラジオ局，第19集団軍軍犬訓練所，聯勤総司令部101後方医院，上海警察局騎兵（巡回）隊，中央党部統計局，上海供銷社，中国サルベージ公司，国際知識社，前線日報，

経済新聞報,国防部図書室,中韓文化協会出版委員会,軍友サロン,中華全国基督教会,天主堂総本堂,上海留用日僑互助会など.徴用されている日本人居留民のうち,中国人女性と結婚した者も少なくなく,その子女もまた上海の習慣に基づいて呼ばれていた.「阿囡」,「小妹」,「阿毛」などがその例である[70].

「トヨタ事業グループの中国方面の総帥」の異名をもつ西川秋次は,30 年にも亘る上海での業務経験を以て,自らを留用することを提議し,実際に上海の日本籍の技術人員の代表となって,国民政府からも特に重用された.1945 年 10 月 12 日,日本紡績工場は,上海日本紗廠復興委員会の努力の下,生産活動を回復しはじめた.そのため,翌年 1 月に国民政府が正式に接収する際に,「原状通りに生産がおこなわれ,一日も操業を停止しておらず,操業していなかった部分においても積極的に整理復工が進められ,その結果生産が増加していた[71].しかし,紡織機械の製造については技術上の困難が生じていた.西川秋次は,日本政府の駐華代表である堀内干城を通じて,行政院院長臨時駐滬辦事処就任の彭学沛に,自ら上海に留まり豊田式の紡織機器を製造し,中国の紡織機器の自給を実現するのを助けることを希望したのだった.1.豊田自織の製造した自動織機の優良性は周知のとおりであり,精紡機は世界最高の効率を誇るだけでなく,中国綿花の短繊維に対応した設計がなされているという特色を有していた.2.設備面については,豊田機械製造廠と華中豊田汽車工業の設備を拡充できれば,大量生産が可能だった.人材についても,西川秋次は単に豊富な紡織業経営の経験を有するだけでなく,紡織機器の製造についても優秀な専門家であった.彼は自らの培ってきた経験を中国の紡織機器製造のために捧げようと決心し,部下とともに中国に留まる決意を固めたのであった.3.中国は,もともと日本の在華紡において生産していた分を迅速に自らの手で回復し,しかし中国紡織機器の目下の製造能力は各紡織工場の需要を満たすには程遠い状況にあった.もし,西川秋次らが残留して機器製造工場の経営と生産について責任を負って取り組めば,当座の急務に対応できたのである[72].

西川秋次のこの提案によって,国民政府は戦後の専門的な技術者不足という事態をいかに解決するかという道筋を得ることができた.1946 年,国営の中国紡織建設公司が設けられた際,日本籍の技術者 120 名が徴用された.西川秋次が顧問に就任し,生産部,技術部,業務部,財務部,計画部などにおける重

要なポストをみな日本籍の技術者が占めた．徴用された日本籍技術者の待遇は，原則として，中国籍の技術者と同等の職務待遇と給与であった．しかし，職務内容は関連する技術業務に限定され，経理や工場長といった行政職務に就くことはできなかった．また，日本籍技術者への優待条件として，中国側が宿舎を提供するほか，医療費と子女の教育費用を負担し，また彼らの給与を本国の日本の家に送金することを認めていた．

おわりに

1946年4月17日，『民国日報』に「全滬10万日僑遣送完畢」という記事が掲載された．そこでは，「全上海の10万人の日本人居留民は，昨日その送還を終えた．呉淞路一帯の紅く縁取られた白い腕章をしていた彼らの奇妙な姿は，すっかり消え去ったのである．彼らがいなくなったのだから，'日本人居留民の集中居住区（日僑集中区）'などという呼称もまた，歴史的なものとなった．昨日まで，送還された日本人居留民の数は10万2404人に達する．現在も上海に留まっているのは，日本語版の『改造日報』の職員と一連の機関で徴用されている若干の技術者，そして「日中通婚問題」が解決していない少数の男女の日本人居留民たちだけである[73]」．

虹口集中居住区は，日本人居留民が送還される前の彼らの居住地だった．敗戦国の一般民衆である10万人の日本人居留民たちは，敗戦にともなう懲罰を受けるべく虹口の指定された地域に集住して生活し，民主主義思想という思想改造と教育を受けねばならなかった．しかし，彼らは上海で侮辱や危害を加えられることなく，最終的には平和裏に日本に戻ることができた．日本人居留民の送還事業の日本側の責任者であった岡崎嘉平太は感慨を込めて次のように述べた．「これ（帰国事業―筆者注記）は，完全に中国政府のリーダーの '徳を持って怨みに報いる' 講話と，講話を遵守した中国民衆の友情によって実現できた」[74]．

上海を第二の故郷としようと決めていた日本人居留民にとって，家財産をうしなうことはまさに「悲惨」なことであった．しかし，彼らもまた次のことを記憶にとどめないわけにはいかなかたであろう．「彼らに寛大な態度で接した中国民衆は，8年もの間，日本の侵略戦争を受け，また水深火熱の世界に淪陥

させられていたこと．また，日本の侵略戦争は日中の両国人民に深刻な災難をもたらしたこと．そして抗日戦争の勝利の後，中国の民衆は'旧悪に拘らず，人に善を以て接し'，恨みや憎しみを日本人居留民に対して晴らすようなことはせず，十分に'中国人の広い心と大国としての風格'を示したということ，である」[75]．第三方面軍は「日本人居留民に告げる書」において，「上海地区では，日本人居留民たちは「上海地域に就て言へば，日僑の人口頗る多く居住混雑してゐるが，中国人民が均して平和的態度を以て処したことは，上海に居留する僑民諸君等の目撃された事実であった．諸君等は，この点を深く洞察しなければならないのである」としている[76]．

　上海の10万人の日本人居留民の送還が終了し，虹口日本人街は歴史的な地名となった．しかし，日本人居留民たちが虹口に残した文化や建築，そして彼らが活発に活動した痕跡は，租界近代都市文化に溶け込んでその一部となり，上海に独特な東瀛（日本）風情をとどめている．虹口を第二の故郷とすることを決めた日本人居留民たちは，上海を離れて長く経つが，それでも不断に故郷への感情を持ち続けているのである．彼らは，黄埔江の風と水を懐かしみ，数ヶ月間の苦しみと中国民衆の寛容を思い出すのだった．

〔訳注1〕一種のピジン中国語のこと．洋涇浜は上海のイギリス，フランス租界の境界であった．洋涇浜英語という呼称もあった．
〔訳注2〕有島武郎の作品に「戸部の仮死」という作品は見当たらない．おそらくは，「ドモ又の死」ではないかと思われる．1922年10月に『泉』に発表されたこの作品では，ドモ又こと戸部が一度天才若手画家として死んだことにして，遺作展を開いて悪徳ブローカーをだまし，戸部はその弟としてモデルのとも子と結婚して再生するというストーリーになっている．「戸部の仮死」と中国語にされてもおかしくない内容である．このほか，この段落の作品名などについては，中国語原文にあるものをそのまま反映しており，日本での作品を突き止められなかったものが多い．

---

1) 1943年，上海の日本居留民は10万人に達していた．しかし，戦況が悪化するにつれて，

帰国した人も少なくなかった．1945年8月10日の段階で，上海の日本居留民は64504人で，日本投降後に命令に従って蘇州や杭州から上海の集中区に来た者は29957名であった．両者を合わせ，10月8日の統計では上海集中区の日本人は94461人となっていた．従って，10万人の日本居留民は，もともと上海にいた居留民と上海以外から来た日本居留民の双方から構成されていた．

2)「日本投降，戦時結束，蒋主席対国内外播講」（『大公報』，1945年8月16日）．
3) 復旦大学歴史系中国近代史教研組編『中国近代対外関係史資料選輯』（下巻第二分冊，1977年，283〜284頁）．
4)「処置日本与安定遠東」（『中央日報』1945年10月22日）．
5) 岡崎嘉平太伝刊行会編『岡崎嘉平太伝』（ぎょうせい，1992年，217頁）
6) 1945年8月13日，上海の日本大使館参事官岡崎嘉平太は，重慶に駐在していたアメリカの外交官であるスチュアート（John Leighton Stuart）の本国に発した電報を入手し，解読した．その内容は，「アメリカは，これからのソ連との対抗のために日本をアジアにおけるもっとも親密な国家としなければならない」というものであった．岡崎は，「自分はそれを見て全くその通りで，まったく誤っていない．このようであれば日本は虐げられることはないだろうと思い，少し安心したのであった．」岡崎嘉平太『寄語二十一世紀』（人民出版社，1992年，95頁）
7) 岡崎嘉平太伝刊行会前掲『岡崎嘉平太伝』（216頁）．
8) 湯恩伯記念会『湯恩伯将軍—日本の友（日本の友湯恩伯將軍）』（湯恩伯記念会，1954年，45頁）
9) 中国陸軍総司令部編『中国戦区中国陸軍総司令部処理日本投降文件滙編』（下巻，1946年4月，177-179頁）．
10) 湯恩伯記念会前掲『湯恩伯将軍—日本の友（日本の友湯恩伯將軍）』（58頁）．
11)『大公報』（1945年9月16日）．
12) 千里：《日僑集中区巡礼》，《民国日報》，1945年10月24日．
13) 岡崎嘉平太『寄語二十一世紀』（人民出版社，1992年，100〜101頁）．
14) 千里「日僑集中区巡礼」（『民国日報』1945年10月24日）
15) 万天『虹口的日本人—集中生活之一頁』（『申報』1945年12月3日）．
16)『中央日報』（1945年10月19日）．
17) 影山・「私の『太陽の帝国』」（『上海日本中学校会報』，第14号，1994年1月，98頁）．
18) 影山・「上海日僑中学生終戦の日記」（『上海日本中学校会報』，第17号，2001年10月，147頁）．
19)「不勝腼腆異郷客，虹江路上売衣裳」（『新民晩報』1946年6月26日）．
20)「千年万代」（『新民晩報』1946年5月9日）．
21)「上海市日僑集中区日僑臨時攤販売取締辦法」（上海檔案館，巻宗号，Q1-6-323）．
22) 呉子美「集中区遊記（上）」（『民国日報』1946年2月6日）．
23) 呉子美「集中区遊記」（『民国日報』，1946年2月7日）．
24)「報告日俘日僑概況」（『民国日報』，1945年12月17日）．
25)『改造日報』（1946年2月24日）．
26)「日僑管理処報告工作概況」（『民国日報』，1945年10月9日）．
27)「日僑管理処設直属医院」（『民国日報』，1945年11月19日）．
28)「日僑協同劇団首次公演」（『民国日報』1945年12月12日）．

29) 「日僑管理処教育日僑方針」(『民国日報』1945 年 10 月 25 日).
30) 『改造日報』(1945 年 10 月 21 日).
31) 「報告日俘日僑概況」(『民国日報』1945 年 12 月 17 日).
32) 「日僑国光長三郎捐献仏像」(『大公報』1946 年 4 月 9 日).
33) 「禁止日本人穿中国服」(『改造日報』1945 年 10 月 10 日).
34) 「日僑集中区不准乗人力車」(『民国日報』1946 年 1 月 13 日).
35) 「参観 '恐怖小屋'」(『大公報』1946 年 3 月 6 日).
36) 「日僑深夜通行, 警士拒収賄賂」(『民国日報』1946 年 1 月 19 日).
37) 山口淑子『李香蘭―私の半生』(新潮社, 1987 年 7 月, 313 頁).
38) 「上海市政府訓令」(上海档案館巻宗号, Q3-1-5).
39) 中国陸軍総司令部編『中国戦区中国陸軍総司令部受降報告書』(1946 年, 40 頁).
40) 陸久之「創辦改造日報的経過」出典:ネット『人物 ABC』
 (http://www.rwabc.com/diqurenwu/diqudanyirenwu.asp?p_name= 陆久之 & people_id =4287 & id=6960)
41) 篠原匡文「敗戦直後の上海居留民の動静」(『季刊中国』第 43 期, 1998 年 6 月).
42) 「日僑管理処報告工作概況」(『民国日報』1945 年 10 月 9 日).
43) 「召集首脳, 挙行訓話」(『民国日報』1945 年 12 月 5 日).
44) 「学生教育座談会」(『改造日報』1946 年 2 月 24 日).
45) 「日僑管理処宗教座談会」(『民国日報』1945 年 12 月 10 日).
46) 「日本婦女的自覚座談」(『新聞報』1945 年 12 月 23 日).
47) 「昨日召開婦女座談会」(『民国日報』1945 年 12 月 23 日).
48) 「加強感化訓練対滬日俘僑広播」(『民国日報』1946 年 1 月 30 日).
49) 「電影啓蒙」(『改造日報』1945 年 12 月 12 日).
50) 大蔵省管理局『日本人の海外活動に関する歴史的調査』(通巻第 27 冊中南支篇, 第一分冊, 大蔵省管理局, 1947 年, 119-121 頁).
51) 蘇浙皖区処理敵偽産業審議委員会, 蘇浙皖区敵偽産業処理局『工作報告』(1947 年 1 月編印, 163 頁).
52) 羅家倫「日本人口応全部退出中国―這是我們必須堅持的条件」(『中央日報』1945 年 9 月 9 日).
53) 前掲湯恩伯紀念会編『日本の友人湯恩伯将軍』(65 ～ 66 頁).
54) 中国陸軍総司令部編『中国戦区中国陸軍総司令部処理日本投稿文件滙編』(下巻, 1946 年 4 月, 181 頁).
55) 前掲岡崎嘉平太『寄語二十一世紀』(101 頁).
56) 「王光漢処長告日僑書」(『民国日報』1945 年 12 月 5 日).
57) 前掲中国陸軍総司令部編『中国戦区中国陸軍総司令処理日本投稿文件滙編』(下巻, 228 頁).
58) 前掲岡崎嘉平太『寄語二十一世紀』(102 頁).
59) 雑賀健『回憶生我的故郷上海』(未公刊).
60) 前掲岡崎嘉平太『寄語二十一世紀』(102 頁).
61) 前掲蘇浙皖区処理敵偽産業審議委員会, 蘇浙皖区敵偽産業処理局『工作報告』(106 頁).
62) 同上史料 (87 頁).

63) 小沢正元『内山完造伝』(百花文芸出版社, 1983年3月, 157頁).
64) 羅家倫「日本人口応全部退出中国——這是我們必須堅持的条件」(『中央日報』1945年8月9日).
65) 「日僑改籍台湾」(『大公報』1945年10月19日).
66) 『民国日報』(1945年11月12日).
67) 「上海市政府訓令」(上海市档案館, 巻宗号：Q3-1-5).
68) 「中国境内日籍員工暫行徴用通則（1945年10月1日）」, 前掲中国陸軍総司令部編『中国戦区中国陸軍総司令部処理日本投降文件滙編』(下巻, 82頁).
69) 『改造日報』(1946年3月8日).
70) 「上海市警察局政治処擬制1947年上海留用日僑名単」(上海档案館, 巻宗号：Q131-6-478).
71) 『中国紡織建設公司』(行政院新聞局印行, 1948年11月, 3頁).
72) 富沢芳亜「在华纺の遺産——戦後における中国紡織機器製造公司の設立と西川秋次」(森時彦編『在華紡と中国社会』京都大学学術出版会, 2005年, 185〜186頁).
73) 『民国日報』(1946年4月17日).
74) 前掲岡崎嘉平太『寄語二十一世紀』(105頁).
75) 「虹口的日本人」(『申報』1945年12月3日).
76) 前掲湯恩伯紀念会編『日本的友人湯恩伯将軍』(231〜232頁).

5章 中国に留まる日本人技術者
―― 政治と技術のあいだ[1]

楊　大慶

（真保晶子訳）

はじめに

「日本人を利用するには信頼が必要である．日本人は信頼せられると生命さえも何とも思わないで忠実に働く特性を持っている．」[2]

　これは，日本文化に関する本から引用されたのではなく，1945年末，日本の実業家，西川秋次（豊田紡織の中国における総支配人）が，中国国民政府に向けた言葉であった．あの長期にわたる，血で染められた戦争――日本軍の侵略の結果，何百万もの中国人の生命を犠牲にした戦争――の直後に，このような信頼を求める声があったという事実を考えると，これは，実に注目すべき言葉であった．しかし，この言葉をただ1人の日本人実業家による単なる希望として片付けるとしたら早計になるだろう．西川は戦後中国の復興に数年間を費やした幾万もの日本人技術者の1人に過ぎないのだ．
　大戦直後の時期における日本とアジア諸国との関係は，歴史研究では長い間見逃されてきた分野であった．日本の戦後初期に関しては，アメリカ合衆国の占領についての研究が長い間多数を占めてきた．それに対し，ほとんどの標準的な説明では，日本のアジアとの関係は，平和条約交渉あるいは中国本土にお

ける共産党の勝利に始まっている[3]．しかし，近年，この傾向は変わり始めてきている．アジア太平洋地域における何百万もの日本の軍人・民間人の海外からの引揚げは，学術研究の対象となった[4]．同時に，多くの日本人が帝国の崩壊後，かつての帝国周縁（「外地」「占領地」）に残留したことが再認識され始めたのである[5]．特に近年，「新中国」に貢献した日本人留用者は，中国でも日本でも注目されている[6]．

　この研究は，戦後初めの中華民国に留まった日本人技術者について明らかにすることを目的とする．研究の中心となるのは，国際政治と経済成長双方の状況における日本人技術者の活動と役割である．微視的な視点と巨視的な視点を組み合わせ，計画された技術協力の期待と限界に特に注目するため，上海の豊田紡織株式会社に属した日本人技術者に焦点を当てる．この研究が明らかにしていきたいのは，実際の技術協力はその政治的目的を達成することができなかったかもしれないが，これらの日本人技術者の影響は大日本帝国の重要な——たとえ意図されなかったとしても——遺産とみなすべきだということである．

1. 国際政治のなかの技術者留用

1.1 日本の構想

　1945年8月中旬，日本の降伏の発表後，数日以内に，岡村寧次大将（中国における日本軍総司令官，そして軍における中国専門の指導的人物）が中国に対する日本の戦後政策を計画し始めた．もともと，岡村は「105万の無敵の帝国軍隊」を放棄することに猛烈に反対していたが，結果的に，日本の敗北を現実のものとして受け止めるに至った．小倉正恒（住友財閥を経て南京政府の最高経済顧問として務めた著名な財界人）に意見を求めた後，後に「和平直後における対支処理要綱」として知られるようになるものの草稿を自ら書くための，岡村の特異な一歩が踏み出された．中国が東アジアの唯一の勢力としてあり続けるだろうという認識の下，岡村は次のような結論を出した．「帝国は……日支間の行懸りを一掃し，極力支那を支援強化し，以て将来における帝国の飛躍と東亜の復興に資す．」岡村はこう記している．中国が日本に代わり，「東アジ

アの解放」を達成していた以上,「中国の強化繁栄を期待して,日本は……これに協力しなければならない」[7].南京での軍と大使館との協議で採択され,要綱は,8月21日に大使館によって,中国在留のすべての日本領事館に送付され,東京へも発送された.

　中国との関係改善は,日本のアジア政策において,決して新しい主題ではなかった.太平洋での戦局が日本に不利になるにつれ,アジアの連帯は,日本の指導者たちの間に新しい支持を見出した[8].日本の降伏に続く,この要綱のような最新の呼びかけが,東京で反響を得たとしても不思議ではなかった.南京への電報の中で,日本の新しい外務大臣で長い間「日中協力」の支持者であった重光葵は,日本が「今後,日中提携のための基盤を促進するよう努力する」と認めた.重光はさらに電報の中で,次のように詳しく述べている.「この目的を達成したいと願うよりもまず,我々にできるあらゆる可能な方法を使い,入念に土台を築かなくてはならないだろう」[9].「日中協力」を通じ,大陸への日本の影響力を維持することは,戦争直後の日本の目的の1つになったようであった.

　日本と戦後の中国との協力関係を促進する方法として,岡村の考えによると,日本が戦争で敗北した以上,「ただ技術と経験のみであろう」[10].岡村の要綱は,次のように勧めた:「新に日本の技術専門家,就中日本に於ける禁止工業部門および鉱業農業の技術を支那に広範囲に進出せしめ,支那の発展に資す」[11].そのため,日本の政府指導者にとって,戦後の中国への技術援助は政治的重要性を担うものであった.すなわち,それは,日本が軍事面で失墜した後,日本の中国での影響力を維持し,また強める手段となるはずであった.戦後の中国への技術援助はまた,日本にとっても経済的刺激になるものと考えられていた.日本の社会経済の極限状況を鑑み,日本人技術者が中国で雇用されれば,日本国内での失業難がいくらか緩和するであろうという主張もあった.1946年4月に作成されたある外務省内部文書に記されたように,海外からの大規模な引揚げだけでなく,賠償のために,多くの産業施設が接収されるため,日本人技術者に大量の失業が予想された.そのため,外務省は次のように結論を示した:「日本は,とくに,台湾や関東州[南満州]のような長期間日本統治下にあった場所において,彼ら[技術者]をどう活用するかを考慮すべきであ

る.」[12)]

　1945年の秋，上海を基盤としていた豊田紡織の西川秋次は，中国国民政府行政院長，宋子文に長い手紙を出している．この手紙は「日中協力」の手段としての技術に対する見方を詳細に述べている点で，かなり長くなるとしても引用に値する．

> 中国と日本は，不幸にして干戈をまじえた．だが，こうして戦い終わってみれば，隣邦の友である．しかも日本は，先輩中国から多くの恩恵に浴している．文化，仏教，徳育，産業の面で，多くを学んで成長して来ている．戦い終わった今日から，報恩の途を考えねばならぬ．我等に今出来る事は，紡績の技術を通じて，中国及び中国々民に奉仕することである．それは我々の先人，豊田佐吉が発明した，自動織機の技術を中国々民に教えることである．戦争によって荒廃した国土と国民生活を救うものは産業を興し，それによって民生の安定を図ることである．豊田の紡績技術を，復興中国に植えつけることによって，両国民間の友好関係が芽生え共存共栄の道が開けることを信ずるからである[13)]．

　西川秋次が最初に上海に来たのは1919年のことである．彼は，中国市場を調査し，新しい豊田紡績工場を建設する土地を得るため，著名な発明家であり会社の創設者である豊田佐吉に同行してきた．西川は，第2次世界大戦までに，豊田の中国管理部門の最高責任者になっていた．それは，30年間近く——彼の円熟した年月のほとんどすべての間——続いた．同様に，他にも多くの経営あるいは技術系の上層部が20年以上中国にいた．長期間中国に関わった多くの日本人と同じく，西川も，両国の8年間の戦争を，それまでのもっと長く続いた平和な中日交流の歴史から単に一時的に逸脱したものに過ぎないとみていた．また豊田の高い技術に対する西川の自信は，戦争で日本が敗北したことによって揺るがされるようなものではなかったことは明らかだ．さらに，中国政府宛の長い手紙で，西川は戦後中国の経済復興に大胆な建言を行った．西川が中国人に想起させたのは，戦争中，経済の中心，上海にいた豊田の技術者たちが，8年後，中国奥地から戻ってきた国民政府にとって貴重な財産となること

であった．最後に西川は，こう述べた．

> 吾々の念願はせめて吾々が当地を近く引揚げるまでの間，吾々の技術と経験とを最もよい条件が備はって居る中国に残し，その手によって綿業中国を建設せられるの日を期待し以て自ら慰さめんとするものである[14]．

西川が日本政府の命令の下，行動していたという証拠はないが，1942年から中国駐在日本公使を務めた堀内干城が戦後中国の経済復興を促進する役割を果たしたことは注目すべきである．その堀内もまた，外務省から「新事態下ニ於テ必要ト認メラルル事務ニ従事」するため，中国に残ることを指示されていた[15]．8月の南京の連絡会議で出席者が要綱を承認したのはほぼ確実であった．したがって，堀内の見解が岡村の手による前述の要綱と酷似していたのは，単なる偶然の一致ではない[16]．在中国30年の勤務歴をもつはえぬきの外交官，堀内自身が「日中協力」の支持者であった．堀内が考えたように，日本の将来の産業の回復は，巨大な市場とともに，原料と食糧双方の安定した供給に懸かっていた．中国は，そのどちらも持っていたので，日本の設備と技能という形で中国に援助することは，日本自らの回復にも間接的に貢献することになると考えられた．堀内は，旧交があった宋子文に日系企業が中国政府に接収される際に，「技術家たちを残したい」と提言した．西川の手紙と併せ，堀内自身も豊田の技術を推薦する短い手紙を中国政府に送った[17]．

西川と堀内が日本の技術に強い自信を示したことは注目に値する．実際，この自信は，特に中国在住の日本人に一般的にみられるようだ——中国の地にいる日本人は，日本本土で日本人が経験したような壊滅や敗北を経験してはいなかったから．

1.2 中国の政策

日本の最終的な降伏前に，重慶の国民政府は，すでに戦後経済の回復に向けて計画を練っていた．1945年8月12日，国防最高委員会は，「占領地域における産業，鉱業，輸送業の回復を促進するために，中国にいる日本人捕虜を調達する」案を議論した[18]．また，日本降伏の直後の段階で，国民政府内には日

本から「科学技術人材」を導入する考えもあった[19]．しかし，国民政府が日本人技術者を留用するに至ったのは日本占領地の接収からだった．

満州，北平—天津地域，揚子江下流地域，そして台湾を含むこれらの日本支配地は，中国の近代経済の大部分を担っていた．国民政府はこれらの地域に戻るとすぐ，すべての日系企業または機構を接収した．その中には，後に競売で民間企業に売却されたものもあったが，ほとんどの工業関連事業の運営は，政府の手に残った．しかし，困難が山ほどあった．1945年8月末，第一陣として南京に入った邵毓麟（九州帝大経済学部卒）は，岡村との会談の中で，日本人技術者の「留華服務」を語った．1945年9月10日中国陸軍総司令の何応欽（日本陸軍士官学校卒）は岡村と会見した時，「中国に居る日本人技術者を状況によって徴用する」と言及した．これに対して，岡村は「規定があれば，命令に従って実行する」と受諾した．9月，すでに南京で堀内と話した邵毓麟は，日本の設備を接収するために重慶から送られた者たちが，「占領地域における政治的および社会的状況について何も知らず，どのように進めるかもわかっていない」と蔣介石に報告した[20]．10月の初めごろ，北平市の熊斌長官も，「接収した各機関にいた日本人技術者を暫行雇用」することを求めた[21]．このように，国民政府は，中国の戦後の復興に日本人の専門家が何としてでも必要だと認識した．

国民政府陸軍総部は，10月に，「中国境内日籍員工暫行徴用通則」を公布した．それによれば，「中国に当時不足していた専門技術をもつ日本人，あるいは，帰国されては通常の業務や移転作業に支障をきたすような専門技術をもつ日本人は，中国政府によって留用されうる．そのように留用された日本人は，中国の上官と中国の法に従うという誓約に署名しなければならない．日本との平和条約締結前は，これら留用された日本人は，生活費のみ支払われる」[22]．

こういう背景もあって，豊田からの技術援助の申し出は，中国指導者によって当然歓迎された．1946年の早春，行政院長宋子文は上海で堀内干城同席の下，西川と会談した．宋は，西川の提案に強い関心を表明し，できるだけすぐに詳細な案を作成するよう激励した．宋の立場は反日と言われていたにもかかわらず，このことについて彼が示した熱意は驚くべきことではなかった．西川の提案に宋が示した関心はまた，中国にとって繊維工業が最重要産業と言われてい

たとともに，その回復が政府の課題の中でも高い順位にあったという事実を反映していた．多数の日本の紡績工場は，戦後中国の紡績業の単一の巨大複合企業――中国紡織建設公司になった．豊田工場は，その最先端の技術により「模範工場」と長い間みなされてきたが，戦後，すべての日本の工場の中で，最初に生産を再開した[23]．中国の紡織機製造は，「国家政策」の重要な要素とみなされるようになった．60億元を投資し，中国紡織機器製造公司は，需要の大きかった紡織機器の修理と製造を目的に設立された．民間企業が資本の60％を提供し，一方，残りの40％は，トヨタ自動車工業と，別の日本資本系紡織機工場の形をとって，政府から出資された[24]．

　もちろん，すべての中国人が日本人技術者を留用することに賛成していたわけではない．敗戦国の技術者に依存しなければならないことに屈辱を感じる者もいたし，中国に留まることを選んだこのような日本人たちは経済的侵略をねらっているのではないかと疑いを持つ者もあった．たとえば，ある上海の紡績工場の労働組合は，「敵国日本人技術者」を留用することについて抗議の文書さえ国民政府に提出した．その文書の中で，彼らは，中国が自国の技術者をないがしろにし，一方で，日本人に妨害活動の機会を与えるような行為をしていると非難した[25]．実際，国民政府は，微妙な立場になり，日本人に親近的すぎないようにしなければならなくなった．

1.3　アメリカ合衆国の思惑

　中国に残留する日本人と，かつての帝国内での日本の影響力の復活との間に，アメリカ合衆国の政策決定者が，つながりを見出すのにそれほど長い時間はかからなかった．太平洋戦争前から始まった日本の外交電報の傍受により，有害と思われる証拠の流出が絶え間なく提供された．1945年10月の初め，アメリカ合衆国海軍最高司令官太平洋戦略情報部および海軍作戦部長は，「中日関係：日本の対中国政策」という題名の機密調査研究作成した．その中で，前述した「和平直後の対支処理要綱」と，他の日本の秘密文書が詳細にわたり引用されている[26]．アメリカ合衆国は，裁量によって戦域司令官が日本人兵士を留用する権利を承認したが，兵士だけでなく，大量の民間技術者も中国に留用されていることに懸念を示すようになった．1945年の終わり，国務・陸軍・海

軍3省調整委員会極東小委員会 (Far Eastern subcommittee of the State War Navy Coordinating Committee: SWNCC) は，合衆国が，引揚げに日本人の一般市民が含まれることを支持すると繰り返した．委員会はさらに警告した．

> 次のことが認識されねばならない．中国に残留している日本の民間人はみな，西洋諸国の勢力を排除するため，太平洋地域における日本の勢力と影響力の復活をひそかにめざしているだろうし，その結果，直接的に中国におけるアメリカの利益を危うくさせるだろう．その危険は，戦争中得ていた地位に日本人「技術者」を留用することを中国政府が黙認［著者］していることに，すでに明らかである[27]．

つまり，アメリカ政府は日本人技術者の「留用」を日本の主導で行われていたと認識した．また，中国在住のアメリカ人たちからの報告によって，このような疑念は強められたようだ．1946年はじめ，在中国のアメリカ人高官は，次のように指摘している．「日本人は，東洋人たちを西洋人たちと対抗させようという壮大な計画を中国で開始したところだ．そのことが信じられる理由があるし，それを示す証拠もある．彼らの新たな考えは，中国人との間に兄弟のような友好関係を育て上げ，わが連合国をわれわれに敵対させることだ」[28]．駐在中国大使館への指示で，国務省は，明確に述べた．「中国在住の『技術者』を含む日本人の留用は，きわめて望ましくないものであり，また日本の中国──台湾を含め──からの影響力を排除しようとする合衆国の政策と相容れないものであると考える」[29]．

SWNCC文書は，これら日本人が持つ職業専門的技術が必要とされ，彼らの職を引き継ぐことができるような訓練された中国人が不足しているという中国政府の立場についても注目した．さらに，文書は，アメリカ合衆国も他の連合国政府も日本に代わる十分な数の技術者を同程度の給料で提供することはできないとみなした．「合理的な妥協」を求め，文書は，日本の専門知識が中国の戦後の復興に有用であることを認めながらも，中国政府に留用する日本人を限定するように迫った．つまり，専門技術能力を根拠に必要とされる者に限ること，同時に，中国の平和と安全を脅かさず，大陸に日本の影響力を復活させる

ことを築くような役目を果たすことがありそうにないということを過去の記録によって証明できる者に限るとした[30]．したがって，中国に日本の勢力が復活する可能性に対してアメリカ合衆国が懸念したことは現実にあっただけでなく，<u>すべての</u>日本人が折りよく中国から引き揚げることを求める合衆国の政策の根拠となったのだった．

　しかし，すべての日本人一般市民の即刻引揚げというこの政策は，中国国民政府から抵抗を受けた．日本人技術者の即刻完全引揚げへの反対は，大部分が産業復興計画に責任を有する人々から発せられた．1946年3月，台湾からの報告書は，国民政府資源委員会特別代表包可永の発言を引用し，台湾に残留した日本人技術者が，割り当て定員1000人ではさまざまな産業にとって十分とはほど遠い数なので，少なくとも，5カ月間に，あと，5000人は必要となるだろうと述べた．報告書は，日本人技術者の急減の結果起こりうる事態を，警戒をもって説明した．ほとんどの製造は停止し，備品は盗まれるだろうと，報告書は続ける．「生産が縮小されると，失業が増え，治安が悪化し，ひょっとしたら暴動にまでつながるかもしれない」[31]．このため，南京政府は，台湾のみで，7000人の技術者と2万8000人の扶養家族の一時的留用を許可することを決断した[32]．国民政府資源委員会が陸軍総司令何応欽に1カ月後に繰り返したように，留用された日本人技術者は，多くの工場や鉱山施設の継続運営を確実にするために不可欠であったのだ．

　1945年後半から1947年まで，アメリカ合衆国と中国の官吏は，頻繁に，この問題について討議した．中国訪問中の1945年10月，南京において，ウェドマイヤー大将は何応欽と会談し，中国在住のすべての日本人は，1946年6月までに送還されるべきであると協議した．ただし，台湾は例外で，一部の日本人技術者は1947年1月まで留まることが許された．日本の意図に対するアメリカ合衆国の懸念を払いのけるかのように，国民政府は証言した．数カ月間にわたり，これらの日本人が「命令に従い，精力的に働いてきた」こと，そして，［中国の］国家の利益に害を及ぼさない限り，戦後の復興のこの時期に日本の技術を活用することが依然として必要である，と[33]．

　アメリカ合衆国が，国民政府に，日本人残留者が早急に送還されるよう再度要請するまでに長い時間はかからなかった．今度は，日本政府からの動きに促

5章　中国に留まる日本人技術者　121

進されるところが大きかったようである．日本政府は，大陸，特に内戦が迫りつつあった満州から，日本人の帰国をよびかける声明を4月に発表した．その結果，日本進駐の連合国軍最高司令官は，日本人の中国からの早急な引揚げを求めることを支持し始めた．1946年6月，中国は，台湾と満州を除く中国本土に1万2000人程度の日本人を留用すると合衆国政府に通告した．1947年の初め，アメリカ合衆国からの粘り強い圧力を受け，中国政府はさらに譲歩した．

　国民政府は，自ら約束した計画に厳密に従うことはできなかったが，いくつかの面で努力をした．1946年10月21日，在中国日本人技術者の問題に取り組むため，国民政府国防部で連絡会議が開催された．日本人を雇用しているさまざまな部門が雇用を続けたいという要望を表明するにつれ，外交部長は，それに先立つアメリカ合衆国政府との協定のため，日本人技術者の総数を1万2000人以内に抑えなければならない——しかも臨時的という原則で——ということを閣僚たちに念を押した．会議は，新たな方針を生み出すに至らなかったが，日本人技術者はヴォランティアとして雇用されるべきであり，支払いは中国人と同じ基準にされるべきであるという結論になった[34]．

2. 仕事場での技術者たち

2.1 概観

　戦争直後の中国における日本人技術者と熟練労働者の総数を確認するのは困難が伴う．アメリカ合衆国の公式な概算によれば，日本の降伏当時，およそ16万8000人の日本人が，中国全土で，「産業・農業の技師，技術者，監督者，職長の主要な地位を占めていた」[35]．合衆国の記録が示すのは，300万に近い日本人が中国から引き揚げた後の1946年の終わりでも，9万人を少し超える数の日本人が依然として中国に（台湾と満州を含む）残留していた．いうまでもなく，彼らのすべてが技術者や熟練労働者であったわけではない．相当な数の軍部関係者に加え，多くは扶養家族の者たちだったからである．ほぼ同時期の国民政府による全国規模の調査では，その数は，1万4000人を少し上回るものと推定された[36]．しかし，多くの地方当局は，報告をしなかったり，ある

表5-1　戦後初期中国における日本人技術者（1946年12月）国防部第二庁調制

地区	鉱業	工場	鉄道	農業	通信	衛生	工程	文化	其他	眷属	合計
南京	20	4				1				18	43
上海		200	6	53	2	54	20	90	303	922	1650
杭州						2			7	1	10
安慶	2			2							4
漢口	4	105	12		9	14	11	4	142		301
徐州	26	38	110		68	35		2	73	28	380
海州		12				13			25		50
済南		69	29			41	1		10	271	421
青島	5	27				16	1	3	12	80	144
天津		26	10			8	15		31	140	230
北平	9	148	83		19	44		49	184	347	883
大同	62	168				11	33		26	1045	1345
包頭		3				5	6		10		24
鄭州						9			7	7	23
広州		2				1			16		19
海南島						1			24		25
台湾	20	304	60	125		18	27	239	261	2937	3991
東北	781	2176	976		480	105	201	715	4833	1000	11267
総計	929	3282	1287	197	578	378	315	1102	5964	6796	20828

中国第二歴史檔案館　錠2(2)巻2868

いは少なめの数字を報告したので，この調査は，決して包括的なものではなかった．さらに，共産党の支配下にある地域の日本人該当者は含んでいなかった[37]．

　地理的分布に関していえば，日本人技術者の最大の集中がみられたのは中国東北部（旧満州）であった．そこは，長い間日本の支配下にあったため，主要な産業中心地になりつつあった．1万人を超える日本人技術者は，3万3000人ほどの扶養家族とともに，1946年の第1次集団引揚げの後，その地方に留まった[38]．鉄道のみで，1000人近くの日本人が働いていた．日本人技術者はすべて，1946年5月に中国国民政府によって創設された東北日僑善後連絡処の下，組織された．南満州鉄道株式会社の高官，平山復二郎に率いられ，それは，数都市に支部を持っていた[39]．多数の日本人は，また，半世紀以上植民地として日本に統治されていた台湾に留まった．中国本土内では，最大の商業都市とし

ての地位をもつ上海に，最大の数の日本人技術者がみられた．その後に続いたのが，北平と漢口など他の主要都市，また，大同のような産業中心地や徐州のような鉄道連結地であった[40]．

　比較的明確なのは，何万もの日本人たちが幅広い分野で中国で雇用されていたことである．製造業，鉄道，鉱業から病院，学校，そして政府職員にまでわたった．言いかえれば，技術者［technicians］として一般的に分類されるもの——中国語で「技術人員」，日本語で「技術者」——は，実際は，異なる専門職から成っていた．戦後初めの中国在住の日本人技術者の4分の1近くが工場で働いていた一方で，多くは事務職かあるいは会計管理者だった．彼らの役目もまたかなり多様だった．多くの日本人が，日本の支配から中国の支配（満州では，さらに短期間の間，ソビエトの支配にも）への移行を処理するため，残った．医療のような分野では，ただ専門知識をもつ人々が不足しているというだけの理由で留用された者たちもいた．日本人医療職の相当数——医師，看護師とも——が，中国北東部で中国共産党軍によって活用された．多くの日本人には家族がいたので，教育機関で働く者たちもいた．中国政府との連絡を担当した者もいた．そして，たくさんの日本人が，研究を導き，教え，自分たちの知識を中国人へ伝え続けたのだった．

　戦後中国に留まった日本人たちにはさまざまな理由があった．また時局の推移によって，彼らの心情にも変化が見えた．一部は，中国に何十年も住んでいて，中国の将来に希望を持っていた．西川の場合のように，自分たちの仕事を，償いとまで考える者もいた．とくに初期には，多くの日本人たちは，荒廃した故国へどうしても帰りたいとは熱望しなかったし，中国政府により保証された比較的高い報酬のほうを好んでいた．多くは，日本が敗北のため償わなければならなかったという現実にただ従い，ある者は，何十万もの他の日本人たちが即座に引き揚げられるように，自分たちが留まることを引き受けた[41]．逆に，中国側による強制留用も否定出来ないだろう．数少ない日本人たちは，自分の意志に反して中国へ留まらなければならなかったかもしれない．おそらく，中国人による，また，堀内のような日本人指導者による説得の努力が，帰国したいと思っていた中の数人の決心を変えただろう．満州重工業株式会社社長高碕達之助は，中国北東部の全域ですべての残留日本人を任されようとしていた．

高碕は，仲間の日本人に訴えかける中で，政治の役割を問題にしなかった．

> われわれは政治家ではない．また軍人でもない．われわれは産業人として満州に渡り，そしてここで工業を興した．ところが終戦の結果，ソ連軍の進駐により，その設備の大半は撤去されてしまった．これは丁度自分の生んだ子供の手をもぎとられたような感じだ．この満州の産業をみすてて帰ることは到底出来ない．何とかして，この半ば破壊された産業のおぎないをつけてから帰ろうではないか．これが技術者としてのわれわれの任務というものだ[42]．

2.2 技術援助の実態—中国紡織機器製造公司

留用された日本人技術者をさらに理解するためには，一般論を超えて考えることが必要になる．たとえば，南満州鉄道株式会社中央試験所出身の日本人科学者たちは，中国で多くの化学，製薬，鉱業，そして他の産業の企業で研究を有用化することに重要な役割を果たした[43]．中国東北部では，張公権のような国民政府の高官たちは，ソビエト軍の産業，財政，農業の回復に関して，日本人専門家に定期的に意見を聞いた[44]．現在のところ，最も詳細な研究は，経済史家松本俊郎による，中国東北部の鞍山製鉄所に関する先駆的研究である．日本語，中国語，英語の資料を用い，松本は，日本人技術者の活動を詳細に考察した．彼は，日本人技術者が，ソビエトにより産業施設を移転することに，また，中国国民党とその後，共産党によって生産を再開することにも使われたと指摘した[45]．

上海の西川秋次が率いた豊田の日本人技術者の活動を，ここで簡単に紹介する[46]．中国東北部と違い，上海の状況はしばらくの間は安定した．経済の面では，中国人の基盤がもともとあった．西川はまず生産活動の全般について提言した．上海日本人技術者協会会長に選ばれていた西川は，1946年の4月と6月の間に，中国紡織機器製造公司の社長黄伯樵と頻繁に——計60回以上も——連続の会合を開いた．最初の議論の後，西川と豊田の他17人の日本人技術者は，新しく設立された中国紡織機器製造公司で働き続けることに同意した．

1946年8月，中国紡織機器制造公司は，国民政府国防部からこれらの日本人技術者を雇用する許可を正式に得た[47]．

　続いて問題となったのは，製品の計画と生産であった．中国紡織機器制造公司が直面した大きな問題の一つは，中国の工場で使われている紡織機が，異なる国や会社の製造であるため，別々の基準に従っているという事実であった．統一した基準がないことから，修理や整備に支障をきたした．中国紡織機器制造公司は，そのため，中国の工場で使われているあまりに多様な種類のスピンドルの修理と交換から始めただろう――それは，後に，豊田のハイドラフトアルファ，つまり，いわゆる日本規格型に基づくようになった．それから，中国紡織機器制造公司は，部品とともに自動織機を製造しただろう．彼らの最終目的は，スピンドル装置を含む完全な紡織機を一式製造することだった．

　中国の豊田自動織機は，豊田機械製造廠が太平洋戦争中の1942年に上海で設立されたときには，すでに計画されていた．しかし，戦争の緊急の需要のため，手榴弾や軽軍需品の方が選ばれたため，織機は断念された[48]．中国紡織機器制造公司は，かつての上海の日本系工場から図面と設備を使い，残った技術者たちを雇用する予定だったが，西川にとって，日本の豊田からの支援が，中国の豊田自動織機の生産に不可欠だった．西川の計画は，日本の豊田本社に，織機の主要部分をつくり，100人程度の技術者とともに機械部品を上海に送るよう要請することだった．経験のある経営者で，豊田佐吉の補佐役として，西川は，事を確実にすることにある程度の自信を持っていた．1946年中ごろ，紡織機産業で何年もの経験をもつ中国人技師魯成が，表向きは，東京の中国代表団で引揚げ問題について取り組むということで，日本に派遣された．実際には，魯成は，中国での紡織機製造に関する問題を直接豊田と取引しようとしていた．

　西川によって構想された豊田と中国人との協力は，早速いくつかの障害に直面していた．第1に，西川と上海の彼の同僚たちの側と，日本の指導者側との間に相当な違いがあった．この時期を通し，この2つの集団の間の意思伝達が困難だったことによってのみ悪化した事実があった[49]．豊田の特許は，中心となる問題であった．まさに初めから，西川は，「豊田が自社ハイドラフト特許を進んで提供するだろうということ」を指摘していて，それは「中国で即座に

実用化されるであろうという希望に基づいて」いた．それは日本で特許されているので，中国でそれを生産することは，中国紡織機器製造公司の活動を継続させるのに利益をもたらすだろうと西川は指摘した[50]．豊田ハイドラフトスピンドルを製造しようとする中国の他の工場による同様な試みを聞くにつれ，西川と日本人の同僚たちは，「豊田の特許を使うのに中国紡織機器製造公司の独占を確実にする法的手段に訴えよう」と提案した[51]．西川は，「Jアルファ［スピンドル］は日本で特許を得ていて，だれもそれを複製できない．われわれの会社が特許を受け，それをC.S.（中国規格）に変えた．」と中国人に伝えた．西川は，他の国内・外国の製造会社もまた，倣い急ぎ，その結果，豊田本社に予約をするだろうと懸念していた．それにもかかわらず，彼は，中国紡織機器製造公司が，特許権を独占的に合法的に受けるものとみなしていた[52]．一方，日本の豊田の首脳陣はその問題にかなり異なる見方をしていた．日本国内の状況の変化により，豊田は1946年，連合国軍最高司令官の命令の後すぐ，再編成を行っていて，製造を再開するところだった．最も売れている自動織機の中国での製造は，ましてや特許された技術の無条件の使用は，明らかに会社の関心になかった．

　日本の豊田本社からの抵抗に加え，中国紡織機器製造公司は，国内での多くの問題にも直面した．経済的な問題もあった．急速なインフレーションと財源の不足は生産を何回か延期させる原因となった．低い効率は事態をさらに悪化させた．同時に，これは平等なパートナー間の協力ではなかった．日本人は中国での敗北を受け入れていたという事実を無視できない．中国では，日本人市民に対する国民感情は依然として大部分が否定的なものだった．理由がないわけではない．中国人は，強制が伴っていたことを認めていた．しかし，中国紡織機器製造公司の経営者幹部たちだけでなく，中国人指導者たちも，日本人技術者たちを最大限の礼儀を尽くして扱った．一方，西川は，自由に助言するだけでなく批判もした．このように彼らの関係は，戦勝国と敗戦国との関係とはほど遠かった．議論の中で，西川は，労働時間の長さ，支払方法（時間よりも出来高払いで），労使関係，作業計画，会社組織，注文引受，価格計算を含む広範囲の問題について意見を出した．

　さまざまな困難と遅延にもかかわらず，西川と仲間の日本人技術者たちの助

力は,良い結果につながった.1947年の初め,中国紡織機器制造公司は,中国規格として指定されうるような,豊田モデルに基づいた自動スピンドル——アルファハイドラフトを製造することに成功したと発表した.1年後,中国紡織機器制造公司は,名立たる44フィートG型豊田自動織機に範をとった中国初の自動織機を製造した.1948年末までに,会社は,2万錘の新しい紡機と200台の織機を生産した[53].これは,創設されてから3年も経っていない製造会社にとって著しい業績であり,西川と仲間の豊田日本人技術者たちは,欠くことのできない役割を果たした.すでに国内・国外の工場から,織機の注文が殺到していた.1949年2月までに——すでに2カ月ほどで——1300台の自動織機の継続契約を得た[54].

しかし,1949年初めまでに,協力が結果を生み始めると同時期に,さらなる困難にも陥っていた.中国紡織機器制造公司の会長であり,国民党の中央委員会におけるその主要な後援者である彭学沛が飛行機事故で亡くなった.その後すぐ,中国紡織機器制造公司の社長黄伯樵の病死が続いた.日本人技師も,2人が病気で亡くなっていた.1948年後半から,残留日本人技術者たちが次々と日本へ帰国し始めた.人民解放軍が国民政府の中心部に近づき始めたころ,西川もまた,上海での30年近い年月に別れを告げた[55].

2.3 終結と原因

主にアメリカ合衆国の圧力に応じて,国民政府が支配した地域からの,ほとんどの日本人技術者の引揚げは着実に進行していた.1947年8月,政府は,非常に深刻な必要性がない限り,日本人技術者は帰還すべきであると繰り返した.代わりの中国人を見つけることができる企業もあり,もはや日本人を確保する必要はなかった.台湾では,多くの日本人技術者は1947年初めには勤務から解除され,日本人の数が大きく減少したことを,ある報告書は示している[56].中国東北部では,留用された日本人技術者は,1947年末までに,国民政府によって職務から解除された.この理由としては,中国人の代替要員ができたことも一因だが,中国共産党に彼らを譲り渡すことへの恐れがさらに大きい理由であっただろう.日本の連絡局は,1947年9月に解散して,所員はその翌月に引き揚げた[57].1948年初めまでに,国民党統治下の地域での日本人

技術者の総数は，1361 人（さらに 4092 人の扶養家族）にまで次第に減少した．鉄道と発電所で働く 66 人の日本人の最後の集団は，1948 年 8 月の後まで残った．――その後，中国共産党が接収した[58]．日本の中国への技術援助についての強い支持者であり，重要な仲介者であった堀内も，1948 年の末に日本へ去った．

　中国から日本の影響力を排除することをアメリカ合衆国が強要した根拠は，アジア在住の日本人技術者が，民間人の地位にもかかわらず，帝国復興への活動家だとみなされていた事実による．後に，日本の経済復興の目標によって，連合国が日本から要求した硬直した賠償方針は変わった．それは，ちょうど，日本の豊田本社の場合のように，発達した日本の技術や設備を他のアジア諸国へ移転させることに対する新しい正当化の根拠となったように[59]．

　一方，ソビエトは，日本人技術者を大連から解放するよう中国に圧力をかけた．そこでは，3500 人ほどの日本人が，戦後も留まっていた．その理由の一因は，アメリカ合衆国の強要であったが，ソビエトが日本人技術者を自国の技術者の代わりにすることを強く望んでいたからでもあった．

　しかし，外的圧力だけでは，なぜ中国の日本人技術者が減少したかを説明できない．日本と中国両国の国内状況の変化がおそらく同じくらい重大だっただろう．日本の状況が回復し始めるにつれ，より多くの日本人が引揚げを望んだ．中国の状況が，不況とともに内戦のため，悪化し続けるにしたがって，経済回復よりも軍事が優先されるようになった．国民政府は，徐々に，進撃しつつある中国共産党の手に日本人が落ちる前に，彼らを日本へ帰そうと努めるようになった．これらの要因のため，中国に多数の日本人が長く留まるという，日本人指導者が戦争直後に構想していたようなことは実現しなかった．

　しかし，共産党支配下の地域では，状況はかなり異なっていた．中華人民共和国建国後，かなり多数の日本人技術者が中国で働き続けた．多くの医療職の人々は，中国側の「人民志願軍」とともに朝鮮戦争に出動さえした．南満州鉄道株式会社中央試験所出身の多数の日本人科学者は，新しい機械設備の建設を指導した[60]．

3. 歴史的意義

　戦後 700 万近い日本人の海外からの引揚げが，ちょうど日本の崩壊した帝国の論理上の帰結だったように，その崩壊後ずっと後までアジアのさまざまな地域に，何万もの日本人技術者が存在し続けたこともまた，帝国の多面的遺産の一つとみなさなければならない．その歴史的意義は何だったか．
　ジョージ・カーが，台湾について言ったように，日本人技術者を留用することは，中国人がこれらの地域を治めることに適さないということを認めることだったのか[61]．
　中国は，戦後，最大の数の日本人技術者を抱えていたが，日本人技術者は，戦後間もない時期には，かつての帝国の他の場所にもまたみられた．たとえば，平壌だけで，1946 年初頭に，2000 人以上の日本人技術者と熟練労働者が登録されていた．活動を調整するために，北朝鮮工業技術連盟内に日本人支部が設立された．1947 年半ばから，400 人を超える日本人技術者が——多くが家族とともに——依然として，朝鮮半島の北半分の鉱山，工場，病院，学校で働いていた[62]．
　台湾，朝鮮，満州に何万もの日本人技術者が駐在したことが，日本植民地の経済と工業発展の結果であったことを念頭に置かねばならない．それはまた，以前からもっと長くいたが一部の業者を除く，日本帝国が，戦時中国のような占領地域で産業を支配し，自然資源を搾取しようとしたことを反映するものだった．その結果，これらの企業は，日本の技術専門家に突然引き揚げられては運営することが不可能になることが多かった[63]．この意味では，中国は，勝利宣言のあとでさえ，多くの主要分野で，日本に技術的に依存し続けた．そのような技術的依存は，日本人技術者だけでなく，多くの日本と中国の指導者たちにも明らかだった——彼らは異なる方法でそれを利用しようとしたが．日本は，戦争には敗北したが，アジアの隣人たちと比べると，依然として相当な科学力と技術力を持っていたことがわかる．ソビエトでさえ，南満州鉄道株式会社中央試験所の科学研究に強い関心を示し，1946 年に，国家科学院から代表団を訪問させている[64]．
　第 2 次世界大戦後，戦勝国が敗戦国の技術専門家を利用するのは，東アジア

だけではなかった．ソビエト連邦だけでなく，アメリカ合衆国と英国も，このような方法で，戦後初期，ドイツの技術を獲得した．特許や図面を通し，連合国がドイツから得た莫大な産業と軍事の技術情報を表すのに「知的賠償」という用語を使った歴史研究者さえいる．最も有名な例として，アメリカ合衆国は，自分たちのロケットの開発に多くのドイツ人科学者を配備した．ソビエト連邦は，1946年にソビエトで働かせるために，何千ものドイツ人科学者をドイツから移動させた．どちらの場合も，冷戦の競争は拡大中であった．どちらの側も，とくに国家機密に関わる軍事技術の分野において，相手側に，ドイツ人科学者を渡さないようにしていた[65]．同様に，ドイツ人科学者と技術者は，常にヴォランティアとして勤めたわけではなかった．

戦後初めの中国で，岡村，重光，そして他の日本の指導者たちによって構想されたような，日本人技術者をアジアにおける日本の影響力を復活させる動因として利用しようとする試みは意図されたような結果を生まなかった．戦後中国での日本人技術者の在留は，短命に終わったが，それにもかかわらず，ポスト帝国主義の世界への転換期において，重要なつなぎとなる役目を果たした．2つの領域は，今後の研究に特に実り多いようにみえる．

3.1 技術上の遺産

ダニエル・ヘドリックが指摘するように，技術移転は，第三世界における西洋植民地主義の一部であった[66]．近年，中国の科学史家たちが，日本の科学研究機関を技術帝国主義の遺産として考察し始めた一方で，日本人研究者によっても，戦後初めの転換期における技術移転の問題が提起されてきた[67]．

異なる産業と地域についてさらなる研究が必要とされるのは明らかだが，戦後，中国の西川と他の日本人技術者の経験は，同様な過程が，日本の帝国主義が消滅した後も作用していたことを示す．豊田の技術者は，まさにそのような役割を担った．中国の紡織機械工業におけるこの短期間の技術協力の長期的な影響は，1949年以後の中国紡績業の「驚くほど急速な回復」——貿易制限のため，日本製機械の輸入は断たれていたにもかかわらず——にみられるといえるだろう．実際，1950年代半ばに，中華人民共和国は，東南アジアと東欧諸国へ紡織機を輸出し始めた．1958年には，中国は，ビルマに紡織工場を建設す

ることを援助し，必要な設備をすべて提供することに同意している．そのことが日本にとって懸念となったことは，驚くべきことではない[68]．第2次世界大戦後の工業発展の現象を，戦前の中国に日本の紡績業があったこと——いわゆる在華紡——の結果とすることはよくいわれている[69]．一般に十分に認識されていないが，少なくとも，豊田のエピソードでは，戦後初めの時期が重要な連結の役目を果たしたのは明らかである．もちろん，新しい中国紡織機器製造公司の生産の基盤として豊田モデルを使うことによって，西川は，戦後の中国の紡織機を，いわば日本の軌道に持ち込むことに成功したのだ．この意味では，彼らの活動は，戦後アジアにおける日本の経済的影響力を再確立することにある程度成功したといえる．豊田の中国紡績業へのパイプは，その技術者が去ったことによってけっして終わらなかった．この時期の前とその期間を通し，後に香港や台湾へ移住した中国の紡績業者との間に結ばれた個人的なつながりは，これらの地域への豊田の将来の販売を促進させることになった．日本へ帰ってから，西川は，病気から回復後，豊田関連の貿易商社に就職した．彼が台湾で豊田自動織機の販売網を確立する際に助けとなったのも，中国とのつながりを活用したからであった[70]．

3.2 政治的意味合い

評価するのがさらに難しいもう一つの領域は，全体的にみた日中両国関係である．なぜなら，日本の技術援助の目的は，単なる技術移転ではなかったからである．短命に終わった技術協力は，明らかに日本人と中国人双方に，そして，互いに対する態度に影響を与えた．たとえば，堀内にとって，豊田が中日関係へ助力することから得られる恩恵は，日本の紡織機械工業に及ぼすいかなる否定的な影響をも上回った[71]．この意味では，西川のような日本人は，ただ中国に技術援助を提供していただけではなかったのだ．彼はまた，仕事への献身と，特別な中日関係への信念を通し，戦後中国の日本に対する見方に影響を与えていたのだった．堀内によれば，中国紡織機器製造公司が新しい紡織機の製造に成功したとき，中国の報道機関は，初期の懐疑的な見方を一変し，好意的な報道をし，西川の写真を掲載さえもした[72]．

冒頭にふれた，日本人を信頼することについて述べた西川の言葉からの引用

は重要である．これは，宋子文のような中国の指導者や他の高官に向けることを意図していたからである．中国へ長く関わったことと戦後中国国民政府と親密であった点で，豊田はおそらく例外的であったかもしれない．そのことは，なぜ西川が他の日本人よりも長く留まったのかを説明するだろう．宋子文は，台湾を訪れた後，日本の実績に非常に感心したといわれ，海南島の経済発展を手助けする日本人技術者の集団を組織するよう堀内に依頼した．戦争中，日本は，海南島で，米，ゴム，砂糖など，需要の大きい資源を開発し始めていた．堀内は，それらが戦後も日本にとって，重要であり続けるだろうと考えていた[73]．

かつて，中国国民政府は，「中国在留の日本人民間人を十分に活用するどころか交渉することすらできなかった」と一部の研究者にいわれていた．なぜなら，彼らは，「完全に偏狭な職業軍人に支配されて」いて，その第1の文民指導者，宋子文は，反日主義で有名で，「日本人を活用することを断った」からであるという[74]．中国に留まった日本人を主題とした英語圏での研究に関する限り，日本人軍部関係者の中国内戦への関わりは詳細に表されたが，民間人の重要な役割は忘れ去られていた．この研究が示してきたように，これは事実とはほど遠い．

経済的・軍事的問題に没頭し，中国の指導者たちもまた，戦後中日関係にとって，日本の技術援助が含む政治的意味を完全に無視できなかった．おそらく説得の手段として，ある中国国民政府の役人は，中国東北部の日本人技術者にこう伝えた．

> 我々は留用者に敗戦国民としての取扱いはしない考えである．中国人，日本人の間には差別は設けない．諸君は中日提携を世界注視のうちに実現すべく選ばれた人々である．ぜひ東北の経済建設に努力してもらいたい．百千の外交辞令も，この協力という一事に遠く及ばないであろう．かくて中日関係の力強い第一歩が踏み出されて，過去を清算した中日関係の基礎が築かれるのである[75]．

そのような懇請が日本人にどのような影響を及ぼしたかは想像する以外ない．

一方で，一連の戦後に刊行された関係書によって，留用された日本人が新中国建設を援助するあるいは日中友好に献身するようなイメージが定着している．旧満州で日本の技術援助を監督した高碕達之助のような例がある．彼は，内閣で務めた後，後にLT貿易覚書（日中総合貿易に関する覚書）として知られる中日貿易において重要な役割を果たすことになった[76]．中国に留まった南満州鉄道株式会社中央試験所出身の科学者萩原定司は，1954年に日本へ戻ってからまもなく，戦後の中国との貿易に積極的に関わるようになった[77]．

　実は日本人に影響を及ぼしたそのような経験においても，相当な違いがあるようだった．満州から引き揚げた日本人に対する日本政府の1946年末の調査から明らかになるのは，引揚日本人技術者の間でも幅広い見方があったことである．中国（とソビエト）の援助に感謝していた者が数人だった一方，多くの者たちは労働・生活状態について不平を訴えていた．中日関係の協力の問題については，意見ははっきりと分かれていた．多くの者たちは，その考えを支持し，喜んで専門技術を提供していた一方，そのような協力は日本人が指導的地位にいる場合のみに成功しうると主張する者も数人いた[78]．中国人・日本人関係者双方による戦後の回想は，ともに働いたことの肯定的な面を強調する傾向があるが，そのような感傷は，一部の日本人技術者の傲慢さに現れていたというほうが本当のようだろう．――そして，それは，中国人とのさらなる摩擦につながったのだが[79]．

　最終的に，この研究が示すのは，中国と日本との間の，血に染められた戦いの直後の時期が，機会とともに不確かなものに満ちていたことである．戦争に敗れたが，多くの日本人は――政府指導者も一般市民も――アジアの隣人たちと新しい型の関係をつくりあげようと努めていた．戦勝国ではあったが，中国の指導者たちもまた，日本人とともに働く必要性を実感していた．たとえ，中国への技術援助が，いくつかの要因が組み合わさったため，急に遮られてしまったにしても，戦後初めの中国における日本人技術者たちは，すでにポスト帝国主義の世界へと移動していたのである．

　この論文は，私の "Resurrecting the Empire? Japanese Technicians in Early Postwar China," in *Japanese Empire in East Asia and Its Postwar Legacies*, ed. Harald Fuess, (Tokyo: Deutsches Institut fur Japanstudien Monographie 22, 1998), pp. 185-205 を改訂・詳述したものである.

1) この論文の作成には, 日本国際交流基金ならびに George Washington University の Sigur Center for Asian Studies からの寛大な援助によって調査研究が可能になったことに, 感謝申し上げる.
2) 西川秋次メモ (極密) (1945年11月), 中国紡織機器制造公司文書, 上海市檔案館 Q192-23. (以下中国紡織機器制造公司文書と略).
3) 例として, 田中明彦 (1991), 『日中関係 1945-1990』東京大学出版会；添谷芳秀 (1995), 『日本外交と中国 1945-1972』慶応通信.
4) 日本語での先駆的研究は, 若槻泰雄 (1991), 『戦後引揚げの記録』時事通信社；加藤陽子 (1995), 「敗者の帰還 中国からの復員, 引揚問題の展開」『国際政治』第109号, 中国でこの一連の問題を初めて取り扱った本は完顔紹元が史料に基いて書いた「紀実」本, 『大遣返』(上海：遠東出版社, 1995). なお, この本に出典はない. 陳祖徳「上海日本人居留民戦後遺送政策的真相」, 『社会科学』(2004) 第12期, 第91-101. 英語では, Lori Watt, "When Empire Comes Home: Repatriation in Postwar Japan, 1945-1948." Ph. D. Dissertation, Columbia University, を参照.
5) 早い時期での例外は, 英語文献では, Donald G. Gillin and Charles Etter, "Staying on: Japanese Soldiers and Civilians in China, 1945-1949," *Journal of Asian Studies* 42, no. 3 (1983): 497-518; E. Bruce Reynolds, "A Thwarted Strategy: The United States and Japan's Plans for Postwar China," (unpublished seminar paper, University of Hawaii, Manoa, no date). 日本人「留用」問題を注目した中国人研究者は褚静涛「台湾光復後日本移民的遣返和徴用」『史学月刊』(2000) 第6期, 80-87；曲暁范「戦後中国対東北地区日本徴用民的安置和遣返」, 《日本論誼坛》(2002) 第1期, 141-149；米衛娜, 申海涛「戦後河北省対日徴用的集中管理与遣返」《抗日戦争研究》(2007) 第4期, 167-189. 大澤武司 (2006), 「戦後東アジア地域秩序の再編と中国残留日本人の発生――「送還」と「留用」のはざまで」『中央大学政策文化総合研究所年報』(10), 35-51; 楊子震 (2006/7), 「帝国解体の中の人的移動―戦後初期台湾における日本人の引揚及び留用を中心に」『東アジア地域研究』(13). 25-47, 台湾に関する重要な記録としては, 河原功監修・編集 (1999), 『台湾協会所蔵 台湾引揚 留用記録』(ゆまに書房) として出版されている.
6) 代表的なのは, 中国中日関係史学会 (2002), 『友誼鋳春秋：為新中国做出貢献的日本人』(北京：新華出版社)；NHK 取材班 (2003), 『「留用」された日本人：私たちは中国建国を支えた』, NHK 出版.
7) 「和平直後の対支処理要綱」(1945年8月18日) は, 江藤淳編, (1989)『占領史録 2 停戦と外交権停止』講談社, 148-151 に含まれている. 8月16日の岡村の日記も参照. 稲葉正夫編 (1970), 『岡村寧次大将資料 (上)』原書房, 34.
8) 入江昭の影響力の大きい英語著作『日米戦争』に加え, 日本語での研究は波多野澄雄 (1996), 『太平洋戦争とアジア外交』(東京大学出版会) にみられる.
9) "Sino-Japanese Relations: Japan's China Policy," (Publication of Pacific Strategic

Intelligence Section, Commander in Chief United States Fleet and Chief of Naval Operations, October 2, 1945), SRH-093, 19-20, Record Group 457, U. S. National Archives. これは，大部分，傍受した日本外交電報を英語に翻訳したものに基づいていた．
10) 岡村の日記に記録されているように，西川が1948年4月に上海の岡村を訪ねたとき，彼らは，戦後中国に対する政策について完全に意見が一致した．岡村，前掲書，21, 177.
11) 前掲「和平直後の対支処理要綱」150; "Sino-Japanese Relations..," 7-8.
12)「日華関係正常化に関連する諸問題及び国家修復に至る過渡期における援助要請事項」(1946年4月) 23，戦後記録，A 0122 6-2，日本外交史料館．(以下，戦後記録と略).
13) 西川田津 (1964)，『西川秋次の思い出』(非売品)［名古屋］，61-62. なお，上海市檔案館が所蔵する中国紡織機器製造公司文書にはそれと別の「西川メモ」がある．西川の中国紡織機器製造公司の設立における役割について，最近の研究としては，富沢芳亜「在華紡の遺産 戦後における中国紡織機器製造公司の設立と西川秋次」森時彦編 (2005)，『在華紡と中国社会』(京都大学学術出版会，2005)．183-206.
14) 西川秋次メモ（極秘）(1945年11月)．中国紡織機器製造公司文書．
15)「終戦後ニ於ケル大使館其ノ他ノ処置ニ関スル件」(1945年8月26日) 江藤編前掲書所収，165-167.
16) 実際，西川は，中国に留まる可能性について最初に堀内から聞いたことを後に回想している．伝えられるところでは，堀内もまた，それを新聞で読んだという．日本人技術者を祝した晩餐会での彼のスピーチを参照 (1947年5月4日)．中国紡織機器製造公司文書．
17) 堀内干城 (1950)，『中国の嵐の中で』乾元社，96-97, 197-199.「譯録堀内干城備忘録」（原文は1946年11月28日），中国紡織機器製造公司文書．
18)「処理日本問題意見書」(1945年8月12日に国防最高委員会で協議された)．『中華民国重要史料初編―対日抗戦時期 第七編 戦後中国 (4)』（台北，1983），639.
19)「委員長手令」(1945年9月12日)．『徴用日籍員工案』，行政院文書，国史館．
20) 邵毓麟発蔣介石宛 (1945年9月22日)．『中華民国重要史料初編―対日抗戦時期 第七編 戦後中国 (4)』，31-32; 邵毓麟，『勝利前後』（台北，伝記文学出版社 (1984)，67-68.
21) 熊斌発 (1945年10月2日)．『徴用日籍員工案』，行政院文書，国史館．
22)「中国境内日籍員工暫行徴用通則」，中国陸軍総司令部『中国戦区中国陸軍総司令部処理日本投降文件彙編』(上)，167-168.
23) 陳受之，「中紡公司接管的日籍棉紡廠資料」『中国近代紡織史研究資料彙編』 9 (1990年9月)．46.
24) ちなみに，宋自身もまた，繊維産業に莫大な投資をしていた．『容家企業史料』(上海社会科学院出版社，1983) II.
25)「為呈請協助提前発給年賞并拒絶敵日留用人員由」(作成日期不明)．中国紡織機器製造公司文書．
26) "Sino-Japanese Relations..."
27) Appendix "B" of SWNCC 258 (February 1, 1946) "Repatriation of Civilian Japanese from China," *Foreign Relations of the United States* 1946, Vol. 10, 896-903. 以下 *FRUS* と略．
28) Gillin and Etter, op.cit., 508 から引用．
29) Secretary of State to Embassy in China (February 7, 1946), *FRUS* 1946, Vol. 10., 888-

889.
30) Enclosure in SWNCC 258/5 (revised June 25, 1946) in *Occupation of Japan* Microfilm.
31) 経済部発資源委員会宛訓令，台湾特区特派員包可永の 1946 年 3 月付けの報告を引用，『資源委員会檔案史料彙編』，2．
32) 留用日本人に関する第二次会議記録（1946 年 3 月 21 日）．『資源委員会檔案史料彙編』vol. 1, 609-610.
33) 資源委員会発何応欽宛（1946 年 4 月）．2 (1) /8837, 行政院文書，中国第二歴史檔案館．（以下 行政院文書）．
34) 「国防部召開徴用日籍技術人員討論会記録」（1946 年 10 月 21 日）．2 (1) /8838；国防部長白崇禧発宋子文行政院長宛（1946 年 11 月 12 日）．2 (1) /8837, 行政院文書も参照．
35) SWNCC 258/5.
36) 表 1 参照．
37) 中国共産党に留用された日本人技術者の体験については，以下を参照．丸沢常哉（1979），『新中国建設と満鉄中央試験所』二月社；広田鋼蔵（1990），『満鉄の終焉とその後』青玄社；中国中日関係史学会（2002）と NHK 取材班（2003）前掲書．公的な記録は以下に含まれる．満蒙同胞援護会編（1962），『満蒙終戦史』河出書房新社，708-722；「中共地区の近況」（1949 年 9 月），厚生省引揚援護局編（1955），『引揚援護の記録 続』［東京：厚生省］：55-58；「大連地区からの引揚に関する問題に就いて」同 61-62；「満州地区抑残留者の一般状況」同 57．若槻，前掲書，194-195 も参照．近年の学術研究については，鹿錫俊（年），「東北解放軍医療隊で活躍した日本人：ある軍医院の軌跡から」『北東アジア研究』6:35-655 参照．
38) 若槻，前掲書，193．
39) 平島敏夫（1972），『楽土から奈落へ：満州国の終焉と百万同胞引揚げ実録』講談社，225．
40) 「全国各地区機関工廠徴用日籍技術人数及種類統計表」（1946 年 12 月）．2 (2) /2868, 行政院文書．
41) 広田前掲書，182-184；若槻，前掲書，193；平島，前掲書，225-226；堀内前掲書，205-206；丸沢，前掲書，55-56．日本での多くの出版物が状況を述べるのに「強制」という用語を使ったが，一般的に，ソビエト連邦によってシベリヤへ連れて行かれた者たちと中国に留まった者たちとの間に，明確な区別がされる傾向がある．満鉄会編（1996），『満鉄社員終戦記録』満鉄会，660．
42) 高碕達之助（1953），『満州の終焉』実業之日本社，305．
43) 詳細については，広田前掲書と丸沢前掲書参照．
44) 張公権と日本人技術専門家との会合については，以下の日付の彼の日記を参照．1946 年 6 月 25, 27, 28, 30 日，7 月 8, 12, 13 日，8 月 14, 16, 17, 20, 28, 31 日，9 月 2, 26 日，10 月 10, 27 日；1947 年 1 月 17, 27, 29, 31 日，2 月 13 日．姚嵩齢編《張公権先生年譜初稿》上册，台北，伝記文学出版社 1982 年．部分的英訳については，*Lost Chance in Manchuria* (Stanford: Hoover Institution Press, 1994) 参照．また，満蒙同胞援護会編，前掲書，693-722 参照．
45) 松本俊郎（2000），『満州国から新中国へ』名古屋大学出版会，特に第 7 章．
46) さらに詳細な議論は，Daqing Yang, "Technical Cooperation and Postwar Sino-Japanese Cooperation: Toyoda in China, 1945-1949," *Transactions of the International*

Conference on Eastern Studies No. XL (1995)：132-141；富沢芳亜，「在華紡の遺産　戦後における中国紡績機器公司の設立と西川秋次」，森時彦編（2005），『在華紡と中国社会』京都大学学術出版会，183-206.
47) 白国防部長発中国紡織機器製造公司宛（1946年8月24日），中国紡織機器製造公司文書．たとえば，総計22人の日本人従業員が，日本にいる家族親戚のため，月額500円から3000円の給与を要請した．
48) 豊田自動織機製作所社史編集委員会編（1967），『40年史』豊田自動織機製作所，278．
49) 日本人の書簡は，相手方に届いたとしても，その前にすべて，中国側によって眼を通されていたと推測されている．
50) 黄-西川会談 No. 7, 中国紡織機器製造公司文書．
51) 黄-西川会談 No. 59, 中国紡織機器製造公司文書．
52) 黄-西川会談 No. 57, 中国紡織機器製造公司文書．
53) 堀内，前掲書，200．
54) 「織機交貨簡報」（1949年2月23日）；Bunge Far East Agencies, Inc. to CTMM（1948年9月27日），中国紡織機器製造公司文書．
55) 中国紡織機器製造公司は，彼らの家族にそれぞれ$2400およそ5400万元を支払った．
56) 25人の日本人が石油，電力，パルプ，セメント製造で雇用され続けただけである．「在台各単位継続留用日籍人員名単」『資源委員会檔案史料彙編』，9-13参照．
57) 平島，前掲書，248-249, 275-278．
58) 満蒙同胞援護会編，前掲書，695-697．
59) アメリカ合衆国の政策変化の意味合いについては，西川博史「アメリカの対日政策の転換と中国の動向」『経済学研究』北海道大学43, no. 4（1994）：73-92参照．
60) 中国中日関係史学会（2002），NHK取材班（2003）前掲書．
61) George H. Kerr, *Formosa Betrayed* (New York: De Capo Press, 1965), 116.
62) 森田芳夫（1964），『朝鮮終戦の記録』巌南堂，758-808．
63) 満蒙同胞援護会編，前掲書，693．
64) 丸沢，前掲書，15-31；広田，前掲書，64-66．
65) 以下を参照．John Gimbel (1990), *Science, Technology and Reparation: Exploitation and Plunder in Postwar Germany* (Stanford: Stanford University Press); Matthias Judt and Burghard Ciesla, ed (1996)., *Technology Transfer out of Germany after 1945* (Amsterdam : Harwood Academic Publishers); John Farquharson (1997), "Governed or Exploited? The British Acquisition of German Technology, 1945-1948," *Journal of Contemporary History* 32, no. 1: 23-42.
66) Daniel Headrick (1988), *Tentacles of Progress: Technology Transfer in the Age of Imperialism, 1850-1940* (New York: Oxford University Press).
67) 以下を参照．井村哲郎「ソ連軍の東北侵攻と戦後中国東北の産業」（未出版論文）；梁波，（2006）『技術与帝国主義：日本在中国的殖民科研機構』（済南：山東教育出版社）；韓健平 他（2006）『日偽時期的殖民地科研機構：歴史与文献』（済南：山東教育出版社）．
68) 東亜経済研究会編（1960），『新中国の機械工業』東亜経済研究会，184-185．
69) 清川雪彦（1983）「中国繊維機械工業の発展と在華紡の意義」一橋大学経済研究所『経済研究』34, no. 1, 22-39．
70) 西川田津前掲書．

71）堀内前掲書，200.
72）同上書，206-207.
73）同上書，200-203.
74）Gillin and Etter, op.cit.
75）平島，前掲書，244.
76）添谷，前掲書，162-167.
77）丸沢，前掲書所収の彼の回想参照，とくに188.
78）管理局在外邦人課「満州引揚の感想及び希望についての調査」(1947年12月12日)，1103-1114，戦後資料，K0001，1103-1114.
79）Gillin and Etter, op.cit., 509-510 に伝えられている例を参照．

第3部 〈終戦〉と遺された人々

第3部 〈終戦〉と遺された人々

川島　真

　日本の敗戦の後，世界的な冷戦の形成という背景の下で，国共内戦と朝鮮戦争が発生した．これにより，東アジアには戦前とは異なる境界線が出現した．第1部で述べられたように，日本は植民地や植民地臣民を切り離すかたちで新たな戦後日本の形成へと向かったが，戦前に日本に来ていた中国や台湾の人々は漢奸とされることを恐れながら，自らの去就を決めた．1940年代後半から50年代にかけての東アジアでは，新たな国土と国民が措定され，あらたな国民形成が始められた．そこにおいて，それぞれの国家や政権の正当性に結び付けられた建国神話や歴史認識が再構成されていったと考えることができよう．

　また，パブリック・メモリーとでも言うべき国民や社会における記憶においては，国家や政権の思惑とともに，人々の体験が重要な意味を持った．日本社会における戦争に対する集団の記憶は，空襲が本格化した終戦直前の数年間に形成された，主に都市部におけるものであると指摘されることがある．それは，唯一の被爆国としての記憶や「戦争の悲惨さ」という記憶として引き継がれ，平和国家建設という国家目標の下で，日本では公式化されている面がある．

　しかし，そのような新たな国民や新たな国民としての記憶の形成に参加できず，戦後もそれぞれにとっての異域に残されたり，あるいは新たな国民から疎外されて他者と位置づけられたりした人々がいた．また，中国や朝鮮が分断国家となる中で，帰「国」先について逡巡し，動きがとれない者もいた．このような人々の存在は，戦後の歴史認識の多様性の一部となると同時に，新たな国民としての記憶を強化する役割も果たした．

　第6章の大澤武司論文「「ヒト」の移動と国家の論理　後期集団引揚の本質と限界」は，中華人民共和国建国以後の日本への引揚げ事業の詳細を，昨今，公開された中国側の外交文書などから明らかにする．新たな領域と国民の措定に対応したこの動きが，1945年に直ちになされたわけではなく，一連の過程の中で進行したことが理解できよう．第7章の呉万虹論文「中国残留日本人：自国本位の歴史認識を超えて」は，中華人民共和国の成立後にあっても中国に遺らざるを得なかったいわゆる残留孤児をとりまく状況が検討される．「日本人」であるはずの"彼ら"の生活，歴史認識の多様性と同時に，日本社会の"彼ら"に対する「故郷に帰ってきたいはず」という認識などを問題とする．第8章の　王雪萍論文「留日学生の選択　〈愛国〉と〈歴史〉」は，日本に遺された中国人留学生たちの逡巡，中国政府側の留学生たちへの対応などが検討されるとともに，必ずしも漢奸とはならなかった帰国留学生たちの状況が詳細に描かれる．

　これらの遺された人々の状況から，新たな国民としての記憶形成の中で彼らが疎外され，ときには神話の中に動員されていく姿が描かれていくことになるだろう．

6章 「ヒト」の移動と国家の論理
——後期集団引揚の本質と限界

大澤武司

はじめに

　大日本「帝国」の敗北はその領土的収縮を決定づけたのと同時に，人的収縮の端緒ともなった．もっとも，領土的収縮が「連合国総司令部指令第1号」（1945年9月2日）によって瞬時に実現したのに比べ，人的収縮は極めて長期に及んだ．いわゆる「前期」と「後期」に大別される在外日本人の復員・引揚の過程は，まさにこのような人的収縮の過程にほかならなかった．

　「民族の大移動」ともいわれる総引揚から半世紀余りが経った今日，「引揚」[1)]研究は新たな展開を見せつつある．いくつかの潮流があるが，まず「概説としての引揚」から「歴史論としての引揚」という研究史上のパラダイム転換が挙げられよう．若槻泰雄氏の専著を嚆矢とする「引揚」研究が[2)]，成田龍一氏の論稿「『引揚げ』に関する序章」によって「引揚をどう語るべきか」という歴史論に昇華したことは[3)]，これを如実に示している．

　成田氏は述べる．「歴史学は，〈いま〉（第三の時間）と出来事の時間（第一の時間）との関係で歴史を考察してきたが，手記が書かれた時間（第二の時間）への配慮が求められ，出来事の時間／記述の時間／〈いま〉という三つの時間の関係，すなわち，第一の時間／第二の時間／第三の時間の幅との関係の

なかで，引揚げという出来事を考察する必要がある」と．つまり，「引揚」にまつわる膨大な「記録」を歴史学がいかに語るべきかという問いを提起したのである．

とはいえ，実証史学的な研究のベクトルが後退したわけではない．近年の関係各国，とくに日本や台湾，あるいは中国の公文書公開の進展を受け，ファクト・ファインディングに照準を合わせる実証研究の水準も飛躍的に向上している[4]．このような2つのベクトルにおける研究の進展が，戦後における日本人の「引揚」という歴史的事象の再検討を本格化させるための基礎となることは改めていうまでもない．

また，その一方で，いわゆる歴史社会学的な視点から「引揚」を捉えようとする試みも盛んである．これらの研究は，中国残留日本人孤児や残留婦人を包含する「中国残留日本人」という存在に照準を合わせ，「満洲移民」という文脈から「引揚」を考察することを特徴とする一方で，日本社会が「戦後」という時代から脱却していく過程で，「中国残留日本人」という「満州国」の痕跡を「忘却」していった点に問題意識を見出そうとする[5]．もっとも，口述記録を重視する研究方法の帰結として，いわゆる「忘却」された被害者の視点，つまり日本という国家による「棄民」という視点から「引揚」の過程を捉えようとする傾向が強いという恨みがある．

このような研究状況において本章は，新中国からの後期集団引揚の本質を明らかにすることを目指す．いわゆる前史となる前期集団引揚は，連合国総司令部が強力な権限に基づいて主導したアジア全域からの日本人の「排除」の過程にほかならなかった．そして，そこでは芽生えつつあった東西冷戦の論理よりも，戦後東アジア地域秩序の再編という論理が強調され，極めて短期的かつ集中的に大規模な日本人引揚が実施された[6]．

これに対して後期集団引揚は，東西冷戦を背景として国交を持たない日中両国が，いわゆる1950年代半ばの「積み上げ」方式の民間交流の文脈において，在華日本人の帰国に関する民間協定を締結することで実現したという特徴を持った[7]．また，戦後8年余りという時の経過は，前期集団引揚が持った「敗戦国国民の総撤退」という本質を変化させるに十分なものであった．而して後期集団引揚では，「竹のカーテン」で隔てられた日中間における「ヒト」の移動，

つまり，共産主義国である中国への「再渡航」や「日本人婦人の一時帰国（里帰り）」など，従来の「引揚」が想定しなかった事態が発生することとなった．

この結果，その展開過程においては，日中両国政府の「引揚」の本質をめぐる認識の相違や冷戦外交戦略上の政治的意図，あるいは両国の国内政治的要因，さらには交渉主体となった民間団体の思惑が複雑に交錯するとともに，「中国残留日本人」という存在が宿命的に内包する個人的な諸要因が複雑に絡み合うことで，前期集団引揚とは全く異なる様相を呈することとなったのである．

本章は日中両国の膨大な関係史料を網羅的に利用しながら，このような複雑性を持つ後期集団引揚の本質を明らかにするとともに，この後期集団引揚を経てなおも中国に残ることとなった人々，すなわち今日でいうところの「中国残留日本人」が，なぜ中国に「固定」されることとなったのか，その構造的要因を明らかにする．

いうまでもなく，本章が行おうとする後期集団引揚に関する諸々の歴史的事実の認定作業は，成田氏が語る「出来事の時間（第一の時間）」や「記述の時間（第二の時間）」を規定した諸要因や構図を理解するうえで不可欠であるのと同時に，特に「歴史社会学」が歴史学的手法を援用しようとする際，適切な事実認定を行うための基礎を提供するものと考える．

1. 「引揚」と「帰国」

1.1 「日僑」認識の展開と帰国支援の背景

第二次大戦終結後，蔣介石の「以徳報怨」思想やトルーマン大統領（Harry S. Truman）の「強く，統一された，民主的な中国」政策を背景として，総司令部主導による中国本土地域の日本人引揚は1946年前半までにほぼ終結した．加えて，ソ連軍管轄となっていた旧「満州国」地域（以下，東北地域とする）についても，中国本土地域の延長線上に位置づけられ，引き続き総司令部が主導したこともあり，1946年春以降，国民政府軍支配地区のみならず，中国共産党（以下，中共とする）軍支配地区でも大規模な引揚が実現した[8]．

確かに総司令部はアジア全域からの日本人の完全排除を目指した．だが，人

間に完全はない．とくに国共内戦で混乱を極めた東北地域では「排除」にも限界があった．中国側史料に拠れば，新中国成立直前，この地域には最大3万4000名の日本人が存在すると推測されていた[9]．中共自身も認めるように，残された日本人の大半は，東北民主聯軍などが留用した日本人技術者やその家族であった．これに加えて，詳細な数は不明だが，終戦時の混乱で旧「満州国」国境付近の遠隔地に残され，なおかつ前期集団引揚の機会をも逸した日本人，すなわち後の中国残留日本人孤児や日本人婦人なども残されていた[10]．

本章が扱う新中国からの後期集団引揚（1953年3月-1958年7月）は，中国政府が日本人居留民の「帰国」支援を表明し，両国民間団体が「北京協定」（1953年3月）を締結することで開始された．中国が帰国支援を表明するに至った経緯は判然としない．だが，新規公開の中国外交部档案に残されている中共の「日僑」認識の展開や当時の中国をめぐる国内外の情勢変化を追うことで，おおよその輪郭が描けるように思う．

中共の東北支配が確定的となった1948年10月，東北行政委員会は日本人管理委員会を設立し，東北地域の日本人管理を本格化させた．1949年春に同委員会が作成した「工作報告」[11]は，最重要課題として，日本人の「帰国幻想」を払拭する必要を強く訴えた．すなわち，中国革命の勝利が目前となった現在，将来の日本解放闘争に資するため，日本人の思想改造教育を強化すべきと提案するとともに，中国革命の勝利をより確実なものとするため，生産建設や前線支援に日本人をいっそう貢献させるべきとして，留用継続の「絶対的必要性」を強調したのである．

だが，このような「帰国阻止」方針も，中国革命の勝利が現実味を帯びていくことで次第に変化していった．建国直前に同委員会が作成した「総括報告」[12]は，「我々の東北経済建設には，部分的になお日本人技術者の協力が必要である」と確認しながらも，「各単位などで人員整理された日本人および東北経済建設に何ら役に立たない日本人，あるいは病人など，我々は彼らが自ら帰国することを認めるか，あるいは彼らを送還する方法を設けなければならない」と提案し，帰国問題に対する姿勢を変化させつつあった．実際，同年6月末には「病弱者，あるいは定職や正規の職業がない者」で，なおかつ「［その送還が］経済建設や工作に何ら悪影響を及ぼさない」1126名が大連経由で日

本へ送還された。もっとも、他の日本人には、この送還が特殊なものであり、帰国再開ではない旨が徹底的に説明された。そして実際、集団的な引揚は新中国成立以降途絶えてしまう。

とはいえ、帰国問題がまったく動かなかったわけではない。とりわけ1950年4月にソ連が日本人の送還終結を宣言すると、日本国内の引揚促進運動や中国国内の帰国要求運動が再び高まりをみせた。事実、中国外交部档案館にも個別帰国に関する文書が数多く残されている。紙幅の都合上、具体的な事例には触れないが、中国政府はおおよそ次のような基準に従って個別帰国を許可していた。すなわち、(1) 工作上多大な影響がない (特に技術者でない)、(2) 政治上重大な問題がない、(3) 帰国希望が極めて強い。このような三原則が「統一的な日本人送還規定が公布される以前」の許可基準となっていた[13]。

実のところ、1950年半ばには、日本人技術者の利用価値の低下や帰国要求運動の高揚を背景として、その留用継続についても「事実、今日多くの日本人は東北経済建設にいかなる役割も果たしていない。もし可能であれば、彼らを送還して帰国させることは我々に何ら害はない」という調査報告が出されるなど[14]、中共の「日僑」認識は大きく変化していた。そして、これに伴って帰国問題も転機を迎えようとしていた。だが、中国の朝鮮戦争介入は、衛生部門関係者や鉄道部門関係者の関内への移動、あるいは工業部門関係者の東北内地への疎開を余儀なくさせ[15]、集団的な帰国は頓挫することとなった。

その後、帰国問題が再び動き始めるのは1951年10月以降である。同月、周恩来は「日本人に関する諸問題を研究・解決するため」、在華日本人事務委員会 (中央日僑事務委員会) の設置を決定した[16]。時期はくだるが、その後1952年7月に至り中国紅十字会、外交部、公安部ならびに総理弁公室などで構成される同委員会が「協助日本僑民計画」を策定し、毛沢東や周恩来がこれを批准した結果、具体的な帰国支援計画が動き始めた[17]。加えて、同年10月、「中共中央関於処理在華日僑的決定」や「政務院関於処理日僑若干問題的規定」が制定されたことで態勢が整い[18]、1952年12月1日の日本人帰国支援表明 (いわゆる「第1次北京放送」) となるのである。

日僑事務委員会成立から「第1次北京放送」に至る経緯、なかでも帰国支援政策決定の動機に関する史料は現在のところ未見である。だが、当時の国際情

勢などを考慮するに，いくつかの動機が指摘しうる．まず挙げるべきは朝鮮戦争の動向である．もとより集団的な引揚が頓挫した最大の原因は中国の朝鮮戦争参戦にあった．紆余曲折を極めるが，1951 年 7 月以降，休戦会談が始まったことは，サンフランシスコ条約や日米安全保障条約の成立とも相俟って，在華日本人の処遇を再考させる契機になったと想定される．

加えて，朝鮮戦争休戦との関連で，いわゆる捕虜問題も要因の一つだったと考えられる．1951 年 12 月以降，休戦会談は捕虜問題により暗礁に乗り上げていたが[19]，1952 年 7 月 13 日，第 18 回国際赤十字会議（トロント会議）に先がけて周恩来が自らジュネーヴ条約承認を表明し[20]，捕虜問題の解決を訴え，米国のジュネーヴ条約違反をめぐって批判を展開したことは，同じく「抑留」と批判されてきた在華日本人問題を再考させる十分な動機となったと思われる．

そして，なによりも中国政府を動かしたのは，米国による「封じ込め」の打破を目標とする「以民促官」の日中民間交流の始動であったと思われる．当時対日外交に関与した新華社記者の呉学文が回想しているように，人道主義に基づく日本人に対する帰国支援事業は，歴史的伝統を持つ日中貿易の促進とともに「積み上げ」方式の「以民促官」戦略の両輪として機能していた[21]．すなわち，モスクワ国際経済会議への日本代表参加という文脈で第 1 次日中民間貿易協定（1952 年 6 月）が締結され，貿易実現のために中国政府が「日本籍船舶来航暫定弁法」（1952 年 10 月 12 日）を公布し[22]，天津ならびに上海への日本船の来航を認めると，ようやく集団的な引揚の前提が整うのである．

1.2　北京会議と国家の論理

1952 年 12 月，中国政府が帰国支援を表明すると，最終的に日本側は，中国側が指定した民間三団体（日本赤十字社，日中友好協会ならびに日本平和連絡委員会）を交渉代表とすることで落ち着いた．とはいえ，配船を含む引揚援護業務には日本政府の全面的な協力が必要であったため，日本政府と民間三団体は随時意思の疎通を図り，後期集団引揚を実現に導いていった．

もとより人道主義に基づき在華日本人の「本国帰還」を目指した北京会議（1953 年 2 月 - 3 月）ではあったが，その本国帰還の本質については，当初より日中両国政府の認識に大きな隔たりがあった．いわゆる「国家の論理」の相

違である．そこには，この本国帰還が「引揚」なのか，あるいは「帰国」なのかという本質的な相違があった．そして，このような相違は，この後期集団引揚の展開過程で極めて重要な意味を持つこととなった．

　日本政府はこの本国帰還を「引揚」として認識していた．すなわち，在華日本人は「抑留者」であるのと同時に「未帰還者」でもあり，その引揚は「国家事業として国費をもっておこなう」という論理に立っていた[23]．だが，一方の中国政府はこれを「帰国」として認識していた．つまり，在華日本人は自願により中国に在留している「居留民」であり[24]，従来は日中間における船舶往来不在がその帰国を阻害していたが，関係法公布の結果，船舶往来の可能性が生まれたため，帰国を希望するすべての日本人居留民の帰国を支援するという論理に立っていたのである．

　前項で確認した経緯を振り返れば，「留用」を否認する中国政府の主張に対して日本政府が容易に首肯できなかったのにも理がなかったとはいえない．だが，引揚実現を最優先課題としていた日本政府は，三団体が「引揚者は抑留者であるとの立場に拘泥せず，中共側のいう居留民ベーシィスで交渉」に臨むことを容認せざるを得なかった[25]．結局のところ，日本政府は中国側が指定した民間三団体を交渉代表とすることを受け容れ，なおかつ「国家事業としての引揚」という「国家の論理」においても譲歩する形で北京会議に臨むこととなった．もとより主導権は中国側が握っていたのである．

　而して実際の北京会議も終始中国側の主導で進められた．そこでは多くが協議されたが，ここで論ずべきは次の2点かと思われる．すなわち，第1は「引揚者（帰国者）の範囲」をめぐる問題であり，第2は「ヒト」の移動をめぐる問題，すなわち「再渡航」や「家族呼寄」などがどのように処理されたのかという点である．

　まず「引揚者（帰国者）の範囲」であるが，日本政府の方針は極めて明快であった．すなわち「引揚者」は日本人でなければならないという立場を採った．それは，この本国帰還を「国家事業としての引揚」として認識する「国家の論理」の当然の帰結であった．日本政府は三団体代表団に託した「指示事項」において，引揚者の範囲を（1）日本国民，（2）日本国民に同伴する外国籍の妻，（3）日本国民たる父または母に同伴する満20歳未満の子で配偶者の無い

者，(4) 元日本国籍を有したもの（朝鮮人，台湾人を除く）とその同伴する満20歳未満の子で配偶者の無い者，と明確に指示していた．加えて，これらの範囲に含まれない者が乗船した場合には，逆送還もあり得るとしていた[26]．

その一方で，中国側の方針はより柔軟なものであった．首席代表の廖承志は，帰国者の範囲を「帰国を希望するすべての日僑（日本人居留民）」と確認したうえで，その具体的な内容については，「正規の国際法に基づいて解決することはできないと思われるため，現存する事実に基づいて以下のような方法を提起するのみである」として，以下の5原則を提起した．すなわち，(1) 日本人婦人の帰国を認める，(2) 日本人と結婚した中国人婦人が渡航を希望しない場合には強制しない，(3) (1) と (2) の場合で，子が満16歳以上の場合，日本渡航は自願とする，(4) (1) と (2) の場合で，子が満16歳未満の場合，日本渡航は両親が協議のうえ決定する，(5) 孤児院の日本人児童の帰国は支援したい[27]．もっとも，この提案は「中国政府が国内の日本人居留民を処理するひとつの措置」であり，協議事項ではなく，通知事項とされたため[28]，北京協定に明記されなかった．

次に「ヒト」の移動をめぐる諸問題，すなわち「再渡航」や「家族呼寄」などの処理である．いわゆる再渡航とは，今回の引揚者が再び中国に渡航することを指し，一方の家族呼寄とは，在華日本人がその留守家族を中国に呼び寄せることを指している．これらの問題についても中国政府の姿勢は極めて柔軟であった．つまり，再渡航も家族呼寄も「一般外僑入境弁法」によって解決する，つまり，一般外国人として扱うとした[29]．

これに対して日本政府はやはり原則に忠実な姿勢を採った．もとより引揚援護業務を主管する厚生省引揚援護庁は，再渡航と家族呼寄のいずれについても「人道問題」として容認することを訴えていた[30]．だが，外務省がこれに強く反発した．とくに岡崎勝男外務大臣は「[再渡航] は中共地区に目下航行を一般に許可しない建前から差当り困難，[家族呼寄は] 認めざるを得まい．但し，旅費各人持」とし，再渡航禁止を指示した[31]．また，外務省の担当官も再渡航については「この種の旅券発給はわが国と中共政府との間に漸次国交が開始されることを前提とした措置であるかの如き印象を一般に与える」可能性があり，その容認は「理由の如何を問わず，本邦中共間における自由往来を原則的に認

めることとなり，自由主義諸国との提携を国の存立要素とする我が国の現状においては，その提携に重大な障害となるもので，従って再渡航に対し旅券を発給することは直接国の利益を害すること顕著である」として，再渡航禁止に理論的説明を加えた[32]．つまり，自由主義諸国との提携を重視する日本政府の冷戦戦略的思考が再渡航禁止の最大の動機であった．

　このような日本政府の思考は，いわゆる日本人婦人の扱いに大きく影響した．すなわち，「引揚者の範囲」が原則日本人に限定され，なおかつ再渡航が禁止されたことにより，中国人を配偶者とする日本人婦人が帰国を希望しても，中国人の夫を同伴することが不可能となったため，中国における婚姻関係を解消して「永住帰国」する以外，事実上選択肢がなかったと考えられる．もちろん，中国政府は「日本人婦人の帰国は認める」と通知し，究極的には本人の意志を尊重する姿勢を示したが，再渡航が不可能である以上，結果的に問題の解決は先送りされることとなった．

　北京協定成立によって後期集団引揚が開始された．1953年3月以降，同年10月の「最初」の終結宣言までに計7次，合計2万6000名余りが本国帰還を果たした．もとより「人道」を建前とする民間経由の間接交渉であったが，その協議内容は極めて狭い範囲に限られたため，多くの問題が残された．その理由としては，「民間外交」という構造的な制約以外にも，中国政府の日本政府敵視や日本政府の中国政府警戒などの相互不信があった．周知のように，当時中国は米国帝国主義を批判するとともに，これに追随する吉田内閣を敵視していた．自然，中国側は日本政府代表の北京会議への参加のみならず，帰国船への日本職員の乗船も拒否し，加えて実際の引揚業務までも「三団体方式」で行うことを北京協定で義務化するなど，日本政府との一切の接触を拒絶したのである[33]．

　その一方で，日本政府も対中接触には極めて慎重であった．北京会議の準備段階からすでに「代表団の現地における処理事務は配船及び引揚の具体的手続きに限定し，その他の問題にふるるべからざる旨強く指示する」[34]という方針を固め，「今次の北京行きは調査目的ではなく，引揚手続をとりきめるにすぎず」[35]として，代表団の交渉権限を制限する一方で，会議中も日赤経由で随時訓電を打ち，その行動を制約した．

この結果，北京会議で残された諸問題が，後期集団引揚の進展に伴って顕在化していくことになる．加えて，その実施過程において，在日華僑が帰国船の往航を利用して日本人婦人を伴って中国に帰国したことから，後にいわゆる「戦後渡航組」の一時帰国（里帰り）という新たな事態が生み出されることとなった．

2. 「引揚」の変質

2.1 人民外交と自主外交の交錯―日中政府直接交渉の顚末

　1953年11月以降，集団引揚は一時途絶えた．だが，日中国交正常化を目指す中国政府は，逆にこの時期を境に対日「人民外交」を始動させていった[36]．その背景には朝鮮戦争休戦やソ連の平和共存外交への同調などがあったが，やはり最大の動機は，自国の安全保障にも直結する「日本中立化」の実現にあったと思われる[37]．

　このようななか，中国政府は「人民外交」の本格化を告げる李徳全訪日（1954年10月）と前後して，「ヒト」の集団的な移動を再開させる．北京会議以来，帰国支援の答礼としての中国紅十字会代表団訪日が懸案となっていたが[38]，その招請決定と時を同じくして中国政府が417名の日本人戦犯の釈放を公表し，これに加えて訪日に際して李徳全会長がさらなる日本人戦犯（撫順組ならびに太原組）の存在を明らかにすると，戦犯の「帰国」という新たな「ヒト」の移動の可能性が生まれることとなった．

　もっとも，李徳全訪日に関連してより強調すべきは，北京会談で先送りにされた「ヒト」の移動，すなわち再渡航問題が再浮上したことであろう．李徳全訪日に先立って周恩来は，両国居留民の自由往来を歓迎すると述べながらも，「中国も誰を相手にこの問題を提出してよいかわかりません」とも述べ，再渡航を含めた両国居留民の自由往来問題を協議したいとの意向を示していた[39]．このような経緯から訪日代表団は，三団体との東京懇談会（1954年11月3日）において，在華日本人総数などの情報を提供する一方で，「引揚者（帰国者）が同伴した中国人妻子」や「中国人夫あるいは子供と離別して帰国した日

本人婦人」の中国再渡航への協力を要請した日本側に対して,「政府当局と協議して回答する」と確認した[40].

　振り返るに,ここで提起された再渡航はすでに日本に滞在している日本人婦人や中国人婦人の中国再渡航であったが,これらが中国に「在留」し続けている日本人婦人の里帰り問題に発展する可能性を秘めていたことも見逃してはならない.明らかに日中間における「ヒト」の移動はその様相を変えつつあった.

　これに対して「反吉田」を鮮明にする鳩山一郎内閣は「自主外交」を掲げ,共産圏諸国との関係改善を訴えた.また,「ヒト」の移動についても,1955年春には共産圏諸国への渡航制限を大幅に緩和し,「残留邦人の家族が面会のために渡航する場合,及び家族に面会のため一時帰国した残留邦人が出国する場合」には「実行は別途考慮する」としながらも,「次官会議の決定を経」ての中国渡航を認めるなど,積極策を打ち出した[41].

　加えて,実際の対中外交においても,協議事項を「人道問題」に限定することで米国や中華民国の了解をとりつけ,日中政府間の直接交渉を試みている.いわゆる第1次ジュネーヴ交渉である.詳細には触れないが,この交渉で日本政府が貫いたのもやはり「国家の論理」であった.1955年7月以降,日本政府は書簡や声明を通じて,日本人戦犯を含む「抑留者」の釈放送還をはじめ,未送還者に関する情報提供,帰国希望者の帰国支援,戦後中国における消息不明者調査あるいは死亡日本人遺骨の本国送還を中国政府に求めた[42].

　だが,このような要求は中国政府を激怒させるのに十分であった.中国政府は,「在華日本人は自ら希望して在留している」あるいは「日本人戦犯の処理は中国の主権に属するものである」との立場を明確にしたうえで,「わが国には消息不明者は存在しない」として,日本政府の要求を拒絶した.また,これに加えて,在日華僑の権利侵害問題や戦時中の強制連行に端を発する中国人俘虜殉難者問題,さらには日本の中国侵略責任や戦争賠償責任にまで言及することで日本政府を痛烈に批判したうえで,まず両国政府が「最も差し迫って解決を要する問題」は国交正常化問題であり,日中貿易,あるいは両国居留民の自由往来や権益保護などの問題は,両国間の「戦争状態の終結」や「国交正常化」があって初めて解決できるとして,北京での国交正常化交渉を提案したのである[43].

もとより限定的な交渉方針で対中接触に臨んだ日本政府は[44]，中国政府の要求に応じられるはずもなかった．確かに，ジュネーヴ交渉と並行して外務省内では中国政策の再検討作業が行われていた．そして，特に「人道問題」に関しては「中共がわが方民間団体を牛耳って国内を攪乱させる路を途絶させ，これらを直接政府対政府の話合いにもちはこべるようチャンネルをつける」必要があり[45]，「この問題に限り適当な機会に北京に政府代表を派遣することが適当」[46]という積極策も存在していた．だが，対中接近の本質的な限界や米国の強い圧力もあり[47]，結局，居留民の自由往来などの「人道問題」は再び「民間外交」に委ねられたのである．

2.2 居留民の自由往来と天津会議

ジュネーヴ交渉における中国政府の積極的な対応は，最高政策決定者である毛沢東自らが「外交関係正常化を第一の問題として明確に提起せよ」[48]と指示したからにほかならない．周恩来自身も「日中関係は居留民問題がどうであるとか，貿易問題がどうであるとかではなく，いかにして日中が国交を回復するか，日中関係の正常化を促進するかが問題である」[49]と述べ，国交正常化に強い意欲を見せた．だが，これと同時に，人的交流の要でもある居留民の自由往来という具体的懸案の解決に向けた布石を打つことも忘れなかった．

最初の布石は議会外交を通じて打たれた．1955年10月17日には全国人民代表大会常務委員会秘書長の彭真が，上林山栄吉を団長とする国会議員訪華団との間で共同コミュニケを発表し，特に居留民の自由往来実現に向けた積極的な努力を約束させた[50]．

加えて実務協議についても，引き続き三団体を交渉相手に指定することで，事態の進展を狙った．1955年11月，第1次ジュネーヴ交渉の最後を飾った沈平書簡は「日中両国の国交が回復する以前においては，両国居留民が帰国，あるいは本国を往来する問題については，暫く両国の人民団体に委託してその処理を待つほかないと考える」[51]とし，なおかつ周恩来自身も「両国政府は今日関係がないので，依然日本赤十字などの三団体が中国に来て協議することを提案する」[52]と述べ，「三団体方式」の堅持を明らかにした．

とはいえ，日本側においてもさまざまな思惑が錯綜していた．たとえば，政

府間の直接交渉を望んでいた日本政府のみならず，三団体の中核であった日赤自身も，「二団体」（日中友好協会および日本平和連絡委員会）の政治色の強い行動に反発し，「二団体」を排除して直接両赤十字間で「人道問題」を解決したい意向を強く持っていた．後述するが，いわゆる 1956 年 3 月の日中両赤十字会談は，日赤のみならず，日本政府の意向をも受けた，日中準政府間交渉経路の確保を目指した布石でもあった．これに対して，中国政府は「三団体方式」を維持し，日本側の内部矛盾を利用することで交渉を有利に進めようとの思惑を有していた．むろん，「二団体」は政治資本である「三団体方式」の存続を望んでいた[53]．

　このような双方各者の思惑が交錯するなか，中国側は実力行使ともいえる手段に訴えた．1955 年 12 月，第 12 次となる引揚船は「種々の特例者」[54]を多数乗せ，舞鶴港に到着した．「種々の特例者」とは，後期集団引揚の引揚船の往航で中国に帰国した在日華僑や日本帰国後に中国への再渡航を希望する日本人婦人，あるいは帰国する日本人婦人が同伴した「中国人の夫」[55]などであった．本来，引揚船はあくまで永住帰国を目的とする引揚者を輸送するために日本政府が国費で配船していたものだが，その引揚船に中国人や一時帰国（里帰り）を目的とする日本人婦人が多数便乗してきたのである．

　このような事態は中国側が意図的に創出したものだった．第 12 次引揚船の天津到着直前，中国紅十字会は居留民の自由往来問題について，「『彭真・上林山共同声明』調印の事実を強調して具体的な協議日程を［三団体乗船代表に］問い質す」とともに，帰国する日本人婦人の中国再渡航への協力を要請するという交渉方針を策定していた[56]．つまり，日本人婦人里帰りの事実上の予行練習を企図していた．また，いわゆる「帰国旅日華僑」の日本再渡航についても，1955 年 11 月に中央公安部がこれを許可する方針を通知し[57]，60 余名の帰国華僑を再渡航させている．もっとも，華僑再渡航の背景には，新中国での生活に馴染めなかった帰国華僑やその日本人家族への対応という側面もあった[58]．

　一方の日本政府は，特に帰国華僑の逆移送を「自由交通への実力行使」，あるいは「その他の政治的意図」と認識し，「今後の引揚問題は益々複雑な様相を呈することが考えられ」るとして，警戒を強くしていた[59]．また，外務省関係者の「『帰国』はだんだん『旅行』化しつつある」[60]という言葉は，「引揚」

が変質しつつあることを端的に示していたといえる．もっとも，日本政府としては，中国再渡航を希望する日本人婦人については，「中共に既に生活の基盤があれば渡航を認めて差し支えなし」とする一方，「もはや引揚問題を離れ一般渡航となる」ため，引揚船の利用は避けさせ自費出国とさせる，という基本方針を確認していた．また，明らかに外国人となる「中国人の夫」についても，「形式的に不法入国となる」としながらも，「特別の事情がなき限り一年の特別許可を与え，これを更新する形式により事実上の滞在を認めることとなろう」とし[61]，「法律をいたずらに厳格に適用するのを避け，実情に即した処理」[62]をすることで着地させた．

中国側の「実力行使」の結果，日本政府も具体的な対策を講じざるを得なくなった．そのための手段が前述の日中両赤十字会談であった．日朝赤十字会談の帰路，日赤代表団は北京で中国紅十字会代表と会見し，「人道問題」解決交渉に関する意見交換を行った．そこで日赤は「人道的見地よりみてやむを得ないものは例外的措置として，個別に両赤十字の間で処理」したいと述べ，北京協定の廃棄や「三団体方式」の解消を提案するのと同時に，「人道主義に立つ」ことで，日本人婦人の中国再渡航はもとより，「中国人の夫」の入国についても，事前の個別照会により対処すると確認したのである[63]．

このような文脈で成立するのが天津協定（1956年6月28日）である．もとより三団体と中国紅十字会による天津会議は，日本人戦犯帰国協定の締結を目的として開催された[64]．だが，中国側が両国居留民の自由往来実現を協定に盛り込むことを強硬に主張した結果，無制限な自由往来については日赤が意見を留保する場面もあったが，最終的に天津協定第4条は日本人婦人の一時帰国，すなわち里帰りの実施を明文化するのである[65]．

3. 「帰国」の拡大とその限界

3.1 「里帰り」をめぐる国家の論理

引揚の変質は誰の目にも明らかだった．天津協定に基づく里帰りの本格化，すなわち「帰国」の拡大は，後期集団引揚が内包する矛盾を顕在化させる契機

となった．このような事態に直面した日本政府は，人道主義の立場から個別審査に基づく里帰りを認める一方で，「国家事業としての引揚」という原則に基づき，「配船拒否」や「旅費請求」という手段を通じて際限なき「帰国」の拡大を阻止しようとした．

この里帰り「制限」ともいえる日本政府の原則主義的な姿勢を今日的な視点から批判することは容易である．だが，日本政府が「配船拒否」という究極的な実力行使にまで訴えた背景を理解するには，1956 年 7 月以降の里帰りの実態が，いかに日本政府が想定する引揚の本質から逸脱していたのかを理解する必要がある．考えるに，2 つの経験と後期集団引揚をめぐる周辺環境の変化が，その姿勢を硬直化させたと思われる．

里帰り実現の過程で日本政府が最初に直面したのは，里帰り希望者の帰国船への便乗という問題であった．もっとも，天津協定成立直後となる 1956 年夏の段階では，日本人戦犯接受のための配船が予定されていたため，日本政府の姿勢も柔軟であった．つまり，里帰り希望者は「特に人道上の見地から帰国者に準じて便宜，興安丸に乗船し」帰国することが原則可能であり，第 15 次戦犯帰国船（1956 年 8 月）の往船で再渡航すれば，「無料で帰国できる」旨を通報し，その便乗を認めていた[66]．

だが，日本人戦犯接受のための一連の配船が終結に近づくと，日本政府は改めて里帰り費用の全額自己負担という原則を示し，里帰りが引揚とは根本的に異なるという点を強調した．実際，第 15 次戦犯帰国船で里帰りを希望する日本人婦人に対しては，「帰路は必ず自費によることを徹底」[67]させる方針を明確にし，中国再渡航はあくまで自己責任とした．

他方，中国政府も里帰りの扱いについては，日本政府とほぼ同様の認識を持っていた．つまり，希望者の里帰りはすべて許可する一方で，里帰り費用を原則自弁とし，補助を与える場合にも，その範囲は居住地から出国地までの旅費と生活費に限定する方針を確認していた[68]．この結果，里帰り希望者は帰国者と同等の補助を受けるにとどまり，日本滞在費と中国再渡航費が自弁となったため，帰国船の往来が途絶えた 1956 年後半には，里帰りを果たした日本人婦人が中国に再渡航できないという事態が発生したのである．結局，これらの再渡航不能者については「日本側」が旅費を負担し，英国の「便船」を利用して

再渡航させることとなった[69]．このような経験は，里帰り事業に対する日本政府を含めた「日本側」の警戒を強くさせる契機となった．

このような混迷のなか，さらに日本政府の警戒を強くさせたのが，いわゆる「戦後渡航組」の里帰りであった．1957年春，中国側は戦犯や居留民の帰国，さらに日本人婦人の里帰りを支援すると伝え，帰国船の配船を求めた．当初，中国側は戦犯6名，帰国者100名前後，里帰り希望者200－300名程度と公表したが[70]，最終的には，戦犯6名，帰国者129名，里帰り希望者（その子供を含む）867名，帰国華僑の日本人夫人の里帰り希望者382名，帰国華僑とその日本人夫人（その子供を含む）393名の合計1777名が乗船予定であると伝えた[71]．つまり，里帰り関係者が乗船予定者の9割を超える事態となったのである．

これらの乗船希望者のなかでも，特に日本政府が神経を尖らせたのが，帰国華僑の日本再渡航であり，帰国華僑とともに戦後中国に渡航した日本人婦人の里帰りであった．中国人である前者の便乗はもとより論外であり，日本政府も当初から拒否を明確にしていた．だが，後者については，戦後中国に残留した後，中国人と結婚するに至ったいわゆる「残留組」（純里帰り日本人婦人）との「差別化」などが問題となり，対応に苦慮していた．多数の里帰り希望者が現地天津において日本渡航を強硬に求めるなか，日本政府は最大限の譲歩として，「戦後渡航組」の日本人婦人とその子供については「今回に限り特別措置として興安丸に乗船させる」が，その場合には「一世帯便乗費日本金二千円相当額を各自支払う」ことを義務づけ，なおかつ舞鶴上陸後の援護業務を行わないことで，「残留組」との差別化を図り，その場を収拾することとなった[72]．

このような経緯で日本渡航を強行した「戦後渡航組」について，天津で帰国船を待っていた釈放戦犯は極めて批判的だった．彼は，彼女たちが豪華な土産品を携えて中国再渡航してきたのを目の当たりにして，「頭の中で描いていた里帰り婦人の憐れな状態とはおおよそかけはなれたもの」[73]と痛烈に批判している．また，これを受け入れる日本側のみならず，送り出す中国側の関係当局も，日本人婦人の「里帰り」について，その経済的困窮に理解を示しながらも，「第一に『日本の親族を頼ろうとして』里帰りを希望している．第二に『昨年日本に里帰りした日本人婦人に影響を受け，日本市場の表面的な繁栄や資本主

義的な生活様式のいわゆる「贅沢」に憧れ，帰国して贅沢な生活を送りたいと考えており，あるいは里帰りの機会を利用して，日本から「廉価」な商品を中国に持ち帰り，利益を得ようとしている』」と分析し，その目的の不純性を痛烈に批判していた[74]．案の定，「残留組」のみならず，「戦後渡航組」を含めた大多数の里帰り日本人婦人は再渡航費用を所持せず，最終的には再び「日本側」が外国便船を手配することで，1957年11月下旬，「残留組」317世帯785名，「戦後渡航組」151世帯364名を再渡航させざるを得なくなった[75]．

　これらの経験以外にも，日本政府に帰国船の配船をためらわせる原因があった．なによりも大きかったのは，終戦以来，集団引揚事業の中核を担ってきた帰国船興安丸の傭船解除であった．もちろん傭船解除は日本政府の判断ではあったが，前述のような「純引揚者」の極端な減少，あるいは傭船維持による経済効率の悪化，さらには日中間における便船の増加は，国家予算上の観点からもこれを正当化したのである[76]．

　このようななか，1957年8月，中国側は再び配船を求めた．前回同様，釈放戦犯や居留民以外にも，里帰り希望者が乗船予定であることが伝えられた．だが，上述の理由から日本政府はとくに「里帰り」についてはあくまでも「便船」利用にこだわった．そのため，日本国内では三団体や日本政府のみならず，与野党や議会までを巻き込んで配船問題が紛糾することになった．この過程で，日本に里帰りしている日本人婦人の中国再渡航問題や「戦後渡航組」の差別化問題をめぐって，「広瀬調停案」や「社会党案」，さらには「臨時措置」を含めた「自民党案」が出され[77]，とにかく釈放戦犯を接受するための配船案が検討されたが，決着することはなかった．この結果，1957年末第2次李徳全訪日の機会を利用して，三団体が中国側と協議に臨むこととなったのである．

　しかしながら，結局，両者の会談は「戦後渡航組」の扱いをめぐって物別れとなった．なかでも特に日本側三団体は「戦後渡航組は『単なる旅行とみる他ない』ので往復とも自費とする」，あるいは「残留組は片道自己負担とし，これを中国紅十字会に事前に寄託する」ことを求めるとともに，とりわけ「戦後渡航組」については「日本の規制や国民感情の点から言って，政府は片道すら援助できない．帰国船には乗せられない」と日本政府の方針をそのまま伝えるにとどまった[78]．もとより「二団体」はこれに批判的であったが，配船拒否と

いう日本政府の実力行使の前では無力だったと考えられる.

これに対して中国紅十字会代表団は,「残留組」の「大部分が戦争の犠牲者である」という認識を示すとともに,「戦後渡航組」は「残留組」に「原則としては準ずる」と訴え,「ただ人道的見地から,三団体としても過去と同様に仕事をしてもらいたい」と三団体に再考を促した[79].加えて会談終盤,中国側は「便船利用」あるいは「片道旅費の事前寄託」については譲歩する姿勢を見せたが[80],帰国華僑の乗船問題や里帰り旅費の支払い方法などをめぐって協議は決裂し[81],配船の目途も立たないまま代表団は日本を離れたのである.

3.2 「断而不絶」と「最終処理」

このようななか,中国政府は新たに大量の帰国者を用意することで状況の打開を図ろうとした.1958年2月,中共中央は思想教育を受けていた「学習組」(子供を含め約2000名)の帰国を決定し,前年8月以来帰国不能となっていた釈放戦犯の送還を目指したのである.

もっとも,これまでの経緯を踏まえて,中国側も里帰りの再開には慎重であった.特に費用負担の問題については,日本側と同様に頭を悩ませていた.現場担当者も「我々は里帰り費用の自弁原則に対する統制が緩すぎ(実際には緩くしなければ大部分が帰航できないのだが,これは矛盾である),支出は極めて大きい」と葛藤を露わにし,費用問題の解決を最優先課題として掲げ,集団帰国再開第1陣となる第17次帰国船(1958年4月)には里帰り希望者を乗船させない方針を決定した[82].

もとより中国政府が「里帰り」を積極的に推進してきたのには相当の理由があった.中国紅十字会が作成した文書に拠れば,中国側は「日本人婦人やその家族の団欒を求める願望を満足させる」という人道的な目的以外にも,「日本政府による居留民自由往来制限を打破するための突破口」であり,「中国が日本人を抑留していると貶める日本政府のデマを粉砕」する手段として里帰りを認識しており,同時に「日本人民の新中国理解や日中関係の発展を促進」する目的があり,「相当の人力や財力」が必要だが,「利害を考慮すれば,政治的に我々に利点が多い」ため,「この工作は今後も継続することを是とする」としていた[83].

而して三団体乗船代表との協議の結果，事前に日本人婦人が片道旅費の「半額」を人民元で船会社に支払うことで里帰りが再開されることになった．また，1957年5月以来懸案となっていた「残留組」と「戦後渡航組」との差別化についても，中国側が「実際問題としては，中国にいる年月の問題，順番の問題として注意したい．再渡航組［戦後渡航組］は中国へ来て間もないのだから，古くからいる日本人婦人が先に行くようにする．実施方法に注意すれば，双方［日中］の意見に差別はない」という「妙案」を示すことでとりあえず着地させた．加えて中国側は「4000名中600名済んだので残り3400名である．一度里帰りした者は抑制する」とも述べ，日本側姿勢の軟化に期待した[84]．

この結果，日本政府は「今次の特例であって，今後の例としない」として，恒常的な「里帰り」の枠組みを作ることにはあくまで反対しながらも，片道旅費の「半額」負担による里帰り希望者の帰国船便乗を認めるに至った[85]．むろん，旅費負担問題について「これまでのすべて引き受けるというやり方を変えなければならない」と考えていた中国側は，「中国国内および日本国内の旅費はすべて自弁」という原則を改めて周知徹底することで，再び「里帰り」支援に乗り出していったのである[86]．

だが，日中関係の急転は再び動き始めた「里帰り」を断絶させてしまう．1958年5月，長崎国旗事件を受け，陳毅外交部長が「日中両国のあらゆる通商・文化関係は11日を以って断絶した」と述べると[87]，中国紅十字会は5月10日付で通達した「関於協助日本婦女去日探親工作的通知」を2週間と経たずに撤回するのである[88]．そこでは理由として「最近の日中関係の新たな変化」，すなわち日本政府による第4次日中民間貿易協定の破壊，中国国旗に対する侮辱行為の放置，さらには中国敵視政策の継続などが挙げられていた．

1958年5月下旬，すでに天津に集結していた里帰り希望者（日本人婦人48名，子供50名）は当局の制止を振り切り日本へ渡航していった．追って6月4日，中国紅十字会は日本政府の中国敵視政策を理由として里帰り支援の一時停止を通告した[89]．第20次帰国船（1958年6月中旬）の三団体乗船代表と会見した趙安博中国紅十字会顧問は「岸信介内閣が非友好的な態度を堅持し続ければ，帰国問題だけでなく，一切の交渉をいずれも停止する」と伝えた[90]．

この後，日中交流の「断絶」が1960年代前半にまで及ぶのは周知の通りで

ある.とはいえ,中国政府自身は日中関係の完全な「断絶」を考えていたわけではなかった.その大方針は「断而不絶(決)」(断絶すれども決別せず)であり[91]，中国に有益な一部の友好人士との関係は保持された.このような文脈において，後期集団引揚終結後の1958年10月，中国側は「個別帰国」について支援継続を表明する[92].だが,結局「里帰り」が再開されることはなく,加えてこの個別帰国に対する支援も「一般の資本主義国家の居留民が出国申請した場合と同等」にとどまり[93]，中国紅十字会が大部分の援助を絶ったため,日中間の「ヒト」の移動は急激に縮小していったのである[94].

一方,日本政府の動きであるが,1956年初秋に釈放戦犯の集団引揚が終結すると,日本政府は「戦後」からの脱却を強く意識するようになる.そして,引揚事業の幕引きを図るべく,いわゆる「最終処理」に着手していった.具体的には1956年10月以降,厚生省を中心に「服役戦犯の早期釈放」や「引揚希望者の完全引揚」,さらには「個別帰国費用の自弁徹底」などが目指されるとともに,終戦以来消息不明となっていた未帰還者の調査実現に向けて再び本格的に動き出していった[95].中国政府に対する消息不明者調査依頼である第2次ジュネーヴ交渉(1957年5月)は,このような文脈で試みられた.

だが,1957年5月以降,集団引揚が最終段階の様相を呈すると,未帰還者の留守家族団体の代表などからも「調査を促進する建前は堅持するが,留守家族援護法も明後年8月に切れるので,むしろ今後は行方不明者の最終処理(死亡公告等により打ち切る)を考慮する必要がある」[96]という意見が出されるなど,未帰還者問題の「最終処理」が本格化していった.むろん,「最終処理」よりも「徹底調査」を求める留守家族の声は強かった[97].だが,戦後10年以上が経過していたこともあり,次第に留守家族の間でも「留守家族の心情に即して,未帰還者の最終処理を急ぐ」という意見が大勢を占めるに至ったのである[98].

これを受け,日本政府は「最終処理」を検討する場として「未帰還者に関する関係閣僚懇談会」を設置した.1958年5月,第2回同懇談会は未帰還者に関する一斉調査の実施と戸籍の抹消処理を骨子とする「未帰還者に関する措置方針」[99]を確認し,協議を重ねた結果,日本政府は国内外における未帰還者調査の実施を決定した.だが,いわゆる「中共地域」については,日赤が中国紅

十字会に対して「留守宅通信」の奨励を依頼するにとどまり，一部の友好人士を除き，対日交流を断絶していた中国側は何らこれに返答することはなかった[100]．このような日中関係の変転のなか，日中両国政府がともに問題視していた「里帰り」が顧みられることはなかったのである[101]．

　1959年3月，未帰還者の「戦時死亡宣告」，すなわち戸籍抹消を可能とする「未帰還者に関する特別措置法」が公布された．この結果，1958年7月末時点で生存者約6000名，消息不明者約1万9000名の総計2万5000名と推測されていた「中共地域」の未帰還者も[102]，その多くが「最終処理」された．そして，これには「国際結婚を恥じて通信しない」[103]相当数の日本人婦人も含まれることとなったのである．

むすびにかえて

　もとより東西冷戦下の日中間における後期集団引揚は，終戦直後の前期集団引揚とはその本質において根本的に異なった．冒頭でも触れたように，前期集団引揚がアジア全域からの日本人の排除，すなわち「敗戦国国民の総撤退」を本質としたのに対して，後期集団引揚は国交不在の国家間における「ヒト」の移動という性質が，戦後処理という性質以上に強かった．

　国交不在の国家間，それも政治体制を異にし，国際政治上厳しい対立関係にあった日中間における後期集団引揚は，上述のような本質を前提として，以下のような3つの焦点をめぐって「国家の論理」が交錯するなかで展開していったといえる．すなわち，第1は「ヒト」の移動の本質に対する認識をめぐる「国家の論理」の対立である．本章で触れた通り，後期集団引揚における「ヒト」の移動について，日本政府は「国家事業としての引揚」と認識し，抑留者や拘留戦犯の本国帰還を究極の目的として据え，これを「国費」により完遂するという姿勢を貫いた．一方，中国政府はこれを「日本人居留民の帰国」と定義し，人道主義に基づき，あくまで帰国希望者の「帰国」を支援するという姿勢を貫いた．両国政府の立場を想起すれば，当然の帰結であったが，それでもかかる「国家の論理」が民間交渉の細部においても最後まで貫徹された事実は，「政策」とは何たるかを考えるうえでも示唆的であり，やはり確認しておく必

要があろう．

　第 2 は冷戦外交戦略をめぐる「国家の論理」の対立である．「ヒト」の移動という問題について日本政府は，自由往来は自由主義陣営諸国の足並みを乱すと考え，これを通じた中国の対日浸透や革命輸出に強い警戒を抱いた．そのため，無制限な自由往来の拡大にはあくまでも反対した．これに対して中国政府は，米国の「封じ込め」戦略に対抗するため，「以民促官」を通じた日本国内の親中勢力の拡大を具体的な手段として，日中国交正常化や日本中立化の実現を目指していた．自然，自由往来の拡大には積極的であり，「里帰り」支援をその突破口として認識していた．

　第 3 は「引揚」あるいは「帰国」の「終焉」に関する認識，すなわちその「幕引き」をめぐる「国家の論理」の対立である．特に後期集団引揚の最終段階においてそれは顕著となった．すなわち，日本政府は脱「戦後」という歴史的文脈において「引揚」の「最終処理」を目指し，その真意はともかく，結果として未帰還となっていた「帝国」臣民を法的手続きにより抹消することとなった．これにより「帝国」崩壊を起点とする人的収縮も正史上は終結し，残留日本人という存在は社会的に「忘却」され，日本社会は本格的な高度経済成長を遂げる 1960 年代を迎えるのである．

　他方，中国政府は，日本人婦人が大半を占める在華日本人は「自願」で中国に在留していると捉え，原則的に「遣送（送還）」は完了したものと認識していた．もっとも，日本人婦人については，戦後日本社会が在日外国人の「排除」を目指したのとは異なり，全世界に散在していた「華僑」や「華眷」に関する中国政府の認識も手伝ってか，「日僑」として中国国内に留まることを容認した．1958 年春以降の「ヒト」の移動の断絶は，「外交」と「人道」をめぐる政治力学の結果であり，中国政府の「個別帰国」に対する支援停止という経済的要因に基づくものであった．このような後期集団引揚をめぐる「国家の論理」の複雑な交錯が，結果的に中国残留日本人を固定したといえる．その意味で，いわゆる「里帰り」問題は，これら「国家の論理」の対立の最前線にあったといえる．

　最後となるが，中国残留日本人孤児問題に触れたい．後期集団引揚の過程において，この問題が表立って提起されたのは北京会議のみであった．中国外交

档案を紐解くに，その理由は中国側が日本人孤児に関する情報をほとんど明かさなかったことに由来すると思われる．事実，1954年11月，中国紅十字会代表団は東京懇談会の際に在華日本人数を約8000名と伝えたが，日本人孤児に言及することはなかった．

　その後の1955年1月，中央内務部は日本人孤児について「18歳未満の場合，その父母が確認できないものについては，中国人と看做してよく，18歳以上の場合は，その国籍は自願に基づいて決定する」ことを提案し，外交部，公安部ともにこれに「同意」を与えた[104]．この結果，日本人孤児の中国国籍化が順次行われたと想定される．1955年前半，約2000名が帰国したことで在華日本人数は約6000名となっているはずだった．だが，1955年7月の公安部統計は，その数を8464名と報告している．加えて，この数字には日本人孤児1898名も含まれるとされており[105]，これらを勘案すれば，中国側はすでに把握していた日本人孤児の存在を明らかにせず，この問題を国内的に処理したのではないかとも推測されるのである．

　もちろん，結論は慎重にすべきである．しかし，「中国残留日本人」という存在が，さまざまな「国家の論理」が交錯するなか，戦後日中関係の変転の過程で創出されていった事実を我々はまず理解しなければならないのである．

---

1) 日本語の「引揚」は「送還（遺送）」との対比で用いられ，その中国語訳は「撤僑」が適当かと思われる．また，日本語の「帰国」は広い意味での「本国帰還」を表現し，その中国語訳は「回国」が適当かと思われる．本章では文脈に応じて適当な語句を用いる．
2) 若槻泰雄『新版・戦後引揚げの記録』（時事通信社，1995年）．
3) 成田龍一「『引揚げ』に関する序章」（『世界』第955号，2003年），あるいは阿部安成・加藤聖文「『引揚げ』という歴史の問い方（上）（下）」（『彦根論叢』第348号，第349号，2004年）など．
4) 米公文書を利用した専論に，加藤陽子「敗者の帰還―中国からの復員・引揚問題の展開」（『国際政治』第109号，1995年）がある．なお，拙稿「在華邦人引揚交渉をめぐる戦後日中関係―日中民間交渉における『三団体方式』を中心として」（『アジア研究』第49巻第3号，2003年）は，戦後日本外交記録に依拠して後期集団引揚を再構成した．
5) 南誠氏による「『中国残留日本人』の形成と記憶」（『アジア遊学』第85号，2006年）などの一連の論稿や蘭信三「中国『残留』日本人の記憶の語り―語りの変化と『語りの磁場』をめぐって」（山本有造編著『満洲―記憶と歴史』京都大学学術出版会，2007年）．
6) 拙稿「戦後東アジア地域秩序の再編と中国残留日本人の発生―『送還』と『留用』のは

ざまで」(『中央大学政策文化総合研究所年報』第 10 号,2007 年).
7) 筆者は,国交不在の日中両国が「人道」を建前として掲げ,1950 年代半ばの「積み上げ」方式の民間交流の文脈において,民間団体経由で実施した中国残留日本人引揚,在日華僑送還,日本人戦犯処理ならびに中国人俘虜殉難者遺骨送還などの事実上の戦後処理の全体像を「戦後日中民間人道外交」という枠組みで捉える.
8) 拙稿「戦後東アジア地域秩序の再編と中国残留日本人の発生」.
9) 東北行政委員会日本人管理委員会「対東北日本人工作総括報告」(1949 年 8 月 11 日) 档案管理番号 105-00224-02,中華人民共和国外交部档案館所蔵.
10) 東北日本人管理委員会「東北日本人管理委員会調査」(1950 年 6 月) 档案管理番号 118-00086-02.
11) 東北行政委員会日本人管理委員会「日本人管理委員会半年来工作報告(一九四八年十月―一九四九年三月)」(1949 年春作成と推定) 档案管理番号 105-00224-01.
12) 前掲「対東北日本人工作総括報告」(1949 年 8 月 11 日).
13) 外交部亜洲司発東北人民政府外事局宛「覆関於錦州合成煉油廠日籍技工松本年正回国事」(1949 年 8 月 1 日) 档案管理番号 118-00352-01 など.
14) 前掲「東北日本人管理委員会調査」(1950 年 6 月).
15) 趙安博「最近瀋陽日僑動態」(1950 年 10 月 27 日) 档案管理番号 118-00086-03.なお,東北日本人管理委員会の趙安博は,後に中共中央対外連絡部に移り,さらには中国紅十字会顧問として,後期集団引揚の最前線で活躍した.
16) 周恩来「通知」(1951 年 10 月 14 日) 档案管理番号 118-00118-01.
17) 米鎮波・郝祥満・宋文峰『深謀遠慮―周恩来与中国外交』(重慶出版社,1998 年) 189 頁.蘇州大学社会学院・蘇州市紅十字会編『中国紅十字会歴史編年』(安徽人民出版社,2005 年) 138 頁.
18) 前掲『深謀遠慮』189 頁.
19) 捕虜問題による休戦会談停頓については,和田春樹『朝鮮戦争全史』(岩波書店,2002 年) に詳しい.
20) 『人民日報』1952 年 7 月 13 日.
21) 呉学文『風雨陰晴―我所経歴的中日関係』(世界知識出版社,2002 年) 26-54 頁.
22) 「中国国際貿易促進委員会関於日本船籍航行中国的弁法」(1952 年 10 月 12 日) 田桓主編『戦後中日関係文献集 1945-1970』(中国社会科学出版社,1996 年) 138-139 頁.
23) アジア局第 5 課「「引揚者」・「帰国者」の用語について」(1953 年 2 月 13 日) 戦後外交記録 K'-0080; 1275-1276,日本外務省外交史料館所蔵.
24) 廖承志「中国紅十字会代表団首席代表廖承志在協助日僑帰国問題第一次正式会談上的発言」(1953 年 2 月 15 日) 前掲『戦後中日関係文献集』300-304 頁.
25) アジア局第 5 課「中共残留邦人引揚に関する北京放送の件」(1952 年 12 月 27 日) 戦後外交記録 K'-0080; 1508-1523.
26) 外務省「『中国赤十字社』との在華邦人引揚に関する打合事項」(1953 年 1 月 23 日) 戦後外交記録 K'-0080; 1554-1555.
27) 「商洽日僑回国問題第三次正式会議記録」(1953 年 2 月 23 日) 档案管理番号 105-00268-04.
28) 「商洽日僑回国問題第四次正式会議記録」(1953 年 3 月 5 日) 档案管理番号 105-00268-05.

29) 前掲「商洽日僑回国問題第三次正式会議記録」(1953 年 2 月 23 日).
30) アジア局第 5 課「中共側の引揚者の再渡航の件」(1952 年 12 月 31 日) 戦後外交記録 K'-0080; 2162.
31) 同前.
32) アジア局第 5 課「中共地区在留邦人の家族呼寄に関する件」(1953 年 1 月 17 日) および同「中共政治下の地域に渡航する呼寄家族と再渡航者に対する取扱に関する件」(1953 年 2 月 26 日) 戦後外交記録 K'-0080; 624-629, 630-635.
33) 前掲, 拙稿「在華邦人引揚交渉をめぐる戦後日中関係」. なお, 北京会談の経過報告である「廖承志関於日僑回国談判情況給毛沢東的報告」(1953 年 2 月 24 日) 前掲『戦後中日関係文献集』144-145 頁は, 中国政府の日本政府敵視を顕著に表現する.
34) 前掲「中共残留邦人引揚に関する北京放送の件」(1952 年 12 月 27 日).
35) アジア局第 5 課「中共行代表団との打合会の件 報告」(1953 年 1 月 14 日) 戦後外交記録 K'-0080; 2135-2139.
36) たとえば, 『人民日報』社論「論中日関係」(『人民日報』1953 年 10 月 30 日) など. なお, 人民外交に関する専論として, 廉舒「中国の対外政策と日本 (一九五三―一九五七) 『人民外交』の再検討」(『法学政治学論究』第 50 号, 2001 年).
37) 杉浦康之「中国の『日本中立化』政策と対日情勢認識―岸信介内閣の成立から『岸批判』展開まで」(『法学政治学論究』第 70 号, 2006 年) など.
38) 専論として, 波多野勝・飯森明子「李徳全訪日をめぐる日中関係」(『常磐国際紀要』第 4 号, 2000 年).
39) 周恩来「日中友好の基礎について」(石川忠雄・中嶋嶺雄・池井優編『戦後資料 日中関係』日本評論社, 1970 年) 32 頁.
40)「一九五四年十一月三日関於商談日僑回国等問題的備忘録」(1954 年 11 月 3 日) 档案管理番号 105-00161-05.
41) 次官会議了解「国交未回復の共産圏諸国への本邦人の渡航に関する件」(1955 年 4 月 25 日) 戦後外交記録 E'-0212; 1250.
42) 田付景一駐ジュネーヴ日本総領事発沈平駐ジュネーヴ中国総領事宛書簡 (1955 年 7 月 15 日および 8 月 29 日) 前掲『戦後中日関係文献集』265 頁および 266-267 頁,「日本人居留民引揚に関する日本外務省のコミュニケ」(1955 年 7 月 16 日) アジア政経学会編『新訂中華人民共和国外交資料総覧』(一橋書房, 1960 年) 857 頁.
43)「中華人民共和国外交部発言人関於日本政府提出所謂撤退留在我国大陸的日本人問題的声明」(1955 年 8 月 16 日), 沈平発田付景一宛書簡 (1955 年 8 月 17 日および 11 月 4 日) 前掲『戦後中日関係文献集』213-215 頁, 265-266 頁および 268-269 頁.
44) 重光葵外務大臣は, ジュネーヴ交渉開始に際して, 訓令において「わが国の外交の基調は自由陣営国との密接なる協調にある」と強調して, 対中接触の限定性を明確にした. 重光発駐米・駐英・駐印大使並びに駐香港総領事宛「中共問題等の論説に関し注意喚起方の件」(1955 年 7 月 18 日) 戦後外交記録 A'-0133; 192-194.
45) アジア局第 2 課「当面の中共政策 (第二次案)」(1955 年 9 月 12 日) 戦後外交記録 A'-0356; 1006-1021.
46) アジア局第 2 課「当面の中共政策 (第五次案)」(1955 年 11 月 8 日) 戦後外交記録 A'-0356; 1052-1060.
47) 日中接近に対する米国の圧力については, 王偉彬『中国と日本の外交政策―1950 年代

を中心にみた国交正常化へのプロセス』（ミネルヴァ書房，2004年）第3章など．
48）毛沢東「関於対日本応明確提出外交関係正常化問題的批語」（1955年9月14日）中共中央文献研究室編『建国以来毛沢東文稿』第5冊（中央文献出版社，1991年）384頁．
49）「周恩来総理関於日本国会議員訪蘇団団長北村徳太郎的談話」（1955年9月26日）前掲『戦後中日関係文献集』228頁．
50）「中華人民共和国全国人民代表大会常務委員会秘書長彭真和日本国会議員訪華団団長上林山栄吉的連合公報」（1955年10月17日）前掲『戦後中日関係文献集』232-234頁．
51）前掲，沈平発田付景一宛書簡（1955年11月4日）．
52）「周恩来総理接見日本擁護憲法国民連合会訪華団談話記録」（1955年11月15日）档案管理番号105-00210-09．
53）前掲「在華邦人引揚交渉をめぐる戦後日中関係」．
54）「今次興安丸にて帰国するものの取扱いに関する件」（1955年12月13日）戦後外交記録K'-0082; 337-341．
55）当時の新聞はいずれも「中国人の夫」と括弧つきで表記しているが，その理由としては，中国残留日本人婦人の「二重婚姻」問題も含意されていたと思われる．
56）中国紅十字会連絡組発外交部亜洲司宛「接待一九五五年一二月日本来船人員計劃」（1955年12月8日）档案管理番号105-00299-05．
57）中央公安部発天津市公安局宛「関於旅日日僑要求重返日本的問題」（1955年11月30日）档案管理番号105-00250-03．なお，この時期の中国政府による華僑出入国緩和政策をうかがわせる史料として，華僑事務委員会・外交部・公安部・人民解放軍公安軍司令部「関於華僑，僑眷出入国審批原則的指示」（1955年12月30日）档案管理番号118-00317-01．
58）国務院「迅速解決日本帰僑中現存問題的指示」（1956年5月20日）档案管理番号118-00855-01．
59）「第十二次中共帰還状況について」（1955年12月）戦後外交記録K'-0082; 347-351．
60）『朝日新聞』1955年12月15日．
61）前掲「今次興安丸にて帰国するものの取扱いに関する件」（1955年12月13日）．
62）『朝日新聞』1955年12月18日夕刊．
63）井上益太郎日赤外事部長発中川融アジア局長宛「三月三日中国紅十字会との懇談要旨（北京飯店の一室にて）」（1956年3月14日）戦後外交記録K'-0080; 970-979．また，中国紅十字会連絡組「接待日本交渉在朝日僑回国代表団簡報八号」（1956年3月3日）档案管理番号105-00796-03．
64）経緯の詳細については，拙稿「在華日本人『戦犯』の帰国―天津協定成立の経緯とその意義」（『中央大学社会科学研究所年報』第7号，2003年）を参照されたい．
65）なお，東京懇談会覚書第18条で日赤が提起した日本人婦人の再渡航は，日本に帰国済みの日本人婦人を対象としていたが，天津協定第4条は中国に在留している日本人婦人についても一時帰国を認めた．その理由を井上は「多少性格がちがうとしても，之を三団体として討議することを拒否することは李覚書（東京懇談会覚書――筆者補足）全部を否認するようで無理があり，しかも之を認めたとしても，三月の両赤十字の了解がある以上，害がないと考えたから」としている（井上益太郎「帰国問題に関する中国紅十字会との天津会談」（日付不詳）戦後外交記録K'-0080; 1005-1042）．
66）三団体発中国紅十字会宛電報（1956年7月16日および8月6日）高木武三郎『最後の

帰国船』(鴻盟社,1958 年) 127-129 頁.
67) 中国紅十字会発三団体宛電報 (1956 年 8 月 23 日) 小川平四郎アジア局第 2 課長の欄外書き込み,戦後外交記録 K'-0082; 556.
68) 彭炎発中共中央国際活動指導委員会宛「関於接運第二批日本戦争犯罪分子来船接待工作的請示」(1956 年 7 月 14 日) 付属文書「関於弁理日僑婦女去日本探視後再回中国事項的連合通知」档案管理番号 105-00795-07.
69) 1956 年 12 月 14 日,英国船安慶号に 72 世帯 177 名を再渡航させた.
70) 中国紅十字会発三団体宛電報 (1957 年 4 月 26 日) 戦後外交記録 K'-0082; 700.
71) 三団体代表発三団体宛電報 (1957 年 5 月 19 日) 戦後外交記録 K'-0082; 730.
72) 三団体発三団体代表宛電報 (1957 年 5 月 19 日) 前掲『最後の帰国船』159-160 頁.
73) 同前 165-167 頁.
74) 黒龍江省公安庁「関於協助日僑回国及去日探親工作状況報告」(1957 年 5 月 23 日) 档案管理番号 118-00692-01.
75) 前掲『最後の帰国船』133 頁.
76) 厚生省援護局『続々・引揚援護の記録』(厚生省,1963 年) 52 頁.
77) 広瀬調停案は,衆議院引揚特別委員会広瀬正雄委員長による.本案は「残留組」の「往路」費用の自己負担を提示したが,社会党案は「片道」費用の政府負担を提示するにとどまった.一方,自民党案は「往路」費用の自己負担を提示するとともに,「臨時措置」として,日本に里帰りしている日本人婦人の再渡航旅費の支援,「残留組」里帰り希望者の便船便乗を「今回に限り」認めるとした.なお,いずれの案も「戦後渡航組」に一切の便宜を与えないとする点で共通していた.詳細は前掲『続々・引揚援護の記録』54-56 頁など.
78)「帰国問題に関する日本側三団体と中国紅十字会との懇談記録」(1957 年 12 月 12 日) 戦後外交記録 K'-0080; 1063-1070.
79) 同前.
80)「帰国船問題・里帰り婦人問題に関する日本側三団体と中国紅十字会訪日代表団との第三回懇談」(1958 年 1 月) 戦後外交記録 K'-0080; 1081-1086.
81) 彭炎発廖承志宛「関於今年日僑回国等工作的具体安排的請示」(1958 年 3 月 8 日) 付属文書「付件一 関於派船問題与日本三団体交渉経過」档案管理番号 105-00898-01.
82) 中国紅十字会党組彭炎発廖承志宛「関於今年日僑回国等工作的具体的安排的請示」(1958 年 3 月 8 日) 档案管理番号 105-00898-01.
83) 中国紅十字会総会「関於協助日本婦女去日探親工作的通知」(1958 年 5 月 10 日) 档案管理番号 105-00898-01.
84) 前掲『最後の帰国船』90-107 頁.
85) 同前 108-109 頁.
86) 前掲「関於協助日本婦女去日探親工作的通知」(1958 年 5 月 10 日).
87) 田桓主編『戦後中日関係史年表 1945-1993』(中国社会科学出版社,1994 年) 110 頁.
88) 中国紅十字会総会「関於停止協助日本婦女去日探親工作的通知」(1958 年 5 月 23 日) 档案管理番号 105-00898-01.
89) 中国紅十字会発三団体宛電報 (1958 年 6 月 4 日) 戦後外交紀録 K'-0082; 877.
90) 前掲『戦後中日関係史年表』112 頁.
91)「中外関係 我対中日民間往来採取断而不絶方針」『外動』第 21 号 (1958 年 6 月 25

日）档案管理番号 105-00899-08.
92)「中国人民対外文化協会、中国人民保衛世界和平委員会、中国紅十字会和日本中国友好協会訪華代表団的共同声明」（1958 年 10 月 10 日）前掲『戦後中日関係文献集』407 頁。なお、本共同声明は翌 11 日の新華社放送で日本にも伝えられた（前掲『続々・引揚援護の記録』456 頁）。
93) 彭炎発章漢夫宛「請審批『関於個別日僑申請回国処理弁法的通知』」（1958 年 11 月 22 日）付属文書「関於個別日僑申請回国処理弁法」档案管理番号 105-00898-01 ならびに中央公安部「関於日僑申請回国的処理問題」（1960 年 10 月 5 日）档案管理番号 105-01011-02.
94) 1958 年以降の個別帰国は、1958 年 4 名、1959 年 10 名、1960 年 41 名、1961 年 36 名と続く（前掲『続々・引揚援護の記録』61 頁）。
95) 厚生省「中共地区に残留する邦人の引揚に関する措置（案）」（1956 年 10 月 4 日）戦後外交記録 K'-0080; 872-874 ならびに同「対中共未帰還者調査依頼要綱（案）」（1956 年 11 月 5 日）戦後外交記録 K'-0080; 875-879.
96) アジア局「中共地域未帰還者問題について」（1957 年 9 月 10 日）戦後外交記録 K'-0080; 861-863.
97) 未帰還問題完全解決全国留守家族大会「決議」（1958 年 1 月 22 日）前掲『続々・引揚援護の記録』206 頁。
98) 同「決議」（1958 年 3 月 20 日）同前 207 頁。
99)「閣僚懇談会申合事項」（1958 年 5 月 2 日）戦後外交記録 K'-0050; 1123R.
100) 日赤発中国紅十字会宛電報（1958 年 10 月 17 日）戦後外交記録 K'-0080; 962-963. なお、前掲『続々・引揚援護の記録』209 頁。
101) 中国側が里帰り支援の停止を通告した翌日、外務省アジア局中国課長は「厚生省に於ては、七月早々白山丸を今次引揚船の最終船として就航せしめる予定の由なるところ、右便は国会終了後（会期三週間とみれば）のこともあり、最近の日中関係に鑑み、我方において万一その意向あらば、あまり目立たず自然な形で利用しうる一つの機会であるにつき為念」とし、その「なし崩し的終結」をも志向していたと思われるメモを作成している。
102) 中国課「中共地区の邦人未帰還者数」（1958 年 7 月 30 日）戦後外交記録 K'-0080; 956-957.
103) 前掲「第十二次中共帰還状況について」（1955 年 12 月）。
104) 内務部発外交部・公安部宛「日本籍養子国籍問題的往来函」（1955 年 1 月 21 日）档案管理番号 118-00545-01 など。
105) 中国紅十字会連絡組「中国、日本両国紅十字会関於商談日僑回国問題等備忘録以及我方対該備忘録的解釈」（1955 年 7 月 20 日）档案管理番号 105-00268-07.

7章 中国残留日本人
——自国本位の歴史認識を超えて

呉　万虹

はじめに

　中国残留日本人の問題は，日本社会でも注目される日中関係史の重要なトピックだ．だが，その論じられ方は日本と中国では大きく異なる．その問題に向けられる眼線そのものが異なるのだ．中国から見れば，日本での論じられ方は，やはり自国本位の観点に立っているものと映る．これは，残留日本人の問題に密接に関わる引揚げをめぐる言説にも共通する．たとえば，関係者の回顧録などにおいては，満州で中国人を雇って暮らした幸せな生活を懐かしそうに誇示しながら，引揚げの苦難をオーバーに強調する傾向が強いと中国側からは見える．当事者たちの引揚げストーリーにおいては，国家に対する懐疑に基づく，国家の個人に対する責任問題や国家から受けた個人の被害者意識が見られるものの，入植当時，中国人の土地をただ取りし，土地を失った中国人を小作農として使用したという加害意識がまったく見られないことに中国の読者は違和感をもつ．また，ジャーナリスティックに残留孤児を論じるにしても，日本では日本人孤児ばかりに着目し，あの戦争でどれだけの中国人が永遠に孤児になったのかという点に関心が払われることは皆無に等しい．中国人に対する加害意識が欠けていると映るのである．

日本における中国残留日本人に関する先行研究の中で，とりわけ注目されるのは『「満州移民」の歴史社会学』（蘭，1994），『移住と適応――中国帰国者の適応過程と援助体制に関する研究―』（江畑・曾・箕口，1996），『「中国帰国者」の生活世界』（蘭，2000a）などである．蘭（1994）は中国残留婦人のアイデンティティに関して興味深い考察を行い，示唆に富む分析をしている．江畑・曾・箕口（1996）は精神医学の角度から，日本に永住帰国している中国残留日本人の適応過程および教育面でのサポートに関して，追跡調査と考察を行っている．また，蘭（2000a）は，日本に永住帰国している中国残留日本人を分析対象とした論文集で，中国帰国者の異文化適応や住生活，中国帰国者二，三世のアイデンティティについて，多方面からアプローチしている．これらはいずれも重要な研究である．しかし，これらの研究はいずれにも共通する課題を抱えている．すなわち，日本に永住帰国した中国残留日本人に注目するあまり，中国定着を選択した中国残留日本人への視点が欠落しているのである．

　他方，中国においては，近年，中国残留日本人の中国での生活記録が出版されている．たとえば，『夢砕満州―日本開拓団覆滅前後』（政治協商委員会黒龍江省委員会文史資料委員会・政治協商委員会方正県委員会文史資料委員会，1991），『偽満覆亡』（孫邦，1993），『一個日本女人在中国的伝奇経歴』（楊剣鳴，1995），『情系暴桑―日本孤児在中国』（馮興盛，1997），『第二次世界大戦収養日本遺孤紀実』（曹保明，1998），『日本遺孤調査研究』（関亜新，張志坤，2005）などである．しかし，そのいずれも基本的に元敵国の子供や婦人を引き受けた中国人の寛容を謳う立場に立っており，当時存在した孤児や婦人の人身売買などマイナスの面には触れていない．

　このように中国残留日本人をめぐる研究においては，日中双方ともに自らの視点に強く拘束される傾向が見られる．たしかに，どの国でも戦争問題を考える際，自国本位の観点で物事を捉える傾向が見られ，日中双方でこのような課題を抱えるのも理解できないことでもない．本章は，中国残留日本人をめぐる日中間の議論のギャップに対する問題提起をおこなう立場から，あえて日本における議論の枠組みに対し3つの疑義を呈したい．

①過剰な同情

まず，一時帰国した中国残留日本人を迎えた日本の関係者やマスコミには，養父母や中国政府への感謝の気持ちより，彼らの中国での苦労をねぎらう言行のほうがより色濃く出ていて，収容所から出て来た「英雄」を迎えるかのような風潮が見られる点である[1]。しかし，彼らの中には，中国で大学まで進学した者，中国人でもなかなかなることが難しい医者，教師，技術者になり，中国で満足すべき生活をしている者が多くいる。物質的な面で生活が日本より劣るからといって，必要以上に同情の目でみるという日本側の風潮は，他人の短所を強調することによって，自らの優越感を確認しようとしているように中国側に映る。

②養父母などへの配慮の欠如

次に，中国人の養父母たちについて，彼らが，両親を失った日本人の子を育てたにもかかわらず，日本政府からは中国人養父母に対する思いやりが全く感じられないという点である（西条，1983：35-36）。中国残留日本人は日本人として血がつながっているから，日本側の政府も民間人も援助の手を差し伸べるが，その養父母は中国人ということで無視されてしまう傾向にある[2]。日本人にとって，日本人であることの意味と中国人であることの意味を改めて考える必要があるのではなかろうか。日本における戦争をめぐる言論において無視されているのは，何も中国残留日本人の養父母だけではない。たとえば，日本政府や日本の民間団体は，中国に残った日本人孤児のことを騒ぎながら，日中戦争で永遠に孤児になった中国人のことには一言も触れない[3]。

③中国定着した中国残留日本人への配慮の欠如

そして，日本側にある中国残留日本人たちは日本に帰るのが当然で，それが幸福なのだと信じて疑わない点である。実のところ，日中交流が広がってきている中では，日本永住帰国だけが最善の道ではない。現に中国定着を選択した中国残留日本人が存在している（朝日新聞残留孤児取材班，1997：230）。日本側は，そういった残留日本人が中国社会でも胸を張って生きていけるような環境作りに力を尽くすと同時に，日本を知ってもらうために，法的，経済的にも

彼らの自由な往来を保障するべきであると考えるが，そのような発想があるだろうか．そのことによって，実年に達した中国残留日本人が，自らの意志で日本永住帰国もしくは中国定着のどちらかを選択する機会を増やすべきではなかろうか．

　本章は以上の 3 つの問題点を考えるために書いたものである．この 3 点こそが中国残留日本人について考える上で，中国側から日本側に提起すべき問題と思われるからである．前述のように中国側の議論にも課題があるが，この機会を利用して敢えて日本側に問いを発してみたいと思う．

　なお，筆者は，中国残留日本人の問題を移住，漂流，定着という 3 つの時期に分けて捉えている（図 7-1）．叙述を進めるにあたり，ここで簡単に説明を加えておきたい．

　第一の移住の時期は，戦前において日本国内に居住し続けるか満州へ移住するかという選択肢のうち，結果的に中国残留日本人となった人々が後者を選択して以降の時期を指す．

　次に，満州移民が日本の敗戦前後からその後の定着先を日本か中国かに決めるまでを漂流の時期と捉える．それは，中国残留日本人がアイデンティティと生活面で苦悩する時期である．

　定着の時期とは，日本へ帰国あるいは中国での生活について選択をした後の時期を指す．ここであらためて断っておきたいのは，ここで言う定着先の選択とはあくまでも，生活の場所を決定することであり，精神的な苦悩が終わったことを意味しない．実際，定着先の選択をしてからも，中国残留日本人のアイデンティティの苦悩が続く場合が少なくないのである[1]．

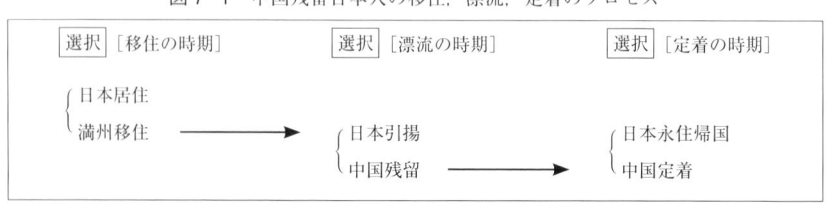

図 7-1　中国残留日本人の移住，漂流，定着のプロセス

選択 [移住の時期]	選択 [漂流の時期]	選択 [定着の時期]
{ 日本居住 満州移住　→	{ 日本引揚 中国残留　→	{ 日本永住帰国 中国定着

（筆者作成）

このようなプロセス全体を見渡せば，日本永住帰国問題が，漂流の時期の最終局面で日本への定着を選択し実行するという部分に相当することが分かるだろう．そして，もし全体のプロセスをふまえて定着期を扱うのなら，中国を定着先として選択した場合に生じる中国定着問題も同様に着目しなければ，中国残留日本人の問題を捉えきれないことに気づかされるのではなかろうか．前述のとおり，日本では日本への永住帰国問題に関しては若干の研究があるものの，中国定着問題は日本では看過される傾向にある．筆者は，この両者を視野に入れながら，中国残留日本人の問題を考えていきたい．

　ここで，研究対象である中国残留日本人について定義しておきたい．中国残留日本人は，主として「残留孤児」，「残留婦人」，「日僑二世」に分類でき，それぞれ以下のように位置づけられている．

　日本の厚生省（現厚生労働省）の定義によると，「残留孤児」たる条件は次の5つである．すなわち，(1) 戸籍の有無にかかわらず，日本人を両親として出生したこと，(2) 中国の東北地域（旧満州）などにおいて，1945年のソ連軍参戦以降の混乱によって，保護者と生別または死別したこと，(3) 終戦当時の年齢が13歳未満であること，(4) 本人が自分の身元を知らないこと，(5) 当時から引き続き中国に残留し，成長したこと，である．中国政府も基本的に同じ見解をとっている．

　上の残留孤児の定義にしたがえば，当時13歳以上であった女性が「残留婦人」と呼ばれることになる．彼女たちは，日本政府からは「自分の意志で中国に残った」と解釈され，長い間帰国への道が大幅に制限されることとなった．

　「日僑二世」とは，残留婦人が中国人男性と再婚した際，元の日本人夫との間で生まれていた子供を連れ子とした場合のその子供，あるいは残留婦人が中国人男性と結婚して生んだ子供を指す．

　このほか，当時13才以上であった男性，すなわち「残留男性」も存在している．残留男性とは，1945年のソ連参戦以降，シベリアに抑留されず，新中国が成立してからも，ずっと中国に残っていた当時13歳以上の日本人男性を指す．残留男性は残留婦人と対照的な存在である．今まで残留男性が注目されてこなかったのは，その人数が残留婦人と比べて少ないためである．そのため，本章でも少し触れる程度にとどめざるを得ない．

残留孤児，残留婦人，日僑二世および残留男性は，終戦の時点での年齢が違う（生まれていない場合もある）ため，日本語能力について微妙な違いがある．言語能力の相違は，中国残留日本人のアイデンティティのあり方にも多大な影響を与えている．
　以下，簡単に本章の構成と主旨を説明する．
　第1節では，中国残留日本人の帰国に関する歴史的な経緯について，時期区分をおこないながら，それぞれについて日中両国の政策というマクロレベルと残留者の個人的体験というミクロレベルの2つの次元で分析を試みる．これによって，中国残留日本人の帰国の性質の変遷を明らかにする．さらに，中国残留日本人の帰国動機に着目し，その理由をプッシュ要因とプル要因の両方から考える．これによって，中国残留日本人の帰国の類型化を行う．
　第2節においては，中国残留日本人の中国定着に関して，中国定着を選択する個人意志，アイデンティティ，中国へのプル要因と日本からのプッシュ要因という3つの分析軸による類型化を行う．さらに，中国定着と日本帰国の比較を通じて，定着地の選択と中国残留日本人のアイデンティティとの関連を探る．
　第3節では，中国定着を経てから諸般の事情で日本永住帰国を選択した場合，あるいは日本永住帰国を経てから中国定着を選択した場合について，その選択の過程と理由を検討する．
　最後に，本章の内容を要約し，この研究を通じて，何が明らかにされたのか，中国残留日本人の研究にはどのような意義があり，どのような意味を持つのかについて探ってみる．
　なお，本章で事例として取り扱う中国残留日本人たちは，そのほとんどがドキュメンタリーや手記で登場した人物であり，便宜上，仮名を使っている場合もある．本章ではこういった仮名をそのまま用いる．また，日本名と中国名がある場合には，そのどちらかを括弧内に示している．

1. 中国残留日本人の帰国問題

　日本では，満州移民史研究会（1976）や山田昭次（1978）など，中国残留日本人を生みだす発端となった戦前の植民地開拓に関する研究が数多くあるもの

の，戦後の中国残留日本人に関する研究は決して十分とは言えない[5]．他方，中国側の研究では，日本人の東北移民を日本帝国主義の経済侵略の一環と位置付け，戦前・戦中期に関する研究に関心が偏る傾向にある[6]．しかも，これら日中双方の研究では，(1) 終戦直後に日本人がなぜ帰国せずに中国に残留することになったのか，(2) 彼らがその後中国でどのような人生を辿ってきたのか，(3) 中国社会において残留日本人一般への差別があるかどうか，(4) 彼らはなぜ，どのようにして日本に帰国することになったのか，など残留日本人の永住帰国をめぐるもっとも重要な点についてほとんど触れていない．特に中国側の研究でしばしば指摘されるように，養父母など中国人民の中国在留日本人に対する人道精神はたしかに重要である．しかし，それだけではこの帰国問題を説明することはできない．

次に，本章で使われる「引揚げ」，「集団引揚げ」，「帰国」，「来日」という概念を整理しよう．

「引揚げ」とは，第2次世界大戦後，戦場になった海外地域にいた日本人，あるいは朝鮮のような日本の植民地にいた日本人が，外国での生活を引き払って日本に帰ることである．引揚げには，日本政府の力に頼るものと，専ら個人の力によるものとがある．「集団引揚げ」とは，日本政府の力に頼って，戦場となった海外地域などから大規模に日本に帰国することである．

「帰国」とは，残留日本人が外国，本章では中国から日本に戻ることである．一般的な意味からすれば，引揚げ，集団引揚げ，帰国の3つの中で，帰国は他の2つの上位概念であると言える．しかし本章では1958年以降の引揚げを，それ以前の引揚げと区別して，帰国と呼ぶこととする．確かに，戦争直後の引揚げと，今も問題である残留日本人の帰国とは違うもののように思われやすい．しかし，日本人の血を受け継いでいる人が日本に帰るという意味では，引揚げも帰国も同じ性質を持っているのである．

「来日」とは，2つのことを意味している．一つには外国人，本章では特に中国生まれの二世および中国残留日本人の配偶者，家族および関係者が日本に移住することを指す．もう一つには，日本人の血筋を有する中国残留日本孤児が祖国日本へ帰る気持ちで帰国するのではなく，中国人の意識のままで日本へ移住することを指す．その意味で来日は帰国と対立する概念である．

ここでは，中国残留日本人の帰国方法の変化を基準として，4つの時期区分をおこなう．すなわち，(1) 集団引揚げが開始された1946年から中華人民共和国成立の49年までの前期集団引揚げ期，(2) 中華人民共和国成立から集団引揚げが打ち切られた58年までの後期集団引揚げ期，(3) 58年以後から日中国交正常化の72年までの個人ベースでの帰国時期，そして (4) 72年日中国交正常化以降である．

　ひとくちに中国残留日本人といっても，日本に永住帰国した人もいれば，中国での定住を継続した人もいた．いったい，このように選択が異なった背景，理由は多様だ．本章で取り上げる事例は，あくまでもそれぞれの時期の典型例である．実際，筆者は大量の手記，体験記，ドキュメンタリーおよび自ら実施したインタビューから得た300余りの事例について考察した．その結果，一般論として，選択の理由はプッシュ要因とプル要因の両方から考えられ，そのプッシュ要因とプル要因はそれぞれ内的要因と外的要因とに分けられるとの結論に至った．内的要因とは，本人による選択の動機であり，心理的な理由である．外的要因とは外部からの要因で，経済的構造という主要因と，親族関係や自分にとって影響力のある人からの助言とサポートという副要因があることが考えられる（図7-2）．

　日本永住帰国と対照的である中国定着に関しては，第2節で詳しく分析することとし，ここでは，日本永住帰国と比較するために，中国定着理由の分析枠組を提示しておくに止める（図7-3）．

　他方，プッシュ要因とプル要因には時間に関係のないものと，時間に関係のあるものがある．そもそも，祖国への帰国願望は時間とは関係ない．これは不変の軸であり，図7-2では Ⅱ-イ に相当する．一方，祖国および居住している国の政治，社会，経済などの外部環境は変化する．人間はそうした変化に敏感に反応し，自分にとって居心地の良い場所を中国か日本かに求める．これは変化する軸であり，図7-2での Ⅰ-a ， Ⅰ-b ， Ⅰ-c と Ⅱ-ロ ， Ⅱ-ハ である．

　 Ⅰ-a 中国でのいやな体験認識 とは，中国社会で日本人であるがゆえに差別を受けたか否か，とりわけ文化大革命期の迫害有無とそれへの認識である．後述の事例のように，この認識の基準は個人差が大きい．たとえば，文革の時

図 7-2　日本永住帰国理由の分析枠組[7]

			I　中国からのプッシュ要因		II　日本へのプル要因
内的要因		a	中国社会でのいやな体験認識	イ	本人の帰国希望
外的要因	主要因	b	中国の経済の立ち遅れ	ロ	日本経済の先進性
	副要因	c	中国側の親族や本人にとって影響力のある人物による帰国への支持	ハ	日本側の親族や民間ボランティアによる帰国への支持

(筆者作成)

図 7-3　中国定着理由の分析枠組

			I　中国へのプル要因		II　日本からのプッシュ要因
内的要因		a	中国社会で大事にされたこと	イ	中国人として差別されること
外的要因	主要因	b	中国で社会地位を築いていること	ロ	いい仕事が見つからないこと
	副要因	c	中国養父母への恩返し	ハ	日本側の親族の帰国反対

(筆者作成)

に刑務所に入れられても,「中国人もたくさん迫害を受けたのだから」(事例4) と言って恨みに思わない人もいれば,文革の時に1度転勤させられただけのことで,「中国で政治的地位や権利は一切ない」(新井, 1986：72) と訴える人もいる.

さらに,プッシュとプルの力関係のバランスによって,積極型帰国と消極型帰国とに分けられる.「積極型帰国」とは,日本へのプル要因の力が中国からのプッシュ要因の力より強い場合を指す.「消極型帰国」とは,中国からのプッシュ要因の力が日本へのプル要因の力より強い場合を指す.この類型は,あくまでも力関係のバランスによる類型であり,プッシュ要因とプル要因の数を数えるだけのことではないことを,注意していただきたい.

ただし,第4期 (1972年〜現在) では,日僑二世や関係者らにとって,日本の国土を踏むことは帰国の問題ではなく,「来日」と考えられる.さらに,そこでは主として中国からのプッシュ要因のためでなく,むしろ日本へのプル要因の力が大きいと考えられる.そこで,この新しい現象を「積極型来日」というパターンに分類する.

図7-4　日本永住帰国の類型

時期	帰国要因群	類型	
第1期 (1946-49)	（Ⅱ-イ）	積極型	帰国
第2期 (1949-58)	（Ⅱ-イ）	積極型	帰国
	（Ⅰ-c）＞（Ⅱ-イ）	消極型	帰国
	（Ⅰ-a）＞（Ⅱ-イ）	消極型	帰国
第3期 (1958-72)	（Ⅰ-a）＋（Ⅰ-b）	消極型	帰国
	（Ⅰ-a）＋（Ⅰ-b）＜（Ⅱ-イ）＋（Ⅱ-ロ）	積極型	帰国
第4期 (1972-)	（Ⅰ-a）＋（Ⅰ-b）＋（Ⅰ-c） ＜（Ⅱ-イ）＋（Ⅱ-ロ）＋（Ⅱ-ハ）	積極型	帰国
	（Ⅰ-b）＋（Ⅰ-c）＞（Ⅱ-イ）＋（Ⅱ-ロ）	消極型	帰国
	（Ⅰ-b）＋（Ⅰ-c）＜（Ⅱ-ロ）	積極型	来日

（筆者作成）

　結論を先に言うと，このプッシュ要因，プル要因で4つの時期の帰国理由を分析すれば，図7-4のように類型化することができる．

　次に，このような変容を説明する要因として，中国残留日本人が1945年に中国残留を強いられて以降，外部環境の重要なキー・ポイントについて見ておこう．

　まず，日中間で起こったこととして，1945年の日本の敗戦，1946-1949年の日本人前期集団引揚げ，1949-1958年の日本人後期集団引揚げ（呉，1999：189-245），1972年の日中国交正常化などが挙げられる．次に，中国の国内では，1949年の社会主義新中国の成立，1950-1952年の土地改革，1950-1952年の三反五反運動[8]，1957年のインテリ批判の反右派闘争，1966-1976年の大規模なプロレタリア文化大革命，また，1978年以降の改革開放路線，市場経済政策の実施などが挙げられる．

　これらのいくつかのキー・ポイントこそ，中国残留日本人を中国定着もしくは日本への永住帰国決定における重要な要因だと考えられる．

　以下，上記の時期区分に従い，それぞれ事例をとり上げながら，変容過程と個々の時期の特徴を検討する．また，帰国に絡む昨今の動向として「来日」に触れる．

(1) 第1期　前期集団引揚げ期（1946-1949年）

事例1　残留婦人松下さかゑ（NHK長野放送局，1979：302-306）

　松下は1917年に長野県上伊那郡中川村に生まれた．1939年7月に満州花嫁として中国東北地方に渡った．彼女の入植地は東安省密山県で，中ソ国境に近い開拓村であった．1945年の終戦直前，松下の夫は現地召集を受けて出征した．終戦当時，彼女は5歳と4歳の男の子の手を引き，生後まもない赤ちゃんを背負って，避難の道を辿った．夜も昼も歩き続ける目的地が見えない旅であった．その上，ソ連軍の空襲，現地人の略奪，さらに寒さにも耐えなければならなかった．チチハル，ハルビン，奉天へと流浪した．奉天で松下自身が病気にかかり，長男は同じ日本人収容所の日本人に売られてしまい，次男は栄養失調と病のため立ち上がることができないまま，中国人に貰われていった．松下は1946年7月5日に日本へ帰国した．一時農協に勤めたが，その後は農業に専念し，果樹農業を営んだ．松下の次男は残留孤児となった．

　これは日本永住帰国の類型図式の Ⅱ-イ （祖国へ帰りたい希望）による積極型帰国の典型例である．松下としては，日本への帰国は日本人であるがゆえに，当然のことだと考えたのである．

(2) 第2期　後期集団引揚げ期（1953-1958年）

事例2　残留婦人北崎可代（劉素琴）［北崎，1973］

　石川県生まれの北崎可代は1939年に，夫に連れられ「満州開拓団」の1人として旧満州へ渡った．敗戦直前に夫が入隊して生き別れ（その後戦死と判明），敗戦による混乱の中をソ連兵や満州国軍の兵士から逃げまどった．中国の農民たちに助けられて死地を脱し，母子4人辛うじて生き延びることができた．その後，彼女たちを護ってくれた農民の1人と再婚し，その夫との間にも2人の子供が生まれ，農業の片手間に助産婦をしながら，黒竜江省五常県山河屯で幸福に暮していた．

　その北崎の住む地域でも，1952年秋頃「在華日僑」の調査があった．帰国を希望する日本人の調査である．彼女は，開拓農民としての生活を通して，日本軍の横暴と身勝手さにすっかり嫌気がさし，またこのような日本軍を育て上げてきた日本そのものに疑問を抱き続けていた．その上，中国人の夫との間に

生まれた幼い2人の子供のことを考えると，日本帰国にはなおさら気が重かった．気のやさしい中国人の夫は，彼女が日本へ帰ってしまうかと，すっかり落ち着かなくなっていた．ただ，唯一の気掛かりは，日本人の夫との間にできた，18歳になる長男を頭とする3人の子供の将来であった．とりわけ長男は，中国で長く暮してきてはいたが，日本人の青年として成長していた．

去就に迷っているうち，翌1953年2月頃になると，中国にいる日僑の帰国問題はますます具体化しはじめ，紅十字会が日本の民間団体と話し合いをしているとの話も伝わり，いよいよ彼女も態度を決めなければならなくなった．その頃，彼女の住む村で，彼女の帰国問題について討論会が開かれた．その席上，仲間の中国人たちが口々に彼女に対して言ったことは，自分の考えなり希望を第一に優先させるべきだと，ということであった．そう言いながらも村の人たちの言動には，彼女がそのまま現地に留まってほしいという気持ちがにじみ出ていた．このような日々の中で，長男が先ず帰国の決意を固め，とりあえず兄妹3人の帰国手続きを済ませたが，彼女は依然迷い続けていた．その時彼女に帰国を決意させたのは，山河屯地区政府の一幹部の誠意あふれる説得であった．

この幹部の説得は次のような内容である．北崎と日本人夫の間にできた3人の子供は，単に母親の北崎一人の子供でなく，日本の子供で，将来日本を創り出す日本国の宝でもある．だとすれば，当然日本に返さなければならない．母親北崎はその子供を日本まで届ける義務があるし，さらに，一人歩きのできるまで，その成長を見守るという母親としての責任もある．北崎と中国人夫の間にできた子供は，父もおれば，多くの親戚や仲間もいるし，心配はいらない．日本にいる子供の成長を見届けたら中国に帰ればいい．日本に帰った子供を立派な日本人として育てることによって，日本と中国の友好の花が開こう．

この中国の幹部の説得で，北崎はとうとう日本帰国を決意することになったという．これは，影響力がある人物によって残留日本人本人への説得がなされ，帰国が促された例である．つまり，日本永住帰国の類型図式の （Ⅰ-c）＞（Ⅱ-イ） による消極型帰国の典型例である．

(3) 第3期　個人ベースでの帰国（1958-1972年）

事例3　日僑二世西条正（李凱峰）（西条, 1978），（西条, 1980）

西条正は1945年に中国北安に生まれ，1964年にハルビン市第14中学校高級中学を卒業し，同年の12月に日本へ帰国した．その後，彼は1972年に横浜国立大学経営学部を卒業し，1980年には津田塾大学で非常勤講師として中国語と中国政治経済を担当している．

　西条正の父西条政為は，親と兄弟とともに，1940年に新潟県から満州北安省に移民した．西条正の母ハルエは集団見合いで政為と知り合い，1943年に満州で結婚し，敗戦前の1945年1月1日に西条正が生まれた．8月1日に父西条政為が日本軍に召集され，2週間後にソ連軍に捕らえられ，シベリアに抑留されて音信不通となった．終戦後5年間近く，西条の母は中国の鶴崗でずっと日本人夫の消息を待っていたが，50年に病院の院長をしていた中国人と再婚した．ところが，西条の父は1949年に無事に日本へ帰っており，妻と子供の消息を探したが，分からなかった．ようやく1952年になって，西条の父は妻と子供の消息を知り，西条の母と離婚手続きをとった．

　西条は李凱峰と名付けられ，養父の転勤とともに鶏西，ハルビン等と移りながら，中国人社会で他の中国人とまったく変わらぬ生活を送り，中国の一少年として成長した．1956年西条が小学校6年生の時，母が西条を連れて一時帰国で里帰りしようとした．しかし，当時の西条にとって日本へのイメージはかなり悪かったため，西条は母との日本への里帰り同行を拒んだ．

　中国で外国人であることは，いつも不利とは限らなかった．1957年西条の養父がハルビンに転勤した時，西条は鶏西の学校からハルビンの学校への転校を断られて困った．その時，西条がハルビン市人民委員会外事処で「外国僑民居留証」を請求し，それを教育関係部門へ出して，日本人であることをむしろ特権として入学を許されたこともあった．

　西条は共産党員の幹部であった中国人養父のお陰でずっと豊かな生活を送ってきた．しかし，1957年養父が右派として批判された．その後，西条は自らの出身階級による差別と，1950年代末期の中国の食糧難を経験した．食糧難の時期に，「食べ物を得ることのできる天地」として外国を夢見た人がかなりいた．西条もそのような一人であった．飢えている時，西条にはかつて行きたくもなかった日本にでも行ってみようかという気持ちが強くなってきた．つまり，西条の心を決定的に日本に向けさせたのは飢えであった．さらに，出身階

級が悪いなら，どんなに頑張っても出世が駄目だと認識した政治面での絶望も，この決心を強めるものであった．

　これは，この時期において，中国でのいやな体験Ⅰ-aと中国経済の立ち遅れⅠ-bのプッシュ要因による消極型帰国の典型例である．

(4) 第 4 期　日中国交正常化以降の帰国（1972 年-現在）
事例 4　残留婦人松田ちゑ[9]
　松田ちゑが孫娘を連れて永住帰国に踏み切ったのは，1991 年 11 月であった．
　松田は，1919 年に山形県天童で父安吉，母えんの長女として生まれた．1941 年，彼女は生後 100 日余りの子佐智子を抱え，夫とともに開拓団の入植で満州に渡った．1944 年に夫が日本軍に召集された．1945 年の終戦後，松田は開拓団のメンバーとともに避難し方正県にやって来た．収容所でのぎりぎりの生活で，娘の佐智子が死んでしまった．病気に罹った松田は，生き抜くために他人に勧められた崔という中国人と結婚した．1946 年，引揚げの機会が来た時，松田は悩んだ．徹夜して看病してくれた夫への恩返しとして，彼女は中国に残ることを決心した．

　1949 年，松田は崔との息子を出産した．その翌年，日中間通信ができるようになった．弟からの手紙で，母の死と自分が夫に捨てられたことが分かった．1952 年に引揚げの機会が来たが，彼女はどうしても自分の子を中国に残して日本へ帰るのが忍びなくて，ふたたび中国に残ると決心した．1957 年，崔が亡くなり，松田は 3 歳年上の中国人と再婚した．再婚した夫は彼女の良き理解者で，そのおかげで松田は残留婦人の相談相手になることもできた．1960 年から 1962 年の 3 年間に中国で自然災害が起きた．その時，松田は中国政府の呼び掛けに応え土地を開墾した際，日本人の遺骨を発見した．彼女は早速方正県公安局外事科にそのことを知らせ，「日本僑民の遺骨を埋葬したい」という旨を申し出た．これに応えて，1963 年，中国政府は遺骨を埋めて，日本人公墓を建てた．松田は，1965 年に兄妹たちの招きで，一時帰国を果たした．この一時帰国の間に，彼女は厚生省，日本赤十字，山形県庁援護課に残留婦人の里帰りを国費で実現してくれるよう嘆願書を提出した．7 人の兄妹が旅費の工面をしてくれ帰国できた幸運を，自分ひとりの喜びにしたくなかった．

1968年，文化大革命の嵐の中で，松田はスパイ容疑で投獄された．方正県で一番早い一時帰国，その後の身元探しや手紙の代筆などの活動，残留婦人として訪ねてくる人も多く，日本人公墓建設など政府に働きかけた活動家であったことが，裏目に出たのだった．夫は職場を追放され，息子は大学進学の道を閉ざされ下放された．文化大革命の嵐がおさまり，松田は3年間の獄中生活の後，無罪放免となった．中国政府は3年間分の給料も支払ってくれ，名誉回復となった．

　松田は，日中国交回復後に再開された帰国運動に，以前にも増して関わるようになった．彼女は1973年から1980年5月まで，相談にきた残留日本人の一切の帰国手続きを代行した．1980年6月，彼女は国費で2回目の里帰りをした．松田は一緒に日本に永住しようと夫に相談したが，夫はこの歳で外国へ行くのが嫌だと言った．自分のために苦労していた夫のために，彼女は永住を諦めたが，彼女が里帰りで日本に滞在している間に，夫が亡くなってしまった．この時の里帰りは，5年3カ月の長さになった．この間の日本滞在が，後に，方正県に日本語学校の設立をめざす活動に結び付いた．いくら切望して帰国しても，日本語が解らないなら，孤児にとって日本は決して安息の所でない，と彼女は痛感した．1985年，彼女はふたたび中国に戻って，日本語学校を開校したが，3年後に閉校した．中国区政府はもはや認可してくれなかった．教師に払う給料が区政府の役人よりも高額，経営者が日本人．そして，帰国志向の日本語学校の生徒が増えることは，中国政府にとってやはり感情的に面白くなかったのであろう．

　学校の閉鎖に追い込まれたことが，松田に思いがけない感情を呼び起こした．望郷である．彼女は今度は永住帰国を選んだ．1991年，すでに70歳を超えての決断だった．息子は老いた母の一人暮らしを案じ，3人の子供のうちの次女を母に付き添わせた．松田は息子を日本に連れてくるつもりがなかった．日本に順応するには，息子は歳を取り過ぎている．中国にいれば，彼は安定した生活があるし，中国は彼にとって，大事な父の国である．

　これは，この時期における，主に日本へのプル要因，つまり祖国への望郷の念Ⅱ-イによる積極型帰国の典型例である．文化大革命の嵐の中で刑務所に入れられたにもかかわらず，松田は決してそのことで中国を恨んだりしなかっ

た．彼女にしてみれば，文革の時に彼女と同じような目にあった中国人はたくさんいたからである．分析枠組のところで述べた中国からのプッシュ内的要因である「中国社会でのいやな体験認識」の基準は，あくまでも残留日本人本人が，どのように受け止めたのか，という本人の認識により定められるものであることについて，あらためて注意を喚起したい．

(5) 帰国に絡んだ新たな動きとしての「来日」
事例5　残留婦人曽秀英（吉永伸子；仮名）[10]
　曽秀英は，戦時中に現黒竜江省虎安県の南五道崗開拓団で獣医の夫と暮らしていたが，ソ連軍が参戦する前に，夫が日本軍に召集された．終戦の時，彼女は開拓団の人たちと一緒に1人の幼子を連れて南へと避難した．収容所での生活はぎりぎりで，周囲の圧力もあって，生きる手段として40歳の中国人貧農の王と結婚した．翌春，連れ子の子供に死なれた時に彼女は自殺を図ったが，夫に助けられ，「死なないなら，生きていこう，いつか日本へ帰る」と決意した．しかし，1946年の集団引揚げ期当時，彼女はすでに子供を身籠っていた．そのため，彼女は帰国を諦めた．

　1952年に夫が死んだ．その後，彼女は曽という身寄りもなく財産もない人と再婚した．1950年代後半，そんな彼女の前に帰国のチャンスがまたやって来た．しかし，彼女はすでに2人の娘をもっていた．子供を連れて日本に帰ったら，笑われると思った．また，子供を捨てるのは忍びなかった．結局，曽秀英は「身を捨てて」子供のために中国に残ることにした．

　曽秀英は文化大革命の嵐の中でも，批判されることはなかった．しかも彼女はよく働き，農村では教養が高い方だったので，中国の労働模範・毛沢東著作学習積極分子として選ばれたほどだった．

　1975年，曽秀英は一時帰国で日本へ来たが，貧しい中国の農村と違うあまりにも贅沢な生活ぶりや，合理的で冷たい人間関係に強い違和感を覚え，自分の居場所が日本にはないと思って中国に帰った．

　1990年に，民間ボランティアの世話で曽秀英は2回目の帰国を果たしたが，日本の兄弟たちは彼女の帰国を歓迎しなかった．しかし，子供や孫は1980年代後半の中国での出国ブームに影響され，祖母の関係を利用し，日本へ行きた

いと考えるようになる．曾秀英はついに日本への永住帰国を「決意せざるをえなかった」のである．中国は「五十年住み慣れた国，自分の祖国と同じです．離れたくないが，仕方ありません．そんな運命に追い回される人間です」と曽は述べる．かつては夢にまで見た日本への帰国を子供のために２度も諦めたのに，今度は子供に無理強いされて「仕方なく永住帰国を決めざるを得ない」のである．

　これは，日本へのプル要因と比べて，中国からのプッシュ要因の方が強い消極型帰国である．消極型帰国の中でも，内的プッシュ要因（本人の中国でのいやな体験認識）が強い場合もあれば，外的要因が強い場合もある．このケースは外的なプッシュ要因，つまり中国経済の立ち遅れの主要因 Ⅰ－b と親族の強い来日意志の副要因 Ⅰ－c が強く働いたのである．

　中国残留日本人の引揚げと帰国には，およそ半世紀の時間がかかった．それはいまだに終わっていない．その長い時間の経過の中で，日本と中国をとりまく国際環境やそれぞれの国内政治，経済状況もまた大きく変化し，それに伴って中国残留日本人の帰国問題の性質も徐々に変質していった．現在では，経済「先進国」日本への家族ぐるみでの「移住」という動機も絡むようになってきたのである．

2．中国残留日本人の中国定着問題

　前節では時系列に即して分析をおこなったが，ここでは内的，外的な要因に基づいて分析をおこないたい．中国残留日本人の中国定着といっても，いくつかの類型があり，それは主に３つの軸で分析を試みることができる．

　一つの軸は中国残留日本人自身における中国定着の意志の有無である．本人に中国定着の意志がある場合を「本意定着」と名付け，本人に中国定着の意志がないもののその他の事情で中国に留まった場合を「不本意定着」と名付ける．

　もう一つの軸は，アイデンティティの問題である．すなわち，同じ中国定着にしても，完全に中国人になったため中国に残ると決意した「中国人アイデンティティ」とあくまでも日本人として中国で生きていくことを選択した「日本

人アイデンティティ」，そして日本と中国の双方にあまりこだわりがなく，良い生活さえできれば良いという「中間柔軟アイデンティティ」もある．

3つ目の軸は，中国定着の動機と理由に依るものである．すなわち，中国人に良くしてもらったため恩返しをしようと中国定着を決意した「報恩型」，今の中国での生活は安定しているので中国定着を決めた「生活重視型」，本当は日本に帰りたいがやむを得ない事情で帰国を断念し，中国定着を決めた「やむを得ず型」などがある．

(1) 中国残留婦人の中国定着とアイデンティティ

前者と後者を組み合わせれば，本意定着の場合でも，さらに①中国人になりきっている場合，②あくまでも日本人として中国で生きていく場合，③どこでもかまわないが，とにかく幸せな生活ができればいいという場合が想定されることになる．①を「中国人アイデンティティ」，②を「日本人アイデンティティ」，③を「中間柔軟アイデンティティ」とする．以下，それぞれの事例を検討したい．

①中国人アイデンティティの本意定着
事例6 残留婦人呉桂枝（河村喜居子）（孫邦，1993）

呉桂枝は，現在中国黒竜江省虎林県在住の残留婦人である．河村喜居子は，1922年に新潟県に生まれた．父は建築技師であり，1932年に日本軍に召集され，中国東北の方正県で軍事関係の建築の仕事をしていた．父が中国に渡ってまもなく，母は難産で死んでしまった．その後，河村喜居子は祖母と一緒に暮らすようになった．1939年，河村喜居子は東京の高等女学校を卒業後，父に手紙で呼ばれ方正県にやって来た．半年間のタイプ学校の勉強を経て，喜居子は方正県役所で仕事に就いた．仕事はうまくいっていたが，河村喜居子の祖母がどうしても彼女を恋しがるので，1940年，河村喜居子はまた日本に戻った．母を難産で亡くしたため，河村喜居子は助産婦になりたくて，東京市産婦専科病院付属学院で勉強し，卒業後同院で2年間働いた．1943年，父が工事中にけがをしたため，再び河村喜居子を中国に呼び寄せた．そこで，河村喜居子は中島という現地警察に勤務していた日本人を紹介され，まもなく2人は結婚し

た．

　終戦の時，河村喜居子は夫と一緒に避難中，夫が攻撃にあって死亡した．彼女も負傷したが，中国人に助けられた．その後，ソ連軍は彼女を治療するために，彼女をソ連まで連行した．河村喜居子はソ連で何度も自殺しようとしたが，看護婦と通訳にとめられた．ソ連軍は喜居子のけがを完全に治療した後，彼女の意見を聞き，再び中国に送還した．河村喜居子は早く日本へ帰りたかったが，虎林で共産党の独立団に「今戦争中なので，途中は危ない．むしろしばらく中国にいて，平和になったらきっと日本へ帰れる」と言われて，中国に残ることにした．1946年，河村喜居子は独立団の林治国という人と結婚した．

　1952年，日本人集団引揚げの時，河村喜居子には林との間にすでに2人の子供がいた．帰国するなら，夫と子供を捨てるしかなかった．河村喜居子自身も幼い時母に死なれたので，自分の苦しみを子供に味わせたくなかったし，社会主義にも好感をもっていたため，中国に残ることにした．

　その後，呉桂枝は立派な助産婦として中国で大いに活躍し，彼女の手で生まれた子供たちはすでに1万人を超えた．日中交正常化以後，彼女は何回も一時帰国で日本へ帰ったことがあり，その度に日本の肉親に永住帰国を勧められた．喜居子も自分の生まれ故郷が恋しかったが，中国に自分の家族や子供がいるし，彼女には助産婦としての仕事もあるので，中国に住み続けている．

　呉桂枝は日本の肉親に永住帰国を勧められたが，彼女は自分の個人意志で自ら中国定着を選んだ．そして，彼女は中国名を名乗り，中国人社会に溶けこんでいく傾向がみられる．これは典型的な「中国人アイデンティティの本意定着」の事例である．

②日本人アイデンティティの本意定着
事例7　残留婦人木曽幸子；仮名（蘭，1994）
　木曽幸子は，現在中国黒竜江省通河県在住の中国残留婦人である．木曽幸子は1913年に長野県農家の長女として生まれた．彼女は，戦前の農家の長女にありがちな，自分のことより家や周囲を大事にする，辛抱強く従順で，そして寡黙な女性であった．1941年，彼女が27歳の時，「外国に住むことへの憧れ」

7章　中国残留日本人　189

をもって，嫁を探しに帰国していた隣村出身の満州開拓団員の塩尻と結婚し，満州に来た．木曽幸子は塩尻との間に2人の子供ができた．平穏な生活を破ったのは，1945年2月夫の召集であった．

　終戦にあたり，木曽幸子は2人の子供を連れて，しばらく山に避難した．その後，日本人収容所に入った．そこでは，食糧支給の不足，栄養失調，悪い衛生状態に寒さが加わり，死亡者が続々と出た．木曽幸子の2人の幼児もまもなく発疹チフスで亡くなった．「生きていればいつか会える」という夫の言葉があったから，彼女は懸命に生き抜こうとした．木曽幸子は当初「満人」の妻になるのを拒んでいたが，1946年に，周りの人に説得され，中国人の周清龍と結婚した．周は「苦力」（低賃金農業労働者）であった．周との生活を始めて，幸子は畑仕事に精を出した．それは，働かなければ生活できない状態であったためでもあるし，それ以上「敗戦国民」として1人で中国に生きるには「信用」が第一だと強く感じていたからである．それに，自分がもし働かず，それを理由として自分1人のために「やっぱり，こんなだから日本は戦争に負けたのだ」とか言われることが耐えられなかったからである．彼女の肩には日本が背負われていたのであった．木曽幸子は働き者で，その努力の甲斐があり，「日本の婦人は良く働いていい」という近所の評判だった．こんな彼女であっても，もと開拓団の男たちには「満妻」と罵られ，辛かったこともあった．

　1947年，木曽幸子と周の間に長男が生まれた．1953年集団引揚げの機会が訪れた時には，ちょうど彼女が2番目の子供を産んだばかりだった．木曽幸子はまた直に機会があると思って，帰国の手続きを断念した．1954年，最後の引揚げの機会を見送った木曽幸子に日本の妹からの手紙がきた．木曽幸子の夫塩尻は彼女の妹と結婚した．せっかく妹が夫の塩尻と結婚生活を送っているのに，自分が帰れば「邪魔になる」からと思い，彼女は日本帰国を諦めた．

　多くの残留日本人は，日本人であるために差別されたり，文化大革命の時自己批判を求められたりしたという．しかし，木曽幸子は，日本人だからといって差別されたり苛められたりしたことがなかったし，2人の子供も「小日本鬼子」と言われたことも1度もなかった．田舎だったからかもしれないが，木曽幸子が敗戦国民として細心の注意を払ったからでもある．そして，木曽幸子は15年間も村の会計を務めた．会計を任されることは，村の人に信頼されてい

た証拠で，それが幸子に嬉しかったし，誇りでもあった．彼女は「日本人」だからこそ絶対間違いをしたくなかったし，1回も間違わなかった．そのため，信用もされたし知恵があると尊敬もされていた．

　木曽幸子は戦前，優秀な日本人と劣る「満人」というステレオ・タイプの対照的な民族観を持っていた．だからこそ，苦しい状態でも一人前の日本人として，生き抜こうとしたとも言える．その日本人としてのプライドは，彼女を「残された」ことによる不安感や疎外感から救った．しかし，追い詰められた状態で，「大和撫子」が「満人」と結婚したことは，ある意味でそのステレオ・タイプされた民族観を超えるものでもあった．そして，日常生活を共にするうちに中国社会への，中国人への共感も育っていった．中国社会の懐の深さによって，幸子の民族的な意識も，彼女の気付かないうちに，次第に相対化されていった．そのことをはっきり認識したのは，1975年の一時帰国だった．確かに日本は文化的水準も生活水準も高いが，幸子は中国の家族と，「中国で生きた自分の人生」を捨てることができなかった．木曽幸子は，中国で生きることを選択した．

　幸子は中国定着を選んだが，あくまでもこだわっていたのは，日本人として，いかに中国で立派に暮らしていくかということである．彼女は中国人社会に溶けこんでいないし，中国人の前ですっと「立派な日本人」を演じたのである．つまり，彼女が選んだのは，日本人として中国で生きていくことであった．このタイプを「日本人アイデンティティの本意定着」と名付けたい．

③中間柔軟アイデンティティの本意定着

事例8　残留婦人木戸口ユン（白百合）（朝日新聞残留孤児取材班，1997）

　木戸口ユンは1921年に山形県に生まれた．42年，「大陸の花嫁」として，チチハルの北にある柏根開拓団の夫のもとに嫁いだ．敗戦でチチハルへ．ソ連に抑留された夫とは，抑留地に出発する直前にソ連軍が面会させてくれた．金網の向こうで，夫は「日本に帰れ」と言った．2人いた子供は収容所で死亡した．今では名前がどんな漢字だったかも，忘れてしまった．食べていくため，木戸口ユンは女中として働いた．妻に先立たれ，3人の子を抱えて困っていた鉄道会計係・白の家だった．やがて，結婚を申し込まれて結婚した．日本の男

と違って，勤めからの帰宅途中で食料品を買いこみ，自ら台所に立つ姿が新鮮だった．結婚後，ハイラルに転勤し，4人の子供が生まれた．日本人引揚げ再開の時，日本に帰っても，自分が頼れるのは継母だけだし，中国に夫と子供がいるし，中国にとどまることを自ら選択した．

1982年，故郷に一時帰国した．今は，内蒙古自治区ハイラル市に住んでいる．鉄道財務主任で退職した夫・白，孫との3人暮らしで部屋が3間ある．家賃はほとんどただに近いほどで，年金生活の老夫婦にとって大きな負担ではない．小学生になる長男の子と同居している．長男の自宅は市の中心地から離れているため，預かっている．

木戸口ユンは夫の苗字をもらい「白百合」の中国名を持つ．彼女は自分がもう中国人だと思っている．彼女は，人間がどこで暮らしていても，幸せでさえあれば，それでいいと思い，いま孫の面倒を見ながら頑張っている．中国定着を選択したのは，中国で恵まれた生活を送っているからである．彼女は日本とか中国とかいう国に対する気持ちよりも，自身の安定した生活を重視する．これを「中間柔軟アイデンティティ」と名付ける．

④不本意定着

次に，日本人としてのアイデンティティをもち，日本への帰国願望もあるが，やむを得ない事情で中国にとどまる「不本意定着」を考える．

事例9　残留婦人亀井光子[11]

亀井光子は1921年に新潟県生まれた．1942年，夫や同じ村の人たちと一緒に開拓団として中国に渡った．日本敗戦直前，夫は召集され，その後亀井光子を連れずに日本に帰国した．まもなく48年に，日本では夫のもとから籍を抜かれ，その籍は実家に引き取られることなく，亀井光子の戸籍そのものが抹消されてしまった．日本に帰るところがなくなったのである．その後，亀井光子は現在の中国人の夫と結婚したが，子供に恵まれなかった．こういった身寄りのない外国老人の面倒を見てくれるのは，ハルビン外僑養老院である．中国政府が出資し，設備が整った施設である．亀井光子と中国人夫はここで晩年生活を送っている．

1975年，亀井光子は日本に里帰りした．実家は弟が継いでいたが，その弟も亡くなっており，実家はないに等しかった．結局，姉の嫁ぎ先に立ち寄った．期限半年の里帰りだが，いろいろな事情があり，3カ月だけで中国に帰った．その間に，亀井光子は中国に帰りたくなくなり，ずっと日本にいたいと言い出した．しかし，姉は自分の嫁ぎ先にいろいろと迷惑をかけるのがいやで，その要望を引き受けなかった．

　1986年，亀井光子はあるテレビ番組の制作でもう1度来日した．亀井の姉と交渉したが，里帰りを拒否された．その返事は「いろいろと事情がありまして，妹を迎えるわけにはいきません．会いたくないと言えば，うそになります．しかし，人間はどこかで何らかの形で生きなければならないのですから，あちらで一日も長生きして，静かに向こう岸に着いて欲しいと，祈っている次第です」とあった．

　亀井光子は中国で生きていくという意志の有無と関わりなく，日本には頼れる肉親がいないため，結局中国で暮らしていくしかなかった．

　残留婦人全体に共通に言えることであるが，たとえ肉親がいても，実際に帰るところがないことが多い．彼女たちは，すでに中国に渡った時に家族の多くの事情を抱え，居るべき場所がないと感じて，新天地中国に飛躍を求めたのである．しかもその後，数十年以上の歳月が経っているので，すでに親，子，夫というような近親者は，ほとんどの場合存在しない．たとえ兄弟姉妹がいても，家庭の中心はすでに子供の世代に移っている．亀井にしてみれば，中国定着はできれば避けたいが，日本における諸般の事情で中国に居続けざるをえない．これを「不本意定着」と呼ぶ．

(2) 中国残留孤児の中国定着とアイデンティティ

　これまで残留婦人について検討してきたが，次に残留孤児について見よう．前段同様に，中国定着の意志の有無により，「本意定着」と「不本意定着」に分けることができるが，終戦の時点でまだ乳児だったり，あるいは日本語が多少話せても日本人である意識がまだしっかりと固まっていない残留孤児に関しては，アイデンティティの問題は残留婦人ほど深刻ではない．そのため，残留孤児の分析に際しては，主に本人の意志と定着動機という2つの軸に着目する

と，残留孤児の中国定着は次の4つに分類できる．

①第一に，中国こそ自分を生かしてくれた国だと認識し，自分を育ててくれた養父母や自分に良くしてくれたまわりの人に感謝するために，一生懸命に働き，恩返ししようとする人々である．この場合は，日本からのプッシュ要因よりも中国へのプル要因が強いので，「積極的な本意定着」といえるだろう．また，アイデンティティはどちらかと言うと，中国人寄りである．

②第二に，日本に帰りたいが，しかし日本での生活を心配し，自ら日本永住帰国を断念し，中国定着を決意した人々である．この場合は，中国へのプル要因よりも日本からのプッシュ要因が強いので，「消極的な本意定着」といえるだろう．アイデンティティ面は，どちらかと言うと日本人寄りである．

③第三に，日本と中国のどちらでも構わないが生活しやすいところを選択する人々である．この場合，日中のどちら側のプル要因が強いかということが問題となる．中国定住者は，たまたま選択の時点で，中国からのプル要因が強かったということである．このケースは，「生活重視の本意定着」と言えるだろう．この場合，アイデンティティは重要ではない．強いて言えば，「中間柔軟アイデンティティ」である．

④第四に，育ててくれた養父母の老後の世話のため，取り敢えず日本永住帰国を断念する場合もある．これを「不確実な本意定着」としたい．そして，養父母が亡くなってから日本へ永住帰国するかどうかは，人それぞれである．日本に帰る人もいれば，中国にそのまま留まる人もいる．

(3) 日僑二世の中国定着とアイデンティティ

最後に，日僑二世について検討する．日僑二世は最初から自分が日本人であることを知っていた．しかし，家庭の事情で簡単に日本に引き揚げることができなかった．だいたい日僑二世の場合は，幼い時から中国社会に入ったため，残留婦人の母より早く中国社会に馴染みやすい．その分，中国社会に根を張り，異国の人間である自覚は，かえって彼らの意欲を強くし，中国社会での成功につながった．そして，その成功は中国定着の決意を促進している．日僑二世のアイデンティティは中国人でもなく，日本人でもない．強いて言えば，日本と中国の中間にあると言えるであろう．しかし，実際日本で暮らしたことがない

ので，やはり中国人のほうにより偏っているかもしれない．日僑二世の本意定着，不本意定着の構造は残留孤児と類似している．

　中国残留日本人が中国定着を選んだ主な理由としては，社会主義国家での生活保障や生活の安定，また中国社会での成功や社会的地位，あるいは中国の養父母の存在といった事情で日本に帰りたくても帰れないといったことが挙げられる．

　中国残留日本人の中国定着を永住帰国と比較すると，以下のようなことが言えるだろう．まず，中国定着者は，中国人アイデンティティを持って中国で生きる場合もあれば，日本人アイデンティティのままで中国で生きる場合もある．他方永住帰国者は，日本人アイデンティティで日本に帰った場合もあれば，中国人アイデンティティのままで日本に「来日」した場合もある．つまり，中国残留日本人が日本か中国かを選択する場合には，複雑な社会要素が介在し，その選択の結果がそれぞれのアイデンティティと一致する場合もあれば，そうでない場合もある．

3. 日本帰国と中国定着の間

　本節では，一度中国あるいは日本への定着を決めた後に，諸般の事情で定着先を変更したケースについて検討を加えたい．個々の事例を紹介しながら，その変更の理由やプロセスを解明していきたい．

(1) 中国定着の後，日本帰国の場合

　事例10　残留男性岩間典夫（莫宝清）（孫俊然，1990），（岡庭・真野，1985：145-156），（坂本，1997：66-68）

　中国黒竜江省に住んでいる日本人岩間典夫は，1928年に山梨県の貧しい小作農の家庭に生まれた．兄弟11人であった．1943年に，14歳5カ月の岩間は，高等科2年の卒業後の進路について，教師に勧められた満蒙開拓青少年義勇軍に応募することを選んだ．家族はみな反対であったが，岩間の決意は固かった．

　2カ月の訓練を終えてから，岩間典夫は1943年に中国に渡った．終戦間際に召集されて二等兵となり，敗戦後はソ連軍の捕虜としてシベリアに送られた．

後に国共内戦中の中国で中国人民解放軍の兵士となり，交易馬車の護送中にオロチョン族に捕われた．だが，彼はやがてオロチョン族の指導者となり，オロチョン族の村の建設に力を費やした．そして，彼は中ソ国境にある遜克県で政治協商会議の副主席を務め，中国籍にもなった．
　1950年代の集団引揚げ期に，彼のオロチョン族の妻と養母は日本へ行けないし，中国での建設は自分を必要としていると考え，自ら帰国を諦め，中国国籍に切り替えたのである．
　文化大革命の時には，スパイと疑われ，調査されたことがある．彼を慰め励ましたのは，オロチョン族の村人だった．調査の結果，彼は牢につながることは免れたが，汚名を着せられ大隊長から小隊長へと格下げされた．
　1974年，日本へ手紙を出したが，何の音信もなかった．1978年，公安局へ行って，肉親探しの申請をし帰国の手続きをした．一時帰国したのは翌1979年だった．1980年には技術研修を受けるために2回目の訪日をした．日本から戻った岩間典夫は，日本で学んだ技術と知識を中国の発展のために，遜克県の発展のために生かそうと思い，一生懸命に仕事に励んだ．「中国と日本の掛け橋」となるつもりであった．
　妻との間に3人の子供をもうけた．子供はすでにそれぞれ一家を成している．嫁や婿や孫たちもみな仲睦まじく暮らしているので，心が和む．しかし，県に頼まれて65歳まで公務をこなしていた岩間典夫は，70歳を目の前にして，1997年に妻をともなって日本に帰国した．妻の病気が帰国の動機だった．
　妻は脳溢血の後遺症で3年余前から右半身が不随になっていた．日本の医療を受けて自力で寝床に起き上がれるようになった．異民族の中で心が挫けそうになった彼を生かしてくれたのが妻と養母であった．回復させることが恩返しと岩間典夫は考えている．
　岩間典夫は本来固く中国定着を決意したが，妻の病気のために，やむを得ず日本帰国に踏み切った．彼の場合は，中国からのプッシュ要因をあまり感じさせなく，日本の高度な医療技術といったプル要因が強いと思われる．これは「不本意帰国」と言えよう．

(2) 日本帰国の後，中国定着の場合

事例11　残留孤児于徳水（松江長吉）[12]

　残留孤児于徳水は1945生まれで，男性である．彼は1992年に，一旦日本に帰国したが，95年に再び中国長春に戻った．その後，ずっと長春で暮らしている．

　両親は北満開拓団の団員である．日本敗戦後，母親は1945年10月に長春で病気で亡くなり，父親は生後8ヵ月の于徳水を中国人養父于秀亭，養母高玉芹に託した．当時，養父母の家は子供がいなかった．家計は決して豊かではなかったが，養父母は彼をとても大事にしてくれた．彼が4歳の時，共産党の人民解放軍が国民党軍の下にある長春を包囲しており，市内は食料がなくて，多くの人が餓死してしまった．生き抜くために，養父母は彼を連れて，食料のある共産党占領下の郊外に赴いた．当時，病気に罹っている養父の代わりに，纏足している養母は雨の中で彼を背負いながら，丸2日間をかけて歩いていた．それは，1ヵ月以上まともな食事を摂っていない養母にとって，どれほどの苦労だったことか，于徳水は一生忘れない．彼曰く，養母がいなければ，自分の命もない．

　もともと于徳水は小中学校時代から文理とも成績が優秀で，大学へ進学できるはずだったが，年を取った養父母を早く楽にさせたい一心で，中学を出てから，機械製造の専門技術学校に通った．そこを卒業した1963年，彼は長春市工程機械工場の技術者となった．その後，工場の中間管理職に昇進し，郊外の政治協商委員を務めたこともある．彼はまじめに仕事をし，かつ技術に明るいということで，同業者の中でちょっとした有名人である．また，仕事以外に，于徳水は中国の伝統詩をこよなく愛し，100首以上作っていて，歌集にも入選し，吉林省の詩詞サークルでも活躍している．

　1986年，于徳水は第12回第3班の肉親探し調査団の団長として，日本を訪れた．その時点で，彼はすでに日本への永住帰国が可能であったが，しかし，彼は80歳に近い養父母の面倒を最後までみたかったので，日本永住帰国を拒んでいた．1987年と1988年，養父母が相次いで亡くなった後，彼は中国の伝統に従い，養父母のため3年間喪に服してから，1992年，日本行きに踏み切った．しかし，当初から，于徳水は日本永住帰国のつもりはなかった．彼は日

本政府が旅費などを負担するのだから，息子と娘を日本へ連れていき，彼らの見聞きを広めさせたかっただけだと言い切る．実際，彼は勤めていた工場をやめたのではなく，3年間の休職手続きをした．日頃，于徳水は世話好きで，交遊も広い．彼が長春を出発した時，100人近い人が駅まで見送りに来た．

　1992年3月，于徳水は中国人妻と2人の子供を連れて，日本に来た．福岡の中国帰国者定着センターの訓練を経て，鹿児島に定住した．日本にいる間，彼は生活保護を受けながら，中国語を教えたり，工場で働いたりする過程で，日本社会での残留孤児に対する差別を感じていた．でも，彼は中国で成長した人は決して普通の日本人に負けてはいけないという気合と，子供に良い手本を示したい気持ちで，怪我を我慢して働いたという．福岡に滞在したとき，彼は「忽聞耳畔異郷語，原来此地不是家」（突然，耳元に見知らぬ言葉を聞き，所詮ここは自分の家ではない）という詩を書いたように，終始日本を自分の家と感じたことはないという．肉親未判明なので，松江長吉という日本名は自分でつけた．吉林省で一番長い川松花江から苗字を取って，長く吉林省にいたという意味の「長吉」を名前にした．

　1995年，于徳水は中国人妻を連れて，長春に戻った．息子と娘はそのまま日本に残って暮らすことになった．彼は中国に戻ってまもなく，自分の機械製造の技術を活かして，長春市朝陽機電産品配套工場という小さい機械製造工場を興した．現在工員5名，兼職会計士と電気工1名という規模まで発展させた．自分が中国に帰国した理由について3つ挙げた．一つ目は，限りのある命なので，せめて残りの人生の余熱を発揮して，人生の最大の価値を見出したい．2つ目は，自分への恩情が深い中国に対して，工員を雇い，納税するという形で恩返ししたい．3つ目は，日本で生活することができないわけではないが，生活保護をもらうまで，日本政府の厄介者になりたくない．何より彼は中国文化，中国の伝統詩詞および中国人の厚い人情が大好きなので，中国で数多くの友達と付き合ったり，詩詞を書いたりする傍ら，工場を経営していて，毎日充実している生活を送っていると実感している．自分のアイデンティティに関しては，自分の血統は確かに日本人であるが，しかし，自分の気質，生活習慣，文化および価値観はあくまでも中国人である．全体的に自分は中国人だと思っている．于徳水はいったん日本への帰国を選択したが，それはあくまでも子供の日本移

住のためであり，自分としては最初から中国への再帰国を視野に入れ，そしてそれを実行した．

　于徳水の最終的な中国定着は，日本社会で差別されたという体験よりも，中国社会への積極的な回帰という要素が大きいように思われるので，「積極的本意定着」に該当する．
　現在，永住帰国に踏み切った中国残留日本人の年齢も高齢化し，国民年金の問題や生活苦などの問題で中国に戻ると言い出す人が少なくない[13]．このパターンはこれから徐々に増えるであろうと予想できる．たとえば，残留孤児・定司文樹の友人で，富山市内に10年間住んだ別の残留孤児は「生活水準は低いが中国の方が安心して生活できる」と考え，帰国を決めたという（朝日新聞残留孤児取材班，1997：123）．また，日本永住帰国を経てから，その後中国定着を選択した人には，残留婦人と残留孤児だけではなく，日僑二世にもいる．二世三世の多くは，ことばの壁もあり，中国で培ったものを活かせないまま，低賃金や単純労働に携わらなければならない．このような状況で，仕事を辞めたり，中国に帰っていったりするケースも見られる（宮田，2000：176）．さらに，市場経済の進展により，1990年代から中国経済は高度成長期に入り，「失われた10年」を辿ってきた日本とちょうど対照的になっている．こういった時勢の下で，すでに日本に帰ってきている2世3世の中には，より多くのビジネスチャンスを求めるため，積極的に中国に進出し，ビジネスを展開する人が増えている．このような中国帰国者ビジネスは今後ますます注目されるであろう．

おわりに

　中国残留日本人は，半世紀を越えて，国家に翻弄されてきた．彼らは日本帝国主義の植民政策により中国に移住し，第2次世界大戦によって中国に残され，さらに，長い間の日中間の敵対関係に影響を受け，中国で生き続けてきた人々である．中国残留日本人が日本政府に受け入れられたのも，戦争の犠牲者になった日本人への支援という論理に基づいており，まさに国家の脈絡に沿うものである．しかし，中国から帰国した人々の中には，残留婦人や残留孤児といっ

た血統上の「純日本人」ではなく，その中国人配偶者や混血した2世，3世も含まれており，ここに日本と中国という2つの国家の間に揺れ悩み苦しむ中国残留日本人という構図が生じた．中国残留日本人は帰国の一面があると同時に，「来日」の側面も持っているのである．彼らの帰国が「来日」である側面を持っている以上，中国残留日本人をめぐる問題が，1980年代後半以後，日本社会に入り込んだ百万人を超える外国人労働者，大量の外国人留学生などのニュー・カマーとのつながりをもつことも念頭に入れ，あらためて，日本社会の国際化問題を考えなければならないのである．

また，中国残留日本人の問題を論じる際，日本側は日本である個人が国家から受けた被害者意識だけではなく，中国人に対する加害者意識も視野に入れなければならない．一方，中国側は当時存在した孤児や婦人の人身売買や文革の時受けた迫害などといったマイナスの面にも注目し，より客観的に問題をとらえる必要があるのではなかろうか．

---

1) 詳しくは，西条（1983：38）を参照．西条正自身も残留婦人の子供であり，1964年まで中国で暮らした．西条について，詳しくは［西条，1978］，［西条，1980］を参照．
2) 日本民間人の動きとして，笠貫尚章は一個人として中国人養父母への感謝の気持ちから，養父母を入居させるべく，1億円近くの寄付金を出して，吉林省長春市に「日中友好楼」を建設した．完成した1990年10月当初，36世帯の養父母が入居した．これに関して，詳しくは，小田（2000：355-377）を参照．また，最近の動きとして，日本の民間ボランティア団体が集めた寄付金によって，瀋陽市にある「九・一八事件記念館」の中に，「養父母感謝の碑」が建てられ，1998年8月20日に中国が養父母の代表や政府関係者を招いて，除幕式が行われた．日本の『毎日新聞』，『朝日新聞』，中国の『人民日報』，『遼寧日報』，『瀋陽日報』などがこれを報道した．しかし，こういった民間人による行動について，ある厚生省官僚は中国の養父母への感謝の気持ちを全面的に出したから，「まずかった」と言ったそうである．このエピソードは2000年10月6日午前中，中国残留孤児の国籍取得を支援する会の千野誠治事務局長への電話でのインタビューで明らかになったものである．ちなみに，日本政府は1986年中国政府と交わした「中国残留日本人孤児の養父母に対する扶養費に関する日中間の口上書の交換について」に基づいて，すでに永住帰国した残留孤児の中国人の養父母に一律に月額60中国人民元，計15年分を一括払いで支払うこととなっていた．しかし，その後，中国の物価が上がったので，現在，養父母たちは生活が苦しい状態にある．これに関して，詳しくは，小田（2000）を参照．
3) 日中戦争で命を落とした両国の人への慰霊ということで，2002年9月，中国残留孤児の国籍取得を支援する会の千野誠治事務局長を中心としたグループが「ともちゃんのふるさとを訪ねる友好訪中団」を組んで，中国東北地方を訪ねた．この訪中団一行は9月24

日に，抗日運動で日本軍に殺害された中国抗日英雄趙一曼の彫像に献花した．これも前述のインタビューで明らかにされた内容である．
4) 筆者は 1999 年 10 月 29 日，東京で残留孤児の池田澄江にインタビューした．池田は，徐明，今村明子，そして池田澄江という 3 つの名前を持っている．この 3 つの名前は彼女の人生の異なる段階を刻んでいる．池田澄江は 1944 年生まれで，池田澄江と名づけられた．戦後，牡丹江で中国人養父母に引き取られ，徐明と名づけられた．81 年，彼女は身分未判明の状況で日本永住帰国し，日本の国籍を取った際，徐明から 1 文字をとって，今村明子となった．以後，彼女はずっとさくら共同法律事務所で，スタッフとして中国残留孤児の国籍取得を支援する仕事に携わり，尽力してきた．帰国 13 年後の 94 年，ある孤児肉親探しの会場で，彼女は奇跡的に実の兄弟と再会を果たし，やっと生まれた時の池田澄江の名前に戻った．池田澄江はテレビでサッカーやバレーボールの試合などを観戦する時，日本対中国以外のナショナル・チームの場合は，日本チームを応援し，中国対日本以外のナショナル・チームの場合は中国チームを応援するが，日本対中国チームの場合は，どちらを応援したらいいのか，困っているという．筆者の知り合いで研究者でもある日僑三世も自らのアイデンティティに言及した際に，「ある種の一定性を持ちながら，時点時点で微妙に揺れ，形成していく」と指摘したことがある．
5) 学術的な研究として，蘭（1994 年），蘭（2000 年 a）が注目される．
6) たとえば，政治協商委員会黒龍江省委員会文史資料委員会・政治協商委員会方正県委員会文史資料委員会編集（1991）；孫邦（1993）；中国档案館・中国第二歴史档案館，吉林省科学院共同編集,1991，『偽満覆亡』，吉林人民出版社，『日本帝国主義侵華档案資料選編　東北経済掠奪』，中華書局などがある．
7) これは蘭（1994）から多大な示唆を受けて筆者が作成したものである．とりわけ表 7-1「中国残留婦人の体験の特性」（蘭，1994：262）を大いに参考にした．
8) 「三反」とは公務員の汚職，浪費，官僚主義に反対することであり，「五反」とは，資本家の贈賄，脱税，国家財産の横領，原料のごまかし，国家の経済情報の盗漏に反対することである．
9) ここの記述は，政治協商委員会黒龍江省委員会文史資料委員会・政治協商委員会方正県委員会文史資料委員会編集，1991（『夢砕満州－日本開拓団覆滅前後』），片岡稔恵，1993（『残留・病死・不明』，あすなろ社）に基づく．ただし，前者では松田ちゑの刑務所の部分が欠落している．
10) ここの記述は，班忠義（1993；1996）に基づく．曽秀英は今でも使っている名前であるが，日本名の吉永伸子は仮名である．
11) ここの記述は，朝日新聞残留孤児取材班（1997），岡庭・真野（1985），および山口放送制作のテレビドキュメンタリー「祖国へのはるかな旅―ある残留婦人の帰国」による．
12) ここの記述は，2001 年 8 月 7 日午後，于徳水が経営している工場・長春市朝陽機電産品配套工場で行われた于へのインタビュー，および于徳水（1993）による．このインタビューは，平成 13 年度日本学術振興会科学研究費補助金プロジェクト「中国帰国者の適応と強制に関する総合的研究」（代表者・京都大学教授蘭信三）による成果の一部である．
13) 『朝日新聞（大阪本社版）』1999 年 11 月 17 日（朝刊）第 22 面，第 23 面，「多様な支援策を」，「老後と在留資格」による．

文献

朝日新聞残留孤児取材班（1997）『我是日本人』，朝日新聞社．
新井利男（1986）『残された日本人』，径書房．
蘭信三（1994）『「満州移民」の歴史社会学』，行路社．
蘭信三編（2000a）『「中国帰国者」の生活世界』，行路社．
蘭信三（2000b）「中国帰国者研究の可能性と課題」，（蘭，2000a：389-421）．
于徳水（1993）『寸草情――位日本遺孤的心声』，哈爾濱船舶工程学院出版社．
ＮＨＫ長野放送局編・野添憲治監修（1979）『満蒙開拓の手記――長野県人の記録』，日本放送出版社．
江畑敬介・曾文星・箕口雅博編著（1996）『移住と適応―中国帰国者の適応過程と援助体制に関する研究―』，日本評論社．
岡庭昇・真野貢一（1985）『妈妈，わたしは生きている』，毎日新聞社．
小田美智子（2000）「日本人孤児養父母の現状」，（蘭，2000a：355-377）．
北崎可代（1973）『中国に生きる』，講談社．
西条正（1983）「二つの祖国に生きる日系中国人」，『中国研究月報』426号，財団法人中国研究所．
西条正（1978）『中国人として育った私』，中央公論社．
西条正（1980）『二つの祖国を持つ私』，中央公論社．
坂本龍彦（1997）「国境の人」，『潮』（1997年4月号），潮出版社．
政治協商委員会黒龍江省委員会文史資料委員会・政治協商委員会方正県委員会文史資料委員会合編，（1991）『夢砕満州―日本開拓団覆滅前後』，黒龍江人民出版社．
曹保明（1998）『第二次世界大戦収養日本遺孤紀実』，中国北方婦女児童出版社．
孫俊然，渡辺一枝訳（1990）『二つの祖国に生きて　桜を恋う人』，情報センター出版局．
孫邦主編（1993）『偽満覆亡』（偽満資料叢書），吉林人民出版社．
馮興盛主編（1997）『情糸華桑―日本孤児在中国』，大連理工大学出版社．
満州移民史研究会編（1976）『日本帝国主義下の満州移民』，龍渓書舎．
宮田幸枝（2000）「中国帰国者二世・三世の就労と職業教育」，（蘭，2000a：175-198）．
山田昭次編（1978）『近代民衆の記録6　満州移民』，新人物往来社．
楊剣鳴（1995）『一個日本女人在中国的伝奇経歴』，山東画報出版社．
呉万虹（1999）「中国残留日本人の帰国――その経緯と類型――」『神戸法学雑誌』第49号第1号，神戸法学会．
中国档案館，中国第二歴史档案館・吉林省科学院共同編集（1991）『日本帝国主義侵華档案資料選編　東北経済掠奪』，中華書局．
顧明義，張徳良，楊洪範，趙春陽（1991）『9・18事変叢書―日本侵占旅大40年』，遼寧人民出版社．
左学徳（1998）『日本向中国東北移民史―1905～1945年』，哈爾濱工程大学出版社．
片岡稔恵（1993）『残留・病死・不明』，あすなろ社．
班忠義（1993）『曽おばさんの海』，朝日新聞社．
班忠義（1996）『近くて遠い祖国』，ゆまに書房．
呉万虹（2004）『中国残留日本人の研究―移住，漂流，定着の国際関係論―』，日本図書センター．
関亜新，張志坤（2005）『日本遺孤調査研究』，社会科学文献出版社．

8章 留日学生の選択
——〈愛国〉と〈歴史〉

王雪萍

はじめに

　1945年8月，日中戦争終結時，日本には数多くの中国人が滞在していた．当時，日本に滞在していた中国人の人数に関する確かな統計はないが，GHQ（連合国最高司令官総司令部）による送還のデータを参考にすることができる．同資料によると，少なくとも85692人の中国人(台湾人を含む)が日本に滞在していた．また，1945年から1948年までの間に，大多数（65885人）の中国人(台湾人を含む)が帰国した[1]が，1949年以後も20000～40000人程度の中国人が日本に滞在していた[2]という記録もある．

　1949年10月1日，中華人民共和国（以下：中国）が建国された．当時，日本に滞在していた中国人留日学生の大部分は戦争中，台湾，満州，中国大陸の日本占領地域からの自費留学生と汪兆銘政権などの傀儡政権と旧植民地政府に派遣された国費留学生であった[3]．

　留学生を含めて，当時，日本に滞在していた中国人には自らの将来に関して4つの選択肢があった．第1に中国統治下の中国大陸への帰国．第2に中華民国(以下：国府)統治下の台湾への帰国．第3に日本での継続滞在．第4に日本以外の国への移住であった．

結果として，1949年～1958年までの間に，日本に滞在していた4000～5000人の中国人留学生，華僑，労働者が第1の選択肢，すなわち中国大陸へ帰国した[4]．この時期に帰国した中国人の中に約3000人の台湾籍の華僑・留学生も含まれていた[5]．特に1953年～1955年には，留日学生・華僑の間で，中国大陸への帰国ブームが起こり，3178人の留日学生・華僑が帰国した[6]．

なぜこれほど多くの台湾籍留学生・華僑を含めた中国人が中華人民共和国政府（以下：人民政府）統治地域への帰国を選択し，また，留日学生と華僑の間に中国への帰国ブームが起きたのか．

その要因は，戦後，時間が経過するにともなって，彼らの歴史認識や身分が変化したことと関係があるのだろうか．他方，中国政府は敵国であった日本から帰国した彼らをどのように受け入れたのか．特に，日本から帰国した留学生と欧米諸国から帰国した留学生に対する対応の相違の有無，敵国に滞在していたという経歴に関する取り扱いが問題となろう．

本章は上記の課題に応じるべく，1949年～1958年までに帰国した留日学生の帰国過程を分析し，その段階まで日本に留まった理由および帰国を決断した理由とともに，その戦争や同時代の国際情勢認識について検討を加えたい．そのため，本章は1949年までの期間についても本論の背景として検討する．

なお，分析対象を1958年までとするのは，1958年6月29日に中国残留日本人を受け入れるために日本を出港した引揚船を利用し，最後の留日学生・華僑の帰国船が出港したからである（後の留日学生・華僑の帰国については個別に行われ，人数もきわめて少なくなった）．

次に先行研究について見てみよう．日中戦争期における中国人の留学について，日本では，川島真[7]と河路由佳・淵野雄二郎・野本京子[8]などの研究があるが，日中戦争時に日本に留学した中国人の帰国に関する研究は，陳焜旺の著書[9]がもっとも詳しい．しかし，陳の研究は華僑・留学生の日本での運動に主眼を置き，中国へ帰国した後の動向に関わる論述は極めて少ない．一方，中国では，呉霓の研究[10]や，『留日百年巡礼——紀念中国留学生留日110周年』（留日同学会，2006年）といった中国の留学教育史関連の著作があるが，これらには日中戦争期の日本への留学に関する記述が見られない．

日中戦争期の日本への留学が中国の留学教育史においてほとんど言及されな

いのは，日本の傀儡政権や旧植民地政府による派遣だからだとされる．叙述されない歴史であるため，中国における公式な評価もまだ不明である．戦争中の日本への留学は，他の国への留学と同じように一般的な学習行為と見られていたのか，あるいは敵国への協力行為と見られていたのかについても，判然としない．だが，一般的には，文化大革命中に帰国留日学生が迫害されたと言われていることから，後者の可能性が高いと考えられている．しかし，この問題の全体像を理解するには本章で分析する，帰国留日学生に対する中国政府の対応を検討することが不可欠である．

議論を進めるに当たり，1949年当時の留学生について明確に定義しておきたい．筆者は中国政府教育部回国委員会の留学生に対する定義[11]と日本に留学していた中国人留学生統一組織である中国留日同学総会（以下：同学総会)[12]の会員の範囲[13]を参考とし，日本の大学（短期大学を含む）で正規生としての学習年数を修了した（卒業できなかった留学生も含む）中国大陸および台湾出身の学生と華僑学生を留日学生と定義する．また，日本の大学，高校や専門学校で学習経験をもつが，卒業せずに建国初期に帰国した留日学生華僑の事例も取り上げる．

また，ここで中国人留日学生の帰国過程の時期区分について述べておこう．それは，第1段階：1949年〜1952年の秘密裏に行われた個別帰国；第2段階：1952年〜1955年の集団帰国ブーム；第3段階：1956年〜1958年の「知識分子」中心の帰国の3段階である[14]．本章で用いる資料は次の通りである．まず，同学総会の機関紙である『中国留日学生報』[15]，中国建国初期に帰国した留日学生・華僑が集団帰国50周年を記念するために編集し，78名の留日学生と華僑の帰国状況を記録した『回国五十年―建国初期回国旅日華僑留学生文集』，また，1949年〜1958年までの間に中国に帰国した留学生6名と留学生の帰国の促進活動を積極的に行っていた同学総会の元主席である韓慶愈氏への筆者が行ったインタビューである．

そして，近年，中国外交部が公開した1949年〜1960年までの外交部档案に見られる，同時期の教育部が外交部に送付した教育部档案や留学生の帰国に際する外交部と外国政府との交渉過程に関連する档案，北京市档案館に保存されている1949年〜1969年までに北京市政府に送付された留学生の帰国促進に関

連する档案,帰国後北京市で就職した留学生に関連する档案,および李滔編『中華留学教育史録―1949年以後』(高等教育出版社,2000年)などを用いる.

1. 戦後日本の中国人社会と留日学生の帰国

1949年～1958年までに4000人前後の留日学生・華僑の帰国が実現した.では,なぜ彼らは,日本を離れて中国大陸へ帰国することを選択したのだろうか.以下,留日学生の帰国状況と彼らが国府統治下の台湾ではなく,人民政府統治下の中国大陸を選択した原因を分析し,それを通じて,留日学生の日本認識と中国認識を明らかにする.

1.1 日本での生活と留日学生の帰国選択

戦後初期～1950年代までの時期,留日学生・華僑が戦勝国民として日本に残ることは制度上何の問題もなかった.では,何故これほど多くの留日学生・華僑が日本を離れ,中国大陸へ帰国したのだろうか.帰国するのが中国人として当然であると考えた留日学生も多くいたが,日本での生活状況から判断して,帰国を選択した者も多かった.本節では,留日学生・華僑へのインタビューと留日学生・華僑の回想録をもとに,当時の日本における留日学生をとりまく社会状況と彼らの帰国との関係について分析したい.

戦争中の差別経験

1949年以後,日本に滞在していた留日学生のほとんどが戦前に日本に来ていたため,戦時中の記憶が彼らに大きな影響を与えたことは想像に難くない.筆者が行ったインタビューや,帰国留学生・華僑によって書かれた回顧録では,戦争終結前,日本では多くの日本人が植民地であった台湾や日本占領地域であった中国大陸からの留日学生・華僑に対して,差別的な態度を取っていたことが述べられている.

たとえば,『回国五十年』の中で,在日華僑の陳永華は10歳以前の小学校時代について,「小学校に行って,自分が周囲の学生たちと違い,中国人であることを感じた.日本人の子供たちは中国人を『支那人』,『チャンコロ』,『南京虫』などと呼んだ.これらは差別的な呼び方だ.日本人の子供たちの目に我々

は軽蔑されるべき『支那人』として映っていた」と回想している．『回国五十年』に回想録を記載している78人の内，13人がこれと同様の体験を語っている．このような体験から，多くの留日学生・華僑が戦争終結直後から帰国を熱望していながら，帰国の手段がなく実現できなかったと言われている[16]．

　もちろん，これらの語りは留日学生・華僑の青少年期の記憶を50年以上のちの，回想であるため，当時の状況と乖離している可能性もある．しかし，当時の状況に鑑みれば，回想もあながち同時代の状況と乖離したものと断定できないと思われる．

　日本の生活の苦しさ

　太平洋戦争開始後，日本国内の状況は好ましくなく，日本人だけではなく，日本に滞在していた外国人学生も強制労働を強いられる状況に陥り，彼らは苦しい生活を強いられた[17]．

　1945年の日本の敗戦をきっかけに，中国は戦勝国となり，戦勝国民としての中国人の生活は一部改善された．特にGHQの占領下で，中国からの留日学生も戦勝国民として特別配給をもらうことができ，また一部の留日学生は日本政府，国府の留学生救済金を給付されたため，僅かではあるが余裕をもって生活していた[18]．しかし，それでも多くの留日学生が苦しい生活を送っていたため，その留日学生たちが勉学を継続できるように，華僑の間で募金をして，貧困留日学生のために，同学総会のなかに留日学生奨学会を創設し，それを貧困学生に分配するようになった[19]．

　しかし1949年に入り，国共内戦が中共側の勝利に傾くと，GHQと日本政府が中共よりの同学総会に関わる留日学生に対して厳しい態度をとるようになり，生活困難に陥る留日学生が多くなった．また国府は留日学生に対して救済金を支払う条件として，蔣介石に対する忠誠を表す誓約書に署名捺印することを要求した．署名捺印を拒否した留日学生は救済金を受給することができなくなった[20]．

　留日学生・華僑の生活が困難な理由の1つは，戦後日本での就職が極めて難しいからである．1945年〜1950年代初期にかけて，日本人の引揚があり，日本人でさえも就職難だった．ましてや専門技術や専門知識がない留日学生と華

僑が就職することは非常に難しかった．在日華僑の失業問題に関する正式な統計データはないが，在日華僑の回想録からその状況の一部が読み取れる．

たとえば，在日華僑だった黄惠美と甘麗娟が帰国理由として挙げたのは，父親と自分の失業問題であった[21]．また，在日華僑学生だった呉千代子は卒業後，就職活動を行った時，「本籍が中国だ」という理由で就職を断られたとしている[22]．

また，『朝日新聞』のインタビューを受けた1953年に帰国予定の留日学生・華僑が帰国理由として最も多く挙げたのは，「日本は『外国だ』，我々は苦しい思いをして知識を身につけたが日本で役立て得る望みはない．先輩の生き方を見ても，料理屋とか雑貨商とかになっていて，せっかく仕入れた学識をまったくムダにしている」[23]というものであった．

帰国理由は，以上のように，外国人であるため日本で良い職に就くことが困難で，生活が困難であったことであることが伺える．

1.2 中国大陸への帰国ブームの形成過程

1949年10月1日，中華人民共和国が成立した．同年12月13日，中央人民政府政務院文化教育委員会直属の「辦理留学生回国事務委員会」（以下：回国委員会）が発足した[24]．28日，北京人民広播電台は国内外に，海外に滞在している留学生が帰国して，国家建設に参加することを要請する放送を行った．また，周恩来総理は中国共産党と人民政府を代表して留学生の帰国を求めた[25]．1950年6月18日，同学総会は中華全国学生聯合会からの手紙を受け取った．その内容は，人民政府部門を代表して留日学生に帰国して祖国の建設に参加するように呼びかけたものであった．その後，一部の留日学生には教育部帰国留学生招待処から帰国要請書が直接送られた．その要請書には「中華人民共和国は貴方および他の留学生が帰国して祖国の社会主義建設事業に参加することを歓迎する」と書かれていた[26]．

人民政府からの呼びかけを受け，留日学生は個別帰国を開始した．当時，日本政府と新中国との間には国交がなく，また1950年に朝鮮戦争が勃発し，中国と日米両国は敵対関係となっており，留日学生が中国へ帰国するには，複雑な手続きと煩雑な帰国ルートが求められた[27]．そのため，留日学生は秘密裏に

個別帰国することを余儀なくされた．そのため，1949年〜1952年までに帰国した留日学生の人数は102〜300人程度であった[28]．

　留日学生の大部分は戦争中に日本の旧制中学に在学しており，戦後になって大学に進学した者も多かった．総じて，1951年から留日学生たちが大学を卒業し始めたといえる．卒業する留日学生の人数が増えるにしたがって，帰国を求める者も増え，1953年になると帰国を希望する留日学生は数百人規模になり，多くの華僑学生も帰国を希望していたため，1953年6月に帰国手続きを終えた中国人は807人に及んだ[29]．さらに，日本での生活は維持しにくいが，国府が統治している台湾へは帰国したくないという理由から，戦争中に台湾から日本に来た労働者が数千人規模で中国への帰国を希望した[30]．それまでの秘密裏に行われた個別帰国方式とは異なる状況になったのである．

　1952年，日中両国は中国に取り残された日本人の引揚げについて交渉し始め[31]，日本政府が引揚船を中国に派遣するニュースが日本で報道されると，留日学生と華僑はこの機に留日学生と華僑の日僑引揚船を利用した帰国を実現しようとした．そこで東京華僑総会などの中国関連団体は，1952年12月，留日学生・華僑の帰国および中国人捕虜の遺骨送還を日本政府と3団体（日本赤十字社，日中友好協会，日本平和連絡会），人民政府に求めた．人民政府はその後，積極的に日僑引揚交渉の中で留日学生・華僑の帰国および遺骨送還を要求した．会談の結果，「引揚船を利用して往航に帰国希望者の華僑および遺骨を乗せてほしい」という中国側の要望を日本赤十字社が受け入れ，実施するという秘密口頭了解が成立し，日本政府外務省もそれを了解した[32]．しかし，その後国府の反対などの理由で，在日中国人の引揚船による帰国は実現できなかった[33]．これに対して，留日学生・華僑は一連の抗議活動を行い，人民政府も協力した[34]．この一連の活動を受け，日本政府は国府と交渉し，その態度を軟化させ，1953年6月に出港予定の第4次引揚船への中国留日学生・華僑の乗船を認めた[35]．

　1953年6月27日に舞鶴港から出港した第4次引揚船が中国人の第1次帰国船となり，551名の留日学生・華僑が帰国した．その後もさまざまな困難を克服し，1955年までに3178人の留日学生・華僑が帰国した[36]．まさに帰国ブームだったと言える．

1949年以降，日本を離れて帰国する中国人留日学生には2つの行き先があった．しかし，上述したように，1955年までに多くの留日学生・華僑は中国大陸への帰国を選択した．その選択に際しては，国府統治地域の台湾と人民政府統治地域の中国大陸に対する認識が重要となる．特に内戦を経て，中国大陸の統治権を勝ち取った人民政府に対する考え方の変化は留日学生の帰国選択に大きく影響したものと思われる．ここでは，留日学生の意識の過程について分析する．

1.2.1 国民党支持から共産党支持への変容：1945年8月～1949年9月

戦後直後の戦勝国民としての喜び

前述のように，留日学生と華僑は戦時中，日本人から「チャンコロ」，「支那奴」と呼ばれ，差別的な対応を受けたことが多かった．日本の敗戦によってその状況は一変した．留日学生と華僑は連合国民の身分を意識し，中国人としての権利を守るようになった．たとえば，日本の新聞で中国人を差別する言葉が使われた場合，すぐに抗議活動をし，中国人としての自尊心を強調するようになった．

また留日学生王家鼎の回想によると，金沢在住の留日学生たちは，西尾港で400人以上の中国人労工が日本人と衝突し監禁されたことを知り，連合国の監察員を装い，中国人労工の権利を守り，中国への帰国を幇助したという．また，連合国民として日本政府から特別な配給品を給付されるようになったことによって，日本人に対して優越感を感じるようになった[37]．当時の留日学生の多くが，このような優越感を持っていた[38]．

当時，日本との戦争で勝利を収め，日本での自らの地位が向上したのは，国民党の功績だと考える留日学生が多く，国民党や蒋介石を崇拝する気持ちが留日学生の中に多く存在した．留日学生の韓慶愈氏は当時の状況を「日本に勝ったのは国民党だと認識している．中国人を日本から解放してくれたのは蒋介石だから，蒋介石の人気は絶大だった．私も国民党に入党しようと思った」と振り返っている[39]．1947年の『中国留日学生報』には蒋介石の留学時代を紹介する記事が連載されており，留日学生の蒋介石に対する憧れをかいま見ることができる[40]．

敵国に留学した行為に対する懸念

　留日学生が戦勝国民としての優越感を持つ状態はそれほど長くは続かなかった．戦争終結後，国府は駐日代表団（以下：代表団）を派遣した．代表団は居留民保護もその職掌としていたので，留日学生とも接触した．学生たちは，代表団の中国官僚との交流を通じて，自分たちの身分問題を意識するようになった．元同学総会主席である韓慶愈は，中国人留学生の代表の一人として代表団に面会した時の経験を以下のように回想し，留日学生が国府を選ばなかったのは，国府が傀儡政権によって日本に派遣された留学生を歓迎しなかったからだと述べている．

　　「代表団は留学生代表に，傀儡政権から派遣されてきたお前たちも，傀儡と同然だと言った．私は驚いた．それは『日本のスパイ』と言われたのと同じだった．国民党は旧満州からの留学生を『中国の裏切り者』だと見なしていた．少なくとも，国民党の主流を占める連中は，留学生をそういう眼で見ていた．やっと祖国に戻ったという喜びがあるのに，代表団に実際に会ってみると，お前たちは日本の協力者だと言う．よくぞ祖国に帰ってきたと抱きかかえるかのように迎えられると思っていたが，まるで正反対だった．それ以前は国民党に入党しようと思っていたが，この状態ではなろうにもなれなかった．留学生たちは，政治的に国民党が嫌いではなかった．しかし，彼らは国民党に歓迎されなかったのだ．いま1つ我慢できなかったのは，代表団が『国民党は解放者で，留学生たちは被解放者だ』という歴然たる差別を作ったことだった」[41]．

　韓氏の言葉から，代表団との交渉によって，自分たちが「祖国を裏切った漢奸」だと見なされていたという現実を認識したことが分かる．
　この現実は後に国府が発表した留日学生に対する教育政策にも現れている．戦後，国府は日本在住の華僑や留学生の生活に関心を示し[42]，彼らの帰国に対して協力的な姿勢を示したが，留日学生・華僑の中国に対する思想問題に疑いを持ち，政府内に特別教育団を日本に派遣して，日本各地で留日華僑・学生に対する教育を行う必要があると訴える声もあった[43]．

また，国民政府教育部は1947年1月8日に「留日学生召回辨法」と「抗日戦争期間留日学生甄審辨法」を発表し，その中で帰国した留日学生に対して以下のように要求し，政治的な再教育を行う方針を示した．

　　「日本の専門学校以上の学校を卒業した者は，すぐに『国父遺教』（『三民主義』，『建国方略』，『建国大綱』を含める）および『中国之運命』を読み，研究する必要がある．……また読書報告書を作成，留日学生甄審委員会に提出し，審査を受ける．合格者は元卒業学校の性質と程度によって，証明書を発給する」[44]．

　この「留日学生召回辨法」が発表されてから，留日学生は，「強制的に帰国させられることにならないだろうか」という声が『中国留日学生報』に掲載され，強制帰国になる懸念も示された[45]．
　以上のように，代表団の留日学生を漢奸扱いする態度や，留日学生に対して特別な教育を実施する政策の発表などといった国府の行動に対して，留日学生は不信感を抱き，帰国しても重視されないのではないかと考えるようになった．これは後に国府が台湾に移転してからも，留日学生が台湾への帰国を拒んだ大きな理由でもあった[46]．

　国府の日本への占領部隊の派兵問題
　戦後，連合国の間で日本の占領方法が協議され，日本を占領するために国府も連合国の一員として占領部隊を派遣することになり，1945年～1946年の派兵計画についても具体的な議論がなされた．蒋介石は占領部隊の駐在を準備するために，中国駐日軍事代表団を日本に派遣した[47]．
　中国から日本占領部隊が派遣されるニュースを聞いて，留日学生と華僑は興奮した．それは日本へ占領部隊を派遣すれば，中国政府は正式に日本を占領する戦勝国としての地位を固めることができるからである．中国の国際的地位の向上によって，日本で生活している留日学生・華僑の地位も向上することが予想できた．そのため，留日学生・華僑は占領部隊の来日を熱望した[48]．
　しかし中国駐日占領軍が，日本に進駐する前に内戦が勃発したため，国内の

戦場へと派遣され，後に中共の解放軍に殲滅されたため，日本への派遣が実現することはなかった[49]．この結果に，留日学生は強い失望感を覚えた[50]．派兵せずに内戦を開始した国府に対する認識も悪化したと言えよう．

二・二八事件と台湾華僑の態度

1947年に発生した二・二八事件も留日学生・華僑の国府への認識を大きく左右した事件の1つである．国府が軍隊を派遣して台湾人の抗議デモを鎮圧したことで，数多くの台湾人が殺された．事件の状況は日本で広く報道され，日本で生活していた留日学生・華僑の中にも台湾出身者が多くいたので，事件に対する関心はかなり高かった[51]．

事件に衝撃を受け，華僑連合会副会長の楊春松はすぐに代表団に出向き，抗議を行った．また，代表団の反対を無視して，留日華僑総会に「二・二八惨案処理委員会」を設立し，集会を開くなどの活動を通じて，国府の暴行を訴えた．二・二八事件をきっかけに，多くの台湾華僑が中共寄りの姿勢を見せ始めた[52]．同学総会の機関紙『留日学生旬報』も事件について報道し，留日学生の中で事件についての関心が広まった[53]．これも留日学生・華僑の国府に対する認識悪化につながったと言える．

中国内戦の進展と留日学生の思想変容

戦後直後から，国共内戦の兆しは現れていた．日本の留日学生・華僑の中には，戦争直後の内戦に対する反対意見が根強かった[54]．しかし，1946年6月26日，国民党軍は共産党軍に対する全面攻撃を開始，国共内戦が勃発した．留日学生の一部は内戦を発動した国民党に対して批判的な態度を示し，反内戦運動を展開し始めた[55]．しかし，大部分の留日学生は当初，共産党が勝てるはずがないと考え，国民党政権が変わらなければ，自分たちの生活と大きく関係することはないと考えていた[56]．

戦況は予想に反して，共産党の勝利へと傾き始めた．留日学生がこの情勢を意識し始めたか，あるいはその希望を表現し始めたのは1947年後半である[57]．一部の留日華僑が1947年に日本で「中国通信社」を設立し，中国内戦の戦況を日本で随時，報道するようになった[58]．

1948年に入ると，中国の内戦の状況はますます共産党有利となり，留日学生・華僑の内戦に対する関心も高まった．また，日本共産党も中国の内戦の状況について講演会などを開催し，国民党の腐敗や，中国共産党の民主的な政策，その優勢な状況について宣伝していた．当時，時おり国府系の新聞が留日学生に送られていたが，同時に『文滙報』，『工人日報』などの中共系の新聞も次第に日本に送られてきた．留日学生もこれらの新聞に影響され，考えが大きく変わるようになった[59]．

　また，終戦直後から，日本での共産主義の書籍に対する禁止が解かれ，日本共産党などの努力によって，多くの共産主義関連の書籍が日本で出版された．他にも，中国共産党，毛沢東の書籍も日本語に翻訳され，日本で出版されるようになった．毛沢東の『新民主主義論』や『連合政府論』などの書籍は，多くの留日学生の愛読書になり，その影響を受けた留日学生の一部が国民党の独裁統治を反対し，中国の未来を毛沢東と共産党に託すようになる傾向が見られた[60]．『中国留日学生報』も1948年11月から，毎期，解放区の生活や，中国共産党の政策について報道するようになっており，同学総会は共産党支持に転向したと言えよう[61]．1949年5月1日のメーデーに，同学総会の学生たちは毛沢東の絵を持って，東京のメーデーのデモに参加した[62]．この行動からも，1949年5月の時点で，同学総会が共産党支持の態度をとっていることが分かる．

1.2.2　留日学生の人民政府支持と帰国ブームの形成：1949年10月～1955年

　1953年に留日学生・華僑の集団帰国が日僑引揚船によって実現するというニュースが留日学生・華僑に伝わった時，彼らの多くは涙ぐんで喜んでいたと報じられている．北京語が話せない台湾籍華僑も，中国語が話せない日本人妻も含めて，多くの留日学生・華僑が共産中国の祖国へ帰国できる喜びに包まれ，夢いっぱいで帰国したとも言われる[63]．なぜ彼らは帰国に大きな夢を持っていたのか．彼らは当時の共産中国をどう見ていたのか．以下では留日学生・華僑の帰国ブームが形成された理由を分析する．

中華人民共和国の成立と同学総会の支持表示

　1949年10月1日，毛沢東が中華人民共和国成立を宣言したニュースは，留日学生と華僑の間に，大きな反響を呼んだ．中国留日学生東京同学会は同日，「中華人民共和国成立に関する声明書」を発表し，「われわれは新政府の指導の下，……祖国の人民とともに闘うものであることを，感激を以て表明する」と新中国支持の意思を表し[64]，同学総会と各地の同学会でもそれぞれ代表委員会を開き，新中国支持の決議を採択した[65]．10月10日は，中華民国の建国記念日である双十節なので，1949年10月10日に，留日華僑総会，東京華僑聯合会と留日同学総会の共催で双十節祝賀大会を開催する予定だったが，急遽中華人民共和国成立慶祝大会に切り替えた[66]．これは，留日学生，華僑の3組織が新中国を支持することを正式に表明した行動である．

　1950年3月25日，同学総会主席の李桂山は同学総会を代表して毛沢東国家主席へ手紙を出し，同学総会によるそれまでの共産革命への支持活動を紹介した上で，留日学生の革命活動への参加意欲を表し，中華人民共和国成立を祝った[67]．同学総会は，各地の留日学生をまとめた組織であるため，同学総会の明確な中華人民共和国への支持表明は，日本全土の留日学生の支持政党の選択に影響を与えたと言えよう．

人民政府からの帰国要請と救済金

　留日学生の帰国ブームを引き起こした原因の1つは，中国から留学生に送られた救済金である．前述したように，戦後留日学生の生活は貧窮していた[68]．

　この状況下で，人民政府は1952年9月に同学総会宛てに7900ドルの救済金を送ってきた．中国からは継続的に救済金が送られ，1952年1年間だけで5万ドルに達した．救済金の送付は1957年まで続けられた[69]．同学総会は，運営委員会を設置し，救済金を貧困留日学生に支給した．1952年10月から，大学に在籍している留日学生だけではなく，高校に通っていた華僑学生にも救済金を支給した[70]．

　建国してまだ3年も経っていない1952年は，国内建設においても，また，朝鮮戦争のためにも，莫大な予算が必要だった．それにもかかわらず，人民政府が貧困留日学生に救済金を送ったことは，留日学生の心を温めることとなっ

た．多くの留学生が中国の留日学生に対する気持ちに感動したと回顧している．特に，国府の駐日代表団に冷遇された留日学生の眼には，この救済金の送付は人民政府が留日学生を歓迎するという意思表明であると映り，留日学生と華僑学生の帰国熱が高まった[71]．救済金の送付は，留日学生が中国へ帰国する重要な促進剤となったと言える．

　　同学総会，華僑総会と中国系メディアによる中国宣伝
　前述したように，中華人民共和国成立以後，同学総会，東京華僑総会などの留学生・華僑の組織は中華人民共和国への支持を表明した．その後，留日学生・華僑の組織は新中国の政策，状況について積極的に宣伝するようになった．同学総会機関紙『中国留日学生報』と，東京華僑総会機関紙『東京華僑会報』はほぼ毎期，中国の情報を掲載し，留日学生と華僑に対して新中国を宣伝した[72]．特に，『中国留日学生報』では，中国の大学教育事情や，帰国留日学生からの手紙など数多くの記事を掲載し，中国では大学教育を無料で受けることができ，学生たちが楽しい大学生活を送っていることなどを紹介した[73]．苦しい大学生活を送っている留日学生や，経済的な理由で日本の大学に進学できない華僑学生がこれらの記事に惹きつけられたことは想像に難くない．これもまた留日学生の帰国に拍車をかけたのであろう[74]．
　また，すでに帰国した留日学生・華僑から同学総会の友人宛に手紙が送られてきた場合，『中国留日学生報』でそれを掲載することもあった[75]．留日学生・華僑の知人が手紙の中で紹介する中国の状況は信頼度が高いものとして受け止められたことが想像できる．
　さらに，華僑事務委員会副主任・廖承志は，1953年7月に第1次留日学生・華僑の帰国船代表として帰国した同学総会主席・韓慶愈と面会し，新中国を日本で宣伝すべく，中国寄りの中国語新聞の創立を韓に依頼した[76]．韓慶愈は日本に戻ってから，すぐに留日華僑の支持を集め，1954年3月1日に中国語紙『大地報』を創刊した．『大地報』は1970年1月12日まで刊行され，中国の宣伝に努めた[77]．特に，帰国した留日学生や，華僑学生からの手紙や，彼らへのインタビュー，中国における教育の現状についても連続して掲載し，留日学生・華僑の帰国を促進する役割も果たした[78]．

このほかにも，日本に対して，国営通信社・新華社や北京放送局などの中国メディアも宣伝活動を行い，1950年代以降，留日学生・華僑は，中国関連のニュースや，新政策についての情報を迅速に取得できる環境にあったと言える．

引揚者による中国紹介

　留日学生・華僑の中国情報のもう1つの情報源は中国大陸から引揚げた日本人であった．日本人引揚者は1949年までに中国大陸から断続的に日本に帰ってきた．彼らの中には中共地域から引き揚げた者もいた．そのため，中共統治地域の状況について知りたい留日学生・華僑は時々中国からの引揚者を招き，集会を開催し，中共地域について語ってもらった．その情報の一部は『中国留日学生報』にも掲載された[79]．

　中華人民共和国建国後の日本人の集団引揚げは1953年から始まり，多くの引揚者が帰国した．そのニュースや彼らのインタビューを多くのメディアがとり上げた．そのほとんどが新中国の生活は経済的な心配がなく，平等・公平であり，市場が安定して，商品が豊富であり，幸せであることを強調した[80]．さらに，帰国者を招いて座談会を開催し，留日学生・華僑に中国の現状を説明してもらうこともたびたびあった[81]．これらのニュースや経験談が留日学生・華僑の帰国決定にも影響を与えたことであろう．

1.2.3 「知識分子」中心の帰国ブームと帰国熱の減退：1956年以降

　1953年は，帰国した留日学生・華僑は全部で2650人に上り，まさに留日学生・華僑の帰国ブームだったと言える．その後帰国したのは，1954年が13人，1955年が519人となっており，1953年の2650人と比べると大幅に減少している[82]．この減少は帰国を熱望した人々のほとんどが1953年の帰国船で集団的に帰国したことによる．また，一部帰国した留日学生・華僑からの手紙や，メディア報道によって，帰国した中国人の生活苦が日本に伝えられ，留日学生・華僑の帰国熱が下がったことも原因である[83]．

　1956年1月14日，中共中央は知識分子に関する会議を開催し，周恩来総理が「知識分子の問題に関する報告」において，国家建設の上での世界レベルの

高級知識人の不足状態を訴え[84]，知識人を適切に用いるように要求した．同会議に参加した中国科学院院長・郭沫若は高級知識人不足の問題を解決するために，米国，イギリス，日本といった資本主義国家から中国人留学生1万人程度を帰国させることを提言した[85]．この提案を受け，高等教育部は「資本主義国家に残っている我が国の留学生の帰国促進に関する通知」を作成し，1956年中に少なくとも1000人の留学生の帰国を促進する計画を発表し，各部門に協力を要請した[86]．この要請を受け，各中央政府部門や，地方政府は留学生の帰国促進活動を積極的に行った[87]．

　そして，人民政府が留日学生の帰国促進に関して，1956年末までに150人の留日学生を帰国させるという目標を立てた[88]．1956年2月に国務院僑務委員会主任・廖承志が同学総会に書簡を送り，留日学生の帰国促進に協力するように要請した[89]．

　同学総会は廖承志から留日知識人の帰国を促進するよう要請を受け，東京華僑総会，同学総会を中心に帰国促進活動が行われた．その様子が当時の『中国留日学生報』と『大地報』から読み取れる．

　1956年3月1日の『中国留日学生報』には，1月14日に周恩来総理が発表した「知識分子の問題に関する報告」を全文掲載し，1月30日に開催された人民政治協商会議・第2期全国委員会・第2回全体会議の様子を伝え，郭沫若が同会議で行った「社会主義革命の高まりにおける知識分子の使命」という報告の内容についても紹介した[90]．これらの記事は中国の新しい知識人政策を紹介するもので，留日知識人の帰国促進活動の契機となったと見ていいだろう．

　さらに，同年4月1日と5月15日の『中国留日学生報』は留日学生の帰国特集を掲載し，「祖国はあなたたちを必要としている　学んだら帰ろう」，「何も心配せずに早期の帰国を」，「現在は帰国の好機会　人材があまりにも足りぬ」，「平和裡に社会主義社会に移行　海外インテリは期待されている」，「祖国は猛スピードで発展している　学んだ技術を人民に貢献しよう」，「栄誉な事業が我々を待っている」などの見出しが躍り，紙面を賑わせた．それらの記事は具体的な事例を挙げながら，留日学生が必要され，一日も早い帰国を促すものだった[91]．

　『大地報』も1956年4月21日のトップ記事に「祖国は留日知識分子を歓迎

している　心配せずに早く帰って建設に参加しよう」という記事を掲載し，『中国留日学生報』に呼応した[92]．その後の5月1日と11日にも関連記事を掲載し，留日学生の帰国を促進した[93]．

　日本の留日学生・華僑組織の帰国促進活動が大々的に行われているなか，中国で釈放された日本人戦犯を迎える興安丸が，1956年6月18日の出港を控え舞鶴港に停泊していた[94]．この興安丸で留日学生・華僑の帰国を実現するために，6月15日の『中国留日学生報』は1面から4面に大々的に帰国特集を組んだ．その結果，167名の留日学生・華僑が乗船し，帰国の途に着いた[95]．

　同学総会の帰国促進活動はその後も継続されたが，一部の留日学生・華僑からは批判の声もあった．同学総会は多くの留日学生・華僑を中国に送り返し，彼らに苦しい生活を送らせているのに，同学総会の幹部たちは日本に残り，豊な生活を送っていると言われた．この批判を受け，当時，同学総会主席・郭平坦は自らも留日学生帰国の先頭に立ち，妻子を連れて1956年8月20日に興安丸で帰国した[96]．この行動の影響もあり，主席の乗船した興安丸で220人の留日学生・華僑も帰国した[97]．

帰国熱の減退

　1956年の「知識分子」の帰国ブームの下，420名の留日学生・華僑が帰国した．中国では1956年までに資本主義諸国にいる留学生の大量帰国を実現させ，留学生帰国促進の仕事は一段落したが，このことは1956年11月30日に留学生帰国促進の担当部門の回国委員会が解散され，当該作業が国務院専家局に移ったことにも，現れている[98]．1957年2月12日，国務院専家局は「1957年資本主義国家に滞在している留学生の帰国を促進する計画」を制定した[99]．しかし，1957年6月8日に始まった反右派運動のため，帰国留学生数は激減した[100]．1956年の420名とは対照的に，1957年には145名，1958年には65名と減少の一途を辿った[101]．

2．帰国留日学生の受入政策から見る中国政府の戦後日本認識

　前節では留日学生の視点に立ち，戦後の日本と中国に対する帰国留日学生の

認識を分析した．本節では帰国留日学生に対する中国政府の対応に着目し，欧米諸国からの帰国留学生と区別の有無についての検討を通して，中国政府の戦後日本に対する認識を分析する．

2.1 職業分配に見る帰国留日学生の待遇

　世界各国から中国に帰国した留学生は，まず教育部回国委員会に登録され，留学生だと認定された場合，教育部の招待所に無料入居することができた．彼らは帰国後，自伝[102]を提出し，政治審査を受けた．

　帰国留学生には2つの道があった．第1は帰国後ただちに就職する道である．第2は，華北人民革命大学や華北大学政治研究所などの政治思想を教育する大学，あるいは，一般大学に進学する道である．このどちらの道に進むかについて，政府の公開文献にはいずれも個人の意思を尊重した上で，回国委員会が調整すると記載されていた．一般に，自然科学系の留学生はすぐに就職することを勧められ，社会科学系の留学生は政治思想教育を受けてから，就職するように勧められた．ただし回国委員会は進路を強要しないことも強調した[103]．就職先の斡旋については，自分で探してもよいし，回国委員会が斡旋すると規定していた[104]．回国委員会の1949年12月～1950年6月までの就職記録には，帰国留学生の就職先の斡旋が同委員会によって行われるケースと帰国留学生が自分で行うケースの両方の記録が残されている[105]．しかし，筆者が行った帰国留日学生・華僑に対するインタビュー調査では，全員の仕事が政府によって配分されていた[106]という結果であった．

　中国政府が現在公開している帰国留学生の就職に関する文献によると，帰国留学生の進路は，専門によって定められているようであり，留学先が決定要因とは思えない．留日学生が持つ敵国に留学という経歴もまた決定的要因になってはいないようだ．留学生の具体的な就職先の資料はほとんど公開されていないが，外交部档案館において教育部回国委員会が作成した資料の一部が公開されている[107]．それは1949年12月～1950年6月までに帰国し，回国委員会に帰国留学生として登録された200名の留学生の名前，性別，年齢，留学先国，専門，帰国登録日，就職先などの情報を含んでいる．同資料に記録されている留日学生の資料は10名であり，網羅性に乏しいが，その状況は，表8-1，表

表 8-1　1949 年 12 月～1950 年 6 月に帰国した留学生の留学国と就職先のクロス表（単位：人）

留学国	就職先							合計
	中央政府	地方政府	病院・企業	学校・研究機関	革大・華大（政治教育）	その他の大学に進学	その他	
米国	32	4	8	54	48	1	2	149
日本	2	1		1	5	1		10
イギリス	11		1	11	5			28
フランス	3				4			7
イタリア					1			1
北欧					1			1
ベルギー					1			1
インド	1							1
フィリピン					2			2
合計	49	5	9	66	67	2	2	200

出典：「回国留学生短期学習総結及回国留学生概況表」（中華人民共和国外交部档案，122-00108-05，1950 年 4 月 1 日～12 月 30 日）に基づき，筆者が作成した．

表 8-2　1949 年 12 月～1950 年 6 月に帰国した留学生の専門と就職先のクロス表（単位：人）

専門	就職先							合計
	中央政府	地方政府	病院・企業	学校・研究機関	革大・華大（政治教育）	その他の大学に進学	その他	
理工系	21	4	5	36	7		1	74
農学・医学系	5	1	1	14	2			23
人文社会科学系	23		3	15	56	2	1	100
芸術・体育系				1	2			3
合計	49	5	9	66	67	2	2	200

出典：「回国留学生短期学習総結及回国留学生概況表」（中華人民共和国外交部档案，122-00108-05，1950 年 4 月 1 日～12 月 30 日）に基づき，筆者が作成した．

8-2 のようになっている．

　表 8-1 を見ると，中国中央政府での就職について，イギリスの 11 名（39.3％），フランスの 3 名（42.9％）に比べると，日本の 2 名（20％）はやや低いが，米国の 32 名（21.5％）と割合はほぼ同程度である．また華北人民革命大学政治研究院と華大大学政治研究所などで，政治の再教育を受けた留学生も，イギリスの 5 名（17.9％），米国の 48 名（32.2％）と比べると，日本の 5 名（50％）はやや多いように見られるが，フランスの 4 名（57.1％）と割合的に

同程度である．ここで日本の割合がやや多いのは，人文社会科学系の学生が多いことも考えられる．表8-2により明らかなように，理工系の大学を卒業した留学生で政治教育を受けた者が9.5%であったのに対し，人文社会科学系の卒業生で政治教育を受けた者は56%だった．これは当時人民政府が出した，理工系の留学生に対する政治教育は仕事をさせながら行い，人文社会科学系はできるだけ先に政治教育を受けさせてから就職させるという方針と一致している[108]．

以上のように，現在利用可能な資料に拠れば，帰国直後の就職先分配の段階では，留日学生と米国，イギリス，フランスなどの資本主義諸国から帰国した留学生との間に大きな違いは見られなかった．

2.2　帰国留学生の「歴史」に対する審査に見られる華僑との相違

帰国留学生のその後の人生を決定づけた要因は何であったか．筆者が行った帰国した留日学生・華僑に対するインタビュー調査によれば，それは「歴史」と「海外関係」であった．つまり，2.1項の冒頭で述べた帰国直後に作成した自伝とその後の政治審査の結果が重要だということである．「海外関係」を持つとは，海外に親類や，友人がある場合である．特にその親類や友人に共産党政権に反対する人物がいれば，問題が大きいとされる．「海外関係」の問題は日本だけではなく，資本主義諸国から帰国したすべての留学生と華僑に影響を与えた．特に，文化大革命の際に，「海外関係」を理由に，特別なケースを除いたすべての帰国留学生と華僑は北京から下放されたと言われている[109]．

「海外関係」とは対照的に，「歴史」には個人差があり，特に留日学生を苦しめた．ここでは，その人自身やその家族が，共産党あるいは共産主義に反対したことや，無産階級を搾取した経歴などを指している．

『回国五十年』に採録されている78名の帰国留日学生・華僑の帰国記の内，71名が帰国後の仕事に関する記述がある．その最初は，26名の帰国留学生のうち14名（53.8％）が学校，研究機関などの研究職であり，日本語を使った日本関連の交流，外事，情報収集の仕事に就いたのは5名（19.2％）のみであった．他方，45名の帰国華僑のうち，18名（40％）が日本語を使った日本関連の交流，外事，情報収集の仕事に就き，学校，研究機関などの技術職は13

名（28.9％）であった．帰国華僑が留学生より多く対日交流の仕事に就いたのは，「歴史」に対する審査の結果だと言われている[110]．帰国留日華僑の多くは学校を卒業しないうちに帰国したので，就職経験がなかった．そのため，彼らは家族と学校以外の社会関係がほとんどなく，共産主義や共産党に反対する人との接点がほとんどなかった．家族も日本に生活していたことから，家族も共産主義や共産党に反対する人と関係を持つことが少なかった．周恩来総理の日本語通訳として知られている林麗韞，黄世明などの建国初期の対日外交分野で活躍した日本語通訳のほとんどが留日華僑出身であった．日本から帰国したという事実それ自体は問題とはなっていないのである．

　日本からの帰国留学生の活躍の場が少なかったとされるのは以下の理由に拠ると考えられる．前述したように留日学生のほとんどが台湾，旧満州国，汪精衛政権といった日本の植民地，傀儡政権から派遣された留学生であったため，本人およびその家族に植民地政府，傀儡政権と何らかの関係がある場合が多い．また戦争中に留学したことから，帰国する前に日本で就職した経験がある人も多く，仕事の関係で，国府の駐日代表団を含めた国民党関連の機関，日本の共産主義に反対している人と少なからず関係を持つことも多かった．これらの問題はすべて帰国後の政治審査の時に調べられ，「档案」に記入された．中国における人事の慣例では，「档案」に「歴史」について問題があるとか，政治調査の結論が出ていないと記述されてしまうと，基本的に対外関連や秘密の仕事に従事することができないのである．また，帰国留学生と華僑が研究職に就いても，従事した研究が極秘事項である場合，原則的にはその仕事から外されることになった[111]．

　帰国留学生の人事档案が公開されることはほとんどないが，北京市档案館で公開している留学生の帰国を促進することに関する資料の中に，北京市在住の帰国留学生についての「解放後資本主義国家から帰国した留学生の調査表」[112]と「北京市帰国留学生調査票」[113]の2つの資料を見つけることができた．この2つの資料には北京市に在住する一部の帰国留学生の略歴，家族構成，収入，政治歴史問題についての調査結果などが記録されている．同資料は留学生本人が書いたものではなく，留学生の所属機関によって作られたものであった．そのため，所属機関による政治審査の結果や，帰国後の政治態度に対する判断な

ども記録されている.

　それに拠ると，数多くの留学生の政治審査の結果が,「調査の手段がない」ことを理由にして出ていなかったことがわかる．たとえば，1953年に日本から帰国した洪清淡の政治審査の結果欄には以下のように書かれている.

　　「当該同志の政治歴史については結論がない．原因は調査できないからである．彼の本籍は台湾で，日本に留学した．社会関係が比較的複雑で，配偶者は日本人で，義父母兄弟は日本にいる．父親，兄，姉，妹は現在台湾にいる」[114].

　帰国留日学生の多くは本人に問題があるわけではなく，洪清淡と同じように，主要な社会関係が海外や台湾にあるため，中国政府にはそれについて調べる術がなく,「歴史」についての政治審査を終えることができなかったのである．そのため，彼らは就職などで政治審査の結果に影響されることが多かった．このような状況は日本との国交正常化以後，あるいは改革・開放後に改善され，1970年代以降は対日関連の仕事で1950年代に帰国した留日学生の姿が多く見られるようになった.

おわりに

　終戦後，多くの留日学生・華僑は，学業が終わらなかったことや，戦後直後の中国における内戦勃発などを理由として帰国しなかった．また，日本に留学・滞在したという経歴を理由に，帰国後の仕事や生活に不安を抱いていたことも理由の1つであった[115].

　1949年～1950年代にかけて，非常に多くの留日学生と華僑が，中国政府の要請を受けた中国系メディアや，中国から帰国した引揚者からの中国宣伝，紹介を受け，帰国を熱望した．特に1953年には帰国ブーム[116]が到来した．留日学生・華僑が日本を離れた理由としては，戦前日本で受けた差別的な待遇や，戦後日本における苦しい生活が挙げられる.

　留日学生には，国民党統治地域と共産党統治地域の2つの帰国の選択肢があ

った．終戦直後，留日学生と華僑とともに国府を賞賛し，蔣介石に対する憧憬があった．しかし，戦後の国府の官僚は留日学生を「漢奸」の一種と見なし，好ましく受け入れなかったため，留日学生に台湾に行っても，「役人になる途が閉ざされている」と思われた[117]．さらに内戦で露呈した国府の腐敗や，国民に対する強圧的な態度，日本への派兵中止などによって留日学生の反感をかった．

さらに，人民政府が留日学生と華僑の団体を通じて中国の現状，政策を宣伝したことも，華僑や留学生の帰国を促した．同学総会や，東京華僑総会などの留日学生と華僑の団体は留日学生や華僑に広く支持されていた．そのため，これらの団体を通じた宣伝活動は非常に効果が高かったと言えよう．しかし，当時の人民政府と留日学生・華僑の団体との具体的な連絡方法や，指令関係について，資料の制限で明らかにすることができなかった．今後の課題としたい．

数多くの留日学生・華僑が中国建設に貢献する愛国精神を持ち，その精神がまた他の留日学生に影響を与えたことも看過できない．

他方，中国側からの宣伝により，留日学生・華僑が日本に留学したという歴史に対する懸念がだいぶ払しょくされたことも重要である．また，留日学生の多くは，共産主義の中国に対して強く憧れていたが，現実の一部である中国の状況について，あまり理解せずに，帰国を選択した．たとえば，「無料で大学に進学したい」，「ソ連へ留学したい」といった帰国理由を挙げた者もいた[118]．また数多くの華僑が「日本で就職できずに，生活が困難なので，労働者を全部平等に対応する中国へ帰国して良い生活を送りたい」ということを理由に帰国を選択したが，帰国した直後に国内の状況を見て，後悔した人も多くいたと言われている[119]．

帰国した留日学生に対する中国政府の受入政策については，欧米諸国からの帰国留学生と比べて，就職の面で留日学生が著しく差別されたという事実は確認できなかった．それは日本から帰国した華僑が日中両国間の外交の場で，大きな役割を果たした事実から見ても一目瞭然であろう．

留日学生の中国での就職先を左右したのは，「海外関係」と「歴史」に関する政治審査である．旧日本植民地，傀儡政権による派遣や，親類，知人などの複雑な社会関係が彼らの中国での職業上の発展を妨げる面があった．このよう

な「海外関係」と確認しにくい「歴史」を背負った留日学生・華僑は1957年以降の反右派運動から文化大革命までの長期に亘って，さまざまな被害を受けた．特に文化大革命の期間中に，特別な例を除いてほぼ全員が農村や，「五七幹校」に下放され，苦しい生活を強いられた[120]．しかし，日中国交正常化後，特に改革・開放後は，彼らの「海外関係」や「歴史」は中国の外交活動や，経済発展に貢献し得る重要な要素となり，中央政府や各対外交流の場面で大いに活躍した．

　たとえば，日中国交正常化の談判に際して，日本語のできる人材が著しく不足する中，1950年代に帰国した留日学生と華僑の多くが駆り出され，事前準備や，日本政府，財界，メディア関係者との交流の場における通訳・翻訳者として働いた．日中国交正常化後の政府や民間の訪日団の通訳の多くも1950年代に帰国した留日学生と華僑であった[121]．このように中国政府は，留日学生・華僑が持つ戦争中の日本留学・滞在経験を問題視したのではなく，最終的には，日本との外交関係を改善するために，多くの帰国留日学生・華僑を起用した．建国後の中国政府は日本との戦争の歴史をあらゆる面で追及していたわけではないのである．しかし，本章では，帰国後の留日学生に対する中国政府の待遇や，活動については資料の制限によって，深く論じることができなかった．その事実のさらなる解明をこれからの課題としたい．

---

1) 竹前栄治・中村隆英監修『GHQ日本占領史　第16巻　外国人の取り扱い』(日本図書センター，1996年) 20-42頁．
2) 前掲，竹前栄治・中村隆英監修『GHQ日本占領史　第16巻　外国人の取り扱い』20-42頁によると，1949年に19,807名の中国人が日本に滞在していた．『回国五十年―建国初期回国旅日華僑留学生文集』(台海出版社，2003年) 1-2頁によると，1950年代には4万人程度の華僑が日本に滞在していたとされる．
3) 河路由佳「盧溝橋事件以後（1937年～1945年）の在日中国人留学生」河路由佳・淵野雄二郎・野本京子『戦時体制下の農業教育と中国人留学生』(財団法人農林統計協会，2003年) 41-57頁．陳焜旺編『日本華僑・留学生運動史』(日本僑報社，2004年) 30-32頁．
4) 前掲『回国五十年―建国初期回国旅日華僑留学生文集』1-2頁によると，1949年から1958年までにおおよそ4000人の留日華僑・留学生が帰国した．郭平坦（中国留日同学総会元主席）「留日同学会引導我們走愛国回国的道路」全国政協曁北京，上海，天津，福建

政協文史資料委員会編『建国初留学生帰国記事』(中国文史出版社，1999 年) 405-416 頁によると，1953 年から 1957 年までに帰国した留学生，華僑，労工は 5000 人に上る．
5) 旅日華僑・留学生聯誼会副秘書長曾葆盛（1953 年帰国）へのインタビュー，2007 年 11 月 23 日，中国北京市．
6) 郭平坦・陳富美「建国初期留日学生与旅日華僑帰国状況」前掲『回国五十年―建国初期回国旅日華僑留学生文集』498-510 頁．
7) 川島真「日本占領期華北における留日学生をめぐる動向」『中国研究月報』2007 年 8 月号，4-18 頁．
8) 前掲，河路由佳・淵野雄二郎・野本京子『戦時体制下の農業教育と中国人留学生』．
9) 前掲，陳焜旺編『日本華僑・留学生運動史』．
10) 呉霓『中国人留学史話』(商務印書館，1997 年)．
11)「政務院文教委員会辦理留学生回国事務委員会第二次会議（会議記録）」李滔編『中華留学教育史録―1949 年以後』(高等教育出版社，2000 年) 6-9 頁によると，辦理留学生回国事務委員会における帰国留学生業務の担当範囲（1950 年 3 月）は以下のようになる：①国内外の短期大学以上の学校を卒業し，さらに学習を目的とする出国者②大学学部以上の教育機関を卒業した帰国華僑③国内の高校を卒業してから外国の大学の正規学習年数を終えたが，卒業できなかった者④大学卒業後，外国で就職した者．
12) 1946 年 5 月 22 日の成立時から 1949 年 8 月までは中華民国留日同学総会と称していたが，1949 年 9 月に中国留日同学総会と改称した．
13) 前掲，陳焜旺編『日本華僑・留学生運動史』54-165 頁，林連徳「留日同学総会側記」前掲，全国政協曁北京，上海，天津，福建政協文史資料委員会編『建国初留学生帰国記事』397-404 頁，「同学総会の全国体制整ふ」『中華留日学生報』1947 年 5 月 15 日などの資料によると，1946 年 5 月 22 日に設立時から 1966 年 5 月までの同会会員は中国大陸と台湾出身の留学生と華僑学生である．
14) 前掲，郭平坦・陳富美「建国初期留日学生与旅日華僑帰国状況」．
15) 筆者の確認によると，中国留日同学総会の機関紙は 1947 年 3 月 10 日～1947 年 4 月 30 日の名称が『中華民国留日学生旬報』，1947 年 5 月 1 日～1948 年 1 月 30 日が『中華留日学生報』，1948 年 5 月 4 日以降の名称が『中国留日学生報』である．
16) 留日学生 B へのインタビュー，2007 年 11 月 23 日，中国北京市，大類善啓「日本に残留し定住したある中国人―在日華僑・韓慶愈が生きた『もう一つの昭和史』」『星火方正～燎原の火は方正から～』第 3 号，2006 年 12 月 1 日，35-45 頁．
17) 韓国人留日学生 D（1943 年中国に渡った）へのインタビュー，2007 年 11 月 24 日，中国北京市．
18) 前掲，留日学生 B へのインタビュー，前掲，陳焜旺編『日本華僑・留学生運動史』66-74 頁．
19)「留日学生奨学会成立」『中国留日学生報』1949 年 8 月 15 日，王家鼎「告別日本六十年后的回憶」前掲『回国五十年―建国初期回国旅日華僑留学生文集』50-62 頁．
20) 前掲，陳焜旺編『日本華僑・留学生運動史』74 頁．
21) 黄惠美「難忘的中学生活」前掲『回国五十年―建国初期回国旅日華僑留学生文集』218-223 頁，甘麗娟「一衣帯水半世情」前掲『回国五十年―建国初期回国旅日華僑留学生文集』352-360 頁．
22) 呉千代子「まだ見ぬ祖国えの憧れで胸が一ぱい」『中国留日学生報』1953 年 5 月 5 日．

23)「大陸へ帰還を希望する理由」『朝日新聞』1953年6月14日.
24) 中央教育科学研究所編『中華人民共和国教育大事記1949-1982』(教育科学出版社, 1984年) 6頁.
25) 許瓏「奔向光明的時刻―記建国前後的留学生回国潮」留学生従書編委会編『中国留学史萃』(中国友誼出版公司, 1992年) 98-111頁.
26) 前掲, 郭平坦・陳富美「建国初期留日学生与旅日華僑帰国状況」, 前掲, 陳焜旺編『日本華僑・留学生運動史』108頁.
27) 前掲, 郭平坦・陳富美「建国初期留日学生与旅日華僑帰国状況」によると, 出国手続きは東京華僑総会を通じて統一的に行う必要があった. 留学生本人が出国申請書に記入し, 東京華僑総会は中華民国駐日代表団僑務処に提出する. さらに僑務処はGHQ総部に審査書類を提出し, 批准してもらう. 中国への帰国と記入すると批准されないため, 香港や台湾あるいは他国への渡航を出国目的と書かざるを得なかった. 出国申請が批准されても, 直接中国に行く定期客船がないため, 中国行きの貨物船を待つか, あるいは香港や他国を経由する帰国ルートを探るしかない. 故に, 費用が非常に高く, 時間もかかった. また出国する時の審査もかなり厳しかった.
28)「回国参加社会主義建設的留学生情況」前掲, 李滔編『中華留学教育史録―1949年以後』59-69頁によると, 1949年8月から1952年12月までに中国教育部で登録した帰国留学生は102人である. 前掲『回国五十年―建国初期回国旅日華僑留学生文集』498-510頁と前掲, 陳焜旺編『日本華僑・留学生運動史』111頁の資料によると, 1953年前までに帰国した留学生・華僑の人数は300人程度である.
29)「日本にいる中国人」『朝日新聞』1953年6月14日.
30) 前掲, 郭平坦「留日同学会引導我們走愛国回国的道路」.
31) 大澤武司「在華邦人引揚交渉をめぐる戦後日中関係―日中民間交渉における『三団体方式』を中心として」『アジア研究』(アジア政経学会) 49(3) 2003年7月, 54-70頁.
32) 呉日煥「1950年代日中・日台関係の構造―在日華僑・遺骨送還交渉における『三団体方式』を中心に」『筑波法政』 2006年3月, 153-176頁. 前掲郭平坦「留日同学会引導我們走愛国回国的道路」,「旅日華僑, 留学生帰国問題有関材料」(中華人民共和国外交部档案, 105-00250-02, 1953年4月28日～7月4日), 前掲大澤武司「在華邦人引揚交渉をめぐる戦後日中関係―日中民間交渉における『三団体方式』を中心として」,「国府側と微妙な関係 日本政府も送還は希望」『朝日新聞』1953年5月21日.
33)「帰れぬ中国人」『朝日新聞』1953年5月9日, 前掲, 郭平坦「留日同学会引導我們走愛国回国的道路」.
34) 前掲「旅日華僑, 留学生帰国問題有関材料」, 前掲郭平坦「留日同学会引導我們走愛国回国的道路」,「国家の協力求む 帰国希望者大会」『朝日新聞』1953年5月23日「中国人代表押掛く 帰国問題で外務省へ」『朝日新聞』1953年6月6日.
35)「国府, 了解の模様 在日中国人の送還 すべて日赤の手で」『朝日新聞』1953年6月2日,「中国人送還決る 政府, 日赤に一切を委す」『朝日新聞』1953年6月7日.
36) 前掲『回国五十年―建国初期回国旅日華僑留学生文集』511-512頁.
37) 前掲王家鼎「告別日本六十年后的回憶」.
38) 留日華僑Eへのインタビュー, 2007年11月23日, 中国北京市.
39) 大類善啓「日本に残留し定住したある中国人―在日華僑・韓慶愈が生きた『もう一つの昭和史』第2回」『星火方正―燎原の火は方正から』第4号, 2007年5月25日, 25-36

頁，留日学生韓慶愈へのインタビュー，2007年12月10日，日本東京都．
40)「蔣主席的求学時代（一）」『留日学生旬報』1947年3月10日，「蔣主席的求学時代（二）」『留日学生旬報』1947年3月30日．
41) 前掲，大類善啓「日本に残留し定住したある中国人—在日華僑・韓慶愈が生きた『もう一つの昭和史』第2回」，前掲，留日学生韓慶愈へのインタビュー．
42)「在日我戦俘僑胞待救」『大公報（重慶版）』1945年10月1日，「接運留日戦俘僑胞返国我代表六人抵東京」『大公報（重慶版）』1945年10月29日，「接運在日戦俘僑胞返国各有関機関已商定弁法　利用日本僑回国空船接運」『大公報（重慶版）』1945年11月27日．
43)「留日華僑之特別教育」『申報』1946年12月15日．
44)「留日学生召回弁法」，「抗日戦争期間留日学生甄審弁法」李滔編『中華留学教育史録1840-1949』（高等教育出版社，2005年）583-584頁．
45)「学生召還どうなる」『中華留日学生報』1947年5月1日．
46) 前掲「日本にいる中国人」．
47) 中国第二歴史档案館『中国戦区受降紀実』（江蘇人民出版社，2005年）182-189頁，「盟国将共同管制日本」『大公報（重慶版）』1945年10月1日，「四国共同占領日本　蘇英中亦将派兵前往」『大公報（重慶版）』1945年10月15日．
48) 前掲，留日学生Bへのインタビュー．
49) 前掲，中国第二歴史档案館『中国戦区受降紀実』134-145頁．
50) 前掲，留日学生Bへのインタビュー．
51) 台湾籍留日学生郭平坦へのインタビュー，2007年11月25日，中国北京市．
52) 楊国光「為了迎接新中国的誕生—記楊春松在日本的革命活動」前掲『回国五十年—建国初期回国旅日華僑留学生文集』1-11頁．
53)「献給台湾省諸同学—関于台湾二・二八事件」『留日学生旬報』1947年3月30日．
54) 前掲，楊国光「為了迎接新中国的誕生」．
55) 王毓声「報効祖国　初衷未改」前掲『回国五十年—建国初期回国旅日華僑留学生文集』44-49頁．
56) 前掲，留日学生韓慶愈へのインタビュー．
57)「歴史転変了」『中華留日学生報』1947年7月15日．
58) 前掲，楊国光「為了迎接新中国的誕生—記楊春松在日本的革命活動」．
59) 前掲，留日学生Bへのインタビュー．
60) 前掲，楊国光「為了迎接新中国的誕生—記楊春松在日本的革命活動」，前掲，留日学生Bへのインタビュー，留日華僑凌星光へのインタビュー，2007年12月12日，東京都．
61)『中国留日学生報』1948年12月1日～1949年9月15日．
62) 前掲，王毓声「報効祖国　初衷未改」．
63)「喜びに沸く華僑アパート　夢は明るい祖国へ」『国際新聞』1953年6月9日．
64)「中華人民共和国成立に関する声明書」『中国留日学生報』1949年10月11日．
65) 前掲，陳焜旺編『日本華僑・留学生運動史』83頁．
66) 前掲，郭平坦・陳富美「建国初期留日学生与旅日華僑帰国状況」，前掲陳焜旺編『日本華僑・留学生運動史』84頁．
67)「中国留学日本同学総会致毛沢東主席函」（中国外交部档案館档案，105-00012-01，1950年3月25日）．
68)「まだ波紋多し　留日学生救済問題」『中国留日学生報』1950年2月1日．

69) 前掲, 陳焜旺編『日本華僑・留学生運動史』101 頁.
70)「まだ見ぬ祖国えの憧れで胸が一ぱい」『中国留日学生報』1953 年 5 月 5 日,「不必再多費宝貴的銭」『中国留日学生報』1953 年 5 月 5 日.
71) 前掲, 留日学生郭平坦へのインタビュー, 前掲, 陳焜旺編『日本華僑・留学生運動史』103-105 頁.
72) 前掲, 留日学生元同学総会主席郭平坦へのインタビュー, 前掲留日学生元同学総会主席, 元『華僑報』編集者韓慶愈へのインタビュー.
73)「学資の保証される学生政策」『中国留日学生報』1949 年 10 月 11 日, 黄秀鳳「新中国の学生生活」『中国留日学生報』1953 年 11 月 5 日,「国外華僑団結起来！愛護祖国保衛自己的正当権益」『中国留日学生報』1953 年 11 月 25 日など.
74) 前掲, 留日華僑 E へのインタビュー.
75)「呂同学より帰国便り」『中国留日学生報』1955 年 4 月 20 日.
76) 前掲, 大類善啓「日本に残留し定住したある中国人——在日華僑・韓慶愈が生きた『もう一つの昭和史』第 2 回」.
77) 前掲, 韓慶愈へのインタビュー.
78)「華僑学生在唐山」『大地報』1955 年 6 月 1 日,「献出一切建設祖国 深感生為中国人的光栄——訪問一個回国的留法学生」『大地報』1955 年 6 月 1 日,「中国の大学教育」『大地報』1955 年 7 月 1 日など.
79)「学資の保証される学生政策 引揚者の語る新中国の現状」『中国留日学生報』1949 年 10 月 11 日.
80)「帰国者から話を聞く 新中国の結婚について 金の心配はいらぬ」『国際新聞』1953 年 6 月 22 日,「安定した人民の生活 合理的な小学校の教え方」『朝日新聞』1953 年 3 月 6 日,「建設の体験を語る 帰国者のみた鉱山製鉄 "社会の主人として" ツルオカの建設をきく」『日本と中国』1953 年 5 月 5 日,「興安丸けさ舞鶴入港 服装も色どり豊か 口々に中共賛える帰国者」『朝日新聞』1954 年 9 月 27 日夕刊.
81)「中国労働者の生活 帰国者の座談会から」『日本と中国』1953 年 4 月 20 日.
82) 前掲『回国五十年——建国初期回国旅日華僑留学生文集』511 頁.
83) 前掲, 留日学生郭平坦へのインタビュー.
84) 周恩来「関于知識分子問題的報告（之一）」「関于知識分子問題的報告（之二）」『人民日報』1956 年 1 月 30 日.
85) 前掲, 郭平坦・陳富美「建国初期留日学生与旅日華僑帰国状況」.
86)「高等教育部関于争取尚在資本主義国家的我国留学生回国工作的通知」前掲李滔編『中華留学教育史録——1949 年以後』24-25 頁.
87) たとえば,「関于争取在資本主義国家留学生回国的方針任務措施等意見給周恩来総理的報告」（中華人民共和国外交部档案, 111-00239-05, 1956 年 1 月 27 日）,「外交部関于争取海外留学生回国事給駐外使館的指示電」（中華人民共和国外交部档案, 118-00852-05, 1956 年 3 月 19 日〜10 月 4 日）によると, 外交部は 1956 年 1 月から留学生の帰国促進の方法について検討し, 同年 3 月に中国駐外国大使館, 領事館に電報を打ち, 留学生に帰国を説得するように命じた.「争取還在資本主義国家的留学生帰国工作的有関文件」（北京市档案館档案, 2-10-76）によると, 北京市政府は北京市争取留学生帰国工作組を設立し, 留学生帰国の促進方法を検討し, 実施した.
88) 前掲「外交部関于争取海外留学生回国事給駐外使館的指示電」.

89) 前掲郭平坦「留日同学会引導我們走愛国回国的道路」.
90)「知識分子の問題について 周恩来中共中央書記」『中国留日学生報』1956 年 3 月 1 日,「中国人民政治協商会議 第二期全国委員会第二回全体会議」『中国留日学生報』1956 年 3 月 1 日,「中国科学を十年で世界水準に 銭学森教授可能性を論証」『中国留日学生報』1956 年 3 月 1 日.
91)「祖国需要你們 学んだら帰ろう」『中国留日学生報』1956 年 4 月 1 日, 呉曙「現在是帰国的好機会 人材はあまりにも足りぬ」『中国留日学生報』1956 年 4 月 1 日, 謝秋生「平和裡に社会主義社会に移行 海外インテリは期待されている」『中国留日学生報』1956 年 4 月 1 日, 張賢「祖国正在突飛猛進地発展 把我們所学的技術貢献人民吧」『中国留日学生報』1956 年 4 月 1 日, 林連徳・王兆元「光栄的事業等待着我們」『中国留日学生報』1956 年 5 月 15 日など.
92)「回国留学生来信述 祖国歓迎留日知識分子—勿多顧慮趕快回来参加建設」『大地報』1956 年 4 月 21 日.
93)「同学総会十週年記念大会 中華全国学生聯合会来信祝賀 号召知識分子参加祖国建設」『大地報』1956 年 5 月 1 日,「海外知識分子祖国歓迎你們」『大地報』1956 年 5 月 11 日, 金慕箴「華僑青年指導の重要性」『大地報』1956 年 5 月 11 日.
94)「大批華僑回国参加建設」『大地報』1956 年 6 月 11 日.
95) 前掲『回国五十年—建国初期回国旅日華僑留学生文集』511 頁.
96) 前掲留日学生郭平坦へのインタビュー, 郭平坦「強大祖国使我夙願得償」前掲『回国五十年—建国初期回国旅日華僑留学生文集』375-380 頁.
97) 前掲『回国五十年—建国初期回国旅日華僑留学生文集』511 頁.
98)「国務院関于争取在資本主義国家的留学生回国工作交由国務院専家局管理的通知」前掲李滔編『中華留学教育史録—1949 年以後』28 頁.
99)「1957 年争取資本主義国家留学生工作計画」(中華人民共和国外交部档案, 111-00251-02, 1957 年 2 月 4 〜 8 月 20 日).
100)「争取留学生帰国及留学生帰国後的状況等文件」(中国北京市档案館档案, 2-20-339, 1959 年〜 1960 年).
101) 前掲『回国五十年—建国初期回国旅日華僑留学生文集』511-512 頁.
102) 自伝は, 本人の経歴, 家族の状況, 主要な社会関係を含めた情報を留学生自身が書くものである.
103) 前掲「弁理留学生回国事務委員会工作概要」,「介紹回国留学生的工作和学習的初歩総結」前掲李滔編『中華留学教育史録—1949 年以後』18-19 頁.
104) 前掲「介紹回国留学生的工作和学習的初歩総結」,「高等教育部関于資本主義国家回国留学生的分配工作和接待, 管理工作的改進意見」前掲李滔編『中華留学教育史録—1949 年以後』22-24 頁.「高等教育部, 公安部, 外交部, 内務部関于争取尚在資本主義国家留学生工作中的幾個問題」前掲, 李滔編『中華留学教育史録—1949 年以後』25-28 頁.
105)「回国留学生短期学習総結及回国留学生概況表」(中華人民共和国外交部档案, 122-00108-05, 1950 年 4 月 1 〜 12 月 30 日).
106) 前掲, 留日華僑曾葆盛へのインタビュー, 前掲, 留日学生Bへのインタビュー, 前掲, 留日華僑Eへのインタビュー, 前掲留日学生郭平坦へのインタビュー, 留日華僑Gへのインタビュー, 2007 年 11 月 26 日, 中国北京市, 前掲, 留日華僑凌星光へのインタビュー.

107) 前掲「回国留学生短期学習総結及回国留学生概況表」.
108) 前掲「弁理留学生回国事務委員会工作概要」.
109) 前掲, 留日学生郭平坦へのインタビュー, 前掲留日華僑曾葆盛へのインタビュー.
110) 同上.
111) 前掲, 留日華僑曾葆盛へのインタビュー.
112) 「解放後従資本主義国家回国留学生調査表」(北京市档案館档案, 007-001-00155, 1963年1月1日～12月31日).
113) 「北京市回国留学生調査票」(北京市档案館档案, 007-001-00149, 1962年1月1日～12月31日).
114) 前掲「解放後従資本主義国家回国留学生調査表」.
115) 留日学生Aへのインタビュー, 中国北京市, 2007年11月23日.
116) 前掲, 留日華僑曾葆盛へのインタビュー, 前掲, 留日学生Bへのインタビュー.
117) 前掲「日本にいる中国人」.
118) 前掲, 留日華僑Eへのインタビュー, 前掲, 留日華僑Gへのインタビュー.
119) 前掲, 韓慶愈へのインタビュー.
120) 前掲『回国五十年―建国初期回国旅日華僑留学生文集』.
121) 前掲, 留日学生Bへのインタビュー, 前掲, 留日華僑曾葆盛へのインタビュー.

第4部 歴史認識問題の現在
——日中米からの提案

第 4 部　東アジアの歴史認識問題，グローバルな知的関心へ

劉　傑

　東アジア地域で発生した歴史認識問題が，域内の国際関係を左右する重要なファクターとなっていることは大方の認めるところであるが，21 世紀に入ってから，この問題が地域の境界を越えて，グローバルな関心事となったことに，我々は果たして気づいたのだろうか．帰泳濤論文によれば，「アメリカには中日間の歴史認識問題を根本的に解決する能力も願望もない」と，中国の学者たちが判断している．しかし，三谷博論文はむしろ，アメリカやヨーロッパの学者が強い関心を持って世界規模の歴史対話に加わっていることを，実例を用いて力説した．すなわち，アメリカの知識人は，東アジアの歴史対立が東アジアだけでなく，世界秩序全体を損ないかねないという懸念を抱き，国境を越えた歴史家同士の共同空間を模索し始めている．このことは，ショシュア・フォーゲル論文にある，「学者の国籍がどんな学術的議論にも完全に無関係になる日が来るのを，私は待ち望んでいる」という最後の言葉に強く象徴されている．

　しかし，共通の問題意識を持ち始めた世界の歴史家の前に立ちはだかっているのは「国民史」という壁である．国民史は，国民国家のアイデンティティを支える必要な装置であることは間違いないが，急速に進展している東アジア地域の相互依存は，不信の解消と調和の再生を求めている．三谷論文は協力関係を生み出す新しい歴史学の新分野と方法論を提案している．

　一方，帰論文は，史料を重視する歴史学だけでは歴史問題の多様性と複雑性に対応し切れないと断言する．被害者のことに思いいたれば，歴史認識問題には，道義的，感情的側面もあることに気付くべきだというのである．三谷論文もこの歴史学に突きつけた難問に一応の答えを出そうとする．すなわち，職業倫理的に言えば，歴史家は，被害の記憶を訴える人々に直面したとき，証拠能力のある史料を有しない場合，沈黙を守るべきである．しかし，歴史家は政治社会の一構成員である以上，「政治社会それ自体の負っている義務から免れない」という認識も不可欠である．帰論文は，歴史問題で国民感情が悪化すれば，両国の共通利益の追求に重大な影響をもたらすという見地から，政府，学界，民間の複数のレベルでこの問題に取り組まなければならないと提案している．

　フォーゲル論文に紹介されたアメリカの日中関係史研究の歴史と現状も興味深い．1989 年に創刊された Sino-Japanese Studies が 2004 年にはやくもその短い歴史に幕を降ろしたことは，日中両国の日中関係史研究者にとって何とも残念なことである．近年の新しい現象だが，日中の研究者もアメリカの日中関係史研究者の研究に大きな関心を持ち，彼らと共通の空間を構築する可能性を模索している．

9章 国境を越え，同時に歴史を研究するということ
——『国境を越える歴史認識：日中対話の試み』を読んで

ジョシュア・フォーゲル
(真保晶子訳)

1. 国境に阻まれた東アジアの歴史研究

　この数年，世界中の東アジア研究者の間で，その地域内の一つの国の歴史，文化，文学作品よりも，2つの国々（あるいはさらに3つの国々）の交流に注目することが多くなってきた．新しく新鮮な研究領域を見つけ出そうとする，終わりのない学問の競争がこの理由の1つといえる．しかし，さらに重要なことには，それが国民国家についてのより大きな認識の一部であることだ．国民国家は，1世紀前，あるいはもう少し長い間にわたって，形づくられた．本来なら，恣意的な存在としての国民国家は，歴史研究を束縛し，あるいは組織するための最善の装置ではないはずである．これは，特に，国民国家がいまだ存在しなかった時代にいえる．この認識を真剣に受け止めれば，「弥生時代の日本」「殷代の中国」，「古代朝鮮」，そして「先史時代のX」というような表現はすべて，意味の対立する語句を並べる撞着語法のようなもの，あるいは，より潜行して広がるような，民族主義という近代イデオロギーによる学問への介入とみなされるべきだ．

　歴史に国境などないし，どこへ行こうにもパスポートやビザなど必要ない．なるほど，国民国家はまた，（通常，公式にではなく，民族主義という名の，

知らない間に起こる運動の結果として）一つの国語しか認めてこなかった．2 国境圏内で話され，書かれている他のすべてを，「方言」あるいは「少数言語」とみなしてきた．したがって，中国は，国語と伝わる guoyu 国語（あるいは putonghua 普通話）を 標準中国語であると宣言し，地域的に話されている多くの言葉をすべて，方言と称するようになった．(「地域語」("topolects") というのがより正確な用語である．) もしも，中国が，ヨーロッパのように，大陸とみなされるのであって——現にそうであるように——，単一の「国民」国家でないとするならば，対照のためにいえば，広東語は，明らかに，別個の言語として認められるであろう．広東語は，ヨーロッパの国語のうちの多くの言語（すべてではないとしても）よりも，たくさんの人々によって話されている．ポルトガル語がスペイン語に対するよりも，フランス語がカタロニア語に対するよりも，デンマーク語がスウェーデン語やノルウェー語に対するよりも，ポーランド語がチェコ語に対するよりも，広東語が，普通話 (putonghua) とはるかに異なっていることは明らかだ．

　東アジアの複数の国にまたがる研究の発展を妨げる要因はほかにもあったのだが，ここでは，組織上の障壁に問題を限定してみよう．この地域全体に起こった国民国家の高まりと結びついて，東アジア史研究の内部で，自国の歴史に特権が与えられたことは，まったく当然のことといえる．したがって，日本には，東アジア史あるいは東洋史の学科，そして日本史あるいは「国史」の学科がある．中国や朝鮮にも，中国史や朝鮮史を意味する「国史」（中国語で guoshi, 朝鮮語で kuksa）がもつ同様な現象があることに気づく．そのため，国境を越えた東アジア研究において，多大な伝統をもつ国々でさえ，（例えば日本の中国研究）2 国間のあるいは両国の文化間の交流に取り組むような研究をそれほど多く生み出さなかった．もちろん，とくに戦前に，日本人研究者たちは，中日，朝日，中朝関係研究の分野で，相当数の先駆的著作を書いた．だが，そのような著作は，中国，日本，朝鮮個々に関して発表された山のような研究と比較すると量という点で，見劣りがする．

2. 対話を始めた中日の研究者たち

　この10-20年の間，博士課程で学ぶために——その多くは中国研究専攻だが——日本へ行く中国の学生たちがますます多くなってきた．そして，多くが日本に留まり，可能であれば，そこで教職や研究の職を得ることを選んだ．私の考えでは，中日関係の学術的関心を復活させる上で，彼らは非常に重要な役割を果たしてきたといえる．この書評が対象とする本の編者の一人，劉傑がその適例である．北京で生まれ，東京大学で歴史の教育を受け，現在，早稲田大学の外交史の教授である．別の編者，楊大慶は南京で生まれ育ち，シカゴ大学とハーバード大学で教育を受け，現在は，アメリカ合衆国の首都にあるジョージ・ワシントン大学で日本史を教えている．3番目の編者，東京大学の三谷博は，多くの著書と世界中の学術会議への出席を通し，19世紀日本史研究者の間でよく知られている．

　この書評が対象とする本の題名は，単刀直入に主題の核心をつく言葉で始まる：「国境を越える」．この始まりの言葉の後では，題名の後に何が続くとしてもほとんどかまわない．だが，実際，そうでないのだ：「歴史認識」．しかし，これでは「国境を越え［あるいは乗り越えること］」，しかも「歴史認識」のコンテクストでそれを行おうとする本であることを意図している．それでも，これでは，どの国境，どの歴史，どの時代を扱うのかまだ明確ではない．そこで，副題が，すぐに中心となる主題に照準を合わせる：「日中対話の試み」．これで，どの国々が扱われているかがわかる——ただ，どの世紀について，実際，どの歴史についての「対話」になるだろうかはわからないが．昔は，中国と日本の本は，味気なく，しかも，漠然としているため，本の内容を推知できない題名をつけていた．同様に，西洋の本は，風変わりな文学的表現を用いるか，語呂合せによって，派手で，しばしばまったく理解できない題名をつけてきた．どちらの場合においても，読者は，題名を読むだけでは，その本の中に何が書かれているかについて，何一つはっきりしなかった．

　紹介のためにいえば，この本は，劉傑による序文，13編の論文，そして三谷によるあとがきから構成されている．詳細な索引もついている．13編の論文のうち，4編（劉傑による2編を含む）が中国人により，9編（東京大学の

川島真による2編を含む）が日本人によって書かれている．どの論文も，その論文に重要となる年月日の年表（1ページの長さを超えない）から始まる．そのような短い年表によって読者が内容を理解し易くなるだけでなく，これらの年表から，各章でどのような時間枠が扱われていくかが直ちにわかる．この本の論文執筆者たちについて，一般的に考えることを最後にもう一つ記しておく．このグループで年長者である三谷を除けば，みな1960年代と1970年代初めに生まれている．したがってこれは，大部分が30代後半から40代の「若手の」グループである．この種の共同研究のための努力は，関係者の年齢に関係なく，「国境を越える」共通の歴史的関心に取り組むことにとって，1種のモデルとなる．

　これらの論文の題名だけからでも——そして，もちろん，その中身から——読者は，副題で言及されている「日中対話」が，外交史と政治史の日中対話であるとすぐにわかるだろう：田中上奏文，21ヵ条要求，南京大虐殺，汪兆銘政府の性格，満州国統治の性格，日本の植民地支配下の台湾，様々な教科書論争など．執筆者が依拠した研究資料は非常に見事である．この論文集は，準備する段階の予備的研究と，中国語と，特に日本語で現在入手可能な豊富な2次資料を示している．英語の資料やロシア語の資料さえ使っている著者も何人かいる．

　この本には，たとえば中日文化交流についての論文はみられないが，執筆者たちは，近代東アジア史において最も論争となっている問題を回避していない．中国人は，最近まで，汪兆銘政府や満州国のような主題を学術的に分析することを避けるか，あるいはこれらの極めて困難な主題を表すのに，ステレオタイプで非分析的な表現を繰り返していた．ここに収められている論文は，そのような主題に正面から向き合うだけでなく，それ自体を対話に携わるものとしてみている．第2次世界大戦から60年以上経った現在も，中国と日本の研究者は，共通の利害関係をともに議論するための共通基盤を依然として探している．だが，完全な同意は目標とすべきではない．せいぜい，その目標は，限りなく近づいてはいくが，決して交わらない漸近線としてみられるべきだ．相互の尊重と，異なる意見を交わすための同意がもっとも重要だ．

　なぜ，これほど長くかかったのだろう．皮肉なことに，第2次世界大戦で日

本が敗北したことと，日本に民主的な環境がつくられたことによって，日本の戦争指導者（と支持者）に責任を負わせることができた．日本のこの時代のものはすべて徹底的に疑われたことが，大きな理由である．（ベトナム戦争からの敗北撤退から30年以上たったアメリカ合衆国を見ればわかる——その遺産は，未解決の問題として，いまだにあらゆる軍事的議論にのしかかっている．）中国人にとって，問題は，非常に多くの中国人が（明らかに）汪政権と満州国統治に「協力者」として関わったことであった．これらの主題を，単なる傀儡政権としての側面にそらせば，彼らを非難する基本的な欲望は満たされるかもしれない．しかし，それでは，歴史上のこれらの時代を，学術的にさらに理解する方向へ向かわせることができない．多くのヨーロッパの国々——特にフランス——は，いまだに第2次世界大戦が遺した不名誉な遺産について議論している．中国の民主化が進むにつれ，そして日本や北アメリカへ移住する中国人研究者が増えるにつれ，中国での研究もまた，（そして，もちろん台湾でも）進展するにちがいない．この本は，健全な第一歩の象徴である．

3. 研究者の立場と方法論

　噂されているように，この本は，英語翻訳版で出版する準備が進められている．打ち明けておくべきだが，英語版のために，川島真による2編の論文の翻訳準備を私がした．一つが，日清戦争（1894-95年）と対華21カ条要求の期間における中日外交関係の動向に関する論文，もう一つが，1次資料の保存に対する中国と日本における異なるアプローチと，異なる歴史認識についての論文である．両方とも魅力的な著作であり，この2編のために費やした時間と，難問に挑戦したことには少しも悔いがない．しかし，この2編は，文体に関しては薦められない．つまり，日本語を母語とする読者にとっての明確さや読みやすさというものについて私には何もいえないが，一読したところ，多数の不明瞭な文を見つけた．何日間もそのような文と格闘した後いつも，一見明らかでなかったことを理解したことで得るものがあった．しかし，そのような「悟り」が努力を正当化するものかどうか実際疑問に思うことは多いのだが．

　混乱をまねく局面に入った学術言語は，決して日本語だけではない．多くの

フランス語や英語による著者は（そして，間違いなく中国語も，現在そうでないとしても，そのうちすぐに）単純な言語でふつう十分であるようなことを表わすのに，複雑極まりない表現を習慣的に選んでしまう．なぜそのような不必要に難解な言語が――しばしば最も大きな辞書にしか出ていない，あるいはどの辞書にも見つからないような言葉を使って――必要とされるのか．このことについて回答を迫られれば，明瞭性の求めに対する標準的な答えは次のようになろう．「難解な考えは，しばしば難解な表現方法と言語様式を必要とする．」「ある考えを擁護する上で，単純であることは何の値打ちもない．」「その両方．」英語で書いているそのような著者の間に，単純な明瞭さをフェティシズムとして見下す意見さえある．私も，そのような主張を理解し，評価さえするが，これらの主張はむしろ，みな無意味に響く．複雑な考えについて最も驚くべきことの一つは，余分な冗長さを取り除いたら，他人がどれほど容易に翻訳できるのかということである．ポストモダニズムの大部分が時代遅れの道をたどってしまった以上，表現の明瞭性に主役を取り戻すべき時がきた――研究者がどこで書くかにかかわらず，だ．

　何年も前，北アメリカに40年間暮らしてきた日本人の同僚が，ここで言及しているような日本語の文体――途中で主題が変わってしまったり，主張すべき論点が消えてしまったような長い文，そして全般的に文法への無関心がめだつような文――が，東京大学出身の学者の典型だと述べた．ひょっとしたらそうかもしれないが，ほかでもまたそのような例に遭遇するのは明らかだ．東京大学教授，三谷博の文章は，すばらしく明瞭だ．そして，この本に収められている，戦後日本の教科書選定制度に関する彼の論文は，簡潔な文体の代表作だ．とすると，このことは，日本第一の国立大学に特有の問題ではない．私がお願いしたいのは，ただもっと直接的な文体なのだ．表現形式のために内容を犠牲にすることがないような，最も重要な主張をもっとくっきりと明確にさせるような文体である．――日本でも，また世界のどこでも．これは，決して，川島准教授ひとりに向けているのではない．彼の研究は非常に重要だと思うし，私も，彼と多くの研究上の関心を共有している．事実，だからこそ，この本のうち，彼の書いた2編を英訳するのを進んで引き受けたわけだ．

　この中国と日本の研究者による新しい研究は，中日関係史の研究に従事する

西洋の数少ない研究者による研究とどのように異なっているのか．過去の日本と中国に関する西洋の研究は，しばしば無意識に，われわれ自身の研究の中にある自国の先入観が反映されるという限界があった．そのため，日本の歴史と文化を研究する者は，驚くほど日本人研究者に似ており，本土の視点というものをしばしば覆す．同じことは，西洋人による中国の歴史と文化に関する著作についてもいえる．それが，中日関係研究になると，研究にもたらされた先入観は，興味深いことに，学者の経歴を映し出す．そのため，もともと日本史から中日関係研究に入ると，日本先入観がその学者の著作に見受けられることは，非常に起こりやすい．逆もまた同じである．これはどのように実際あらわれるか．もし政治的左派の日本研究に共感を持っていたら，その学者は，日本政府にもっともっと謝罪を求めるだろう．もしも中道あるいは右翼の見方に共感を持っていたら，その学者は，間違いなく，中国人を，外国人にくどくどと要求をする論争好きな人々だとみなすだろう——外国人が中国人にそのような要求をしたら，内政干渉だといわれるだろうに，と．西洋人が中日関係研究にもたらすことができるかもしれない利点は，われわれが中国人でも日本人でもないという消極的な事実である．しかし，超越できるはずの先入観をそのまま写そうとすると，この潜在的な利点はたちまち消えてしまうのだ．

4．西洋の中日関係研究

　西洋における研究のサブ・フィールドとして，中日関係研究は，依然として極めて新しい分野である．近代中日関係史のあらゆる分野における，われらの「ゴッドファーザー」は，プリンストン大学の故マリウス・ジャンセンであった．彼の最初の本，『日本人と孫逸仙』（1954 年）は，半世紀以上前に出版された．この本を皮切りに，以後多くの著作が出たが，それにもかかわらず，ジャンセンの著作は大いに役立つものとしていまだに読まれ得る．その本は，残念なことにその後の多くの研究につながらず，ジャンセン教授自身，もっと主流の日本史に進んだ．もっとも，彼は，（ハワイ大学とハーバード大学で）たくさんの重要な連続講義をした．それらは出版されたが，江戸・清時代の中日関係に関するものであった．彼は，『日本と中国：戦争から平和へ，1894–

1972』という教科書（1975年）も出版し，同書には中国と日本の歴史的関係が含まれている．

　この，まだ新しい分野で，1980年代に，新たな著作がぽつぽつ現れた．内藤湖南と中江丑吉に関する私自身の研究，——両方とも日本語訳が出版されたが——ダグラス・レイノルズによる東亜同文書院に関するいくつかの論文，そして，ラモン・マイヤーズ，マーク・ピーティー，ピーター・ドゥス編集のいくつかの学術会議の報告書（ほとんどが日本人とアメリカ人の著作を集めた）などである．1990年代初めには，2冊の新しい本，レノルズの『中国 1898-1912：辛亥革命と日本』，そして，ポーラ・ハレルの『変化の種を蒔く：中国人の学生と日本人の教師，1895-1905』は，このサブ・フィールドの発展基盤の確立に役立った．これらの本は，大学院の授業にとって，もってこいの教材である．両者とも極めて明確に書かれ，主張は直接的で重要であった．1862年から1945年の期間における，日本人の中国旅行記に関する私自身の本が，2，3年後，前記2冊の本に続いて出版された．

　1989年に，私は，『中日研究』（Sino-Japanese Studies）という雑誌を始めた．これは，時代や分野に関係なく，中国と日本双方の研究に焦点を絞ったものであった．この雑誌は，2004年に休刊になったが，15年間にわたり，相当の量の重要な研究を生み出し，そのすべてが，現在，オンラインで無料で入手できる．この書評が対象としている本の編者のひとり，楊大慶の英語による最初の著作もここに出版された．それは，南京大虐殺（1937-38年）に関する中国と日本の歴史記述についての論文であり，西洋における研究のなかで，それ以来極めて実りのある分野になった出発点だった——その分野の多くは，楊の論文を参照することから得られたのだが．この雑誌は，2004年に終わったのだが，その理由は，単に，英語で書かれた，十分に質の高い新しい著作がなかったからである．このことは，西洋の中日関係研究者が，中国人と日本人による研究にどれほど依存しているかという主題に再びもどってくることになる．

5．『国境を越える歴史認識』について

　この本に収められた論文の研究成果を見てみよう．そして，それらが西洋の

研究の関心と対応しているか，あるいは，西洋の研究者にとって有益なものかどうかを見てみよう．茂木敏夫の論文，「日中関係史の語り方」は，19世紀の後半部分を扱っている．茂木が示しているのは，多くのことの中でも特に次のことである．外交と政治の相互関係を評価するのに中国人と日本人が用いた便利な二分法——たとえば「伝統対近代性」——は，現在において説明的な指標であるよりもさらに当時においては効果的で実証的な語句であった．このように，1880年代と1890年代の朝鮮をめぐる日中間の衝突を扱うことにおいて，「頑固な」中国は，朝鮮との歴史的な（つまり伝統的な）結びつきを基盤とした主張を採った．一方で，近代化途上の明治期日本は，欲しいものを得る手段として「国際」法を採用した．

台湾の「日本時代」に関する論文において——あまり読みやすくない（あるいは，私の想像では，翻訳しやすくないと思う）論文——，浅野豊美は，日本が台湾を支配した半世紀に焦点を当てている．近年，日本の植民地すべてを——実際の植民地（台湾と朝鮮）と虚構の植民地（満州）——まとめて分析する傾向があった．しかし，朝鮮と台湾を基盤とした事実の間にある大きな違いを認めようとしないかぎり，このようなマクロな手法はあまり説得力をもたない．朝鮮にみられるような，日本のすべてに対する一種の包括的な嫌悪感を——そしてそれは近代の朝鮮研究においても反映されているが台湾人は全く抱いていない．1，2行の比較があれば解明していただろうが，浅野は，朝鮮については何も言及していない．なぜなら，彼が問題としているのは，異なるグループにとって，台湾のアイデンティティが何を意味していたかという，答えを見つけることが難しい疑問だからである．このことは，台湾が日本の支配下にあったとき，なぜ，どのように，中国と中国人のアイデンティティが，台湾人自身を言い表すことへの一種の手段としての行動を要するかという問題を含むものであっただろう．

対照的に，満州事変直前の日中外交についての劉傑の論文が，研究上，どのような前進をもたらすのか，私にははっきりしない．この問題は，部分的には，この種の外交史がもつ性格によるところが大きい——様々な相互影響や交渉を通し，両国の関係者の後をたどり，また，革新的な点はかなり微妙にふれられることがよくある．この論文の場合，ひょっとしたら，少し微妙すぎるかもし

れないが，劉は，明らかに，非常に多数の史料を読み通しているし，複雑な時間の流れと両国の異なる集団を精密に示している．しかし，われわれに残された問題は，結局のところ，いくぶん，はっきりしないままだ．この論文がぼんやりしているというわけではない．ただ読者にはっきりしないだけなのだ．そして，劉教授の文体がここでの原因ではない．彼の文は明確に書かれている．

　一方，川島真の文は，いつも明確に書かれているわけではないが，彼の論文2編において，魅力的な成果が提示されている．ここでは，2編のうち，後出の論文「歴史対話と史料研究」にのみ限定して論じよう．この論文の終わり近くで，川島は，歴史史料記録の認識のされ方が中国と日本では際立った対照を成していることに言及している．中国人は，あらゆる紙切れでも保存し，史料として保管するよう努め，また，太平天国革命や文化大革命のような大惨事によって記録が失われたことを嘆くような傾向があった．——たとえ，持っているすべての資料を研究者に見せることを常に許すわけではないとしても．一方，一般にみなされてきたように，文書を手に入れようとしてきた研究者の奮闘にもかかわらず，日本人は，歴史上の当事者すべてのプライバシーを保持することがより大事なことだと考えてきた．そして，このため，日本人は，資料を破棄してきた．川島は，両国の見方に背景説明を加えながら，明らかに中国式やり方を好んでいるようにみえる．それは，偶然にも西洋の視点を反映しているが，この相違は，このような文献保存が実際何であるのかをより広く理解することにとって非常に示唆に富むものである．

6. 結び　学者が国籍にこだわらない日を夢みて

　この書評が対象としている本に含まれた研究に，私も，励まされ，賞賛をするひとりだ．中国語と日本語両方の資料に基づき，戦前と戦後の東アジアにおける非常に重要な歴史的事件に根拠を置き，相手側の国の研究者について失礼になることもなく，おもねることもなく，重要な問題を繊細に考察している．国籍は，見たところ——そして悲しむべきことに——研究上依然として重大なことのようだ．そして，国籍が重大であるかぎり，われわれの批判的機能のすべてを損なうことなく，他国の研究者に接する配慮が依然として必要とされる．

私が「悲しむべきことに」といったのは，われわれが戦争中または戦争直前に形成された国籍に基づく，反感をともなう関係をいまだに克服していないからだ．日本からの研究者と中国・台湾からの研究者双方が参加する会議に出席するといつも，完全に国籍に基づいた意見の相違が必ず起こる――たとえ，公平で公正であるべきこと，みな，客観的な眼で資料に当たること，みな，相互に困難な問題に共同で答えを探そうと望むこと，というような同意の下に始めても．このように，この本やそれに続く予定の本が象徴するある種の冒険は，明らかに賞賛に値するが，それでもまだ，われわれが受け継いだ過去を克服したというには早すぎる．学者の国籍がどんな学術的議論にも完全に無関係になる日がくるのを，私は待ち望んでいる――それほど長くは生きられないかもしれないとわかっているにしても．

10章 中日歴史認識問題の多元性
——中国学者の思考と模索

帰　泳濤

はじめに

　21世紀に入ってから中日関係は厳しい試練に直面し，政府関係だけでなく，国民間の親近感も一旦は1972年の国交正常化以来，最低の水準に落ちこんだ．両国関係を悪化させた最も直接的な原因は歴史認識問題である．目下，政府レベルの関係が改善されつつあり，両国は「戦略的互恵関係」の構築を確認しあった．しかし，中日間の真の歴史和解と相互信頼を実現するまではまだ遠い道のりがあり，歴史認識問題は依然として中日関係の難題であることに変わりはない．中国の学界では，歴史認識問題はホットな話題であり，国際関係学，歴史学，日本学などの異なる分野の学者たちが各自の視角からこの問題をとりあげている．一部の学者は，さらに踏み込んで問題解決の提言もしている．本章では，最近の中国学者の観点を概説的に整理しつつ，歴史認識問題を新しい中日関係の中でいかに位置づけ，いかに対応し，いかに解決するかということについて考えてみたい[1]．

1. 戦略的視角から歴史認識問題を考える

　多くの中国学者が中日関係を分析するにあたって，戦略的あるいは大局的見地を示唆しているが，重点の置き方は必ずしも一致していない．たとえば，ある研究者は，中国の国益的重要度および緊急度で中日間の問題を列挙，台湾問題，釣魚島（尖閣諸島）問題を「核心利益」，東海（東シナ海）資源および排他的経済水域の境界線問題を「中間利益」と考え，歴史認識問題を「周辺利益」と考える．そのため，歴史の影響から抜け出し，平静かつ理性的に歴史認識問題を処理すべきだというのである[2]．また，中日関係を改善するため，個人的信念や，感情，イデオロギーの束縛を排除し，価値観の相違を克服し，戦略的角度から小異を残して大同を求め，歴史和解と戦略的信頼関係を増進する．その上で「信頼文化」の醸成に努めるべきだと主張する学者もいる[3]．

　このほか，中国と日本の意見の相違は，短期間で解決できないため，当面は，双方の重大な争点を解決するというより，むしろ緊張を緩和して安定を求めるべきだと主張する学者もいる．なお，このような学者は，日本の国民が持っている中国のマイナスイメージ——「急速に強大になりつつも日本に対する敵意に満ちた中国」——を憂慮する．彼らはこのような中国認識に対し，中国政府および民衆は冷静に対応し，できれば，日本の民衆が右翼的な歴史観および政治観に片寄ることを防ぎ，中国に対するマイナスイメージが中日関係の他の分野に広がることを避けるべきだ，と指摘している[4]．

　以上のように戦略的角度から歴史認識問題に対処すれば，理性的に中日間の全体的かつ長期的利益を考えることができるのみならず，最終的には歴史認識問題を解決するための良い環境を作り出すことにも役立つと思われる．ただし，このような視角には問題もある．

　まず，戦略的構想の根底にあるものは国家利益であり，政策を決定する基本的方法は各問題の優先順位を確認することである．このような理解にしたがえば，国民感情よりも国家の利益（特に物的利益）が優先されがちである．それゆえ，歴史認識上の分岐を乗り越え，あるいは棚上げにするべきという主張につながる．しかし，国益における国民感情の重要性を回避し，また，歴史認識問題自体は国家戦略の優先事項でないとしても，歴史認識問題による国民感情

の悪化が両国共通の利益の追求に重大な影響を与えることは否定できない．今世紀，最初の5年間における両国の継続的な関係悪化は，まさにこの判断を裏付けている．この点を踏まえれば，大局の重要性を強調するだけでは不十分である．つまり，歴史認識問題を回避するだけでは，中日間の真の戦略的相互信頼の達成は難しい．一方でこの問題を強調しすぎると，両国関係を一層悪化させる恐れがある．いかにバランスを取るか，実践しながら慎重に模索していく必要がある．

また，現在のいわゆる戦略思想は，主に欧州の近代以来の国際関係を背景とする西洋の国際関係理論に基づくものであり，その根拠は「国民国家」や「パワーポリティクス」などの基本概念である．このような思想は，冷戦構造崩壊後の中日関係の構造的変化を指摘し，中日関係悪化の根本的な原因を示唆している．しかし，一方，この理解にしたがえば，力関係の変化が国家利益の衝突を招きかねないという結論にもなりやすく，両国においてナショナリスティックな世論を醸成する[5]．そのため，国家レベルの戦略を強調しすぎると，対中強硬論や対日強硬論を主張する人に論理的な根拠を提供することになり，相互不信を拡大させる恐れがある．

以上のような戦略的思考に関連して，中国の学者は中日両国のレベルを越えて，歴史認識問題をめぐる国際環境にも注目する．この場合，特に注目されるのはアメリカの要素である．

まず，中日間の歴史問題が長い間，解決できない一つの重要な理由は，アメリカあるいはヨーロッパ諸国が関与しなかったことである．戦後の国際秩序を主導し，言説上の覇権を握るアメリカが何も発言しなければ，アジア諸国が日本との論争のなかで困難に直面しなければならないと指摘した学者がいる．

次に，今回の中日関係悪化の状況を受けて，アメリカが日本に一定の影響を与えたことは注目される．その原因を突きつめると，一つは中国などのアジア諸国の国際的地位が向上したことであり，もう一つは，中日関係が緊張すれば，アメリカは中日両国のどちらかを選ばざるを得なくなるが，このような事態はアメリカにとっても望ましくないことである[6]．そのため，歴史認識問題は中日関係や日韓関係に衝撃を与えるだけでなく，日米関係にも影響を及ぼす[7]．現在，この問題をめぐってアメリカは一種のバランス政策を採っており，日米

同盟の安定を維持する一方，日本の政策がアメリカの東アジアにおける戦略的利益に反しないように，日本を適切にコントロールしていると見る学者もいる[8]．ただし，アメリカには中日間の歴史認識問題を根本的に解決する能力もなければ願望もないため，アメリカを頼りにこの問題を解決することは現実的ではないと指摘する学者もいる[9]．

　要するに，戦略的角度から歴史認識問題を考え，処理するおもな目的は，この問題が中日関係の大局に影響を及ぼさないようにはどめ，をかけることである．しかし，このような方法では根本的に問題を解決することができず，歴史認識における中日間の相違は依然として存在し続ける．それ故，長いスパンで見れば，真に歴史認識問題を解決するためには，この問題をめぐる中日間の相互理解を促進しなければならない．

2. 歴史認識上の相互理解を促進する

　中国の学者は，中日間における歴史認識問題の原因は多岐にわたると考える．その中でも，根本的な原因は，戦後日本に終始侵略戦争の責任を認めず，侵略戦争の歴史事実を否定する一部の言論や活動が存在し，それらの言行が絶えず中国の国民感情を害してきた．そのほか，戦争体験の違い，戦後の社会環境および国際環境の違いにより，両国国民の歴史認識に相違が発生し，やがて誤解ないし対立までに発展した[10]．

　中国の学者は，戦後日本社会における各種の歴史認識およびその背景を詳細に分析し，日本には，侵略戦争の責任を否定する保守勢力もあれば，真剣に反省し謝罪する進歩的な勢力もある．また，反省する人がいれば，否定する人もいる．そのため，時に謝罪し，時に謝罪をとりやめるといった印象を人びとに与えてしまった，と指摘する[11]．

　さらに，日本の学者にも指摘されたように[12]，戦後日本の戦争に対する反省は，対外的と対内的でダブル・スタンダードをとっており，たとえば，日本国内において，戦犯の責任が徹底的に追及されず，現在に至っても国内法に基づいて戦犯は無罪だと主張する人もいる，と中国の学者が見ている[13]．

　また，1960年代以降の高度経済成長を経て，日本近代史を肯定する歴史観

が国民に浸透し，日本近代化の「成功」がほかのアジアの国々に大きな傷を与えたということに対する認識は薄れてしまったと指摘する学者もいる[14]．

　教科書の編纂において，歴史を叙述するにあたって，多くの日本の教科書は具体的な事実の羅列に止まり，歴史解釈にあまり言及せず，歴史を道義的に評価することはさらに少ない[15]．このような編集のスタイルは，戦後日本の左右対立の政治環境に影響された結果であり，また，日本学界で流行している，いわゆる「無構造」の歴史観とも関わりがある，と中国の学者が指摘している．このような歴史観は，歴史発展の流れに対する関心が薄く，単なる細かい実証研究に陥っている．たとえば，近代日本が行った帝国主義戦争を一連の因果関係のある必然的な行動と見なさず，歴史の非連続性，偶然性や外因性を強調し，根本的な問題に対する判断が無視されている，などと指摘されている[16]．

　以上のような相違にわれわれは，いかに交流を通じて相互理解を促進するのかという課題がつきつけられている．この意味において中日間で行っている歴史共同研究への期待が大きい．しかし，中国の学者と一部の日本の保守的歴史学者との間の隔たりが大きすぎて，史料の共有と見方の交流によって解消されるものではない．さらに，日韓間の歴史共同研究は結局双方がそれぞれの主張を繰り返したことで終了した．このことから推測して中日歴史共同研究がどの程度の合意ができるかは大きな疑問だ，と指摘する学者もいる[17]．

　また，日本には歴史の問題は歴史の専門家に任せるべきだというような考えがある[18]．それに対して，中国の学者の間には，一部の日本人が歴史共同研究を通じて，歴史問題を中日政治関係から分離させ，歴史問題を「非政治化」することによって戦争責任の回避を図るのではないかと憂慮する声もある[19]．実際に，中日歴史共同研究に参加している中国側の委員は，歴史共同研究はいわゆる「政治枠組み以外の議論」を行うのではなく，歴史問題が発生する原因についても議論すべきだと主張している[20]．

　さらに，中日歴史共同研究を教科書の改訂と関連づけながら議論すべきだと提案する学者もいる．共同研究のなかで，両国の学者がある程度の合意に達しても，その合意は関係者同士のものであり，歴史学界を代表するものではない．それゆえ，両国の専門家が教科書の改善を「共同提案」し，この「共同提案」の理念を教科書の執筆者，教師や教育行政の官僚に広めるべきである．このこ

とについて，フランス・ドイツ間やポーランド・ドイツ間で蓄積された経験は参考に値するが，彼らが共同で教科書を編纂することは，ドイツのネオナチの戦争犯罪否定の動きを抑えることに積極的な役割をはたすとともに，ドイツが被害国との歴史的和解を実現することにも役立ったと指摘される[21]．

要するに，歴史認識をめぐって中日の間には様々な相違が存在しているが，双方が交流を中断したら，相違は存在し続けるか，あるいはさらに拡大する．その相違は結局右翼の歴史観を宣伝する人々に利用されることになる．そのため，歴史認識問題では，対抗の代わりに対話を講じることが最も重要である．

3. 戦略，歴史と感情

戦略は利益を重視するが，歴史は事実を重視する．戦略的相互信頼と歴史認識上の相互理解とは相互依存の関係にある．しかしながら，利益と事実を重視するだけでは，歴史問題の多様性および複雑性を把握することができない．歴史認識問題には，少なくともまだ道義的，感情的側面も含まれる．一部の中国の学者が示唆しているように，もし歴史問題をめぐる議論が政府や学術レベルだけで行われ，民間の歴史事件の当事者が参加できないとすれば，彼らに対する歴史的正義はいつ実現できるのだろうか[22]．それゆえ，中日間の対立を解消するために，民間レベルの経験を生かし，国民感情を重視しなければならない．

1972年の国交正常化の際の歴史的和解は単なる形式的なもの，あるいは政治外交レベルの妥協であり，国民のレベルにはほとんど浸透していない，と指摘した中国の学者がいる[23]．その後の両国関係も政府レベルを中心に展開され，歴史認識問題の徹底的解決には至らなかった．現在，グローバル化を背景に，情報や議論が広く，迅速に広がり，歴史認識問題はすでに中日両国の一般国民の関心事となっている．いづれは両国の国民によって社会全体のレベルにおいて全面的に議論されることになるだろうと見る学者もいる[24]．

実際，中国の学者やメディアは民間に視線を向けつつある．「南京大虐殺」70周年を迎えたとき，人々の被害者に対するイメージは従来の膨大な集団から，一人一人の命へと移り変わり，抽象的な数字が一つ一つの名前へと変わった．ごく普通の人々が歴史の一部分となり歴史に尊重された時，人々の歴史認

識に対する態度は政治的対抗や民族的怨恨から解放され一人一人の生命を尊重するものに変わるかも知れない．このような動きは，日本の学者が指摘したナショナリズムの「陥穽」[25]，すなわち国家や民族を絶対視し，個人を軽視する傾向からの脱出にとっても有益であろう．また，このような視角は，生命を慈しみ，平和を守る心を呼び起こし，我々に啓発を与えるのではないだろうか[26]．

おわりに

歴史認識問題には，重層的な視角および多様な解決方法が必要であり，ただ一つの側面や一つの論理だけでは解決できない．戦略的な考え方や歴史研究のみでは不十分だが，また，国民感情に訴えるだけでも一面でしかない．政府，学界および民間レベルで積極的な役割を果たすとともに，各レベルでの交流と協調を通じて，中日間の隔たりを縮めることができよう．

---

1) 本章の主な関心は具体的な歴史事実をめぐる中日間の論争でなく，政治および外交問題としての歴史認識問題である．この両者には密接な関係があるが，前者は主に歴史学者がその専門分野で議論する問題だが，中日関係の中の歴史認識問題の主要な原因ではない．また，中国の学者の議論が長期的に続いており，その観点も多様化しているので，本章では，論議や観点の全貌を概括することができず，部分的かつ段階的な整理しかできなかったことを予めお断りしておきたい．
2) 王屏「中日相互認識的歴史緯度」『日本学刊』2007年第2期，26-33頁．
3) 馮昭奎「戦略・互恵・互信──中日関係的三関鍵詞」『世界知識』2007年第15期，34-35頁．
4) 時殷弘「解析中日関係及中国対日戦略」『現代国際関係』2006年第4期，39-41頁．
5) 張志洲「中日関係如何超越歴史」『中国図書評論』2007年第4期，21頁．
6) 金熙徳・金燦栄「歴史問題的再認識」『時事報告』2007年第9期，53-54頁．
7) 金熙徳「アメリカは『歴史中立』を維持できるか」『環球時報』2006年5月8日．
8) 高蘭「歴史問題与中日危機管理中的美国因」『日本研究』2006年第4期，49-56頁．
9) 梁雲祥「中日関係における歴史認識問題とアメリカ要素」宇野重昭・唐燕霞編『転機に立つ日中関係とアメリカ』国際書院，2008年，176頁．
10) 歩平「関干中日共同歴史研究的思考」『抗日戦争研究』2007年第1期，197-210頁．
11) 同上，204-205頁．
12) 毛里和子『日中関係：戦後から新時代へ』岩波書店，2006年，169-170頁．
13) 胡継平「歴史和解与中日関係的発展」『現代国際関係』2006年第4期，39頁．
14) 帰泳濤「関啓中日歴史認識的対話」『中国図書評論』2007年第4期，14-16頁．

15）同上，12-13 頁.
16）歩平「関干中日共同歴史研究的思考」207-208 頁.
17）張志洲「関干中日関係如何超越歴史」21 頁.
18）北岡伸一「日中歴史共同研究の出発——事実の探求に基づいて」『外交フォーラム』2007 年 5 月号，14-20 頁.
19）秦漢「歴史"共同研究"的虚与実：跨固学術要"超越"行公？」『中国図書評論』2007 年第 4 期，23-28 頁.
20）歩平「関干中日共同歴史研究を考える」197 頁.
21）李秀石「関于落実『中日共同歴史研究』的思考」『毛沢東・鄧小平理論研究』2006 年第 11 期，68-71 頁.
22）張志洲「中日関係如何超越歴史」21-22 頁.
23）胡継平「歴史和解与中日関係的発展」39 頁.
24）金熙徳・金燦栄「歴史問題的再認識」52-53 頁.
25）毛里和子『日中関係』159-160 頁.
26）「南京：記憶の七十年」中央テレビ『新聞調査』特別番組，2007 年 12 月 13 日放送．中央テレビ HP：http://www.cctv.com/program/xwdc/01/index.shtml（2007 年 12 月 19 日引用）を参照.

11章　歴史認識の現在：2008

三谷　博

　21世紀の初頭，日本と中国・韓国は，20世紀前半の歴史認識に起因する，政府・民間両レヴェルでの厳しい対立を経験した．2007年から翌年にかけての日本と韓国における政権交代によって，いま事態はやや沈静化したかに見える．最近の対立は政治家による意図的な挑発が呼び起こした面が強かっただけに，歴史の誤用が現在の平和と発展を損なう寸前にまで立ち至った事態を各国政府が反省し，歴史認識について自己抑制的な対応をするようになったのは健全なことと言えよう．しかしながら，東アジアでの歴史認識の問題それ自体は，それで解決したわけではない．この数年間の厳しい対立は，以前に見られなかったようなさまざまな動きを，それも日本と近隣の間だけでなく，たとえば中国と韓国の間にも生み出した．本章では，それら21世紀初頭に生じた問題と動きを概観し，東アジアの歴史家，そして諸国民がいま直面している課題について考えてみたい．

1.　21世紀初頭の歴史対立

　21世紀初頭の対立は，関係国の歴史家たちにとっては，なかなかに厳しい試練であった．2001年に日本の文部科学省が，中学校の歴史教科書として，

扶桑社の『新しい歴史教科書』を，かなりの書き直しを命じた後に，検定合格としたとき，中国・韓国，そして日本の内部から厳しい批判の声が巻き起こり，日本では5カ月にわたってマスメディア上で激しい論争が交わされた．その騒然たる環境のなかで，学校で使う教科書を，検定に合格した8種の中から選定する作業が進められたが，扶桑社本の採択率は0.04％未満に留まった．これにより日本のマスメディアと中国・韓国両政府による批判は沈静した．日本の教育関係者が扶桑社版が狙った過去の書き換えを不健全と判断したと肯定的に評価したわけである．しかしながら，近隣諸国の知識人や世論は必ずしもそのようには判断しなかった．むしろ，扶桑社本を日本の代表的な教科書と見なすのが一般的な認識となり，「日本人はまたしても過去から逃亡し，我々への加害行為を隠蔽しようとしている」というイメージが，拡大・定着したのである[1]．

　2005年春に韓国ついで中国の大都市で発生した街頭反日行動は，こうした背景抜きには理解できない．政治的には，日本が国際連合安全保障理事会の常任理事国に立候補し，世界の大国としての認知を求めたことが近隣に警戒と嫉妬を呼びおこしたと見ることができるが，それが激しいデモンストレーションとなったのは，小泉純一郎首相による度重なる靖国神社参拝が，「日本人はまったく反省していない」という認識に裏付けを与え，抗議への衝動を挑発したからであった．

　当時，筆者は，この隣国での街頭行動をきっかけに，隣国と日本の世論が救いがたい悪循環に陥るのではないかと心配した．日本では，1990年代に飛躍的に発展した人的交流を通じて育ちつつあった中国・韓国への好感が一気に冷え込み，むしろ「なぜ，ことさらに我々をいじめようとするのか．理解できない」という，重苦しい，戸惑いと反感が入り混じった空気が社会全体に拡がっていった．もし，中国での反日デモを中国政府が抑制しなかったら，日本世論は嫌悪を超え，もっと激しい形で反感を爆発させたことであろう．もしそうなったら中国・韓国の世論はこれになお強い感情をもって反応したに違いない．このような世論の悪循環は，一旦発生すると，誰も抑えることはできない．歴

史はそのような事例で満ちている．日本では幕末の安政5年政変，ヨーロッパでは第1次世界大戦の発生がその古典的な例である．一旦，悪循環の渦が発生すると，当事者すべてがそれに巻き込まれる．たとえ抑制を図っても，無視されるのが普通で，場合によっては社会的な存在を抹殺されたり，かえって悪循環の加速してしまうことも少なくない．現在の東アジアでは，相互依存が深まっているため，いくら反感が高まっても政府は戦争できなくなっている．しかし，そうした条件はむしろ，世論の中に，リスクを考えず，無思慮に相手に罵声を浴びせる行為をはびこらせている．近くに暮らしながら，喧嘩別れもできず，反感を内向させるという状況は心理的には最悪であるが，それは実際にも紛争の発生と悪化の頻度を高め，このリージョンを破壊の危険にさらすに違いない．2005年の春は東アジアがそうした悪循環に落ち込む縁に立たされた時であった．渦への巻き込みを防ぐには，何歩か手前で立ち止まり，引き返すかはない．あるいは火が燃え上がる前に初期消火する以外にない[2]．幸い，2005年には何とかそれは達成されたが，関係した諸国民はこの危機の縁に立った経験をどれほど自覚できているであろうか．

　しかしながら，反感の悪循環を防ぐには，短期的な，政治的な智恵だけでは足りない．渦を生じがちな地盤をよく調べ，それを変えることが必要である．政治家たちはひとまず歴史認識を外交の争点から棚上げした．今度は歴史家の出番である．関係国の歴史家は今こそそのような根本作業に真摯に取り組まねばならない．幸いに，その仕事はすでに始まっている．21世紀初頭の歴史対立は遺憾な出来事ではあったが，その対立自体が克服の努力を，それこそ無数と言ってよいほどに生んだのである．

　しかし，その様子は次節に見ることとし，ここでは，東アジアの歴史認識問題がむしろ拡大していった面に触れておかねばならない．国家と国家が歴史の解釈を争うようになったのは戦後世界ではそう古いことでない．1982年に中国・韓国が，日本の文部省が教科書会社に対し，教科書原稿の「侵略」という記述を「進出」と書き改めさせたとみて，日本政府に抗議したのが最初である．20世紀前半における日本の近隣侵略に対する批判は，各国の内部では常識と

され，教科書や映画などが重点的に取り上げてきたテーマであったが，外国である日本の教科書の中身をチェックし，批判するという行為は，それまでは見られなかったのである．日本政府は，このような外国からの批判を受けて，教科書の制度を修正し，その内容に関しても教科書会社に対しとくに近隣諸国との協調関係に配慮するよう要請してきた[3]．中国・韓国はその後も，日本の検定が行われる度にその結果をチェックし，自国の公的な歴史理解を基準として批判を続けている．

しかしながら，このような外国の歴史解釈に対する批判と抗議は，21世紀に入ってからは，日本批判だけには留まらなくなった．2004年に現在の中国東北部に遺された高句麗の遺跡が世界文化遺産に登録された後，韓国の政府と世論は中国政府が韓国史の一部を中国史の中に組み込んでしまったと抗議を始めた．これをきっかけに，韓国政府は2006年に「東北亜歴史財団」を発足させ，日本との領土問題に加え，中国とも古代国家の領有権をめぐる争議を始めた．そのウェブページが主張するところでは，中国のこのような動きは2002年2月に，中国社会科学院の中に「東北辺疆歴史與現象系列研究工程」（略して東北工程）が設けられたことに始まるという[4]．世界文化遺産に関する中国の公式サイトには，「高句麗は中国古代の辺境の少数民族の政権」[5]とあるから，これが，「高句麗が韓国の歴史であるというのは明白な事実である」という韓国側の主張と真っ向から対立しているのは，確かであろう．この対立は，その後，渤海の帰属問題にも拡大している．

古代国家を現存する国家のいずれかに排他的に帰属させようという領土への執着は，現在の中国と韓国でいかにナショナリズムが強いか，19世紀から20世紀の「近代」という時代に西洋と日本に侵略・支配されたトラウマがいかに根深く遺っているかを物語ってあまりある．しかしながら，これらの主張は，歴史の専門家から見れば，典型的なアナクロニズム（時代の取り違え）に過ぎない．たとえば，ローマ帝国は現代イタリアの専有物であろうか．また，古代と現代の間には，幾多の移住や人種的・文化的混交があったはずである．高麗の時代以後，中国の王朝と朝鮮半島の王朝の国境が比較的に安定していたとは

いえ[6]．その分界を以前に遡らせ，「国家」や「民族」への排他的帰属を論ずるのは妥当だろうか．まして，「古代」を根拠として，現在の国境を争うなら，地球中が争乱の巷になるのは必定である．関係国のナショナリズムが依って来る由縁は理解できなくもないが，古代の国境争議は，第三者たる世界の歴史家たちの前で名誉ある行為と受け止めてもらえるだろうか[7]．

このように，21世紀初頭の歴史認識問題は，日本の過去の追究という枠からはみ出し，「国民史」の抱える普遍的な問題として姿を現すこととなった．これにどう対処するのか，関係する歴史家の見識が厳しく問われていると言わざるをえない．

2. 日本問題への対応——国際共同研究と北米の動き

2001年の歴史教科書問題は東アジアの歴史関係者の間にさまざまな動きを生み出した．本書の先駆となった『国境を越える歴史認識』の日中同時刊行もその一つであった．これは，劉傑早稲田大学教授が音頭を取って若手の日本人と在日中国人歴史家を集め，20世紀前半の日中関係のなかから双方の間でしばしば争点となっている諸問題を取り上げて，具体的な史料に批判的な分析を加えつつ解説した書である．若干の重要問題が含められなかったとはいえ，南京大虐殺や歴史教科書，賠償，戦死者慰霊など，かなりの問題を，時代の背景と史料研究の進展状況の解説とともに取り上げている．この本の準備段階では，以前の多くの国際集会と異なって，史料を基礎としつつ冷静な議論を交わすという態度が参加者に共有されるようになったが，その成果の刊本は日本の読者にはとかく感情的になりがちな問題を冷静に考える手がかりを与え，中国の読者には日本の歴史専門家が何を考えているかを直接に知る機会を提供したはずである．とくに中国の公式見解と異なる歴史解釈を載せた中国語版の刊行は画期的なことであった[8]．本書は，その達成を基礎に，中国本土の歴史家の参加も求め，さらにこの動きを発展させようとするものである．

しかしながら，21世紀初頭の東アジアで起きた歴史共同研究の多くはやや

違う狙いを持っていた．共同研究の場に日本人を引き込み，20世紀前半に犯した罪過を更めて確認させることがそのモティーフだったのである．これは，日本政府が，多大の修正を経たとはいえ，日本の歴史的潔白を標榜する団体の教科書を検定合格させたことに対する驚愕と憤激がもたらしたものであったが，それを可能にしたのは，1990年代を通じて，東アジア3国の歴史家たちが民間レヴェルでの交流を深めており，とくに日本の歴史家たちが自国内の政治動向を深く懸念して，積極的にこれに参加したという事実であった．2005年に刊行された『未来をひらく歴史』はその代表的著作である[9]．2001年の教科書論争の直後に日中韓3国の歴史家たちが南京に集まり，それを機に3国共通の歴史教材の作製に取りかかった．国際共同研究は通訳・議論・翻訳に多大の労力を要するが，3国となると，その手間と費用は莫大なものとなる．しかも各国の歴史家たちの間には歴史観に大きな差異がある．したがって，これが1冊の本として完成され，各国で刊行されたこと自体が驚異であり，大いに評価せねばならない．ただ，これを比較的に短期にまとめえたのは，主たる目的を日本の罪過の追究に置いていたためではないかと思われる．今日の東アジアに歴史問題が存在している原因の一半は，日本人が20世紀前半の近隣侵略を忘却してしまったことにある．それを思い出させ，忘れないようにと釘を刺すことが緊急の課題として共有されていたのである．しかし，それはまた本書の限界も作った．日本の一般読者から見ると，戦後日本が60年以上も守ってきた平和や近代以前の交流を無視しているのは腑に落ちない．罪過を追究するだけで，希望を提供しない本は，日本人の中に未来を共同で創ろうとする意欲を生み出すだろうか．そもそも読もうとする気を起こさせ得るだろうか．

この点で，2007年に刊行された『日韓交流の歴史』はより優れた試みであった[10]．これは2001年問題が起きる以前から準備されてきた歴史教材で，原始から現代に至る日本と韓国の国際関係について，基礎的事実を体系的に叙述している．『未来をひらく歴史』よりはるかに多くのページが用意され，人物や背景知識などのコラムも豊富である．日韓の間には，歴史認識の差異や対立以前に，双方とも相手国の歴史や人物をほとんど知らないという問題があったので，本書の，読みやすい，両国民の中にある心理的障害をよく意識した叙述

と解説は，双方に共通の記憶と話題の手がかりを提供し，これからの相互理解を飛躍的に容易にすることであろう．高校生向けの副教材と謳っているが，大学の教科書としても，また一般向けの本としても十分に通用する内容である．無論，編者自らがあとがきで認めるように，日韓間の歴史認識の差は十分に克服されたわけでなく，難しい問題への踏み込みは回避されている．しかし，本書は1997年から足かけ10年近くにわたって15回もシンポジウムを開き，原稿を何度も修正しながら書き上げられたものである．世界のどの国民の間でも「単一の歴史認識を共有する」ことは難しく，国民史を前提する場合は原理的に不可能であるが，本書は「認識を共有できる部分」がかなりあることを具体的に示してくれた．大きな成果であると言って良い．

ところで，21世紀初頭の歴史対立は，東アジアの外部にいる人々の中にも，ある程度の関心を呼び起こした．一般に，世界の知識人はこの問題に無関心であったが，北米だけは例外であった．それは基本的には，アメリカの知識人が，その政府と同様，世界全体の秩序に深い関心を持っているからである．全体ではないにしても，そのかなりの部分が，中国の台頭を軸とする東アジアの未来に注目し，それを自国と不可分の問題と捉えるようになっている．その眼には，第2次世界大戦で日本帝国が崩壊した後，半世紀が経ってから，にわかに東アジアに歴史対立が発生した事実が驚きをもって映じ，この記憶の対立が東アジアだけでなく，世界秩序全体を損なうのではないかという懸念を生んでいるのである．この望ましからぬ事態を善意の第三者として解決に導くことはできないだろうか，そうした関心が生まれているのである．

このような関心はさまざまな国際会議という形で現されているが，ここでは筆者が直接に関係したものだけを簡単に紹介したい．2007年5月のUC Santa Barbara，2008年2月のStanford University，そして同9月にHarvard Universityで開かれた会議であって，いずれも成果の一端は公刊されることになっている．

カリフォルニア大学サンタバーバラ校の会議は，Historical Memories and

Resurgence of Nationalism in East Asia: Paths to Reconciliation を主題とするもので，The Center for Cold War Studies（長谷川毅所長）と The Department of Political Science が主催した．東アジアで歴史の記憶と絡み合いつつ急激にナショナリズムが瀰漫している現状を分析し，日本とその隣国との和解に必要な道を発見するのが課題であった．参加者は，アメリカ，日本，韓国，中国，ノルウェーの歴史家と社会科学者のほか，ジャーナリストや外交官も加わっていた．3日間にわたる会議の初日は公開で，当時客員研究員として滞在していた東郷和彦元駐オランダ大使と社会学者 Gilbert Rozman 氏（Princeton University）の講演と 政治学者 Mike Mochizuki 氏 (George Washington University) のコメントののち，一般参加者との間に討論が行われた．東郷氏はオランダ大使在勤中にインドネシアでのオランダ人慰安婦の問題に直面し，その解決に尽力した方である．この会議はちょうど，安倍晋三首相の慰安婦に関する発言をめぐって，東アジアだけでなく，アメリカでも議論が沸騰していた頃に開かれた．一般的な関心が高かったわけではないが，アメリカの東アジア関係者は以前からこの問題に深い関心と懸念を寄せ，とくにアメリカ下院に日系議員が提出した安倍首相に対する対慰安婦謝罪要求決議が採択されるか否かが焦眉の急の問題とされていた．東郷氏は，日本政府の慰安婦問題に関する公式発言を丁寧に解説したが，フロアからはかなり厳しい批判が寄せられた．アメリカではこれを女性の人権問題と受けとめ，国内問題の一種としても扱っていたのである．

　2日目からは招待者だけの会議となった．これは，東アジア3国からの参加者が冷静で率直な議論を展開できるようにするためであり，おかげで，日本でのナショナリズムの動き，靖国と慰安婦，教科書などの際どい問題に関して，有意義な議論が交わされた．それは一面では，歴史家だけでなく，過去より現在以降に深い関心を持っている政治学者や実務家が参加したことに負うところが少なくなかったように思われる．最初のセッションは「過去の和解経験に学ぶ」，最後のセッションは「アメリカ合衆国と東アジアの歴史和解」と題されていた．この会議の狙いが明快に示されていたと言えよう．筆者は，日本の歴史教科書の制度と論争を概観した後，上記のようなさまざまな対立克服の試み

を紹介し，自ら手がけている『大人のための東アジア近現代史』の企画にも触れた．重苦しい雰囲気の中で開かれた会議であったが，それらは参加者から一筋の光明として受け止められたようであった．筆者としては，一堂に集められたアメリカの知的エリートの関心の在りかや東アジアへの関わり方を瞥見できたことも収穫であった．早くも 2008 年 7 月に成果が East Asia's Haunted Present として公刊されたので，読者はいつでもその議論を参照できるようになっている[11]．

　次に，Stanford University の会議である．そのテーマは，Divided Memories: History Textbooks and the War in Asia，すなわち歴史記憶一般ではなく，歴史教科書に絞られたものであった．日本・韓国・中国・台湾でもっとも多く使用されている高校の歴史教科書を選び，その 1931 年から 1951 年まで（満州事変からサンフランシスコ講和条約）の記述を英訳し，比較検討するというものである．同大学の The Walter H. Shorenstein Asia-Pacific Research Center （Gi-wook Shin 所長）が開催したもので，各国から教科書の執筆者，社会科学者が招かれたほか，Stanford 大学の歴史家，そしてアメリカの教科書会社の社長や地域での民族間教育の実践家も参加するという多彩な顔ぶれであった．筆者が参加したのは，Santa Barbara の会議で出会った Gi-wook Shin と Daniel Sneider の両氏から教科書執筆者の 1 人として招かれたからである．この会議の焦点の一つは，無論，日本の教科書記述の検証にあったが，Peter Duus 教授の分析によれば，面白くはないが，他と比べてかなりバランスよく，冷静に書かれているという評価であった．むしろ，この会議の意味は，今まで議論の埒外にあった近隣諸国の教科書が初めて比較検討に付され，それぞれの個性とともに，その問題点も明らかにされた点にあったと言えよう．日本の帝国主義や戦争史の専門家である Mark Peattie 氏は中国教科書の抗日戦争の記述について，アメリカほか連合国の援助が重慶政府を支えた事実が無視されているとか，日本の降服にアメリカが果たした役割が軽視され，すべてが中国人民の英雄的戦いの物語にされてしまっていると指摘した．もしそれが事実なら，これはアメリカの立場を表明したものとのみ受け取るわけにはゆかないだろう．中国兵が日本に来て戦ったことは一度もないのである．この会議の成果は公刊

の予定で，付録には，比較検討の材料とされた各国教科書の英訳が掲載される．それを読めば，東アジアにおける歴史教科書の問題が日本ばかりに限られたものでなく，国ごとに濃淡の差はあれ，「国民史」の抱えがちな欠陥を内在させていることが，明白になることであろう．

　第3は Harvard University の会議である．これは，Historical Dialogue and Reconciliation in East Asia と題され，筆者の滞在した Harvard Yenching Institute が，Reischauer Institute, Fairbank Center, そして Asian Center と共催したものである．日本史の Andrew Gordon 教授と筆者が『国境を越える歴史認識』の英語版の刊行を目指して企画したもので，原著の執筆者以外に，中国本土からも歴史研究者を招き，ハーヴァードの東アジア研究者たちを交えつつ対話して，今後の歴史共同研究の拡大と問題点の検討を行った．最近の東アジアでは，アメリカの一般知識人が予想する以上に，歴史専門家の間での対話や共同研究が急進してきた．その様子を実際に見てもらい，同時に，今後生ずべきさまざまな問題を，他地域での類例を参照しつつ，ともに考えようと誘うのが狙いであった．2日間の公開シンポジウムで初日には120人の聴衆を集めたが，議論を妨げるような発言はまったくなく，むしろ東アジアの歴史対話の進行を歓迎する旨の発言が目立った．

3. 教訓

　21世紀初頭の東アジアで起きた歴史対立は，不幸な出来事ではあったが，歴史関係者にとっては稔り多い経験でもあった．記憶が実生活に持つ重みを実感し，それにどう対処すべきか，考えざるを得なくなったのである[12]．歴史家だけでなく，一般の人々もこの問題に敏感になるなら，今後のために良い教訓となることだろう．それには，いくつか留意せねばならぬことがある．

　第1は，歴史記憶の政治的利用の問題である．国民の支持を調達するために，仮想敵国への敵意を煽ることはかつて政治家の常套手段であったが，小泉首相が靖国参拝を続け，隣国の憤激を挑発したのは政治的にも失敗であった．国内

で自党の自民党を敵と宣言したとき，氏は国民から圧倒的な支持を得たのであったが，中国・韓国を敵に回したとき，日本は国際社会の支持を失い，国連常任理事国への道を閉ざされたのである．のみならず，この賭が，隣国の政治指導者たちの歴史利用と相まって，かなり深刻な国際危機を現出したのは先に見たとおりである．この経験に懲りて，現在では短期目的のために歴史を利用することは抑制されるようになったかに見えるが，この間に醸成された国民間の相互不信は，悪しき歴史記憶をさらに根深いものに変えてしまった．一般に政治は歴史記憶の利用と不可分である．人々の間に過去の良き記憶を呼び覚まし，未来に立ち向かう勇気を与えることはむしろ政治家の重要な責務である．しかし，それは決して敵意の循環を拡大することに向けられてはならない．むしろ過去の悪しき記憶を乗り越え，克服して，和解に至る展望を示すことこそが，一国の指導者の使命なのではなかろうか．

　第2は，歴史研究者と歴史当事者の関係である．第2次世界大戦の終結と韓国・北朝鮮など旧植民地の独立はもう60年以上も前のことになった．今，その時代に生きた人々は数少なくなっている．しかし，その中には，旧慰安婦の人々のように，日本によって虐げられ，辱しめられた人々，またその近縁の人々が現存する．直接は関係がなくても，被害の記憶を継承する人々もいる．これは外国との関係に限らない．2007年の日本で問題となったように，国内の沖縄にも日本軍の犠牲になった人々が現存する[13]．歴史の研究者はこうした被害の記憶を訴える人々に直面したとき，どうしたら良いのであろうか．歴史家の生業は史料の批判的分析にあり，史料がそのような声を証明するだけの証拠能力がない場合，沈黙を守るのが職業倫理としては推奨すべきことである．しかし，被害を訴える人々に直面するとき，それで十分だろうか．この数年間の経験はそれを考える必要を職業的歴史家に教えた．決定的な解はそこにはないだろう．しかし，被害の声に耳を傾けること，無視せぬことが大事ということだけは明らかになったのではなかろうか．歴史家は政治社会の一構成員であり，政治社会それ自体の負っている義務から免れえない．歴史記憶の問題が自らの職業と密接に関係している以上，この問題をよく考え，他の人々に助言すべき立場にあるのではなかろうか．

第3は，国民史の功罪である．国民史を構成し，学校教育を通じて未来の国民に注入する制度が東アジアに普及して久しい．明治の日本から始まったこの制度は，その日本によって侵略・支配された国々の中に，2度とその辱めを受けないことを目的として，この制度を普及・確立させた．第2次世界大戦に敗れた日本で，自国本位の歴史教育ができるだけ回避されるようになったのに対し，近隣諸国では逆に愛国教育が金科玉条となっている．この枠組みは，単に外国に対抗するためだけに必要とされているのではない．一般に民主政の下では，政治社会は一般人の積極的な政治関与を必須とする．長期にわたって居住する人々が，そこに生ずる問題に絶えず関心を払い，自主的に解決しようと努力することを必要とする．そのためには，住民の中に持続的なアイデンティティがなくてはならない．地域であれ，国家であれ，もっと広い空間であれ，何らかのアイデンティティが必要である．「国民史」はそれを支えるもっとも有力な装置に他ならない．他面，この枠組みは，第1節で見たように，国家と国家の間で矛盾を起こすことが少なくない．中には当事者にとっても有害な，無用の対立を引き起こす場合もある．過去の記憶によって未来の生活が損なわれるなら，それは悲しむべき損失，あるいは悲劇であろう．したがって，「国民史」は万能ではない[14]．東アジアの現状では，むしろ，実際に急進している相互依存を直視し，それが対立より協調関係を生み出すよう，紛争を和らげ，抑えるよう努める方が急務なのではなかろうか．個々の国家を超えるアイデンティティに注目したり，共同体ではなく，個々の個人，個々の集団をつなぐネットワークの重要性を語る歴史も大事なのではなかろうか．

　このような歴史をめぐる反省は，実生活の中から生じてきたものであるが，職業的歴史家はこれにどう対応すべきだろうか．今までの歴史研究，とくに政治史の研究は，多くは国家を単位としてなされてきた．国際関係の研究にしても，国家を自明の単位としている．経済史では，一方では個々の地域，他方では市場ネットワークが重要であるため，国家の枠組みは相対的でしかあり得ず，したがって現在，経済史研究ではグローバル・ヒストリーが有力な研究分野となりつつある．しかし，研究者は，政治に着目するとき，無意識のうちに国家の枠組みの中に取り込まれ，かつ視点を特定の国家の内部にだけ固定してしま

う癖があるようである．たとえば，戦争は国家の内部にもあったが，それはしばしば無視される．また，国家間の戦争を扱う場合でも，多くは自国の視点からしか語られない．日清戦争が典型で，日本でも中国でも争奪の的とされた朝鮮の視点をもつ記述は稀である．そこには言語的制約以上の縛りがあることは間違いないだろう．しかし，そのような国家間の力学だけが，近代世界の政治のすべてだったのだろうか．そうではなかったはずである．貿易・投資・金融といった諸活動は無論，それらを支える制度的インフラストラクチャー，そして人の移動もまた，世界の政治秩序の変動と密接に関係していたはずである．我々の生きている近代世界をより深く，的確に理解するためには，こうした今まで無視されてきた分野に眼を開かねばならない．とくに，相互依存の深まる世界に生きざるをえないこれからの世代にとって，そのような視点は共有すべき必須の教養であるに違いない．ただし，各国の歴史教育にそのような視点を取り入れるには，まずもって専門家による研究の先行が不可欠である．本書が，日中に限らず，東アジア，そして世界の研究者たちに向かって，そうした新たな視野がもつ豊かな可能性を開示し，さらなる共同研究に誘うことを期待して止まない．

1) 2008年2月11・12日に，Stanford Universityで開かれた会議に出席した中国人民教育出版社の教科書編集者 Li Weike 氏は，提出した論文と質疑の中で，扶桑社の教科書を日本の代表的な教科書と見なしている旨を表明した．
2) 次の共著小論は，そのような努力の一つであった．三谷博・劉傑「ともに認識の落差を埋めよ」，『朝日新聞』2005年4月23日．
3) 三谷博「日本の歴史教科書の制度と論争構図」，劉傑・三谷博・楊大慶編『国境を越える歴史認識：日中対話の試み』東京大学出版会，2006年．
4) http://japanese.historyfoundation.or.kr/his/proj.asp?pgcode=040401
5) http://japanese.china.org.cn/archive/china05/txt/2005-11/22/content_2203680.htm．このサイト「中国網」は中国国務院新聞弁公室の委託により世界への発信を目的に運営されているものである．
6) John Duncan, Proto-nationalism in pre-modern Korea, in Sang Oak Lee and Park, Duk-Soo, eds., *Perspectives on Korea* (Sydney : Wild Peony ; Honolulu, Hawaii : International distribution by University of Hawaii Press, 1998).
7) 国民史へのもっとも徹底的な批判として次を参照．林志弦（韓国・漢陽大学）「国民国家の内と外—東アジアの領有権紛争と歴史論争に寄せて」，三谷博編『歴史教科書問題』

日本図書センター，2007 年，所収.
8) 『超越国境的歴史認識―来自日本学者及海外中国学者的視角』北京：社会科学文献社，2006 年.
9) 日中韓 3 国共通歴史教材委員会『未来をひらく歴史』高文研，2005 年．現在は小修正を施した第 2 版が出ている.
10) 歴史教育研究会（日本）・歴史教科書研究会（韓国）編 『日韓歴史共通教材　日韓交流の歴史』明石書店，2007 年.
11) Tsuyoshi Hasegawa, Kazuhiko Togo, eds., East *Asia's Haunted Present: Historical Memories and the Resurgence of Nationalism*, (Westport, CT, Greenwood Press, 2008).
12) 筆者の経験については次を参照．『明治維新を考える』有志舎，2006 年，第二部．『東アジア歴史対話』東京大学出版会，2007 年．『歴史教科書問題』日本図書センター，2007 年.
13) Hiroshi Mitani, Writing History Textbooks in Japan, 註 11) の文献.
14) 7) を参照.

あとがき

　この本は，1945年からの「戦後」の歴史が今日の日中両国の歴史認識に如何に投影されているのかということをテーマにした，日中の歴史家による共同研究の成果である．本書の諸論文で明らかにされたように，戦後の東アジア世界では，人の移動と新たな国民の形成，植民地体制からの脱却，新たな分断国家の成立，戦争責任感覚の構築などのプロセスを経験する中で，今日の歴史認識が形成されてきた．

　この共同研究は2007年5月に構想された．本シリーズの前作『国境を越える歴史認識』は，戦前の日中関係史の争点を扱った．だが，その前作の「はじめに」で提示した，戦後の歴史が日中の歴史認識にどのような影響を与えたのかという問題は，問題提起に止まっていた．この問題を繰り返し述べれば次のようになろう．それは，「1945年の視点」が日本及び日本人の歴史認識に大きな影響を与えたとするならば，この歴史認識を形成させた歴史事象は何だったのか，また，両国が相手の歴史認識への理解を深めるために，1945年以降の歩みをどのように評価すべきか，ということである．これらの問題は，日中の歴史認識問題を考える上で，極めて重要である．

　このような問題意識を持ちながら，2007年9月，まず日本側の執筆者だけで研究合宿を開催した．そして，同年11月，また翌2008年4月の2度に亘り，中国側執筆者とともに日中共同の研究会が開催された．このような執筆者一同が会同した共同研究会のほか，執筆者は電子メールなどを利用し，頻繁に意見交換し，問題意識を共有するように心がけた．これは前作が主に日本人研究者と海外の中国人研究者によりなされたという限定性を克服する試みでもあった．

　一連の共同研究は，笹川平和財団日中友好基金からの支援をいただいた．また，前作である『国境を越える歴史認識』の編者の一人でもあった三谷博先生から絶えず貴重なご意見とご助言をいただいたことは，共同研究者にとって幸

いなことであった．

　無論，出版にこぎつけるまでには，多くの方々から惜しみないご協力をいただいた．特に企画にご賛同くださり，企画会議や共同研究会議などに辛抱強くつきあっていただいただけでなく，煩雑な編集作業を粘り強く続けてくださった，東京大学出版会の竹中英俊さん，阿部俊一さん，そして今は新しい職場に移られた佐藤一絵さんに感謝したい．出版会の皆様の適切なご助言とご協力がなければ，本書は完成できなかったことは言うまでもない．また，全体の企画を立案し，共同研究会の準備などの労を取っていただいた笹川平和財団の于展さん，胡一平さん，小林義之さんにもお礼を申し上げたい．小林さんには，参考文献・年表・索引作成の御協力もいただいた．そして前作の『国境を越える歴史認識』に続いて，中国語版の作製と刊行に格段のご尽力をいただいた中国社会科学文献出版社の楊群さん，劉偉さんに対しても，心からの感謝をささげたい．

2009年2月7日

劉傑・川島真

関連年表（1945～55年）

年次	世界・中国	日本
1945 （昭和20年）	1.12 ソ連軍が東部戦線で大攻勢を開始 2. 3 マニラの戦い 2.4-11 ヤルタ会談 3. 3 米軍がマニラを完全占領 4.15 ソ連軍がベルリン攻撃を開始 5. 2 ソ連軍がベルリンを占拠 5. 7 ドイツが無条件降伏 6.26 国際連合憲章調印，国連誕生 7.26 ポツダム宣言 8. 8 ソ連軍が満洲国に侵攻 8.14 国民政府が中ソ友好同盟条約を締結 8.15 蔣介石がラジオ講話を放送 8.16 南京国民政府崩壊 ベトナム民主共和国臨時政府成立 8.17 インドネシア独立宣言 8.18 満洲国皇帝溥儀が退位，満洲国が消滅 8.19 自由インド仮政府チャンドラボース主席が台北で飛行機事故により死去 8.20 日本亡命を図る溥儀が奉天でソ連軍に逮捕される 8.23 ソ連，日本人50万人のシベリア抑留指令を発令，ソ連軍が新京・旅順に進駐 8.24 ソ連軍が平壌に進駐 ビルマのバー・モウ国家代表，日本亡命 8.25 南京国民政府の陳公博主席代理が日本に亡命 9. 2 ベトナム民主共和国独立 連合国最高司令官一般命令第1号発令 ・中国・台湾・北緯16度線以上の仏印は中国戦区最高司令官蔣介石に降伏 ・満州・北緯38度線以北の朝鮮，サハリン・千島はソ連極東軍最高司令官に降伏 ・日本本土，北緯38度線以南の朝鮮，琉球，フィリピンは米国太平洋陸軍最高司令官に降伏 ・東南アジアは豪州東南アジア軍司令官に降伏 ・委任統治諸島・小笠原諸島は米太平洋艦隊最高司令官に降伏 9. 4 スカルノを首班とするインドネシア共和国成立 9. 5 イギリスがマラヤで軍政施行 ベトナム民主共和国独立宣言 満洲で関東軍武装解除完了 9. 6 朝鮮人民共和国樹立 9.22 英仏軍サイゴン占領 満鉄消滅 9.27 国民政府，南京地区邦人の徴用開始	2.16 アメリカ艦隊が硫黄島に徹底砲撃開始 3. 9 日本軍が仏領インドシナ軍を武装解除 3.10 東京大空襲 3.11 日本がベトナム国王に独立宣言をさせる 3.12 日本がカンボジア国王に独立宣言をさせる 3.14 大阪大空襲 3.17 硫黄島守備隊が全滅 4. 1 衆議院議員選挙法が台湾，朝鮮に施行 アメリカ軍が沖縄に上陸 4. 8 日本がラオス国王に独立宣言をさせる 6.23 沖縄の日本軍守備隊全滅 8. 6 アメリカ軍が広島に原爆を投下 8. 8 ソ連が対日宣戦を布告 8. 9 アメリカ軍が長崎に原爆を投下 8.14 御前会議がポツダム宣言の受諾を決定 終戦詔書発布 8.15 玉音放送 8.23 終戦処理会議を設置 8.25 復員勅諭 樺太の日ソ軍停戦協定成立 8.28 連合軍先遣隊が厚木に到着 釜山―仙崎博多間運航許可 9. 2 日本が降伏文書に調印 GHQが旧日本軍解体などの指令第1号発令 南鮮引揚第一船興安丸仙崎港入港 9. 4 鎮海―博多間運航許可 9. 7 外征部隊及居留民帰還輸送等に関する実施要領閣議了解 9. 9 南京で中国の日本軍が降伏文書に調印 平壌で朝鮮方面軍が降伏文書に調印 9.11 東條英機ら戦犯容疑者39名逮捕 9.12 南方軍，シンガポールで降伏文書に調印 9.15 GHQ本部が東京日比谷・第一生命ビルに設置 9.17 戦争終結に伴う内外地在留内地人，朝鮮人，台湾人の国籍の処理等に関する件（内務省通達） 9.28 舞鶴ほか9港，引揚港として使用許可 9.30 久里浜又は浦賀を引揚港として使用許可 10. 2 函館を主港，小樽を予備港として引揚に使用許可 10. 3 日本人2万人が仁川―佐世保経路により引揚完了 10. 4 日本―中国間帰国のため興国丸，興平

271

年次	世界・中国	日本
	10. 3 陳公博ら日本から南京へ戻る 10.10 国共間で双十協定が結ばれる 10.15 台湾住民が中華民国国籍とされる 10.17 国民政府軍が台湾に上陸 10.24 国連憲章発効，国際連合が正式に成立 11. 1 国民政府が台湾接収開始 11. 9 国民政府が日本へ捕虜，在留邦人の送還を開始 11.20 ニュルンベルク国際軍事法廷開廷 12.16 アメリカ・イギリス・ソ連のモスクワ外相会議開催 12.20 中国陸軍総部，日本人捕虜，在留邦人総計2,091,081人と発表（東北地区除外） 12.27 ブレトンウッズ協定が発効し，国際通貨基金と国際復興開発銀行の設置が決定	丸．興亜丸を使用許可 10. 6 天津の日本軍，武装解除 10. 7 太平洋諸島引揚第一船氷川丸が浦賀に入港 10.10 政治犯約500人が釈放される 10.11 GHQ，五大改革を指令 10.25 台湾で降伏式典，日本の台湾統治終了 11. 6 GHQ，財閥解体を指令 11.20 国営靖国神社にて臨時大招魂祭 11.24 地方引揚援護局官制の勅令（下関，仙崎，鹿児島，浦賀，博多，佐世保各援護局設置） 12. 1 陸軍省と海軍省を第一，第二復員省に改組　衆議院が戦争責任追及を決議 12.15 GHQが国家と神道の分離を発令 12.17 衆議院議員選挙法を改正・公布　婦人参政権が承認される
1946 （昭和21年）	1. 5 中華民国，モンゴル人民共和国独立承認 1.10-2.14 国際連合第1回総会がロンドンで開催 1.10 アメリカの特使ジョージ・C・マーシャルの働きにより国共休戦協定 1.12 国連安全保障理事会が成立 1.24 アメリカ政府がビキニ環礁を核実験場に選定 2. 8 大韓独立促成国民会が結成 2. 8 北朝鮮臨時人民委員会が発足 2.16 ソ連が樺太・千島の占有宣言をする 2.17 国民政府軍が台湾に上陸する 3. 5 チャーチル「鉄のカーテン」演説 3. 9 ソ連軍，奉天からの撤退完了 3.20-5.6 第1回米ソ共同委員会開催 3.26 フランスがベトナム南部にコーチシナ共和国を樹立 4. 1 マラヤ連合発足 4.12 漢奸裁判で陳公博に死刑が宣告される 5. 3 ソ連，満洲撤兵を完了 5. 5 国民政府，重慶から南京へ還都 5.11 国民政府軍と米軍間に在満日本人の送還協定成立（壷蘆島引揚に関する協定） 5.14 在満日本人引揚第一陣，壷蘆島より引揚開始 6. 3 陳公博が刑死する 6.26 国民政府軍が華中の新四軍地域を攻撃，国共内戦の本格的開始 7. 4 フィリピン共和国独立宣言 10. 1 ニュルンベルク国際軍事裁判判決 11. 4 中米友好通商航海条約調印	1. 1 天皇が神格否定の証書を発する 1.19 マッカーサー，極東国際軍事裁判所設置を命令 1.29 GHQが奄美大島を含む琉球列島・小笠原群島などに対し，日本の行政権を停止 2. 1 恩給法の特例に関する件（勅令68号）公布（軍人・軍属の普通恩給及び扶助料の廃止等） 2. 8 政府，憲法改正要綱をGHQに提出 2.13 GHQが憲法改正要綱を拒否，マッカーサー草案を手交 2.19 天皇が全国御巡幸の旅を始める 2.22 閣議，マッカーサー草案の受入を決定 3. 1 引揚援護局の設置閣議決定 3. 6 政府，憲法改正草案要綱を発表 3.15 GHQ，引揚に関する基本的指令 4. 7 ひめゆりの塔建立 4.10 新選挙法による第22回衆議院総選挙 4.20 日本人の台湾からの引揚完了 5. 3 極東国際軍事裁判が開廷 5.19 食糧メーデー 5.24 天皇，食糧難克服に関して録音放送 5.31 日本が台湾総督府を廃止 6.19 極東委員会が降伏後の日本について基本方針を策定 7. 4 NHKがラジオで「尋ね人」放送開始 7.19 渋谷事件が起こる 9. 7 宗教法人靖国神社を届出 11. 3 日本国憲法が公布される 11.17 日本遺族厚生連盟結成 12. 5 樺太引揚第一船雲仙丸が函館に入港 12. 7 シベリア引揚第一船が舞鶴に入港

年次	世界・中国	日本
	12.19 第1次インドシナ戦争開始 12.25 中華民国憲法制定	12. 8 大連引揚第一船栄豊丸・辰日丸佐世保に入港
1947 (昭和22年)	1. 1 中華民国憲法公布 1. 8 中華民国教育部「留日学生召還弁法」「抗日戦争期間留日学生甄審弁法」発表 2.28 台湾において二・二八事件発生 3.12 トルーマン・ドクトリン発表 5.21 第2回米ソ共同委員会開催 6. 5 アメリカがマーシャル・プランを発表 7.10 第2回米ソ共同委員会の協議中断 8.14 パキスタンが独立する 8.15 インドが独立宣言 9.12 中国人民解放軍が国民党軍に対し反攻を宣言 10. 5 コミンフォルム設置 10.30 関税と貿易に関する一般協定(GATT)調印 11. 8 タイでクーデター，強権政治へ 12.25 中華民国憲法施行，憲政へ移行	1.16 新皇室典範公布 3.31 貴族院停会，衆議院解散（帝国議会終幕） 4.16 裁判所法公布 4.17 地方自治法公布 4.20 第1回参議院議員通常選挙 4.25 第23回衆議院議員総選挙 5. 3 日本国憲法施行 5.19 経営者団体連合会創立 5.20 第一特別国会 6.23 第一回国会開会式 8.28 終戦連絡中央事務局，海外残留日本人は95万人と発表 8.30 A級戦犯容疑者23名釈放 10.21 国家公務員法公布 12.17 警察法公布 12.31 内務省廃止
1948 (昭和23年)	1. 4 ビルマ連邦独立 1.31 マラヤ連邦発足 4. 3 米議会，対外援助法を決議 4. 7 世界保健機構（WHO）設立 4.19 蔣介石を総統に選出 5.10 国府，動員戡乱時期臨時条項を施行，総動員体制と総統独裁開始 6. 4 国府，満鉄社員の留用解除 6.24 ソ連がベルリンを封鎖する 7.17 大韓民国憲法公布 8.15 大韓民国独立 9. 9 朝鮮民主主義人民共和国成立 9.12 遼瀋戦役（-11.2） 11. 6 淮海戦役（-49.1.10） 12. 5 平津戦役（-49.1.31） 12.10 国連総会が世界人権宣言を採択	1. 6 ロイヤル米陸軍長官，対日占領政策の転換について演説 2.15 法務庁設置 3. 7 警察法施行 5. 1 海上保安庁設置 5.31 引揚援護庁設置 6.17 国府が留用していた満鉄社員佐世保着 6.19 衆参両院で教育勅語，軍人勅諭などの失効確認・排除に関する決議案を可決 7.10 建設省発足 7.20 政府が経済安定10原則を発表 11.11 GHQが経済安定三原則を発表 11.12 極東国際軍事裁判，25被告に有罪判決 12.18 GHQが日本経済安定9原則を発表 12.23 東条英機らA級戦犯の絞首刑が執行される 12.24 岸信介ら19人のA級戦犯容疑者を釈放
1949 (昭和24年)	1.21 蔣介石総統辞任，李宗仁総統代行就任 1.25 ソ連と東欧5カ国がコメコンを創設 4. 2 国府と中共が和平交渉開始 4. 4 西側12カ国が北大西洋条約に調印，NATO設立 4.13 国府と中共が正式交渉 4.21 和平交渉決裂 4.23 共産党軍が南京を占領 5.12 ベルリン封鎖が解除 5.19 台湾で戒厳令が布告される 6.14 ベトナム国成立（元首：バオ・ダイ） 6.30 南北朝鮮労働党が合同し，朝鮮労働党	1. 1 国旗の自由使用の許可 2. 4 中国から岡村寧次ら戦犯260名が帰国 3. 7 GHQのドッジ経済顧問がデフレ政策「経済安定政策（ドッジ・ライン）」を公表 3.15 極東委員会，A級戦犯裁判打切決定 4.25 1ドル360円の単一為替レート実施 4.26 衆参両院引揚促進を決議 5.14 衆議院「遺族援護に関する決議」採択 5.16 参議院「未亡人並びに戦没者遺族の福祉に関する決議」採択 5.25 通産省設置法が公布 6.27 第一次ソ連引揚船高砂丸舞鶴帰港

年次	世界・中国	日本
	が結成される（委員長・金日成） 7.19 ラオス王国がフランス連合内で独立 8. 5 米，中国白書を発表 9.21-30 人民政府が政治協商会議綱領で対外政策の基本方針を決定 9.25 ソ連が原子爆弾所有を正式に認める 10. 1 中華人民共和国が成立 10. 3 国府，ソ連との国交断絶を通告 10.15 国府の首都が重慶に移転 11. 2 ハーグ協定調印，オランダがインドネシア独立を承認 12. 7 国府が台北遷都を決定 12.16 毛沢東，モスクワでスターリンと会見 12.27 インドネシア連邦共和国成立	7. 6 下山事件 7.15 三鷹事件 8. 6 広島平和都市建設法が公布される 8. 9 長崎国際文化都市建設法が公布される 8.17 松川事件 9.23 中共地区からの引揚第一船高砂丸，大連より舞鶴に入港 10. 1 琉球米国軍政長官にシーツ少将就任 10. 3 大連から引揚最終船 山澄丸，舞鶴入港，中国からの集団引揚が中断 12.25 マッカーサー，巣鴨拘置所に服役中の日本人戦犯の減刑を発表
1950 (昭和25年)	1. 5 トルーマン大統領，台湾不介入声明 1. 6 イギリスと中華人民共和国が国交樹立 中華民国がイギリスと国交断絶 1.26 米韓相互防衛援助協定に調印する 2.14 中ソ友好同盟相互援助条約締結 3. 1 台湾で蒋介石が総統に復帰する 4.22 ソ連タス通信「日本人捕虜の送還完了」と発表 6.25 朝鮮戦争が開始 6.27 米，第7艦隊を台湾海峡へ，台湾海峡中立化 8.26 ソ連プラウダ紙「日本人捕虜はなし」と発表 9.15 国連軍，仁川上陸作戦を決行 9.21 国連で未帰還捕虜問題を総会の議題として可決 10. 7 国連軍が38度線を突破 10. 8 中国が朝鮮戦争に参戦決定 10.25 中国人民義勇軍，朝鮮戦線に出動 12.14 国連総会「戦時捕虜の平和的解決に関する決議」採択	1. 1 マッカーサーが日本の自衛権を強調 2.10 GHQが沖縄に恒久的基地建設を発表 3.31 『引揚援護の記録』刊行 4.15 公職選挙法公布 4.22 日本戦歿学生記念会（わだつみ会）が結成 4.26 官房長官談話でタス通信発表に反論 5. 2 両院，未帰還同胞の引揚促進・実体調査等，国連に懇請する決議採択 5.10 引揚問題について日本の国連提訴の送達を発表 7〜 朝鮮特需がはじまる 7. 8 マッカーサーが警察予備隊創設を指令（人員75,000名），海上保安庁の増員（8,000名）を指令 8.10 警察予備隊令公布，施行 9. 1 政府，公務員のレッドパージ方針決定 10.13 政府，1万90人の追放解除 11.10 政府，旧職業軍人3250人の追放解除 12. 5 沖縄アメリカ軍政府を民政府に改組 12. 6 政府，中国向け要許可品目の輸出を全面停止
1951 (昭和26年)	1. 4 中朝軍ソウル再占領 2. 1 国連総会が中華人民共和国政府を「侵略者」とする非難決議を採択する 4.11 トルーマンがマッカーサーを解任 4.18 西ヨーロッパ6ヶ国，欧州石炭鉄鋼共同体条約に調印 5.18 国連，対中・北朝鮮戦略物資禁輸決議 5.23 中国中央政府とチベット政府との間で平和的解放に関する協定が成立 8.30 米比相互防衛条約調印 9. 1 アメリカ・オーストラリア・ニュージーランドが太平洋安全保障条約に調印 10.26 中国人民解放軍ラサ進駐	1. 1 マッカーサー，日本の再軍備を示唆 1.25 ダレス講和特使が来日する 4. 1 沖縄の米民政府，琉球臨時中央政府を設立 6.21 日本，国際労働機構（ILO）に加盟 9. 8 サンフランシスコ対日講和条約調印 日米安全保障条約調印 12. 5 GHQ，琉球列島の北緯29度以北の7島を日本に返還 12.24 中華民国を講和の相手に選ぶとする吉田書簡がダレス国務省顧問へ渡る

年次	世界・中国	日本
	12. 8 中国で三反運動開始	
1952 (昭和 27年)	1.18 李承晩ラインを韓国政府が主張 1.26 五反運動開始 5.27 西ヨーロッパ6ヵ国が欧州防衛共同体（EDC）条約に調印する 6. 1 第1回日中民間貿易協定調印 9.15 中ソ，長春鉄道返還などで協定締結 11. 1 アメリカ，水爆実験成功 12. 1 中国政府，残留日本人3万人の帰国援助表明 12.23 中国政府，引揚交渉3団体を指定（日赤，日中友好協会，日本平和連絡委員会） 12.31 ソ連，長春鉄道を中国に返還	2.15 第一次日韓正式会談開始 3.18 海外邦人の引揚に関する件で閣議決定 4. 1 琉球政府発足 4.18 靖国神社，春の例大祭復活 4.26 第一次日韓正式会談が事実上打ち切られる 4.28 日華平和条約調印 GHQが解消されるサンフランシスコ講和条約発効 4.30 戦傷病者戦没者遺族等援護法が公布 5. 2 日本政府主催全国戦没者追悼式挙行 8.13 日本，国際通貨基金（IMF），国際復興開発銀行（世界銀行）に加盟
1953 (昭和 28年)	1. 1 中国，第一次五カ年計画を開始 1.27 ダレス国務長官，対ソ巻返し政策発表 2. 2 アイゼンハワー大統領が台湾中立化解除発表 2.25 中華民国がモンゴル承認を取り消し 3. 5 スターリン死去 7.27 朝鮮休戦協定調印 8. 8 ソ連水爆保有声明 9.28 中ソ経済技術援助協定調印 10. 1 米韓相互防衛条約調印 11. 9 カンボジア，完全独立を達成 11.22 中国・北朝鮮，経済援助協定に調印 11.28 蔣介石・李承晩，台北で会談し，アジア反共連合の結成などを共同声明	1.10 ベトナム，ラオス，カンボジア，対日国交回復を通告 2. 1 引揚者に帰還手当支給開始 3. 5 日赤等3団体が中国紅十字会と北京協定を結ぶ，集団引き揚げが再開 3.11 財団法人日本遺族会発足 3.23 中国大陸から再引揚第一船興安丸入港 6.27 舞鶴港からの第四次引揚船に帰国中国人が乗りこみ，第一次帰国船となる 8. 1 恩給の一部を改正する法律（軍人恩給復活）戦傷病者戦没者遺族等援護法の一部改正により法務死者にも適用，未帰還者留守家族等援護法施行 12. 1 ソ連引揚第一船興安丸舞鶴入港 12.11 無名戦没者の墓建設閣議決定 12.24 奄美群島返還の日米協定調印
1954 (昭和 29年)	1.12 ダレス国務長官，大量報復政策発表 4.26 ジュネーヴ極東平和会議開催 5. 7 ベトナム人民軍，仏軍を破り，ディエンビエンフーを占領 6.28 周恩来・ネルー会談，平和五原則声明 7.21 ジュネーヴ協定調印，カンボジアとラオスの独立，南北ベトナムの分断，フランス軍の撤退などを決定 9. 3 人民解放軍，金門・馬祖への砲撃開始 9. 6 東南アジア条約機構（SEATO）成立 9. 8 SEATO 8ヶ国が東南アジア集団防衛条約，インドシナに関する付属議定書，太平洋憲章調印 9.29 ソ連のフルシチョフが北京訪問 10.12 中ソ共同宣言に調印 12. 2 米華（台湾）相互防衛条約調印	1. 7 アイゼンハワー大統領，一般教書演説で沖縄米軍基地の無期限保持を宣言 3. 1 第五福竜丸がビキニ水爆実験で被爆 3. 8 日米相互防衛援助（MSA）協定調印 6. 9 防衛庁設置法・自衛隊法各公布 6.30 恩給法改正により受刑者遺族にも適用 7. 1 防衛庁・自衛隊発足 9.25 日本政府，竹島領有権問題の国際司法裁判所への提訴を韓国政府に提案 10.28 韓国政府，国際司法裁判所提訴を拒絶 11. 5 日本，ビルマとの平和条約，賠償および経済協力協定に調印 11.27 カンボジアが日本に賠償請求権放棄を通告 12.22 政府，憲法九条についての統一解釈（自衛権の保有・自衛隊合憲）を発表
1955	2. 6 米軍第7艦隊，台湾海峡に集結 4.15 北京で日中民間漁業協定調印式 4.18-24 バンドンで第1回アジア・アフリ	1.25 ソ連，国交正常化交渉を打診 3- 『日本外交年表並主要文書』刊行 3.14 防衛庁首脳会議，防衛六ヵ年計画案を

関連年表 275

年次	世界・中国	日本
(昭和30年)	カ会議 5. 5 パリ協定発効，西ドイツが主権を回復 5.13 中国で胡風批判開始 5.14 ワルシャワ条約機構発足 5.25 ソ連軍旅順撤退に関する中ソ共同声明 7.18 アメリカ・イギリス・フランス・ソ連が首脳会談をジュネーヴで開催 8. 1 ジュネーヴで第1回米中大使級会談 10.26 ベトナム国からベトナム民主共和国へ国号変更（大統領：ゴ・ディン・ジェム） 11.22 中東条約機構（METO）結成	決定 6. 1 ロンドンで日ソ国交正常化交渉開始 6. 7 日本，GATTに加入（9.10発効） 8. 6 第1回原水爆禁止世界大会広島大会開催（8.10長崎大会，8.15東京大会） 8.31 日米安保条約の双務化に関する共同声明 9.21 日ソ交渉の一時休止に合意 11.14 原子力非軍事利用に関する日米協定調印 11.15 自民党を政権党，社会党を野党とする55年体制が成立 12.13 日本の国連加盟案，ソ連の拒否権により否決

主要参考文献

加藤友康・瀬野精一郎・鳥海靖・丸山雍成編『日本史総合年表 第二版』吉川弘文館，2005年．
久保亨・土田哲夫・高田幸男・井上久士『現代中国の歴史 両岸三地100年のあゆみ』東京大学出版会，2008年．
厚生省引揚援護局総務課記録係編『引揚援護の記録．続』厚生省，1955年．
引揚援護庁長官官房総務課記録係編『引揚援護の記録』引揚援護庁，1950年．
田桓主編『戦後中日関係史年表』北京：中国社会科学出版社，1994年．
劉傑・三谷博・楊大慶主編『国境を越える歴史認識 日中対話の試み』東京大学出版会，2006年．
（作成者：小林義之）

「日中歴史認識問題」参考文献

1. 日中両国で出版された歴史対話・共同研究の成果

読売新聞戦争責任検証委員会 編著『検証戦争責任』（Ⅰ・Ⅱ）中央公論新社，2006年．（日本語）

日本読売新聞戦争責任検証委員会撰稿『検証戦争責任 从九一八事変到太平洋戦争』新華出版社，2007年．（中国語）

日中韓三国共通歴史教材編集委員会『未来をひらく歴史』高文研，2005年（第二版は2006年）．（日本語）

《東亜三国的近現代史》編委会編『東亜三国的近現代史』社会科学文献出版社，2005年（修訂版は2006年）．（中国語）

劉傑・三谷博・楊大慶編『国境を越える歴史認識―日中対話の試み』東京大学出版会，2006年．（日本語）

劉傑・三谷博・楊大慶編『超越国境的歴史認識 来自海外中国学者与日本学者的視角』中国社会科学文献出版社，2006年．（中国語）

2. 日本で出版された歴史対話・共同研究の成果

家近亮子・唐亮・松田康博編著『5分野から読み解く現代中国―歴史・政治・経済・社会・外交―』晃洋書房，2005年．

家近亮子・松田康博・段瑞聡編著『岐路に立つ日中関係―過去との対話・未来への模索―』晃洋書房，2007年．

川島真・貴志俊彦編著『資料で読む世界の8月15日』山川出版社，2008年．

近藤孝弘編著『東アジアの歴史政策 日中韓対話と歴史認識』明石書店，2008年．

高橋哲哉編『〈歴史認識〉論争』作品社，2002年．

中村政則・天川晃・尹健次・五十嵐武士編『過去の清算』岩波書店，2005年．

二谷貞夫編『21世紀の歴史認識と国際理解―韓国，中国，日本からの提言』明石書店，2004年．

船橋洋一編『いま，歴史問題にどう取り組むか』岩波書店，2001年．

三谷博編『東アジアの公論形成』東京大学出版会，2004年．

三谷博・金泰昌編『東アジア歴史対話 国境と世代を越えて』東京大学出版会，2007年．

山室信一編『日本・中国・朝鮮間の相互認識と誤解の表象：討議集 国際シンポジウム』

京都大学人文科学研究所共同研究資料叢書・第一号，1998年．

3. 歴史認識問題全般
荒井信一『歴史和解は可能か』岩波書店，2006年．
家近亮子『日中関係の基本構造—2つの問題点9つの決定事項—』晃洋書房，2003年．
岡部達味『日中関係の過去と将来：誤解を超えて』岩波書店，2006年．
川島真・服部龍二編『東アジア国際政治史』名古屋大学出版会，2007年．
北岡伸一「日中歴史共同研究の出発——事実の探求に基づいて」(『外交フォーラム』通号226号，2007年5月)．
北岡伸一「歴史論争が主題となる時代「外交革命」に日本はどう立ち向かうか（歴史認識の岐路に立つ日本)」(『中央公論』通号1481号，2007年9月)．
小菅信子『戦後和解 — 日本は〈過去〉から解き放たれるのか』中央公論新社，2005年．
庄司潤一郎「戦後日本における歴史認識」(『防衛研究所紀要』2002年2月)．
田中明彦『アジアのなかの日本』NTT出版，2007年．
中西寛「日中相互理解と歴史認識問題」(ＰＨＰ総合研究所『政策提言：日本の対中総合戦略　最終報告書—「戦略的パートナーとしての中国」登場への期待と日本の方策』ＰＨＰ総合研究所，2008年)．
秦郁彦『現代史の虚実　沖縄大江裁判・靖国・慰安婦・南京・フェミニズム』文藝春秋，2008年．
波多野澄雄「『歴史和解』への道標—戦後日本外交における『歴史問題』」(添谷芳秀・田所昌幸編『日本の東アジア構想』慶應義塾大学出版会，2004年)．
波多野澄雄「「東アジア共同体」における「歴史和解」への道」(進藤栄一編『「東アジア共同体」を構想する』日本経済評論社，2006年)．
松村高夫「歴史認識と『歴史認識問題』」(『三田学会雑誌』98巻4号，2006年1月)．
毛里和子『日中関係—戦後から新時代へ』岩波書店，2006年．
劉傑『中国人の歴史観』文春新書，1999年．
梁雲祥「中日関係における歴史認識問題とアメリカ要素」(宇野重昭・唐燕霞編『転機に立つ日中関係とアメリカ』国際書院，2008年)．

中国語
歩平「関于中日共同歴史研究的思考」『抗日戦争研究』2007年第1期．
歩平「歴史問題，中日関係中的不安因素」『同舟共進』2007年第4期．
馮昭奎「中日歴史問題六大特徴」『理論参考』2005年第5期．
馮昭奎「戦略・互恵・互信——中日関係的三个関鍵詞」『世界知識』2007年第15期．
高蘭「歴史問題与中日危機管理中的美国因素」『日本研究』2006年第4期．

帰泳濤「開啓中日歴史認識的対話」『中国図書評論』2007 年第 4 期.
胡継平「歴史和解与中日関係的発展」『現代国際関係』2006 年第 4 期.
姜克実「日本人歴史認識問題的症結」『世界知識』2005 年第 20 期.
金熙徳・金燦栄「歴史問題再認識」『時事報告』2007 年第 9 期.
李秀石「関于落実"中日共同歴史研究"的思考」『毛沢東鄧小平理論研究』2006 年第 11 期.
秦漢「歴史"共同研究"的虚与実：跨国学術要"超越"什么？」『中国図書評論』2007 年第 4 期.
時殷弘・呉学文・白竟凡・馮昭奎・章伯鋒・蘇智良・林治波・楊奎松・歩平・笠原十九司・張連紅・徐勇・高橋哲也「筆談中日関係的歴史問題」『抗日戦争研究』2003 年第 3 期.
時殷弘「解析中日関係及中国対日戦略」『現代国際関係』2006 年第 4 期.
湯重南「聆听歴史啓示発展中日関係」『日本研究』2007 年第 2 期.
于鉄軍「国際政治理論与中日歴史問題」『太平洋学報』2003 年第 3 期.
王屏「中日相互認識的歴史緯度」『日本学刊』2007 年第 2 期.
張志洲「中日関係如何超越歴史」『中国図書評論』2007 年第 4 期.

4. 歴史教科書問題

家永三郎『家永三郎集 14　歴史教育・教科書裁判』岩波書店，1998 年.
井沢元彦・金文学『逆検定　中国国定教科書』祥伝社，2005 年.
袁偉時『中国の歴史教科書問題』日本僑報社，2006 年.
加藤章編『越境する歴史教育：国境を越えて，世代を越えて』教育史料出版会，2004 年.
小森陽一・坂本義和・安丸良夫編『歴史教科書　何が問題か　徹底憲章 Q&A』岩波書店，2001 年.
斉藤一晴『中国歴史教科書と東アジア歴史対話　日中韓 3 国共通教材づくりの現場から』花伝社，2008 年.
田中明彦「『教科書問題』をめぐる中国の政策決定」（岡部達味編『中国外交』日本国際問題研究所，1983 年，第 6 章）.
中村哲編著『東アジアの歴史教科書はどう書かれているか——日・中・韓・台の歴史教科書の比較から』日本評論社，2004 年.
夏目書房編集部『どうちがうの？新しい歴史教科書　VS　いままでの歴史教科書』夏目書房，2001 年.
西尾幹二『国民の歴史』産経新聞ニュースサービス，1999 年.
波多野澄雄「日中戦争の遺産と負債」（増田弘・波多野澄雄編『アジアのなかの日本と中国』山川出版社，1995 年，第 3 章）.

三谷博編『歴史教科書問題　リーディングス日本の教育と社会6』日本図書センター，2007年．
渡辺雅子編著『叙述のスタイルと歴史教育——教授法と教科書国際比較』三元社，2003年．

中国語
卞修躍「新歴史教科書与戦後日本国家敵歴史認識」（『抗日戦争研究』2001年第4期）．
歩平「家永三郎和日本教科書訴訟案」（『社会科学戦線』1995年第5期）．
歩平「関于日本的自由主義史観」（『抗日戦争研究』2000年第4期）．
李秀石「日本歴史教科書問題剖析（1947—2002）」（『歴史研究』2002年第5期）．
蘇智良『日本歴史教科書風波的真相』人民出版社，2001年．
王智新・劉琪『掲開日本教科書問題的黒幕』世界知識出版社，2001年．
張海鵬・歩平主編『日本教科書問題評析』中国社会科学文献出版社，2002年．
王希亮「論80年代以来日本軍国主義史観的泛濫同新保守主義的関聯」（『抗日戦争研究』2000年第3期）．
王希亮「評日本当代歴史修正主義」（『抗日戦争研究』2001年第4期）．
鐘厳「日本教科書問題的由来与実質」（『日本学刊』2001年第2期）．
王智新「"日本会議"与最新日本史」（『抗日戦争研究』2002年第2期）．

5．ヒトの移動（引揚げ，残留，留用，留学など）
朝日新聞残留孤児取材班『我是日本人』朝日新聞社．1997年．
阿部安成・加藤聖文「『引揚げ』という歴史の問い方（上）（下）」（『彦根論叢』第348号及び第349号，2004年）．
新井利男『残された日本人』径書房，1986年．
蘭信三『「満州移民」の歴史社会学』行路社，1994年．
蘭信三「中国『残留』日本人の記憶の語り——語りの変化と『語りの磁場』をめぐって」（山本有造編著『満洲——記憶と歴史』京都大学学術出版会，2007年）．
蘭信三編『「中国帰国者」の生活世界』行路社，2000年．
ＮＨＫ長野放送局編・野添憲治監修『満蒙開拓の手記——長野県人の記録』日本放送出版社，1979年．
NHK取材班『「留用」された日本人：私たちは中国建国を支えた』NHK出版，2003年．
江畑敬介・曾文星・箕口雅博編著『移住と適応　—中国帰国者の適応過程と援助体制に関する研究—』日本評論社，1996年．
大澤武司「在華邦人引揚交渉をめぐる戦後日中関係——日中民間交渉における『三団体方式』を中心として」（『アジア研究』第49巻第3号，2003年）．

大澤武司「戦後東アジア地域秩序の再編と中国残留日本人の発生——『送還』と『留用』のはざまで」(『中央大学政策文化総合研究所年報』第 10 号, 2007 年).
岡庭昇・真野貢一『妈妈, わたしは生きている』毎日新聞社, 1985 年.
片岡稔恵『残留・病死・不明』あすなろ社, 1993 年.
加藤陽子「敗者の帰還——中国からの復員・引揚問題の展開」(『国際政治』第 109 号, 1995 年).
北崎可代『中国に生きる』講談社, 1973 年.
加藤聖文「台湾引揚と戦後日本人の台湾観」(中京大学社会科学研究所台湾史研究部会編『台湾の近代と日本』中京大学社会科学研究所, 2003 年).
加藤聖文「戦後東アジアの冷戦と満洲引揚—国共内戦下の「在満」日本人社会—」(『東アジア近代史』9 号, 2006 年 3 月).
河原功監修・編集『台湾協会所蔵　台湾引揚　留用記録』ゆまに書房, 1999 年.
川島真「特集『戦後東アジアにおける人の移動と 20 世紀史の再展開』にあたって」(『東アジア近代史』10 号, 2007 年 3 月).
川島真・貴志俊彦編『資料で読む世界の 8 月 15 日』山川出版社, 2008 年.
清川雪彦「中国繊維機械工業の発展と在華紡の意義」(『経済研究』一橋大学経済研究所 34, no. 1, 1983 年).
厚生省引揚援護局編『引揚援護の記録. 続』厚生省, 1955 年.
小林聡明『在日朝鮮人のメディア空間—ＧＨＱ占領期における新聞発行とそのダイナミズム』風響社, 2007 年.
呉万虹「中国残留日本人の帰国　——その経緯と類型——」(『神戸法学雑誌』第 49 号第 1 号, 神戸法学会, 1999 年).
呉万虹『中国残留日本人の研究—移住, 漂流, 定着の国際関係論—』日本図書センター, 2004 年.
西条正「二つの祖国に生きる日系中国人」(『中国研究月報』426 号, 財団法人中国研究所, 1983 年).
西条正『中国人として育った私』中央公論社, 1978 年.
西条正『二つの祖国を持つ私』中央公論社, 1980 年.
坂本龍彦「国境の人」(『潮』1997 年 4 月号).
佐藤卓己『八月十五日の神話—終戦記念日のメディア学』筑摩書房, 2005 年.
佐藤卓己・孫安石編『東アジアの終戦記念日—敗戦と勝利のあいだ』筑摩書房, 2007 年.
孫俊然・渡辺一枝訳『二つの祖国に生きて　桜を恋う人』情報センター出版局, 1990 年.
高碕達之助『満州の終焉』実業之日本社, 1953 年.
中日関係史学会編『新中国に貢献した日本人たち』日本僑報社, 2003 年.
中日関係史学会編『新中国に貢献した日本人たち (続)』日本僑報社, 2005 年.
陳焜旺編『日本華僑・留学生運動史』日本僑報社, 2004 年.

東亜経済研究会編『新中国の機械工業』東亜経済研究会, 1960 年.
富沢芳亜「在華紡の遺産―戦後における中国紡績機器公司の設立と西川秋次」(森時彦編『在華紡と中国社会』京都大学学術出版会, 2005 年).
成田龍一「『引揚げ』に関する序章」(『世界』第 955 号, 2003 年).
班忠義『曽おばさんの海』朝日新聞社, 1993 年.
班忠義『近くて遠い祖国』ゆまに書房, 1996 年.
林勝一「植民地からの帰還事業と『中国帰国者』問題に関する覚書」(『法政地理』第 36 号, 2004 年).
平島敏夫『楽土から奈落へ:満州国の終焉と百万同胞引揚げ実録』講談社, 1972 年.
広田鋼蔵『満鉄の終焉とその後』青玄社, 1990 年.
松本俊郎『満州国から新中国へ』名古屋大学出版会, 2000 年.
丸沢常哉『新中国建設と満鉄中央試験所』二月社, 1979 年.
満州移民史研究会編『日本帝国主義下の満州移民』龍渓書舎, 1976 年.
満蒙同胞援護会編『満蒙終戦史』河出書房新社, 1962 年.
南誠「『中国残留日本人』の形成と記憶」(『アジア遊学』第 85 号, 2006 年).
森田芳夫『朝鮮終戦の記録』巌南堂, 1964 年.
山田昭次編『近代民衆の記録 6 満州移民』新人物往来社, 1978 年.
山本真「第二次大戦後, 台湾海峡両岸における人の移動とその背景, 閩台関係の視角から 一九四五年～一九五〇年代初頭」(『東アジア近代史』10 号, 2007 年 3 月).
楊子震「帝国解体の中の人的移動――戦後初期台湾における日本人の引揚及び留用を中心に」(『東アジア地域研究』13 号, 2006 年).
鹿錫俊「東北解放軍医療隊で活躍した日本人―ある軍医院の軌跡から」(『北東アジア研究』第 6 号, 2004 年).
若槻泰雄『新版・戦後引揚げの記録』時事通信社, 1995 年.

中国語

中央档案館, 中国第二歴史档案館, 吉林省科学院共同編集『日本帝国主義侵華档案資料選編 東北経済掠奪』中華書局, 1991 年.
顧明義・張徳良・楊洪範・趙春陽『9・18 事変叢書 日本侵占旅大 40 年』遼寧人民出版社, 1991 年.
左学徳『日本向中国東北移民史―1905～1945 年』哈爾濱工程大学出版社, 1998 年.
于徳水『寸草情―一位日本遺孤的心声』哈爾濱船舶工程学院出版社, 1993 年.
関亜新・張志坤『日本遺孤調査研究』社会科学文献出版社, 2005 年.
政協黒龍江省委員会文史資料委員会・政協方正県委員会文史資料委員会合編『夢砕満州― 日本開拓団覆滅前後』黒龍江人民出版社, 1991 年.
曹保明『第二次世界大戦収養日本遺孤紀実』中国北方婦女児童出版社, 1998 年.

孫邦主編『偽満覆亡』（偽満資料叢書），吉林人民出版社，1993 年．
馮興盛主編『情系華卒―日本孤児在中国』大連理工大学出版社，1997 年．
楊剣鳴『一個日本女人座中国的伝奇経歴』山東画報出版社，1995 年．
梁波『技術与帝国主義：日本在中国的殖民科研機構』山東教育出版社，2006 年．
韓健平他『日偽時期的植民地科研機構：歴史与文献』山東教育出版社，2006 年．

6. 南京事件

Askew David『南京事件研究：経験・神話・歴史としての南京事件』文部科学省科学研究費補助金研究成果報告書，2008 年．
井口和起『南京事件・京都師団関係資料集』青木書店，1989 年．
石田勇治『資料ドイツ外交官の見た南京事件』大月書店，2001 年．
衛藤瀋吉「南京事件と日・米」（斎藤真等編『現代アメリカの内政と外交：高木八尺先生古稀記念』東京大学出版会，1959 年）．
笠原十九司『南京事件』岩波書店，1997 年．
笠原十九司『南京事件と三光作戦』大月書店，1999 年．
笠原十九司『南京事件と日本人』高文研，2002 年．
笠原十九司『体験者 27 人が語る南京事件』高文研，2006 年．
笠原十九司・吉田裕『現代歴史学と南京事件』柏書房，2006 年．
笠原十九司『南京事件論争史』平凡社，2007 年．
笠原十九司『「百人斬り競争」と南京事件』大月書店，2008 年．
北村稔『「南京事件」の探求』文藝春秋，2001 年．
ジョシュア・A・フォーゲル『歴史学の中の南京大虐殺』柏書房，2000 年．
太平洋戦争研究会『証言・南京事件と三光作戦』河出書房新社，2007 年．
滝谷二郎『目撃者の南京事件：発見されたマギー牧師の日記』三交社，1992 年．
田中正明『南京事件の総括』展転社，2001 年．
冨澤繁信『南京事件の核心』展転社，2003 年．
冨澤繁信『「南京事件」発展史』展転社，2007 年．
南京事件調査研究会『南京事件資料集』青木書店，1992 年．
秦郁彦『現代史の光と影』グラフ社，1999 年．
秦郁彦『南京事件　増補版』中央公論新社，2007 年．
東中野修道『南京事件の全体像』國民會館，1999 年．
東中野修道『南京事件』草思社，2006 年．
藤原彰『南京事件を考える』大月書店，1987 年．
藤原彰『南京事件をどう見るか』青木書店，1998 年．
星山隆『南京事件 70 年―収束しない論争』世界平和研究所，2007 年．

洞富雄『南京事件』新人物往来社，1972年．
松尾一郎『プロパガンダ戦「南京事件」』光人社，2004年．
ミニー・ヴォートリン『南京事件の日々』大月書店，1999年．
三好誠『戦争プロパガンダの嘘を暴く』展転社，2005年．
楊大慶「戦争犯罪とは何か　南京残虐事件」(倉沢愛子，杉原達，成田龍一，テッサ・モーリス-スズキ，油井大三郎，吉田裕編『戦場の諸相』岩波書店，2006年).
吉田裕『天皇の軍隊と南京事件――もうひとつの日中戦争史　新装版』青木書店，1998年．

中国語
陳安吉「"南京大屠殺史"研究的歴史回顧和今後的任務」(『民国档案』1997年第4期)．
程兆奇『南京大屠殺――日本虚構派批判』上海辞書出版社，2002年．
程兆奇「日本現存南京大屠殺史料概論」(『社会科学』2006年第6期)．
高興祖『日軍侵華暴行—南京大屠殺』上海人民出版社，1985年．
高興祖「五十八年回顧：日本関于南京大屠殺事件的争論」(『南京大学学報』1995年第3期)．
高興祖「"南京大屠殺"事件研究現状和今後的課題」(『抗日戦争研究』1996年第4期)．
王秀霞「国内関于"南京大屠殺中南京国際安全区"研究的歴史回顧」(『山東省農業管理幹部学院学報』2004年第2期)．
李寒梅「中国学術界対"南京大屠殺事件"的研究」(『太平洋学報』2005年第8期)．
劉惠恕『南京大屠殺新考』上海三聯書店，1998年．
南京大学編『南京大屠殺史料集（既刊55巻)』江蘇人民出版社，2005年～．
南京大屠殺史料編集委員会『侵華日軍南京大屠殺史料』江蘇古籍出版社，1985年．
南京大屠殺史料編集委員会『侵華日軍南京大屠殺档案』江蘇古籍出版社，1987年．
侵華日軍南京大屠殺遇難同胞紀念館編『侵華日軍南京大屠殺幸存者証言集』南京大学出版社，1994年．
孫宅巍『南京大屠殺』北京出版社，1997年．
孫宅巍『澄清歴史――南京大屠殺研究与思考』江蘇人民出版社，2005年．
王希亮「日本学術界"南京大屠殺事件"論争及各派論点評析」(『抗日戦争研究』2006年第4期)．
張連紅・許書宏「近几年来国内南京大屠殺研究総述」(『江海学刊』2000年第5期)．
張連紅「中日両国南京大屠殺研究的回顧与思考」(『南京大学学報』2007年第1期)．
張衛波「近十年"侵華日軍南京大屠殺"研究述評」(『中共党史資料』2006年第3期)．
中央档案館・中国第二歴史档案館・吉林社会科学院聯合編集『日本帝国主義侵華档案資料選編：南京大屠殺』中華書局，1995年．
朱成山主編『南京大屠殺江東門"万人坑"遺跡的発掘与考証』江蘇古籍出版社，2002年．

7. 戦争責任・戦後補償

朝日新聞戦後補償問題取材班著『戦後補償とは何か』朝日新聞社，1994年．（文庫は1999年）．

粟屋健太郎ほか『戦争責任・戦後責任：日本とドイツはどう違うか』朝日新聞社，1994年．

今村嗣夫・鈴木五十三・高木喜孝編著『戦後補償法：その思想と立法』明石書店，1999年．

殷燕軍『中日戦争賠償問題――中国国民政府の戦時・戦後対日政策を中心に』御茶の水書房，1996年．

内田雅敏『「戦後補償」を考える』講談社，1994年．

内海愛子『戦後補償から考える日本とアジア』山川出版社，2002年．

大沼保昭『東京裁判から戦後責任の思想へ』有信堂，1985年．

大沼保昭『東京裁判・戦争責任・戦後責任』東信堂，2007年．

奥田安弘・川島真編『共同研究　中国戦後補償―歴史・法・裁判』明石書店，2000年．

奥田安弘・山口二郎編『グローバル化する戦後補償裁判』信山社，2002年．

金子勝・高橋哲哉・山口二郎『グローバリゼーションと戦争責任』岩波書店，2001年．

高木健一『香港軍票と戦後補償』明石書店，1993年．

高木健一『戦後補償の論理：被害者の声をどう聞くか』れんが書房新社，1994年．

高木健一『今なぜ戦後補償か』講談社，2001年．

田中宏『戦後60年を考える――補償裁判・国籍差別・歴史認識』創史社，2005年．

中国人戦争被害賠償請求事件弁護団編『砂上の障壁：中国人戦後補償裁判10年の軌跡』日本評論社，2005年．

松尾章一編『中国人戦争被害者と戦後補償』岩波書店，1998年．

水島朝穂編『未来創造としての「戦後補償」：過去の清算」を越えて』現代人文社，2003年．

吉田裕『現代歴史学と戦争責任』青木書店，1997年．

8. 靖国問題

赤澤史朗『靖国神社』岩波書店，2005年．

板垣正『靖国公式参拝の総括』展転社，2000年．

内田雅敏『靖国Q＆A』スペース伽耶，2007年．

大江志乃夫『靖国神社』岩波新書，1984年．

岡崎久彦・屋山太郎『靖国問題と中国』海竜社，2006年．

岡崎久彦『国家戦略からみた靖国問題』ＰＨＰ研究所．

上坂冬子『戦争を知らない人のための靖国問題』文藝春秋，2006年．

国立宗教研究所編『新しい追悼施設は必要か』ぺりかん社，2004年．
国立国会図書館調査立法考査局『靖国神社問題資料集』同立法考査局，1976年．
国立国会図書館調査及び立法考査局『新編靖国神社問題資料集』国立国会図書館，2007年．
小島毅『靖国史観』筑摩書房，2007年．
小堀圭一郎『靖国神社と日本人』PHP研究所，1998年．
菅原伸郎編『戦争と追悼』八朔社，2002年．
高橋哲哉『靖国問題』筑摩書房，2005年．
田中伸尚『靖国の戦後史』岩波書店，2002年．
田中伸尚『ドキュメント靖国訴訟』岩波書店，2007年．
田中伸尚・田中宏・波田永実『遺族と戦後』岩波書店，1995年．
中村直史・NHK取材班著『靖国：知られざる占領下の攻防』日本放送出版協会，2007年．
日本遺族会『靖国神社国家護持に関する調査会報告書』日本遺族会，1966年．
日本遺族会事務局編『日本遺族会の四十年』日本遺族会，1988年．
波多野澄雄「遺族の迷走―日本遺族会と記憶の競合―」(細谷千博・入江昭・大芝亮編『記憶としてのパールハーバー』ミネルヴァ書房，2004年).
檜山幸夫『靖国神社忠魂史　第1巻（上，下）～第5巻（上，下）』ゆまに書房，2006年．
保阪正康『「靖国」という悩み』毎日新聞社，2007年．
三浦朱門『靖国神社』海竜社，2005年．
三土修平『靖国問題の原点』日本評論社，2005年．
三土修平『頭を冷やすための靖国論』筑摩書房，2007年．
靖国神社編『靖国神社百年史　資料編（上，中，下）』原書房，1984年．
靖国神社編『靖国神社百年史　事暦年表』原書房，1987年．
渡辺恒雄・若宮啓文他『「靖国」と小泉首相』朝日新聞社，2006年．

9. 中国社会科学院中日歴史研究センター文庫

※村山内閣が策定した「平和友好交流計画」で実施した歴史研究支援事業の成果物一覧．

佐藤猛夫著『幸運的人』社会科学文献出版社，2001年．
張海鵬・歩平主編『日本教科書問題評析』社会科学文献出版社，2002年．
史桂芳『"同文同種"的騙局―日偽東亜連盟運動的興亡』社会科学文献出版社，2002年．
袁韶瑩・楊瑰珍『从人到鬼　从鬼到人――日本"帰還者連絡会"研究』社会科学文献出版社，2002年．

李広民『准戦争状態研究』社会科学文献出版社，2003 年．
王真『抗日戦争与中国的国際地位』社会科学文献出版社，2003 年．
歩平『日本侵華戦争時期的化学戦』社会科学文献出版社，2004 年．
李秉剛・趙暁光・閻振民『日本侵華時期遼寧万人坑調査』社会科学文献出版社，2004 年．
居之芬・庄建平『日本略奪華北档案史料集（上，下）』社会科学文献出版社，2004 年．
楊玉林・辛培林・刁乃莉『日本関東憲兵隊"特別輸送"追跡』社会科学文献出版社，2004 年．
関捷『旅順大屠殺研究』社会科学文献出版社，2004 年．
庄維民・劉大可『日本工商資本与近代山東』社会科学文献出版社，2005 年．
朱成山『侵華日軍南京大屠殺幸存者証言』社会科学文献出版社，2005 年．
戴建兵・王暁嵐『罪悪的戦争之債：抗戦時期日偽公債研究』社会科学文献出版社，2005 年．
歩平・王希亮『日本右翼問題研究』社会科学文献出版社，2005 年．
王希亮『戦後日本政界戦争観研究』社会科学文献出版社，2005 年．
史丁『日本関東軍侵華罪悪史』社会科学文献出版社，2005 年．
陳小冲『日本殖民統治台湾五十年史』社会科学文献出版社，2005 年．
謝忠厚・田蘇蘇・何天義『日本侵略華北罪行史稿』社会科学文献出版社，2005 年．
熊沛彪『近現代日本覇権戦略』社会科学文献出版社，2005 年．
呉広義『侵華日軍南京大屠殺日志』社会科学文献出版社，2005 年．
胡徳坤・韓永利『中国抗戦与世界反法西斯戦争』社会科学文献出版社，2005 年．
何勁松『近代東亜仏教――以日本軍国主義侵略戦争為線索』社会科学文献出版社，2002 年．
関亜新・張志坤『日本遺孤調査研究』社会科学文献出版社，2005 年．
沈予『日本大陸政策史（1868―1945）』社会科学文献出版社，2005 年．
薛毅『国民政府資源委員会研究』社会科学文献出版社，2005 年．
黄美真『日偽対華中淪陥区経済的掠奪与統制』社会科学文献出版社，2005 年．
余子道・曹振威・石源華『汪偽政権全史（上，下巻）』上海人民出版社，2006 年．
林慶元・楊斉福『"大東亜共栄圏"源流』社会科学文献出版社，2006 年．
崔新京・李堅・張志坤『日本法西斯思想探源』社会科学文献出版社，2006 年．
孫乃民主編『中日関係史（一，二，三巻）』社会科学文献出版社，2006 年．
殷燕軍『近代日本政治体制』社会科学文献出版社，2006 年．
関捷主編『近代中日関係叢書之一　日本与中国近代歴史事件』社会科学文献出版社，2006 年．
関捷主編『近代中日関係叢書之二　日本侵華政策与機構』社会科学文献出版社，2006 年．
関捷主編『近代中日関係叢書之三　日本対華侵略与殖民統治勁（上下冊）』社会科学文献出版社，2006 年．

関捷主編『近代中日関係叢書之四　影響近代中日関係的若干人物』社会科学文献出版社，2006 年．
関捷主編『近代中日関係叢書之五　中国人民奮起抗戦』社会科学文献出版社，2006 年．
周瑞海ら『中国回族抗日救亡史稿』社会科学文献出版社，2006 年．
王振徳『新編第二次世界大戦史（1937 — 1945）』社会科学文献出版社，2006 年．
郭貴儒・張同楽・封漢章『華北偽政権史稿：従"臨時政府"到"華北政務委員会"』社会科学文献出版社，2007 年．
彭敦文『国民政府対日政策及其変化：従九一八事変到七七事変』社会科学文献出版社，2007 年．
徐旭陽『湖北国統区和淪陥区社会研究』社会科学文献出版社，2007 年．

索　引

人名索引

あ 行

青田良　99
浅川其一　70
阿南惟幾　4
安倍晋三　260
鮎川義介　56
安東義良　19
池田純久　67
石堂清倫　63
石原莞爾　58, 66, 67
伊藤武雄　63
今井武夫　8, 11, 15, 18, 22
李励荘　22, 26
岩畔豪雄　67
内山完造　99, 101
梅津美治郎　4
遠藤三郎　58, 59
王芸生　34
王家鼎　210
王大文　42
汪兆銘・汪精衛　16, 27, 31, 37, 203, 238
大蔵公望　60, 61, 62
大津五郎　99
大野勝巳　23
岡崎勝男　150
岡崎嘉平太　56, 85, 88, 108
小笠原清　7, 12
岡田西次　21
岡村寧次　4, 8, 10, 15, 18, 23, 25, 114, 118, 131
岡本乙一　99
小川哲雄　24
小倉正恒　12, 114

か 行

何応欽　10, 11, 15, 22, 23, 24, 25, 34, 118, 121
郭平坦　219
郭沫若　218
片倉衷　66, 67, 69
鹿地亘　42, 45
加藤完治　71
何炳賢　22
河辺虎四郎　4
川村竹治　58
川本芳太郎　12
韓慶愈　205, 210, 216
上林山栄吉　152
岸信介　58, 66, 68, 161
金学成　98
小泉純一郎　254
洪清淡　224
黄世明　223
黄伯樵　125, 128
呉鴻祥　21
呉修竹　40
五島慶太　68
近衛文麿　16

さ 行

蔡錦聡　40
西条正　182, 183
斎田喬　98
椎名悦三郎　68
重光葵　115, 131
謝南光　40
ジャンセン, マリウス　241
周恩来　154, 208, 218, 223
周学昌　21
周鎬　21
周善培　8
周仏海　21, 22
周隆庠　22
蔣介石　7, 9, 10, 11, 12, 13, 15, 16, 21, 22, 23, 25, 26, 27, 38, 45, 84, 85, 118, 145, 207, 225
鍾建　37
邵毓麟　118
昭和天皇　5

289

沈平　152
宋子文　116, 117, 118, 132, 133
孫文　38

　　た　行

高碕達之助　55, 56, 123, 133
高梨政一　98
竹下義晴　67
武部六蔵　57, 69
田尻愛義　18
橘善守　98
谷正之　20, 22
趙安博　159
張公権　125
張順安　39
趙尊獄　21
張鳳挙　37
陳永華　206
陳毅　159
陳儀　40
陳君慧　22
陳公博　17, 20, 21, 22, 23, 24, 25, 26, 27
陳春長　39
辻正信　67
ドウス, ピーター　242
津田左右吉　45
土田豊　99
湯恩伯　86, 87, 98, 99, 103
東郷茂徳　17
東条英機　68
徳富蘇峰　6
トルーマン, ハリー　143
豊田佐吉　116, 126
豊田副武　4

　　な　行

内藤湖南　241
中江丑吉　241
成田龍一　141
西川秋次　107, 113, 115, 116, 117, 118, 124, 125, 126, 127, 128, 131, 132, 133
沼田多稼蔵　67
野村清一　63

　　は　行

萩原定司　134
莫国康　22

白崇禧　40
博定　39
長谷川誠一　70
鳩山一郎　57, 152
花谷正　67
林房雄　65
ハレル, ポーラ　242
パール, ラダ・ビノード　5
半田敏治　64
日暮吉延　6
ピーティ, マーク　242
平川守　71
平島敏夫　55, 56, 57, 58, 59, 70
平山復二郎　123
船津辰一郎　99
古海忠之　58, 68, 69
包可永　121
彭真　152
ボース, チャンドラ　17, 20
星野直樹　57, 66, 68, 69, 98
堀内干城　107, 117, 118, 123, 132, 133

　　ま　行

マイヤーズ, ラモン　242
松本俊郎　125
毛沢東　42, 154, 214, 215
モウ, バー　17, 20

　　や　行

安井謙　72
安井誠一郎　72
山田昭次　176
山本十一　98
山本昇　73
熊斌　118
楊春松　41

　　ら　行

ラウレル, ホセ　17, 20
羅家倫　102, 105
羅頭龍　39
レイノルズ, ダグラス　242
陸久之　98
李桂山　215
李済深　41
李徳全　152, 159
劉少奇　42

廖承志	150, 216, 218	魯成	126
林献堂	34		
林鴻徳	39	**わ　行**	
林瑞聰	39	若槻泰雄	141
林鐵錚	39	和栗博	70
林柏生	22	和知鷹二	67
林麗韞	223		

事項索引

あ 行

『あゝ満洲』　68
『新しい歴史教科書』　256
亜東研究会　105
アメリカ合衆国海軍最高司令官　119
Rアカウント問題　35
安政5年政変　257
一金会　60
一般外僑入境弁法　150
以徳報怨　9, 45, 84, 85, 86
内山書店　105
A級戦犯　6
LT貿易　56, 134
汪精衛政権　31
王道楽土　57, 66, 67, 74
『大人のための東アジア近現代史』　261

か 行

改革開放路線　180
外交関係時局行政職特例　60
外国人登録令　43, 44
外国人の財産取得に関する政令　43
開拓自興会　70, 72
開拓民援護会　70
カイロ宣言　3
華北人民革命大学　220
華北政務委員会　18
華北大学政治研究所　220, 221
漢奸　38, 40
関東軍　69
関於協助日本婦女去日探親工作的通知　161
北朝鮮工業技術連盟　130
教育部回国委員会　220
協助日本僑民計画　147
共同謀議　5
共同防共　15
義和団賠償金　34
原爆投下　7
五一騒乱　44
高句麗　256
虹口集中居住区　83, 84, 91, 95, 96, 108
工人日報　214
抗戦期間留日学生甄審委員会　37
抗戦期間留日学生甄審辦法　35, 36, 212

抗戦勝利告全国軍民及全世界人士書　9
光復　32, 41
皇民化運動　31, 33
国際軍事裁判所憲章　5
国費外国人留学制度実施要綱　45
国費留学生派遣　35
国父遺教　36
国防最高委員会　117
国民政府　16, 18
国民政府軍　15
国民政府資源委員会　121
国務院専家局　219
国務・陸軍・海軍3省調整委員会極東小委員会　119
五四運動　41
五七幹校　226
55年体制　61
戸籍法　33, 43
御前会議　5
五族協和　57, 66, 67, 70, 74
五族の墓　72
国共内戦　41, 207
『国境を越える歴史認識』　235, 242, 259, 264

さ 行

在華日本人事務委員会（中央日僑事務委員会）　145
最高戦争指導会議　4, 16
三国干渉　5
三反五反運動　180
サンフランシスコ条約　148
参謀本部　16
残留孤児　175, 176, 177, 193, 194, 195, 197, 199
残留日本人　171, 172, 173, 174, 177, 178, 180, 187, 190, 195, 199, 200
残留婦人　175, 176, 184, 193, 199
GHQ　60, 203, 207
芷江会談　16, 22
自然科学協会　42
七七記念日　41
支那派遣軍　4, 7
支那派遣軍総司令部　4
渋谷事件　44
SCAP　34

292　索　引

上海行動総隊　22
上海市日僑集中区日僑臨時攤販取締辦法　91
上海地区日本官兵善後連絡　97
上海日本人技術者協会　125
上海日本人居留民管理処　94
自由インド仮政府　20
重慶政権（政府）　7, 8, 13, 15, 16, 17, 22, 117
終戦　125
収復区専科以上学校畢業生甄審委員会聯席会議　37
ジュネーヴ条約　148
奨励密報敵偽財産条例　105
昭和史論争　61
新華社　217
真珠湾　45
人道に対する罪　5
巣鴨　68
政治協商会議　42
政務院関於処理日僑若干問題的規定　147
政務院辦理留学学生回国事務委員会　42
全国開拓民自興会　70
戦後処理　33
戦争賠償　14
戦略的互恵関係　247
双十節　41
ソ連参戦　7, 175

た　行

対慰安婦謝罪要求決議　260
対華21ヵ条要求　238, 239
第1次集団引揚げ　123
第1次ジュネーヴ交渉　153, 154
第1次世界大戦　257
第1次日中民間貿易協定　149
第1次北京放送　147
対支処理要綱　13, 18
第18回国際赤十字会議（トロント会議）　148
大地報　216, 218
大東亜共栄圏　17, 31, 33, 74
大東亜省　18, 56
大東亜戦争肯定論　65
第2次ジュネーヴ交渉　162
第2次世界大戦　199, 238, 239, 265
第2次李徳全訪日　159
太平天国　244
太平洋戦争　6, 9, 207

第4次日中民間貿易協定　161
台湾学生連盟　39
台湾研究会　43
台湾省海外僑胞救援会　34
台湾省留日返省学生処理辦法　36
台湾同郷会成立大会　39
台湾独立運動　41
台湾民主自治連盟　43
台湾問題　246
田中上奏文　238
中央人民政府政務院文化教育委員会　208
中央電影業接収委員会　101
中華学友会　44
中華全国学生聯合会　208
中華民国国旗冒涜事件　39
中華民国留日学生東京同学会　39
中共中央関於処理在華日僑的決定　147
中国共産党　145
中国境内日本僑民集中管理辦法　86
中国紅十字会　147, 152, 155, 156, 159, 160, 161, 162, 165
中国境内日籍工暫行徴用通則　118
中国社会科学院　256
中国政府教育部回国委員会　205
中国通信社　213
『中国之命運』　36
中国紡織機器製造公司　119, 125, 126, 127, 128, 132
中国紡織建設公司　119
中国陸軍第三方面軍　98, 99, 109
中国留日学生同学総会　42
中国留日学生東京同学会　215
中国留日学生報　205, 210, 212, 214, 216, 217, 218, 219
中国留日同学総会　205, 218
朝鮮戦争　208
釣魚島（尖閣諸島）　248
停戦協定準備会談　22
テヘラン会談　10
電源開発総裁　57
天津会議　156
天津協定　156, 157
東亜共同体　74
東亜聯盟運動　66
東海（東シナ海）　248
東京華僑会報　216
東京華僑総会　209, 218

東京華僑聯合会　215
東京懇談会　152, 165
東京裁判　5, 26, 69
東条内閣　68
統制大権　17
東北亜歴史財団　256
東北行政委員会　146
東北日僑善後連絡処　123
東北辺疆歴史與現象系列研究工程　258
東北民主聯軍　146
東洋製罐　56
土地改革　180
豊田自動織機　126, 132
トヨタ自動車工業　119
豊田紡織　113

な　行

長崎国旗事件　161
南京政府　16, 20, 24
南京政府税警団　21
南京大虐殺　238, 252, 259
日僑集中管理所　86
日米安全保障条約　148
日露戦争　73
日華条約　35, 45, 65
日華通商協定　45
『日韓交流の歴史』　260
日韓条約締結　65
日僑二世　175, 176, 179, 194, 195, 199
日清戦争　239
日台通商協定　45
『日中研究（Shino-Japanese Studies）』　242
日中国交正常化　56, 178, 184, 185, 189, 226, 247, 252
日中戦争　6, 16
日中友好協会　148, 155, 209
日中両赤十字会談　154
二・二八事件　32, 40, 213
日本官兵善後連絡部　86
日本居留民管理処　95, 96
日本人管理委員会　146
日本人救済会　56
日本人居留民　97
日本人居留民（日僑）生活相談所　94
日本人（日僑）居留民自治会　94
『日本人の海外活動に関する歴史的調査』　65
日本赤十字社　148, 209

日本籍船舶来航暫定弁法　148
日本平和連絡委員会　148, 153
日本平和連絡会　209

は　行

敗戦処理要綱　12
排他的経済水域　246
白色テロ　43
八紘一宇　74
ハバロフスク裁判　69
反右派闘争　180, 226
引揚物故者慰霊塔　72
文化大革命　178, 180, 185, 190, 196, 226, 244
文滙報　214
平和に対する罪　5
北京会議　148, 149, 151, 152
北京協定　146, 151, 156
北京放送局　217
ベトナム戦争　238
辦理留学生回国事務委員会　208
防共　15
彭真・上林山共同声明　155
ポツダム宣言　3, 4, 5, 7, 11, 17, 18, 84, 85

ま　行

満史会　61, 70, 72
満洲　61, 62, 66, 68, 73, 74, 238
満洲移民研究会　176
『満洲開拓史』　70, 71, 72
満洲開拓団　181
『満洲開発四十年史』　63, 64, 71
満洲国　31, 33, 37, 53, 54, 55, 67, 69, 73
満洲国関係帰国援護会　60
『満洲国史』　63, 64, 65, 66, 69, 70, 71
満洲国史編纂刊行会　63
満洲国駐日大使館　60
『満洲国留日学生会館会報』　32
満洲事変　3, 6, 31, 58, 61, 64, 66, 67, 73
満洲重工業開発株式会社　56, 60
満洲青年聯盟　58, 66
満洲中央銀行東京支店　60
満ソ殉難碑　72, 73
満鉄調査部事件　62
『満蒙終戦史』　60
満蒙同胞援護会　58, 59, 60, 63, 67, 70, 72
未帰還者に関する関係閣僚懇談会　162
未帰還者に関する措置方針　162

未帰還者に関する特別措置法　163
南満洲鉄道株式会社　56
南満洲鉄道株式会社中央試験所　130, 134
『未来をひらく歴史』　260
蒙疆ウイグル自治政府　18
モスクワ国際経済会議　146

　　や　行

靖国神社参拝　256
横浜中華学校　42
四一惨案　41
四六学生弾圧事件　41

　　ら　行

留日華僑総会　213, 215
留日学生資格甄審委員会　36
留日学生旬報　39, 40, 213
留日学生召回辧法　35, 212
留日学生奨学会　207
留日学生総会　42
留日学生補助金管理及支付辧法　35
留日同学総会　215
留用　14
留守家族援護法　162
歴史教科書　257
歴史教科書問題　257
歴史認識問題　33, 45, 247, 248, 250, 252, 253
連合国総司令部指令第1号　143
連合国軍最高司令官　122
盧溝橋　45
『路標』　42

執筆者紹介

編者

劉傑（りゅう　けつ：LIU, Jie）
早稲田大学社会科学総合学術院教授（近代日本政治外交史）
1962年中国・北京生まれ．93年東京大学大学院人文科学研究科博士課程修了．博士（文学）．早稲田大学社会科学部専任講師，同助教授を経て2003年から現職．主要著書：『日中戦争下の外交』（吉川弘文館，1995年，大平正芳記念賞），『中国人の歴史観』（文春新書，99年）．

川島真（かわしま　しん：KAWASHIMA, Shin）
東京大学大学院総合文化研究科准教授（アジア政治外交史）
1968年東京生まれ．97年東京大学大学院人文社会研究科単位取得退学．博士（文学）．日本学術振興会特別研究員を経て，98年北海道大学法学部助教授，2006年より現職．主要著書：『中国近代外交の形成』（名古屋大学出版会，04年，サントリー学芸賞），『東アジア国際政治史』（共編著，名古屋大学出版会，07年）．

執筆者（執筆順）

加藤聖文（かとう　きよふみ：KATO, Kiyofumi）
人間文化研究機構国文学研究資料館助教（日本近現代史・記録資料学）
1966年愛知県生まれ．2001年早稲田大学大学院文学研究科博士後期課程単位取得退学．国立史料館COE研究員を経て2002年より現職．主要著書：『満鉄全史』（講談社選書メチエ，2006年），『枢密院の研究』（共著，吉川弘文館，2003年）

楊大慶（YANG Daqing）
ジョージワシントン大学歴史・国際問題研究学部准教授（日本近現代史）
1964年中国・南京生まれ．1996年ハーバード大学で歴史学博士号．ジョージワシントン大学助教授を経て現職．2006年ハーバード大学エドウィンライシャワー日本研究訪問教授．主要著書：Rethinking Historical Injustice and Reconciliation in North-

east Asia（共編著，Routledge, 2006）．明治から昭和期にかけた帝国日本の通信ネットワークに関する著書を近く出版の予定．

陳祖恩（ちん　そおん：CHEN, Zuen）

上海東華大学人文学院教授（中国近現代史）

1949年中国・上海生まれ．1979年復旦大学歴史学科卒業，同年上海社会科学院歴史研究所助理研究員，副研究員，研究員を経て，2005年から現職．主要著書：『尋訪東洋人～近代上海日本居留民』（上海社会科学院出版社，2007年），『白龍山人王一亭伝』（上海辞書出版社，2007年）

大澤武司（おおさわ　たけし）

熊本学園大学外国語学部専任講師（近現代日中関係）

1973年生まれ．2006年中央大学大学院法学研究科博士後期課程修了．博士（政治学）．日本学術振興会特別研究員（DC2・PD）を経て，2008年より現職．主要論文：「在華邦人引揚問題をめぐる戦後日中関係―日中民間交渉における『三団体方式』を中心として」（『アジア研究』第49巻第3号，2003年），「『人民の義憤』を超えて―中華人民共和国の対日戦犯政策」（『軍事史学』第44巻第3号，2008年）など．

呉万虹（ご　まんこう：WU, Wanhong）

中国社会科学院日本研究所講師（国際関係論）

1966年中国・天津生まれ．天津日報社勤務を経て1993年日本留学．2001年神戸大学大学院法学研究科博士課程修了．博士（政治学）．2004年から現職．主要著書：『中国残留日本人の研究：移住，漂流，定着の国際関係論』（日本図書センター，2004年）；訳書：『戦後日本外交史』（世界知識出版社，2007年）．

王雪萍（おう　せつへい：WANG Xueping）

関西学院大学言語教育研究センター常勤講師（現代中国政治）

1976年中国・河北省生まれ．2006年慶應義塾大学大学院政策・メディア研究科博士課程修了．博士（政策・メディア）．慶應義塾大学グローバルセキュリティ研究所助教を経て2008年から現職．主要著書・論文：『中国の空　日本の森』（共著，慶應義塾大学出版会，04年），「中国の教科書から見る分断した日本像と日中関係」『東亜』（霞山会，2006年4月号，72-81頁），「改革・開放後の中国『国家公費派遣留学生』

派遣政策の変遷」『中国研究月報』(社団法人中国研究所, 2007 年 8 月号, 19-32 頁).

ジョシュア・フォーゲル (Joshua Fogel)
ヨーク大学講座教授 (東洋史);『日中研究』(www.chinajapan.org) 編集者
1950 年ニューヨーク生まれ. 80 年コロンビア大學博士. 81-88 年ハーバード大学助教授, 89-05 年カリフォルニア大学サンタ・バーバラ校教授. 主要著書: *Articulating the Sinosphere: Sino-Japanese Relations in Space and Time* (Harvard University Press, 2009); *Politics and Sinology: The Case of Nait? Konan (1866-1934)* (Harvard, 1984 年), 和訳 『内藤湖南, ポリティックスとシノロジー』(平凡社, 1989 年); The Literature of Travel in the Japanese Rediscovery of China, 1862-1945 (Stanford University Press, 1996 年).

帰泳濤 (き えいとう:GUI Yongtao)
北京大学国際関係学院准教授 (アメリカと東アジア関係).
1976 年中国・江蘇省生まれ. 2005 年早稲田大学アジア太平洋研究科博士 (学術), 北京大学国際関係学院博士 (法学). 北京大学国際関係学院講師を経て 2008 年から現職. 主要著書:『ライシャワーとアメリカ対日政策——戦後日本の歴史観の中のアメリカ要素』(中国語・重慶出版社, 2008 年).

三谷博 (みたに ひろし:MITANI Hiroshi)
東京大学大学院総合文化研究科教授 (19 世紀日本史)
1950 年広島県生まれ. 78 年東京大学大学院人文科学研究科博士課程修了. 博士 (文学). 学習院女子短期大学専任講師, 東京大学教養学部助教授などをへて, 1995 年から現職. 主要著書:『東アジアの公論形成』(東京大学出版会, 2004 年),『明治維新を考える』(有志舎, 2006 年)

訳者
袁雅瓊 (えん やじゅん:YUAN, Yaqiong)
1969 年中国・上海生まれ. 1991 年上海師範大学歴史学科卒業,
2000 年早稲田大学大学院アジア太平洋研究科国際関係学修士課程修了. 主要著書:『名曲勝名医 (名曲は名医 ストレスウォーズには音楽が効く)』石黒捷一 (原著) 袁

雅瓊（翻訳）（上海人民出版社 2002 年）

真保晶子（しんぼ　あきこ）
明治学院大学教養教育センター非常勤講師
専門：18 世紀・19 世紀イギリス社会史・文化史
2007 年ロンドン大学ロイヤルホロウェイ歴史学部博士課程修了 PhD (History) 主要論文：'Life, Death, and Furniture-Makers: Services for London Houses, c. 1810-50', *The London Journal: A Review of Metropolitan Society Past and Present*, vol. 33, No. 2, July 2008, pp. 119-134. 著書（2010 年出版予定）：*Furniture-Makers and Consumers in England 1754-1851: Design as Interaction* (Ashgate Publishing, UK)

年表・参考文献・索引　　作成担当
小林義之（こばやし　よしゆき）
笹川平和財団笹川日中友好基金研究員
1978 年埼玉県生まれ．2005 年早稲田大学大学院社会科学研究科修士課程修了．2005 年から現職．

1945年の歴史認識
――〈終戦〉をめぐる日中対話の試み

2009年3月25日　初　版

［検印廃止］

編　者　劉傑・川島真

発行所　財団法人　東京大学出版会
　　　　代表者　岡本和夫
　　　　113-8654　東京都文京区本郷7-3-1 東大構内
　　　　http://www.utp.or.jp/
　　　　電話 03-3811-8814・Fax 03-3812-6958
　　　　振替 00160-6-59964

印刷所　株式会社平文社
製本所　誠製本株式会社

© 2009 Jie LIU, Shin KAWASHIMA, *et al.*
ISBN 978-4-13-023056-8　Printed in Japan
[R]〈日本複写権センター委託出版物〉
本書の全部または一部を無断で複写複製（コピー）することは，著作権法上での例外を除き，禁じられています．本書からの複写を希望される場合は，日本複写権センター(03-3401-2382)にご連絡ください．

劉・三谷・楊 編	国境を越える歴史認識	A5判	2800円
溝口・池田・小島 著	中国思想史	A5判	2500円
久保・土田・高田・井上 著	現代中国の歴史	A5判	2800円
三谷 博 編	東アジアの公論形成	A5判	5800円
溝口雄三 著	中国の衝撃	四六判	2000円
衛藤瀋吉 著	近代東アジア国際関係史	A5判	3600円
川島・清水・松田・楊 著	日台関係史 1945-2008	A5判	2800円
三谷・金 編	東アジア歴史対話	A5判	4500円
岡本・川島 編	中国近代外交の胎動	A5判	4000円
若林正丈 著	台湾の政治	A5判	6800円

ここに表示された価格は本体価格です．御購入の際には消費税が加算されますので御了承ください．